国家社科基金
GUOJIA SHEKE JIJIN HOUQI ZIZHU XIANGMU
后期资助项目

现代汉语协配句的多维研究

XIANDAI HANYU XIEPEIJU DE
DUOWEI YANJIU

余俊宏 著

中山大學出版社
SUN YAT-SEN UNIVERSITY PRESS
·广州·

图书在版编目（CIP）数据

现代汉语协配句的多维研究/余俊宏著 . —广州：中山大学出版社，2023.8

ISBN 978 - 7 - 306 - 07871 - 1

Ⅰ. ①现… Ⅱ. ①余… Ⅲ. ①现代汉语—词语—研究 Ⅳ. ①H136

中国国家版本馆 CIP 数据核字（2023）第 145129 号

出 版 人：王天琪

策划编辑：曾育林

责任编辑：陈晓阳

封面设计：曾　斌

责任校对：卢思敏

责任技编：靳晓虹

出版发行：中山大学出版社

电　　话：编辑部 020 - 84113349，84110776，84111997，84110779，84110283

　　　　　发行部 020 - 84111998，84111981，84111160

地　　址：广州市新港西路 135 号

邮　　编：510275　　　　　　传　真：020 - 84036565

网　　址：http://www.zsup.com.cn　　　E-mail：zdcbs@ mail.sysu.edu.cn

印 刷 者：广东虎彩云印刷有限公司

规　　格：787mm×1092mm　　1/16　　25.75 印张　　452 千字

版次印次：2023 年 8 月第 1 版　　2023 年 8 月第 1 次印刷

定　　价：100.00 元

国家社科基金后期资助项目
出版说明

后期资助项目是国家社科基金设立的一类重要项目，旨在鼓励广大社科研究者潜心治学，支持基础研究多出优秀成果。它是经过严格评审，从接近完成的科研成果中遴选立项的。为扩大后期资助项目的影响，更好地推动学术发展，促成成果转化，全国哲学社会科学工作办公室按照"统一设计、统一标识、统一版式、形成系列"的总体要求，组织出版国家社科基金后期资助项目成果。

全国哲学社会科学工作办公室

内容提要

    协配句是指两个或两个以上的人或事物协配施行或遭受某种动作行为，或协配处于某种状态，或协配具有某种关系的一种句子。本书以三个平面语法理论为基础，结合认知语言学、功能语言学和构式语法理论等，系统、全面地描写现代汉语协配句的句法、语义、语用特征，考察现代汉语协配句的构成手段，阐释协配手段之间的共现规律，辨析协配句中协配项的语义角色，归纳现代汉语协配句的常见句型和句模，探讨三种协配动词句的语义差异，构建现代汉语协配句的语义网络，分析现代汉语协配句的主述结构、信息结构、焦景结构，探究现代汉语协配句的语篇功能，考察现代汉语协配句的语体和文体分布，从认知图景、象似性、主观性、概念整合的角度阐述现代汉语协配句生成的动因与机制，并就现代汉语协配句中的一些个案进行探讨，从而使研究更加全面和深入。

序

中国现代语言学产生于 19 世纪末、20 世纪初，以 1898 年马建忠《马氏文通》的问世为标志。这本具有划时代意义的语言学著作的问世，标志着汉语语法学的建立，标志着中国语言学的成熟，同时也标志着中国现代语言学的成立。我在 20 世纪 80 年代初毕业留校任教高校语言学课程，结合教学开始尝试做些语言研究，和很多人一样，是从语法研究入门的。这也许是受了《马氏文通》以及其后黎锦熙、王力、吕叔湘、高名凯、朱德熙等语法学大家的语法研究著作的影响。所以学着写出来并发表于 1982 年的第一篇语言学论文便是关于汉语构词的《浅谈词尾"化"》，再后来也陆续就汉语简称构成、"X［的］＋Y［的］＋Z"式的二项限定结构、现代汉语疑问代词叠用式等问题发表了几篇论文，甚至在 1998 年为了纪念《马氏文通》问世百年还专门写了一篇题为《对〈马氏文通〉中"起词"的句法、语义、语用分析》的论文投稿发表。

提起以上这些，是想说说自己与现代汉语语法研究的一些联系。遗憾的是自己后来没有沿着这条路子一直走下去，这些年我基本都在汉语方言调研的圈子里打转。之所以选择方言作为个人科研的主要方向，除了因为考虑到自己母语方言背景较好（自幼习得能算得上是母语的有吴、闽、赣三种方言），可以吃点资源的老本，另外就是觉得语法研究殊为不易。方言的调研，往往在做字音、词语考察，用得多的是"形而下"的功夫，而观察语言的语法，则更需要做"形而上"的归纳分析。当然，方言调研自然包括方言语法，近年来方言语法研究也渐为学界所重视。回头看自己 40 年来的科研小清单，关于方言语法的论文拢总来也有差不多 20 篇。然而我想说的是，研究方言语法与研究共同语语法相比较，毕竟有时候还是可以沾点题材的光，把其他方言没有或少见的语法现象描写出来就算是有所建树了。而共同语语法研究就不同了，其中之难就难在出新。说句实在话，都跨世纪了，如何使"台上坐着主席团""咬死猎人的狗""鸡不吃了"等耳熟能详的语料有理论、角度、方法上的新概括、新分析、新开掘，也委实不容易。

所幸的是，以上关于共同语语法研究难度大的想法，恐怕只是我这样的"遇见难题绕着走"论者的个人感受、一孔之见而已。当我看到余俊宏教授的《现代汉语协配句的多维研究》一书的稿样时，马上有了耳目一新的感觉。这应该是一部可以称得上难而出新的汉语语法学新著。

著作是余俊宏教授在其博士学位论文基础上完成的国家社科基金后期资助项目成果。作者在书中提出了"协配句"的概念，并将其分为协同、交互、轮流和分别四种类型，归纳了现代汉语协配句的构成手段，总结了协配手段之间的共现规律，描写了现代汉语协配句的句型和句模，分析了现代汉语协配句的语用功能，从认知方面阐释了现代汉语协配句句法结构形成的动因与机制，并针对现代汉语协配句的一些个案做具体探讨，深化了研究内容，增强了成果的创新性。书中对《现代汉语词典》做穷尽性搜集而汇集了所有表达协配语义的词语，对之进行考察，使研究内容更加全面，研究范围更加广阔，同时也增加了研究的难度和深度。书中从互动构式语法的角度分析不及物协配动词带宾语的问题，不仅可以解决已有协配动词带宾语的棘手问题，而且也可以预测某些暂时不能带宾语的协配动词在今后可能带宾语的情况，从而使书中所论具有更强的阐释力。

由于历史的原因，20 世纪七八十年代到 20 世纪末，江西的语言研究力量与全国其他省份特别是与周边省份相比较，有点与省域经济情况相似，一直都处于相对"欠发达"的状态。进入 21 世纪以来，随着高等教育的蓬勃发展，省内各高校陆续新进了数量不少的语言学专业毕业的博士，使得江西语言学教研队伍快速发展壮大。基于这种情况，我们在前些年先后举办了两届"赣鄱语言学博士论坛"，目的是为省内各单位的高层次学术同行提供一个学术交流的平台，以促进学科的发展。余君俊宏于 2015 年博士毕业后到南昌师范学院工作，参加了当年 11 月在宜春举行的"第二届赣鄱语言学博士论坛"，报告了题为《高级量构式"大 A 大 B"研究》的论文。明月山下我与俊宏博士相识，后来我们也在省语言学会活动和校际协同活动过程中逐渐有了更多的学术、学科方面的接触和来往。

前些日子，俊宏教授给我发来了出版社排定的书样，言辞切切，索序于我。稍稍踌躇之后我还是接受了这项任务。我也算是省内从事语言学专业教研的老人了，为年轻人做点什么，应该是前辈同行不容推辞的义务。俊宏教授为人做事踏实而勤恳，作为崭露头角的青年才俊，近年来教学科研乘势而上，屡有突破，获得了很多成果。这本专著便是其一。书序不同于书评，不一定非得做很专业的分析评价，向研习语言学的读者做一番简单的推介也是合题的。

其实书序如何写也未必有什么一定之规。就我而言，能先睹为快俊宏教授的著作是一个很好的学习机会。那就不妨说点读书的感想。初读之后，我首先想到的就是，书中作者关于现代汉语共同语中的协配句的考察，对我们做方言调研时如何认识方言中的同类句子有着哪些视角、方法上的借鉴启发？汉语共同语与方言之间在协配句这一类句式上有些什么样的共同性特点和差异性特点？我想，不同的读者自会有不同的思考。只要能引起读者的思考，这书也便有了价值。

学界开展对现代汉语共同语句式的研究应该有些年头了。记得1983年我在陕西师范大学进修，指导老师吴士勋教授是研究语法的（报名选择由吴老师做指导似可说明彼时我对语法研究心有向往）。吴老师请了中国社会科学院语言所的李临定先生做现代汉语句式的讲座，让我这个当年的高校"青椒"听了顿感眼界大开。如今汉语句式的研究已经有了很多的成果（俊宏教授的这本书便是一个句式专项考察之作）。只是稍感欠缺的是，我觉得到目前为止我们还缺少一个对现代汉语句式做全貌反映且描写到位同时也适用于各领域的专书（这也许是自己孤陋寡闻）。20世纪末我们上学的时候，有一本很有影响力的外语教学书，叫《英语九百句》。我总想着，汉语什么时候也有一本可以叫作"汉语多少句"的书，精当而不肤浅，容量不大而又囊括全面，既满足母语者研究之用，也满足二语习得者学习之用。那实在是再好不过的事情了。另外我还有个私心，有了共同语的范本，对于我们做方言句式的调研也会有更好的引领参照之用。我期待着。

俊宏教授的著作考察了现代汉语的一个句式，所做研究是全面深入反映汉语共同语句式面貌的基础性工作。我想，包括俊宏教授在内的语法学者众人同心勠力，一个一个句式地考察，假以时日，反映汉语句式（包括共同语和方言）全貌的集大成的成果一定会呈现在我们面前的。

以上拉杂写来，我算是趁此机会顺便把自己的一些想法作为一种学术期盼与俊宏教授交流。不知俊宏君以为然否？

是为序。

南昌大学　胡松柏
二〇二三年八月十日

目　　录

绪　论 ……………………………………………………………… 1

　第一节　研究意义、理论基础与方法 ………………………… 1

　　一、研究意义 …………………………………………………… 1

　　二、理论基础 …………………………………………………… 3

　　三、研究方法 …………………………………………………… 5

　第二节　协配句研究的现状及趋势 …………………………… 7

　　一、国内协配句研究的现状及趋势 …………………………… 7

　　二、国外协配句研究的现状及趋势 ………………………… 14

　第三节　研究内容、语料来源及说明 ……………………… 16

　　一、研究内容 ………………………………………………… 16

　　二、语料来源 ………………………………………………… 17

　　三、相关说明 ………………………………………………… 17

第一章　现代汉语协配句的基本问题 ……………………… 18

　第一节　现代汉语协配句的界定 …………………………… 18

　　一、界定协配句的要素 ……………………………………… 18

　　二、协配句与相关句子的区别 ……………………………… 24

　　三、"和"类词对协配句的限制 …………………………… 28

　第二节　现代汉语协配句的类属及特点 …………………… 30

　　一、句式及其与其他概念的关系 …………………………… 30

　　二、现代汉语协配句的类属 ………………………………… 32

　　三、现代汉语协配句的特点 ………………………………… 37

第三节　现代汉语协配句研究的对象与范围…………… 41

　一、现代汉语协配句研究的对象 ………………… 41

　二、现代汉语协配句研究的范围 ………………… 43

本章小结 …………………………………………… 47

第二章　现代汉语协配句的句法研究 …………………… 49

第一节　现代汉语协配句的构成手段 ………………… 49

　一、词汇手段 ……………………………………… 50

　二、短语手段 ……………………………………… 64

　三、句法手段 ……………………………………… 73

第二节　现代汉语协配手段之间的共现规律………… 77

　一、同类协配手段之间的共现规律 ……………… 77

　二、异类协配手段之间的共现规律 ……………… 83

第三节　现代汉语协配句的常见句型及格式………… 95

　一、名词谓语型及其格式 ………………………… 95

　二、动词谓语型及其格式 ………………………… 99

　三、形容词谓语型及其格式 ……………………… 103

　四、主谓谓语型及其格式 ………………………… 105

本章小结 …………………………………………… 108

第三章　现代汉语协配句的语义研究 …………………… 110

第一节　现代汉语协配动词及其句式义 ……………… 110

　一、协配动词的语义特征 ………………………… 110

　二、协配动词句的句式义 ………………………… 116

　三、协配动词句的心智扫描路径 ………………… 120

第二节　现代汉语协配句的语义结构类型 …………… 122

　一、协配项语义角色的二重性 …………………… 123

　二、协配项语义角色的类别 ……………………… 128

　三、协配句的常见语义结构模式 ………………… 132

第三节　现代汉语协配句的语义网络系统 …………… 140

　一、人际关系 ……………………………………… 140

　二、事理关系 ……………………………………… 147

第四节　现代汉语协配句的歧义研究 …………………… 151

　　一、"分别"和"一起"产生的歧义 …………………… 152

　　二、"互相"或"相互"产生的歧义 …………………… 158

　本章小结 …………………………………………………… 170

第四章　现代汉语协配句的语用研究 ……………………… 172

　第一节　现代汉语协配句的主述结构 …………………… 172

　　一、协配句主述结构的特点 …………………………… 173

　　二、协配句信息结构的特点 …………………………… 180

　　三、协配项定指与非定指的特点 ……………………… 182

　第二节　现代汉语协配句的焦景结构 …………………… 184

　　一、协配句的自然焦点 ………………………………… 185

　　二、协配句的对比焦点 ………………………………… 188

　第三节　协配句与语篇的衔接和连贯 …………………… 192

　　一、协配项与上下文的照应 …………………………… 193

　　二、协配项的省略与替代 ……………………………… 196

　第四节　现代汉语协配句的语篇功能 …………………… 202

　　一、起始协配句及其语篇功能 ………………………… 202

　　二、后续协配句及其语篇功能 ………………………… 204

　　三、终止协配句及其语篇功能 ………………………… 209

　　四、标题协配句及其语篇功能 ………………………… 212

　第五节　协配句的语篇分布及其特点 …………………… 215

　　一、协配句的语体分布及其特点 ……………………… 215

　　二、协配句的文体分布及其特点 ……………………… 220

　本章小结 …………………………………………………… 225

第五章　现代汉语协配句的认知研究 ……………………… 228

　第一节　现代汉语协配句的认知图景分析 ……………… 228

　　一、协配句中的图形与背景分布 ……………………… 229

　　二、协配句中图形与背景的关系类型 ………………… 231

　　三、认知图景与其他两组概念的差异 ………………… 235

　　四、认知图景与协配项的句法投射 …………………… 239

　　五、认知图景与句法结构的互动关系 ………………… 242

六、协配句中图形与背景的转换及限制 …………… 245

第二节 现代汉语协配句的象似性研究 …………… 250

一、现代汉语协配句中的距离象似性 …………… 251

二、现代汉语协配句中的顺序象似性 …………… 255

三、现代汉语协配句中的数量象似性 …………… 260

四、现代汉语协配句中的对称象似性 …………… 263

第三节 现代汉语协配句的主观性研究 …………… 268

一、从说话人的视角看协配句的主观性 …………… 269

二、从说话人的情感看协配句的主观性 …………… 273

三、从说话人的认识看协配句的主观性 …………… 276

第四节 现代汉语协配句的整合机制研究 …………… 280

一、协配句整合过程中的心理空间 …………… 280

二、协配句整合过程中的概念化表征 …………… 284

三、现代汉语协配句的整合类型 …………… 287

四、现代汉语协配句整合的句式特征 …………… 291

五、现代汉语协配句整合的动因分析 …………… 294

本章小结 …………… 297

第六章 现代汉语协配句的个案研究 …………… 300

第一节 句法结构回环类协配句研究 …………… 300

一、句法结构回环类协配句的类型 …………… 301

二、句法回环结构中动词 V 的允准条件 …………… 305

三、句法结构回环类协配句的变换分析 …………… 309

第二节 疑问代词呼应类协配句研究 …………… 319

一、疑问代词呼应手段的常见形式 …………… 320

二、"谁"的指称特点及动词 V 的语义特征 …………… 322

三、"谁也不 V 谁"的语义及其对参与者的数量限制 …………… 326

四、"谁也不 V 谁"句式的不对称及其解释 …………… 328

第三节 现代汉语主动宾式协配句研究 …………… 333

一、协配参与者 X 和 Y 的特征分析 …………… 334

二、主动宾协配句式中动词 V 的语义特征 …………… 337

三、主动宾协配句式形成的动因分析 …………… 341

四、主动宾协配句式形成的机制分析 …………… 344

第四节　"一同"句和"共同"句的多维辨察 …………………… 348

一、"一同"句和"共同"句的句法辨察 …………………… 349

二、"一同"句和"共同"句的语义辨察 …………………… 354

三、"一同"句和"共同"句的语用辨察 …………………… 358

本章小结………………………………………………………… 363

结束语…………………………………………………………… 365

附录　协配词语表……………………………………………… 368

参考文献………………………………………………………… 375

后　记…………………………………………………………… 395

绪　　论

第一节　研究意义、理论基础与方法

一、研究意义

邵敬敏（2014）指出，"在语言各级单位里，句子的地位无疑是最最重要的。因为在人们交际时，使用的基本语言单位必定是句子，而不是词或短语"。范晓（2017：3）也认为，"语法研究的基点是句子，而任何句子都从属于一定的句式，所以句式研究是语法研究中最重要的课题之一"。汉语语法学界对句式的研究已有较长的历史。从现代语法学的意义上来说，上至《马氏文通》，下至今日，句式研究在汉语语法研究中一直都占有举足轻重的地位，尤其是最近二三十年来，不仅研究的视角越来越广，而且研究的深度也越来越深。范晓（2011：7）在《现代汉语句式的语篇考察》一书的序中强调："对句式理论的探讨以及对汉语语法里的各种句式进行深入的专题研究，必将推动语法学的发展，并有助于语言的应用。"因此，我们认为句式研究无论何时都是语法研究的一项重要内容，当前仍有继续深入研究的广阔前景。

现代汉语协配句是现代汉语中的一种特殊句式，它是指两个或两个以上的人或事物协配施行或遭受某种动作行为，或协配处于某种状态，或协配具有某种关系的句子。协配句所表达的协配关系是人类社会或客观事物之间的常见关系之一。人与人在社会生活中不可避免地会产生各种各样的关系，这种关系可以是一种人际关系，也可以是一种事理关系。就行为方式而言，它们可以表现为"协同"，也可以表现为"交互"，还可以表现为

1

"轮流"，甚至表现为"分别"。在自然科学和社会科学领域，哈肯（1983、1990）指出，研究系统中各子系统之间相互协同作用的科学叫"协同学"（synergetics），在某种意义上，当用语言表达人类的行为时，语言学可以看作社会的一个子域。这说明，语言是一个系统，语言结构中同样存在协作配合关系。因此，对现代汉语协配句进行系统研究有两大方面的意义。

1. 理论意义

施春宏（2013）指出，"语言事实与语言理论是相互依存的"。范晓（2017：7）也认为，"特定句式的研究和句式理论的研究是相辅相成的：理论固然可以指导特定句式的研究，反过来对汉语特定句式的深入研究也可以深化和推动句式的理论研究"。就现代汉语协配句的研究而言，其理论意义主要体现在以下四个方面。

首先，研究现代汉语协配句可以深入揭示人类社会中人与人、事物与事物、人与事物之间的协作配合关系，从而为我们探究人类交际活动，以及客观事物之间的关系奠定一定的基础。从语言与思维之间的关系来看，语言是思维的工具，是概念表征的外化，反映了使用者的思维方式，以及其所认知世界的模式。在客观世界中，人类的言语行为是受其思维认知模式支配的，因此，通过研究现代汉语协配句可以探究人类社会和客观世界中的协配关系。

其次，研究现代汉语协配句可以丰富现代汉语的句式系统，有助于构建现代汉语的"句式库"。汉语句式也是一个系统（邵敬敏，2014）。汉语中的特殊句式很多，如"把"字句、"被"字句、连谓句、兼语句等。不同的句子具有不同的表达功能，而言语交际的最小单位就是句子。人们传递信息、表达思想都是通过一个一个的句子进行的。因此，对协配句的研究可以使现代汉语的句式研究更为丰富和完善，为构建现代汉语句式库奠定基础。

再次，对现代汉语协配句的系统研究可以深化人们对协配句的性质、特点和功能的认识，有助于造句和析句。陆俭明（2016）在谈到句子的分类时就指出，对汉语句子进行分类要考虑解读和习得。协配句是现代汉语中的一种特殊句式，它在句子的主语和谓语上都有自己的特点。因此，我们对该类句子进行深入细致的研究，不仅有助于对这类句子特点的深入把握，而且在一定程度上也有助于对汉语整体特点的深入把握，便于对这类句子的准确使用。

最后，关于协配句三个平面的描写和解释，还可以为句法、语义、语用的接口研究提供某种程度的语例支撑。特定的句法形式表达特定的语义内容，特定的语义内容呈现特定的语用功能；反之，特定的语用功能需要特定的语义内容来呈现，特定的语义内容也需要特定的句法形式来表达。在现代汉语协配句中，不同形式所表达的语义内容也有差别，语义内容不同进而也会导致语用功能产生差异。因此，形式、意义和功能之间存在一定的对应关系，彼此互相影响。

2. 实践意义

理论研究以实践应用为旨归，任何一种理论的创建都是为实践应用服务的。在汉语语法研究中，范晓（2017：3）强调，"对句式进行理论研究和对汉语的各种句式进行专题研究，还有着重要的实用价值"。对于现代汉语协配句的研究而言，其实践意义主要体现在以下两个方面。

第一，研究协配句有助于汉语语法教学。汉语语法教学分为对内的汉语语法教学和对外的汉语语法教学两类。无论是对内的汉语语法教学还是对外的汉语语法教学，特殊句式的教学都占有举足轻重的地位，因此，系统科学地研究现代汉语协配句，可以更好地为汉语语法教学服务。

第二，研究协配句有助于汉语信息处理。当今时代人工智能技术正在蓬勃发展。为了实现机器翻译以及人机对话，语言研究者需要对自然语言进行透彻、精细的研究。因此，我们对现代汉语协配句进行全面、细致的描写和解释有助于该类句子在计算机中的信息处理。

二、理论基础

1. 三个平面的语法理论

该理论最早由胡附、文炼（1982）提出，后来胡裕树、范晓（1985）发表论文《试论语法研究的三个平面》来系统阐述三个平面的语法理论。进入 20 世纪 90 年代，讨论三个平面语法理论的文章渐多，如王维贤（1991、1995）、何伟渔（1991）、施关淦（1991、1993）、邵敬敏（1992）、金立鑫（1993）、范开泰（1993、1995）、徐思益（1994）、邢福义（1994）、眸子（1994）等，最终范晓、张豫峰（2008）等人丰富完善了这一理论。三个平面语法理论是一种重要的语法理论，它在语法研究中划分出句法平面、语义平面、语用平面。句法平面主要研究词的句法分类、短语的句法分类、句法成分的分析、语型和句型的归纳。语义平面主要研究语义结构、动词和名词的价、语义成分分析、语义指向分析、歧义分析、词的语义特征分析、语义的选择限制、语模和句模的归纳。语用平面主要研究主题和述题、句子的焦点、语气、口气、评议、句型和句式的变化。随着语法研究的深入，三个平面的语法理论在研究动态的句子时，也重视语篇对句子的制约作用，这从《语法理论纲要（修订版）》中可以看出，该著作对篇章连贯和词语的照应也有具体阐述。我们在研究中，为了能够更加全面地认识协配句的动态变化，也会对其语篇功能进行考察。

2. 认知语言学理论

认知语言学始于 20 世纪 70 年代，之后迅猛发展，其代表人物主要有 Langacker（1987、1991、2008）、Haiman（1983、1985）、Lakoff（1987、1988）、Johnson（1987）、Fauconnier（1994、1997）、Talmy（2000）、Taylor（2003）等。认知语言学认为，语言并不是任意的，在现实和语言之间存在认知操作，即"客观现实经过体验和认知加工而逐步形成了语言"（王寅，2005：6）。因此，Langacker（2013：82）认为，"语法结构本质上是象征性的：它存在于对语义结构的约定俗成的象征，它与词库构成一个连续统"。在研究内容上，认知语言学主要研究原型范畴、隐喻机制、转喻机制、认知图景、意象图式、心理空间、概念整合、语言象似性、语言主观性等。认知语言学自进入汉语语法学界以来，就迅速受到国内研究者的青睐，因为汉语语法相比于印欧语，句法结构较为灵活。如果仅仅是套用西方的传统语法和结构主义语法规则来分析汉语语法结构的话，有时难以合理解释汉语的某些语法现象。但是采用认知语法分析之后，可以关注到现实世界、认知经验、语言结构之间的互动关系，进而可以更加合理地阐释汉语的某些语法现象。

3. 功能语言学理论

功能语言学通常被看作与形式语言学相对的一种语言学思潮，其内部流派众多，如布拉格学派、伦敦学派、哥本哈根学派、俄罗斯学派、层次语法等。其中重要的派别有三个：Dik（1997）的功能语法、Van Valin（1997）的角色与所指语法、Halliday（1994）的系统功能语法。他们都否定语言结构的自治性，认为语法受语用、认知、社会等外界因素的制约。因此，功能语法又被 Halliday 看作"远远推向意义一方的语法"。但是张德禄（2012）指出，"功能语法不是一种意义语法，而是通过意义解释形式范畴的语法"。它在意义的基础上对语言系统和语言使用进行研究（黄国文、张培佳，2020）。在我国，功能语法研究以 Halliday 的系统功能语法研究最为流行。他将功能语法分为概念功能、人际功能和语篇功能三类。概念功能主要探讨及物性和语态，人际功能主要探讨语气、情态、语调，语篇功能主要探讨主位结构、信息结构、衔接手段。这些观点对三个平面的理论具有较大影响。三个平面理论中语用平面的研究内容较多地吸收了系统功能语法理论中的观点，如主述结构、信息结构、语篇衔接等。本书在研究过程中也将基于语义的表达来阐释协配句的句法结构形式。

4. 构式语法理论

构式语法始于 20 世纪 80 年代末期，形成了四种不同的构式语法观，即 Fillmore、Kay、O'Connor（1988）的伯克利构式语法，Lakoff（1987）和 Goldberg（1995、2006）的认知构式语法，Langacker（1987）的认知语法，Croft（2007）的激进构式语法。其中对我国影响最大的当属 Goldberg 的认知构式语法。她对构式的经典定义是："当且仅当 C 是一个形式和意义的配对体〈Fi，Si〉，且形式 Fi 或意义 Si 的某些方面不能从 C 的组成成分或其他先前已有的构式中严格推导出来时，C 是一个构式。"（Goldberg，1995：4）当前我国的构式语法研究以施春宏（2012、2014、2016、2017、2018、2021）倡导的互动构式语法理论为主，该理论坚持精致还原整体主义原则，强调构式形义、结构、界面、范域之间的互动关系。构式语法的核心观点是整体大于部分之和，但是语言整体的功能并不会凭空产生，语言中没有完全脱离形式的语义表达，也没有完全不表达意义的形式，语言的整体功能与表达形式或多或少总会存在某种关联。因此，在利用构式理论来分析语法问题时，其形式特征及其语义表达也是不可忽略的因素。本书在分析一些特殊的协配结构时也会吸收构式语法的合理成果。

三、研究方法

本书以三个平面的语法理论为指导，并结合认知语言学、功能语言学、构式语法等现代语言学理论对现代汉语协配句进行全面系统、深入细致的考察。具体运用的研究方法如下。

1. 形式与意义相结合

语法研究基本上有两条路线：一条是从形式到意义，一条是从意义到形式。在研究中，我们既可以根据形式探究其语法意义，也可以根据意义探究其形式上的特点。但是，如果仅考察一端，那么有些东西就看不见、摸不着。如仅从形式上对带有"和、跟、与、同"或"一起、一同、互相、共同"等标记词的协配句进行研究，那么有很多不带这些标记词的协配句就会被忽略；反之，如果仅从意义的角度去寻找，又往往难以把握，不易搜集。所以，在研究中我们必须将两者结合起来，这样方能把握现代汉语协配句的全貌。

2. 动态与静态相结合

世界上的任何事物都可分为动态和静态，动态是永恒的，静态是相对的。语言也是如此。在分析现代汉语协配句时，我们要把动态和静态结合起来研究，因为有些协配句具有不同的表达形式，对于这些不同的表达方式，如果忽略了其动态的语用功能，往往就不能将形式差异产生的原因阐述清楚。因此，通过形式上的动态变化探究其语用意义或者功能上的变化，也就成为我们在研究中必须予以关注的内容。

3. 描写与解释相结合

通常认为，语法研究经历了传统语法、结构主义语法和功能主义语法三个阶段。就研究方法而言，传统语法和结构主义语法都是描写性的，而功能主义语法则是解释性的。但是张斌（1998：186）指出，"功能解释与结构描写通常是紧密联系的"。当代以功能主义为主的语法研究，已不再局限于对语法现象的详细描写，而是深入探究形式背后的内在规律，并对此作出必要的解释。因此，在研究中，我们要贯彻描写与解释相结合的原则，不仅描写要细致充分，而且解释要科学合理。

4. 定性与定量相结合

为了使研究便于把握和操控，在研究中我们将把定性研究与定量研究结合起来。比如，要考察现代汉语协配句在语篇中的分布，我们就要先进行定性，如考察什么样的句式、选定哪些文本，等等；然后还要予以定量，如考察句式的数量、考察文本的字数，等等。这样才能使数据具有说服力。

5. 历时与共时相结合

历时与共时正如语言的动态与静态。历时是动态的，共时是相对静止的，共时中必然包含历时的成分。协配句也不例外，其共时平面中的一些特点，正有其历时的来源。如果我们从历时的源头来看协配句的特点，那么它的复杂性与特殊性就比较容易理解。因此，贯彻历时与共时相结合的原则，将有助于加深我们对现代汉语协配句的认识。

6. 总论与个案相结合

现代汉语协配句是一类句子的总称，只要参与者之间具有相互协作配合的关系，那么该句子就是协配句。在研究中我们要对这类句子做出总体论述，比如这类句子的总体特征、语义关系、语用功能等。但同时也应注意到不同的协配句又各自具有特点，即便是同一小类下的协配句，只要形式不同，那么其语义功能也不尽相同，因此就需要对某些协配句式做个案考察。只有深入探讨这些具体的协配句式，我们才有可能将协配句的特点和功能揭示得更为清楚，才能将其中的认知理据分析得更为透彻。

第二节　协配句研究的现状及趋势

协配是人或事物存在的一种关系状态，世界上的任何人或事物都不是独立存在的一个个体。在社会活动中，人与人之间可以合作，可以共事，可以竞争，也可以对抗；在客观世界中，物与物可以等同，可以有别，可以相关，也可以相反。这些关系反映在我们的语言中，不可避免地会形成多种协配句式。从相关研究来看，协配范畴的语言现象也是学界较为关注的内容之一，形成了较多的研究成果，并有不断发展的趋势。

一、国内协配句研究的现状及趋势

（一）萌芽阶段（1980 年以前）

在萌芽阶段，协配范畴研究的主要特点是对协配参与者的数量、协配参与者的语义角色以及协配参与者之间的关系都有所涉及，但论述较为朴素，研究不成系统。不过，学界对此类句法现象关注较早。我国第一部现代语言学意义上的语法著作《马氏文通》就有相关论述。马建忠（1898/1998：87、88、269）在"指示代字二之六"中对"互指代字"的论述为："互指代字，必合动字，以明其互为宾主也。"接着，马氏论述说："至动字之前加'相'字，而与'自'字或合或否者，明施者受者所指不一，故有交互之行也。"另外，在"与字之用七之四"中又说："凡动字有偕同之意，则必有与同者，故介以'与'字。"可见，马氏对该类句子的观察已相当仔细。他既指出了协配项的"交互之行"，也指出了动作行为的"偕同"性。《新著国语文法》（1924/2007：161 - 162）是一部中国现代汉语语法研究的奠基之作。黎锦熙在这部著作中对范围副词进行分类时，列有"表相互"和"表共同"的副词类别，并指出"多数可说为指代"。这其实已经从词汇意义的角度对协配表达方式进行了初步的区分，尽管分类较为粗略，但对我们的研究极具启发意义。

吕叔湘对协配表达的论述较多。他在《相字偏指释例》（1942/1984）中说："以形式而言，凡互指之句，其 A，B 两辞互为施受，隐显相俱。"这说明吕叔湘已开始从句式的角度思考该类句子的特点。这从吕叔湘的《中国文法要略》（1942、1944/1982：48 - 49）对"交与补词"的论述中也可看出，他指出："交与补词代表和起词共同动作的人物。受词和关切补词虽然不能说是置身事外，可并没有积极行动，而交与补词却是积极参加动作的。无论文言或白话，都把这类补词放在动词前，都应用普通表示联合关系的关系词，白话用'和'或'跟'，文言用'与'。"其言外之意即是说，起词发出的动作是与交与补词共同进行的，两者构成联合关系。而这种联合关系就是吕叔湘后来在《汉语语法分析问题》（1979/1984：533）中所指出的"加而且合"的关系。可见，吕叔湘对交互类协配语言现象的观察已经相当深入，只是没有具体加以阐述而已。

这一时期，对协配语言现象有所论述的还有两家，分别是王力和丁声树等。王力在《中国现代语法》（1943/1985：210）中说："'相'字又可说成'互相'，是一个表示交互性的代词。"他又在《中国语法理论》（1943/1984：290）中指出："'相'字也象'自'字，是动作的受事者，就普通说，'相'字所在的句子里，主语必须是两个以上的人或物，而且他们的动作是交互的，他们同是此动作的受事者。"虽然王力是从"相互代词"角度论述的，但他对该类句子主语的观察很充分，不仅指出了其数量上的非单性，而且也指出了其句法上的交互性。

相比之下，丁声树等人的论述较为简单。他们在《现代汉语语法讲话》（1953/2009：107）中把"跟、和、同"与"对"字相比，指出："'跟、和、同'的用法与'对'字有相似的地方，不过也有不同。用'对'字常常就单方面说，用'跟'（或'和、同'）就不一定全是单方面的，有时候也表示双方面的关系。"这里丁声树等人已经将"跟、和、同"字句从语义的角度分为"单方面的行为"和"双方面的行为"两种，而这种"双方面的行为"恰恰就是协配表达的一种表现。

由此观之，萌芽时期关于协配表达的研究虽然对句子主语的数量、语义角色，以及语义关系都已有所触及，但是研究还不成体系，只是散见于各种相关的论著当中，缺乏深入细致的分析和论述。

（二）发展阶段（1981—1999 年）

如果说萌芽时期协配表达的研究还处于零散状态，那么发展时期关于协配表达的研究则已开始走向系统化、专题化，出现了一批专门探讨协配语言现象的文章，这使协配表达研究成为一个独立的课题。就研究特点而言，这一时期的协配表达研究主要是对某一类协配词语进行深入考察，具体分析其句法形式、语义特点；在研究方法上，配价语法是对协配动词进行分析的主要研究方法，其不仅说明了协配动词对事件参与者的数量要求，而且也说明了协配表达在句法语义上所具有的一些特征。

1. 朱德熙的研究：从零散向系统转变的标志

协配表达的研究由零散到系统的转变以朱德熙（1982）发表的《说

"跟……一样"》一文为标志。在这篇文章中，朱德熙指出，"能够放在介词'跟'后头跟它配合的谓词，从语义上看有以下三类：第一类是对称性动词。……第二类是表示相同、相似、不同或相反等意义的谓词性成分。……第三类是非对称性的动词性成分"。我们认为，朱德熙所说的前两类谓词其实就是协配句中的谓语核心成分，因为朱德熙认为第一类动词"所指的动作必须有双方参加，而且双方的关系是对称的。例如甲跟乙结婚，乙自然也同时跟甲结婚；甲跟乙下棋，乙也必定同时在跟甲下棋"，第二类谓词性成分其实"也是对称性的，因为如果甲跟乙相同，乙自然也跟甲相同；如果甲跟乙不同，乙自然也跟甲不同"。可见，朱德熙这里实际上已经具体地讨论了协配表达的一种特殊格式"跟……一样"，不过略显单薄而已。

2. 刘丹青的研究：开创了相互性实词研究的新领域

刘丹青在《亲属关系名词的综合研究》（1983）中对相向关系名词的句法表现也有论述。如"系词后用了相向称谓，因此便表示了动词前两个成员之间的相互关系"。这里刘丹青论述的虽然是"相向关系的名词"，但实际上已将其置于句法格式中进行考察。这在他的《汉语相向动词初探》（1986）一文中表现得尤为明显。该文系统论述了相向动词句的句式变换、语义基础，以及变换的限制条件，并区分出准相向动词，探讨其句法语义要求。该文突出的亮点是将相向动词分为三类：A_1 类构成的句式的变换是（a）$S_1S_2/N_{(SS)} + V \rightarrow$（b）$S_1 + P + S_2 + V$；$A_2$ 类构成的句式的变换是（a）$S_1S_2/N_{(SS)} + V \rightarrow$（b）$S_1 + P + S_2 + V \rightarrow$（c）$S_1 + V + S_2$；$A_3$ 类构成的句式的变换为（a）$S_1S_2/N_{(SS)} + V + O \rightarrow$（b）$S_1 + P + S_2 + V + O$。这实际上已经概括出了相互动词句的主要句法结构格式，为后人研究该类句式提供了很多的参考依据。而相互动词句是协配句的种类之一，讨论相互动词句也就是在讨论协配句。因此，我们可以说，汉语协配句自此成为一个学界独立研究的课题。

3. 陶红印的研究：丰富了相互动词及其句法研究的内容

陶红印的《相互动词和相互动词句》（1987）对相互动词及其句法结构进行了细化。该文首先论述了相互动词主要由"交、结、集、对、共、公、合、斗、和、互、会、联、两、轮、婚、均、架、通、同、汇、相、并、争、别、商、论、接"等语素构成，并将非能产的相互动词分为偏正式、动宾式、动词复合式以及单音节相互动词。其次，论述了相互动词的语法特点，指出相互动词绝大多数不能重叠，有些相互动词不能带"着、了、过"，有些相互动词从来不带宾语，有些相互动词常常要在句中带状语性成分。再次，论述相互动词的主语，认为相互动词句的主语一般都要求由代表复数的名词成分充任，它们和谓语动词的关系，一种是"彼此相加"，一种是"交互"。又次，论述了相互动词句里的介词短语"和 + N$_2$"，用"都"进行测试，能加"都"的是并列结构，不能加"都"的是"名词 + 介词"结构，并指出介词前后名词的位置不同，意思也总会有些区别。最后又分析了特殊的相互动词句，即由 N1 + V 和 N2 + V 变换为 N1 + V + N2 或 N2 + V + N1 的句式特点。该论述较为全面和具体，但是有些地方仍值得进一步思考。例如：出现于 N1 + V + N2 句式中的相互动词应具有哪些条件？该句式的生成机制是什么？协配参与者在句中的位置变化会带来句式义的哪些变化？等等。

4. 袁毓林的研究：首次对协同动词进行全面分析

袁毓林（1989）首次提出了协同动词的概念，并对协同动词的句法表现有详细的论述。但是在研究方法上，袁毓林以配价语法为主，具体探讨不同价位的协同动词的句法结构表现，这种思想较早地反映在他的《准双向动词研究》（1989）一文中。该文将协同动词的基本句法形式概括为三种，分别是 SaI：NP$_C$ + Va，SaⅡ：NP1 + NP2 + Va，SaⅢ：NP1 + prepNP2 + Va。同时，该文指出这三种基本句式在实际中还存在一些变化形式。如 SaI 就存在两种变式 NP$_C$' + NP' + Va 和 NP$_C$1' + NP$_C$2' + Va 两种。在语义分析时，袁毓林（1998：254）指出："在由协同动词构成的 Sa 中，Va 要求与之同现的两个 NP 具有相同的语义特征：或者都是指人的、或者都是指物的。"他又将 Sa 的两种基本语义模式概括为 SaI：NP1〔+ 人〕+ Va + NP2〔+ 人〕和 SaⅡ：NP1〔+ 物〕+ Va + NP2〔+ 物〕。可以说，袁毓林的研究不仅丰富了协同表达的句式类型，而且也挖掘出了协同表达的语义模式，这为本书提供了重要的研究基础。但是袁文只论述了协同动词的句法表现，并没有对其他形式的协配表达进行论述，显然这并不能完全反映协配表达的整体面貌，因为协同动词并不是表达协配语义的唯一决定因素，比如，关系名词、协配副词、句法手段等都可构造协配句。因此，要全面、系统地考察现代汉语协配句，并不能仅仅根据协配动词就做出决定，在其他方面仍有很大的研究空间。

5. 张谊生的研究：优化了交互词语的研究方案

张谊生对交互类动词及其短语的论述最为深刻。他在《交互类短语与连介兼类词的分化》（1996）一文中对交互类短语进行了穷尽性列举，然后将交互类短语分为对待类、相对类和关系类三种，并将"N$_1$ 跟 N$_2$"同交互类短语组合后的语义关系概括为主从义和对等义两种，最后利用区分标记鉴别"和、跟、同、与"四个词的词性。张谊生的研究不仅关注了句子的形式特点，而且也关注了句子的语义特征，所以这种区分连接词的方法是较为科学而合理的。后来，张谊生（1997）从配价的角度对交互动词进行了较为详细的考察。他将交互动词分为交互动词和准交互动词两类，考察它们出现的句式类型，并将其概括为六种，分别是：①N_1 + 跟^2 + N_2 + V；②SNs + V；③N_1 + 跟^2 + N_2 + V + O；④SNs + V + O；⑤N_1 + V + N_2；⑥N_1 + V。文章还对交互句中各种句法成分的语义角色，以及语义配置进行了描述。当然，有些地方也还值得进一步思考。如徐峰（1998）就指出张文中的"道歉、翻脸"不应被看作交互动词，其中有些交互动词则应按义项分类等。

6. 卢福波的研究：细化了复指动词句的语义类型

相比之下，卢福波（1994）更关注复指动词句的语义表达。他在讨论复指动词的语义类别时指出："从它所表现的'数'的有限性和无限性的角度，可以将它分为有限复指和无限复制；从它所表现的复数集体中个体之间关系的角度，可以将它分为互复指和共复指。"有限复指是指动词所隐含的"数"是有范围、有界限，或者说是可以数尽的；无限复指是指动词所隐含的"数"一般是无范围、无界限，或者说是不可数尽的。从动词所表达的语义关系上来看，互复指突显的是个体之间彼此的、相互的动作关系；共复指则突显的是成员之间共同性的、合作性的动作关系。在与"一起"的连用上，共复指动词大部分都可接受"一起"的修饰，而互复指动词一般不能与"一起"建立组合关系；在与副词"都"的连用上，无论是共复指，还是互复指，两者一般都不能与其建立组合关系。我们认为，当参与者数量较多时，对这种观点或许还可以进一步加以补充，如"所有族人都相敬相亲，与各族守望相助，繁衍子息，不绝诸神的祭祀香火。"（BCC 语料库），这个句子虽为互复指，但却可以与"都"连用。

此外，这一时期还有一些论著涉及协配表达的相关问题。如吴为章的《单向动词及其句型》（1982），汤廷池的《国语语法与功用解释》（1988），周国光的《关系集合名词及其判断句》（1990），范晓的《动词的"价"分类》（1991），段业辉的《论副词的语义制约》（1992），丁蔻年的《"与动词"和第三格局》（1992），张建、陶寰的《论组合性并列连词》（1993），周国光的《现代汉语动词的配价研究》（1996），崔应贤的《论多指性名词》（1998）等。

但综合来看，这一时期关于协配表达的讨论主要是从特定词类出发，对某类协配词语进行具体研究，尤其是对它们的句法表现以及语义特点等论述得较为详细。从理论上来说，以配价语法研究为主，并且取得了丰硕的成果，但有些地方仍待进一步深入发掘，例如：协配句如何界定？构成条件是什么？有哪些种类？其句法结构格式如何？协配句的表达手段有哪些？不同的表达手段其共现规律如何？协配句的语义表达有何特点？如何判定协配项的语义角色？对其间的协配关系怎样进行细分？不同的协配句式之间表达功能有何差异？协配句在语体和文体中的分布有何特点？其对语篇的衔接和连贯又有何影响？等等。这些问题都有待我们进一步深入研究。

（三）深入阶段（2000 年至今）

进入 21 世纪，学界对协配表达的研究日益增多。就研究内容而言，该课题的研究不再局限于句法结构的探讨，而是更关注语义特点的分析，以及对句法语义结构进行认知解释。就研究的视角而言，学界已不再局限于共时平面的探讨，而是加入了一些历时方面的溯源分析。就研究的范围而言，学界已不再局限于对汉语协配表达方式的分析，而是加入了一些与其他语言的对比分析，也即开始进行一些语言共性与个性的探讨。

1. 协配表达的语义分析

在对句式语义的探讨方面，蒋平（2000）通过与英语中的相互句进行比较，首先分析了由"相互"类副词构成的歧义情况。他认为由"相互"类副词的分配性导致的歧义有两种类型：一种是"互相"类副词指代的范域（scope）不同，即既可做个体理解，也可做整体理解；另外一种是"互相"类副词指向的主语不同，即既可指向主句主语，也可指向从句主语。这是较为符合实际的。其次，蒋平探究了汉语相互句中名词的语义特征。他指出："汉语相互句与英语相互句的不同在于英语相互句中的宾语是显性的，而汉语相互句中的宾语是一个零论元。汉语和英语的相互句具有相同的语义特点，即相互句中的名词短语都有复数性和分指性。"同时，蒋文还对"相互句中的名词短语只能表示分指，不能够表示合指"做出解释，并认为相互句中的"相互"一词能够强加给谓语以对称性，而对称性要求"该句中动作行为的主体和客体互为主客"。这不仅描写了汉语相互句的主语的语义特点，而且也阐释了汉语相互句主语具有分指性而不具有合指性的原因，从而也较为恰当地解释了某些由相互副词带来的歧义问题，使得该课题的研究又向前迈进了一步。

2. 协配副词的多维研究

如果说在发展时期学界主要关注协配动词的句法语义特征的话，那么在深入探究时期学界则较为关注协配副词的相关问题。这主要体现在两个方面：一是协同副词的语义指向分析，一是相互副词的语法化过程。

在协同副词的语义指向上，肖奚强（2001）指出："协同副词要求与之搭配的名词性成分必须是复数，其语义一般总是前指。前指时语义既可以指向动作的发出者，也可以指向动作的承受者；既可以仅指向主语、介词宾语或兼语，也可以同时指向主语和宾语、主语和介词宾语、主语和宾语及介词宾语、主语和兼语或兼语和介词宾语。"肖文的分析不仅详细具体，而且指出了协同副词之间的内部差异："'一并'的语义主要指向动作的承受者，其他协同副词没有这种限制；'一齐'表示'同时'，'一起'即表示'同时'又表示'同地'。"可以说肖文的分析也是较为准确的，这对我们研究由协同副词构成的协配句具有十分重要的意义，它有助于我们更加清楚地认识协配句的句法语义特征。

在协配副词的语法化方面，唐贤清（2006）探讨了"互相"和"相互"的发展演变过程。唐认为，"互相"和"相互"都产生于东汉时期，但"互相"先见于中土文献，后见于佛经文献，而"相互"先见于佛经文献，后见于中土文献。唐文对"互相"的演变过程的论述仍有探讨的余地。葛婷（2009c、2009d）论述了协配副词"一起""一块儿""一齐""一同"的语法化历程，但是有些问题仍可以继续探讨。例如，葛文认为"一起"产生于元代，但是"一起"作为副词的用例在北宋就已经出现，如苏轼文《乞修表忠观及坟庙状》中即有"盖为庙宇旧屋间架元造广大，一百余年不曾修治，例皆损塌，须得一起修葺，稍可完补"。这说明，尽管协配副词的词汇化和语法化过程已经受到学界的关注，但是相关研究还需要进一步深化。

3. 协配动词带宾语的问题

对于现代汉语协配句的句法结构形式的研究，当前学界主要关注的是协同动词带宾语的问题。李新良（2013）对协同动词带宾语的语义后果进行了深入分析，指出能带宾语的协同动词都是［＋指人］的动词，但实际情况并不完全是这样，如"福建千年古寺毗邻厦门大学"。赵旭、刘振平（2014）对协同动词带宾语的机制做了具体分析，认为其主要有四个方面的原因，分别是语义因素、音节因素、词构因素和词频因素。但是在当代汉语中这些因素也并不一定都是必然因素，有时也会出现例外。如为了从词构方面说明问题，该文认为"激战"能够带宾语，而"开战"和"交锋"不能带宾语，但在标题语言中也有"美国开战叙利亚"和"柳传志交锋杨继伟"的说法。对于此种现象，李劲荣（2018）从及物性角度解释准双向动词的功能扩展，认为"合成度高、自反性弱和动作性强是其进行功能扩

13

展的前提条件，而句式的高及物性特征则是最终决定因素"。这种将动词与句式结合起来的研究方法较为全面地分析了准双向动词功能扩展的动因，但应看到词语本身也具有整体的功能意义，并且它和句式之间应该有深层的互动关系，否则，有些语言现象就会变得难以解释，如该文认为"会面"和"见面"不能扩展，但在百度中也有"文在寅会面特朗普"和"安倍见面普京"的说法。这说明，协配动词带宾语的现象的确是一个较为复杂的问题，仍有深入探讨的空间。

4. 相互结构的对比研究

相互结构作为协配表达的主要形式之一，一直都是学界关注的内容，但是之前的研究则主要以探究汉语相互结构的表达为研究内容。而近几年来，随着语言类型学的发展，汉语学界也开始关注汉语相互结构与其他语言相互结构的异同，从对比的角度探究汉语相互结构的特点。如周晓君（2018）运用视点理论和认知语法理论对汉语的相互结构做了系统分析，她将汉语相互结构的表达手段分为隐性相互词汇结构、显性相互词汇结构和句式相互结构三种类型，然后从共时与历时角度对汉语的相互结构进行描写和解释，并与大量的外族语言进行对比，分析不同语言相互结构的句法表现形式。这为汉语相互结构的研究提供了丰富的参考资料，突破了以往汉语相互动词研究以配价语法为主的研究框架。但是周著的研究仅关注相互结构，而对与之相关的协同、轮流与分别等语义关系没有给予充足的关注，这不利于我们对协配语义表达整体进行系统研究；而且在语义范畴的划分上，她把相互关系置于共同关系之下，却对共同语义中的加合关系未做具体区分，这其实忽略了共同关系与相互关系的区别。

二、国外协配句研究的现状及趋势

（一）国外关于汉语协配句的研究

国外文献对汉语协配句的讨论主要关注的是汉语中的交互结构和协同结构，但从研究内容来看，远不及国内的研究成果丰富。在交互结构的研究上，Liu（2000）主要讨论"V来V去"的交互性，指出该格式中V必须是及物动词，其主语必须是复数，但并不是所有的"V来V去"都具有交互性。那么，这种意义的"V来V去"同其他意义的"V来V去"区别何在？该结构的交互义是如何产生的？汉语中还有没有类似的表示交互的类固定短语手段？这些问题仍需探讨。Sergei（2007）研究了古代汉语中的交互结构，将交互动词分为一价交互动词、二价交互动词和三价交互动词，并考察其宾语情况，但其中也有疏忽。如"相语以事，相示以巧"和"君子相送以言，小人相送以财"中的"相"当解作"偏指"义，而 Sergei 却把这些句子看作交互句，实为不妥。Monique，Vladimir 和 Tamara（2007）主要分析了汉语交互结构的构成，认为汉语交互结构主要由"相、互、互相、相互、交、对"等语素构成。值得注意的是，作者还就"相互"的语义指向问题做了探讨，并分析其中的歧义性。但是他们对交互句的整体意义关注较少，也没有指出不同句式之间的功能差异，而且少数例句也不符合汉语的实际情况。在协同结构的研究上，Teng Shou-sin（1970）分析了伴同格（comitative）和并列词组结构之间的差异。他认为，伴同格并非"衍生"自词组结构，而是由伴同格展现出的"主体性"决定的。Kou Xin（2016）主要讨论了汉语中由协配关系名词（comitative relational nouns）构成的从句，他认为协配关系从句产生的机制是协配关系名词的概念结构，而不是变换（transformation）。这也就是说，协配名词实际上产生的句法格式都是由其语义概念决定的。这对我们探究协配名词的句法表现具有一定的价值。

（二）国外关于其他语言协配句的研究

国外关于其他语言中的协配现象的研究也主要体现在交互结构和协同结构两个方面。就交互结构的研究而言，奥托·叶斯柏森（1924/1988：215）在《语法哲学》中指出："某些动词根据其意义，可以改变主语和宾语的关系。如果 A 遇见 B，那么 B 同样也遇见 A。"这说明 A 与 B 之间具有"相互作用"（reciprocity）。由此，他开启了交互结构研究的先河。但是第一本全面致力于交互结构研究的专著是 Frajzyngier 和 Curl（2000）主编的《交互结构：形式与功能》（*Reciprocals：Forms and Functions*）一书。该书收录了 8 篇与交互结构研究相关的论文，主要探讨不同语言中交互结构的起源。之后，Nedjalkov（2007）主编了《交互结构》（*Reciprocal Constructions*）一书。该书收录了 50 篇论文，调查分析了 40 多种语言，目的是基于类型学的视角探究世界语言交互结构的形式、句法和意义。最近，Evans 等人（2011）主编了《交互与语义类型学》（*Reciprocals and Semantic Typology*）一书。该书收录了 18 篇论文，跨越各大洲比较了 20 种语言，目的是解决在交互范畴中意义如何编码的问题。就伴同结构的研究而言，Dalrymple 等人（1998）分析了俄语中协同结构的语义表达，他们指出俄语中把两个不同的名词性短语组合成一个复数短语的方法有两种：一是用"i"表示并列结构，一是用"s"表示协同结构。俄语中的并列结构通常既可以做分配解读，也可做集体解读，而协同结构只能做集体解读。Nishina Toko（2001）阐述了日语中的协同成分和工具成分，他认为日语中协同成分主要通过后置词"to"、协同副词、协同动词、协同词缀、语言复合体进行表达，其中后置词"to"既可以作为协同格的标记，也可以作为交互格的标记，当然也可以作为名词并列成分的标记。Zhang Nina Ning（2007）讨论了英语中的协同结构，他将英语中的协同结构分为对称和不对称两种形式。对称的协同结构总是包含着一个复数特征，而在非对称伴同结构中伴同者只是前一个参与者的附属成分。这些研究都描写得较为深入细致，对我们全面深入研究现代汉语协配句具有一定的借鉴价值。

总之，当前语言学界对协配范畴的研究越来越热，涉及的语言对象也越来越多。就汉语协配范畴的研究而言，不仅有共时层面的深入分析，而且也有历时角度的详细考察；不仅有客观翔实的细致描写，而且也有认知心理的合理阐释；不仅有对汉语本体的深入剖析，而且有与之相关的教学与习得研究。但这些研究仍然多从特定词类出发，没有从句式的角度加以审视；或者对这类词的句法表现虽然有所涉及，但论述还不够深刻。在句子的整体意义上，很少有人对协配句的表达功能做出具体分析，这不利于对协配句的语义进行整体把握。从语篇的角度来看，学界对协配句的研究就显得更为薄弱，这不利于对这一句式的篇章功能做出动态考察。此外，在句法结构上，虽然在静态层面上协配参与者无所谓哪个在前，哪个在后，但是就认知而言，参与者句法投射的过程实际上既和客观事物之间的关系有关，也和人的认知心理有关，而学界对此鲜有论述。此外，学界对表达协配语义的特殊词语、特殊句式研究得还不够充分细致，这不利于我们对协配句的句法语义做深入的分析。

第三节　研究内容、语料来源及说明

一、研究内容

本书研究现代汉语协配句，主要从以下六个方面进行。

第一，对现代汉语协配句的相关问题进行总体论述，具体包括协配句的界定、协配句与相关句子的区别、协配句的特点，以及协配句的范围等，从形式与意义上探究协配句的具体特征和内涵。

第二，从句法层面对现代汉语协配句进行详细描写和分析，具体探讨协配句中的协配手段、协配手段之间的共现规律，以及协配句的句法结构类型和常见格式等，系统构建现代汉语协配句的句法结构网络。

第三，从语义层面对现代汉语协配句进行深入论述和阐释，具体探讨协配句中协配词语的语义特征、协配句中协配项的语义角色、协配句整体结构的语义模式、协配句所表达的常见协配关系，以及一些与协配副词相关的歧义问题。

第四，从语用层面对现代汉语协配句进行动态分析和探究，具体阐述协配句的主述结构、协配句的焦景结构、协配句与语篇的衔接和连贯，以及协配句在语篇中的分布与特点等，以期说明协配句在具体语境中的适用性问题。

第五，从认知层面对现代汉语协配句进行认知阐释，具体探讨图形 – 背景理论在协配句中的表现及其对论元投射的影响、象似性对协配句语义表达的制约作用、协配句所体现出的说话人的主观性，以及协配句的概念整合机制等。

第六，对现代汉语协配句式做个案考察，重点分析句法结构回环类交互句、疑问代词呼应类交互句、主动宾结构类，以及与协配副词相关的一些协配句式。这些句式表达协配语义较为隐蔽，语用功能较为独特，需深入细致分析。

二、语料来源

语料库语料：主要来自北大语料库、BCC 语料库、中国基本古籍库、媒体语言语料库等。

手工翻检语料：小说类为王朔的《玩的就是心跳》，散文类为冯骥才的《冯骥才散文精选》，戏剧类为曹禺的《雷雨》，诗歌类为秦宇慧、王立编选的《现当代诗歌精选》[①]，政论类为邓小平的《邓小平文选（一九七五——一九八二年）》，科技类为刘自强主编的《地球科学通论》。

其他语料：主要为网络搜索语料、文献已有用例，以及自省语料等。

三、相关说明

为行文简洁，本书在引用文献时，对相关作者均不以"先生"称呼，但这并不代表我们对其不尊。相反，我们感谢前贤时俊，正是因为有了他们的丰硕成果，所以才有我们今天进一步探索的可能。

---

① 诗歌类语料仅用于考察协配句在文体中的分布。

第一章　现代汉语协配句的基本问题

　　学界关于协配表达的研究已有很多成果，但这并不等于说问题就已经完全解决了。就协配动词的定义而言，学界各有侧重，没有一个统一的说法。因此，要研究协配句，首先就必须对其做出一个准确的界定，并将之与相关的句式做必要的区分。因为如果不与其他句子相比较，就不足以将协配句的概念阐述清楚。其次，还要探究协配句的性质，判定它的语法归属。因为只有确定了协配句的属性，我们才能更进一步地对其进行研究，反之则无法确立协配句的语法地位。再次，还要分析协配句的特点。协配句在相配项和协配谓语上都有自己的特点，只有把握住这些特点，才能准确判定一个句子是不是协配句。最后，还要确定协配句的范围。研究任何一种句子，都要明确研究对象的范围。范围不清楚，就难以把握研究的对象；研究对象不清楚，研究就无从做起。所以，无论是对现代汉语协配句进行界定，还是将其与相关句子进行区别，或者是对其特点进行阐述，抑或是对其范围进行区分，其实都是为了使研究对象得以明确。换言之，只有明确了研究对象，我们才能进一步对这种句子做深入的分析和探讨。

第一节　现代汉语协配句的界定

一、界定协配句的要素

（一）协配句的命名理据

　　协配句的界定首先要解决的一个问题就是协配句的命名，因为从已有研究来看，学界关于表达协配语义的动词的说法并不统一，所用名称也不尽相同。朱德熙（1982）将其称为对称性动词，刘丹青（1986）将其称为相向动词，陶红印（1987）将其称为相互动词，袁毓林（1989）将其称为协同动词，李临定（1990：77）将其称为复指动词，范晓（1991）将其称为互向动词，张谊生（1997）将其称为交互动词，马庆株（1997）将其称为复数动词，邓守信（2012）将其称为复数指涉动词。尽管各家所用名称不同，但从所下定义来看，其内涵基本一致。兹举较有影响的几家说法如下。

陶红印（1987）：某些动词的动作需要有多个参与者参加才能实现，在句法上这些动词要求代表复数实体的重要名词性成分与它们发生关系。这样的动词我们就叫作相互动词。

袁毓林（1989）：协同动词所表示的动作、状态是由两个或两个以上的个体协同作用而形成的。

李临定（1990：77）：凡动词，它所显示的动作行为要求和两个或两个以上的参与者（或相关者）发生关系，而不和单一的参与者发生关系，这样的动词被称为复指动词。

张谊生（1997）：凡是在语义上要由两个方面的人或物同时参与才能实现或实施的动词，称之为交互动词。

上述学者在界定相关动词时都指出，行为参与者的数量必须为两个或两个以上，且参与行为的方式必须是一方与另一方或多方相互配合。本书对这类动词的命名没有选择已有学者的说法，而是用"协配"一词进行称说，这主要是出于三点原因的考虑：其一，Haspelmath（2007）指出，"相互"（reciprocal）在很多研究中既被用来指形式，又被用来指意义，语境较为模糊。我们采用"协配"的说法可以避免这种麻烦。其二，从表达上来看，"协同"指"各方互相配合或甲方协助乙方做某件事"［《现代汉语词典（第6版）》］，参与者之间的关系是一致的、共同的。这样，诸如"相爱、互访、对打、分离"等具有交互特征的词语就不宜被归入协同动词当中。而"协配"指"参与各方在动作行为或状态关系上相互协作和配合"，其涵盖面更广，不仅可以包括"协同"，而且也可以包括"相互"等范畴。因为"相互"指"彼此同等对待的关系"［《现代汉语词典（第6版）》］，参与者要实现交互关系，他们必须相互配合；反之，若一方离开另一方，则"相互"关系也就会失去其存在的根基。其三，从相关研究来看，"相互"偏向于句法结构上的交互性，"对称"偏向于逻辑上的对应性，"协同"偏向于表达上的协作性，"复指"偏向于指称上的复数性。可以说，每一种命名方式都只关注该类句子的一个方面。我们选用"协配"，关注的则是参与者在句法语义上的协配性。但是需要说明的是，"协配"与"协同"

的说法既有联系，也有区别。相同的是两者都关注参与者的协作关系。不同的是"协同"侧重于句子的语义表达，强调行为主体的协作一致；而本书所说的"协配"侧重的是句子的局部特征，强调的是参与者之间的协作与配合。此外，在学界说到"协同"时，大家最常想到的就是"协同副词"。为了不至于让人觉得"协同句"就是"协同副词句"，本书只好采用"协配"的说法，并将由协同动词、协同副词、协同短语以及协同结构等构成的句子统称为"协配句"。这样，本书所说的"协配副词"也不再是通常意义上的协同副词，它还包括交互副词、轮次副词、分配副词等。所以我们用"协配"的说法以示与以往的研究有别，是更为稳妥的做法。

（二）协配项的句法位置

协配句界定中需要阐明的第二个问题是协配项的句法位置。所谓协配项，其实也就是句中的协配参与者。在协配句中，协配项的句法位置不同，它与谓语核心动词之间的关系也存有差异。具言之，协配参与者在句中既可以是动作行为的协配施行者，也可以是动作行为的协配遭受者。从已有的研究来看，学者们多讨论协配参与者处于谓语之前的情况。但刘丹青（1986）也指出，有一些相向动词能使宾语中的两个方面出现相向关系。[①]我们赞同这种观点，因为我们将"协配"看作参与者之间在句法语义上的一种协作配合关系。只要参与者在句法上具有协作性，在语义上具有配合性，彼此相互依存，不可分离，那么参与者之间的关系就是协配关系。这样，从句法位置上来看，协配参与者并不一定都处于谓语之前，他们/它们有时也可以分别位于主语和宾语位置，甚至在某些情况下也有可能全部位于宾语位置。这也就是说，只要动作行为的参与者之间存有协配关系，那么他们/它们就是协配参与者。例如：

（1）武汉大学与香港沿海国际集团达成协议，决定在武汉大学校园内共建国际科学园。（北大语料库）

（2）男团对阵形势如下：中国队对阵中国台北队，韩国队对阵中国香港队；女团对阵形势为：中国队对阵韩国队，朝鲜队对阵新加坡队。（BCC语料库）

（3）沉鱼恍然大悟，翁信良想撮合她和这个马脸男人，他自己找到

---

① 刘丹青（1986）指出，有一部分相互动词虽然能带宾语，但这属于使动用法，就是使宾语中的两个方面出现相向关系，这时，宾语常常是复数或并列的。例如："敌人试图分离这两支游击队。"这说明协配项是可以出现在宾语位置的。

幸福了，于是以为沉鱼也需要一个男人。（张小娴《卖海豚的女孩》）

例（1）中"武汉大学"和"香港沿海国际集团"一方离开另一方就无法达成协议，因此，二者均是协配参与者。但就句法位置而言，它们位于主语位置。例（2）中以"中国队对阵韩国队"来看，"中国队"与"韩国队"一方离开另一方也无法完成"对阵"活动，因此也都是协配参与者。但就句法位置而言，二者分别位于主语和宾语位置。例（3）中"沉鱼"和"马脸男人"一方离开另一方就无法实现被"撮合"的目标，二者相互依存，因此也是协配参与者。但就句法位置而言，他们却全部位于宾语位置，共同受施动者"翁信良"支配。从协配项句法位置上的这种变化可以看出，协配项在协配句中不仅可以协配施行某种动作行为，而且也可以协配遭受某种行为的处置。

（三）协配句的功能意义

在协配句的界定中需要阐明的第三个问题是协配句的功能意义，因为只有弄清了协配句的功能意义，我们才能判断协配句的外延具体有哪些表现形式。范晓（2009c）根据句子表现认知结构基本框架的功能，将句子大体上分为活动句、性状句、关系句三类。现代汉语协配句同样具有这三种功能类型。例如：

（4）争夺继续延伸到九运会赛场，王非和李秋平少帅斗法，大郅和姚明一争高下。（《人民日报·海外版》2002－01－21）

（5）汪小姐和谊美很投缘，几年来我们转哪家医院，她都不间断地来看谊美，教她画图唱歌。（言妍《玫瑰花园》）

（6）我父亲和老兰，是朋友，也是对头，两个人一直着劲儿。经常地摔跤，总是胜负难分。（莫言《四十一炮》）

例（4）"王非"与"李秋平"斗法，表现的是两人的动作行为，属于活动句。例（5）"汪小姐和谊美很投缘"中的"投缘"是形容词，表示的是两人之间的情状，属于性状句。例（6）中的"朋友"和"对手"是说明"我父亲"和"老兰"之间的关系的，因此属于关系句。

（四）协配句的概念

明确了协配句的命名理据、协配参与者的句法位置，以及协配句的功能意义之后，我们认为协配句是指两个或两个以上的人或事物协配施行或

21

遭受某种动作行为，或协配处于某种状态，或协配具有某种关系的句子。所谓"协配"也就是参与者之间的一种协作配合关系，主要包括协同、交互、轮流、分别等方式。从句法结构来看，协配句的基本形式有三种：①协配项＋协配项＋协配谓语；②协配项＋协配谓语＋协配项；③主语＋协配谓语＋协配项＋协配项。就形式而言，若不考虑句子的语用因素，协配参与者可以交换位置而并不会改变句子的逻辑意义。如"张三和李四和好了"也可以说成"李四和张三和好了"，句子的逻辑语义并没有发生变化。从语义表达来看，协配参与者相对于协配算子①（operator）而言具有不可分解性，一旦分开，句子就无法成立或者意义将发生改变。如上述例句中的"张三"和"李四"相对于"和好"而言不能分解，分解后句子不能成立。为明晰这一概念，我们再做如下说明。

第一，协配句中的协配项在数量上通常是两个或两个以上，即具有复数性。否则，句子不能称为协配句，甚至是不成立的。但需要指出的是，本书所说的"复数"不同于英语中的复数，它是指协配参与者的数量必须是两个或两个以上，而并不是说参与者一定具有某种形态标记。② 就形式而言，这种具有复数性的协配项常使用组合式"A 和 B"或者集合式"我们""你们""他们"，以及一些表示复数的数量短语等形式。例如：

（7）我们表演了小合唱：英文歌曲《老黑奴》和中国歌曲《洪湖水，浪打浪》，萧乾和宗璞又合唱了一支美国民歌。（曾卓《曾卓散文集》）

（8）我们相约在一个咖啡馆里，我们一起喝着咖啡，我们一起尴尬着，谁也没有想到会有一次这样的谋面。（楚尘《我们是自己的魔鬼》）

例（7）组合式"萧乾"和"宗璞"是"合唱"的协配项，两者去掉任意一个参与者，句子都不符合语法。例（8）协配项"我们"是集合式，如果将其换为单数代词，句子也不能成立。不过，有些学者也观察到个别

---

① 算子（operator）是形式语义学的术语，指一个符号或词语表示一个必须运作的变化过程。参见戴维·克里斯特尔《现代语言学词典》，沈家煊译，商务印书馆 2000 年版，第 250 页。

② 英语中协配参与者为复数的例子如"The two men started yelling at each other."，其中"men"即为"man"的复数。当然，英语中有时主语也可以是单数，而另一协配参与者以"with"引导的伴随状语进行表达。如"Zhang San and Li Si quarreled."也可以表达为"Zhang San quarreled with Li Si."。

协配动词可以出现一个参与者。[①] 例如：

> (9) a. 相恋十年的李宁和陈永妍结婚了。（北大语料库）
> b. 和陈永妍相恋十年的李宁结婚了。
> c. 和李宁相恋十年的陈永妍结婚了。

陶红印（1987）认为"这类相互动词句中除了表层上的那个单数名词主语外，还隐含有另外一个在语义上和主语名词地位等同的施事成分"。这也就是说，例（9b）和例（9c）虽然在动态的表层结构上只有一个名词性成分，但在静态的深层语义上"结婚"的另一个对象还是"必不可少的"。这也正如刘云峰、石锓（2018）所指，在深层逻辑语义上，交互结构的主语是"非单数指称"的。但是从语义表达上来看，隐含只是存在于深层的语义结构中，而从表层结构来看，这类句子并不是要表达参与者之间的协配语义关系，而是在陈述单个主语的婚姻状况。这诚如刘丹青（2000）所指，"'结婚'对于个人来说频度很低，信息强度就很高，人们完全可能只关心一个人的婚否状态而不涉及其婚姻对象"。因此，我们不把这样的句子看作协配句。

第二，参与者之间必须具有协作配合关系，这是判断一个句子是不是协配句的充要条件。这就是说，从充分条件关系来看，如果参与者之间存有协配关系，那么由它们构成的句子当为协配句，反之则否；而从必要条件关系来看，参与者之间只有存在这种协配关系，由它们构成的句子才可能是协配句，反之则不可能是协配句。例如：

> (10) a. 大爷和大少奶奶打架了。（张恨水《金粉世家》）
> b. 大爷打了大少奶奶。
> c. 大爷和大少奶奶打了丫鬟。

例（10a）"打架"是双方共同参与完成的动作，即"大爷"打了"大少奶奶"，"大少奶奶"也打了"大爷"。在不考虑语用因素的前提下，例（10a）中的协配项可以交换位置，说成"大少奶奶和大爷打架了"。这说明"大爷"与"大少奶奶"之间的行为是相互发生的，因此，句子能够体现

[①] 陶红印（1987）、张谊生（1997）都提到相互动词的主语可以是一个参与者，如"张三结婚了"。

协配关系，属于协配句。但例（10b）中"打"是"大爷"一个人完成的动作，"大少奶奶"只是"打"的受事，句中的"大爷"和"大少奶奶"不能交换位置，因为一旦交换位置，句子的施受语义关系就会发生变化。所以该句不能体现协配关系，不是协配句。例（10c）中"大爷"和"大少奶奶"交换位置虽然不会改变句子的逻辑意义，但是句中缺少表达协配语义的手段。因此，该句就体现不出协配性，致使协配项可以发生分裂，说成"大爷打了丫鬟，大少奶奶也打了丫鬟"，该句也不是协配句。

就形式而言，参与者之间的这种协作配合关系相对于协配表达手段具有不可分解性。所谓不可分解，是指协配这种关系是一个人无法独自具有的关系。句子一旦发生分解，那么这种协配关系就不复存在，而由它们构成的句子也就不再属于协配句，甚至不能成立。不过，在协配句中这种不可分解性并不一定必然体现在动词上，有时也可体现在行为方式上。例如：

（11）a. 吴长老和陈长老戟指对骂，眼看便要动手相斗。（金庸《天龙八部》）

b. *吴长老戟指对骂，眼看便要动手相斗。

c. *陈长老戟指对骂，眼看便要动手相斗。

例（11）中尽管"骂"可以是一个人完成的动作行为，但是"对骂"就不是一个人可以独自完成的一种活动，它必须有另外一个参与者与之共同参与活动，否则句子不能成立。如例（11b）和（11c），当句子只有一个参与者时，无法完成"对骂"行为。所以，"对骂"作为构成协配句的一种表达手段，陈述协配项之间的交互行为关系，而这种关系通常是不可分割的。这也印证了构式语法的观点：一个语言单位的整体功能意义大于其构成成分的意义之和，而这种整体功能意义大于部分之和的东西就是协配项之间的协作配合关系。虽然在个人的行为中，这种关系无法得到体现，但彼此组合在一起，句子的协配关系就呈现出来了。

二、协配句与相关句子的区别

（一）协配句与分指句

所谓分指句，是指可以对一个句子中两个或两个以上的并列成分进行分解解读，且分解解读的结果并不影响原句的意义，即不减少原句的信息量。它与协配句的共同之处是句子都具有"两个或两个以上"的并列成分，且句中的并列项都具有相同的活动或状态。例如：

（12）a. 王老师和李老师在街上见面了。

　　　b. 王老师和李老师上街了。

例（12a）是协配句，（12b）是分指句。两个句子主语都是"王老师和李老师"，且两人也都有相同的活动。前者"王老师"在街上见到了"李老师"，"李老师"在街上也见到了"王老师"；后者"王老师"上街了，"李老师"也上街了。从变换的角度来看，两者可以有如下变换。

（13）王老师和李老师在街上见面了。

→王老师在街上见了李老师。

→李老师在街上见了王老师。

（14）王老师和李老师上街了。

→王老师上街了。

→李老师上街了。

协配句与分指句至关重要的区别在于：前者重在强调动作或关系双方或多方的协作与配合，即彼此相辅相成，缺一不可；而分指句则只是具有相同行为或关系的双方或多方的一种简单复合，并不要求动作或关系双方或多方的协作与配合，即它们可以单独从事某种活动或处于某种状态，且个体和个体之间在行为上没有任何关联，只是说话人出于语言经济的考虑将其整合为一个由联合短语充当主语的句子而已。如例（14）中的主语"王老师和李老师"可以拆开使用，而例（15）中的主语"王老师和李老师"则不可以拆开使用。例如：

（15）王老师和李老师在街上见面了。

→＊王老师在街上见面了。

→＊李老师在街上见面了。

这主要是因为"见面"是至少需要两个人共同完成的活动，而"上街"并不一定需要两人或多人共同完成，一个人也可以独自"上街"。换言之，"见面"一定需要一个协配对象，而"上街"则不一定要有一个协配对象，所以两种句式产生差别。

（二）协配句与针对句

所谓针对句，是指一方针对另一方而另一方并不针对这一方施行某种动作或者表达某种态度的句子。与协配句相比，两者通常都可使用虚词"和、跟、与、同"等。此处我们暂不讨论"和、跟、与、同"具体是连词还是介词的问题。因为按杨旭（2018）的观点，区分介词和连词的语义基础是"参与客体之间的主从（介词）和对等（连词）关系"，而并不是参与者之间是否具备协配语义关系。这样，不管是将"和、跟、与、同"分析为连词还是介词，从动作行为和关系上而言，参与者之间都有可能存在协配关系。[①] 例如：

(16) a. 冷战时，<u>苏联和美国对抗</u>。

b. <u>我们不必和他赌气</u>。（袁毓林用例）

例（16a）中苏联抗衡美国，同样美国也抗衡苏联，所以两国是相互对抗的，即该例为协配句；（16b）中我们不生他的气，但是他却生我们的气，即该句是一方对另一方施行某种行为，而并不是双方相互施行某种行为，所以此例为针对句。

但值得注意的是，有时同一个动词既可用于协配句，又可用于针对句。例如：

(17) a. <u>我和小邵经常打交道</u>。

b. <u>老范常年跟牲口打交道</u>。（袁毓林用例）

袁毓林（1998：264）认为，例（17a）中"打交道"的意思是"来往"，例（17b）中"打交道"的意思是"应付"，所以前者是协配句，后者是针对句。可见，动词"打交道"既可用于协配句，又可用于针对句。这类动词给协配句与针对句的区分带来了一定的困难。例如：

(18) a. <u>小丽经常跟男朋友闹别扭</u>。

b. <u>小丽经常无端地跟奶奶闹别扭</u>。（袁毓林用例）

---

① 刘丹青（1986）指出，假如参与者之间没有隔开的成分，"和、跟、同、与"可能是连词，也可能是介词，这样，句子就变成同形异构而所指相同，可以说是"没有歧义的歧义句"，这是由相向动词的特殊性质造成的有趣现象。

从形式上来说，例（18）中的两句很难区分哪一个是协配句，哪一个是针对句。为此，袁毓林（2010：310）也从动词的语义上予以区分："'闹别扭'的 a 种用法，是协配动词，意思是'合不来'；b 种用法是针对动词，意思是'为难'。"此处我们姑且不论例（18b）能否表示"协配"，就依此文的论述而言，"合不来"正是指交际双方的互相为难，含有互相针对之意；而"为难"则是事件一方对另一方的动作行为，该动作不具有可逆性。这样，我们抛开词语层面的词汇意义，从句法语义的角度来看，就能清楚地了解协配句与针对句的区别：协配句主要在于强调动作双方或多方的行为、状态或关系是相互协作配合，也就是说，通常会呈现出逻辑上的对称性特征；而针对句往往只是一方针对另一方的动作行为或态度表现，不具有这种逻辑上的对称性特征。因此，两者的句法变换也不同。例如：

（19）<u>小丽经常跟男朋友闹别扭。</u>

→（小丽的）男朋友经常跟小丽闹别扭。

→他们经常闹别扭。

（20）<u>小丽经常无端地跟奶奶闹别扭。</u>

→*奶奶经常无端地跟小丽闹别扭。

→*她们经常无端地闹别扭。

显然，这里最关键的问题不是词语意义的问题，而是事件的客观性以及说话人的主观视角。试想，小丽能跟奶奶闹别扭，为什么奶奶不能跟小丽闹别扭？究其原因，这只能取决于客观现实。具言之，当一方单向地对另一方产生某种行为，而另一方并没有对这一方做出同样的动作行为，那么这种句子就是针对句；相反，如果一方对另一方做出某种动作行为，而另一方也对这一方做出同样的动作行为，那么这种句子就是协配句。如例（20），若客观现实中"小丽"和"奶奶"两个人的脾气都不好，那么，我们也可以认为该例是协配句。因此，它也可进行如下变换：

（21）<u>小丽经常无端地跟奶奶闹别扭，因为两个人的脾气都不好。</u>

→奶奶经常无端地跟小丽闹别扭，因为两个人的脾气都不好。

→她们经常无端地闹别扭，因为两个人的脾气都不好。

例（21）若将"奶奶"换为"男朋友"，则表达协配的语义更为明显，因为在这种情况下，"小丽"和"男朋友"处于等同地位，他们完全可以相互闹别扭。例如：

（22）<u>小丽经常无端地跟男朋友闹别扭，俩人谁也不理谁。</u>

→（小丽的）男朋友经常无端地跟小丽闹别扭，俩人谁也不理谁。

→他们经常无端地闹别扭，俩人谁也不理谁。

可见，协配句与针对句最根本的区别就是协配句中的动作或关系是双向的，而针对句中的动作或关系则是单向的。这也正如丁声树（2009：107）等在区别"对"与"跟"时所指出的："用'对'字常常就单方面说，用'跟'（或'和、同'）就不一定全是单方面的，有时候也表示双方面的关系。"而这里的"单方面"和"双方面"其实讲的也就是针对句与协配句的区别问题。

三、"和"类词对协配句的限制

在现代汉语协配句中，当协配项以组合形式位于协配谓语核心之前时，若协配项由"和"类词连接，那么"和"类词的词性较难判断。对此，张谊生（1996）从语义上予以区分，他认为交互类短语在同"N₁跟N₂"组合后，可以表示三种不同的语义关系：主从义、对等义和联合义。所谓主从义，就是指在表述中，"N_1"处于能动的、积极的、主导的状态，而"N_2"则处于被动的、消极的、从属的状态。所谓对等义，就是指在表述中，"N_1"和"N_2"同时处于能动的、积极的、主导的、相互对等的状态。所谓联合义，就是指在表述中"N_1"和"N_2"始终处于并行、协同、一致对外的状态和关系之中。例如：

（23）a. <u>二狗和柱子吵了起来</u>，他怪柱子不应该什么都瞒着他。

b. <u>二狗和柱子吵了起来</u>，两人谁也不肯示弱，争得面红耳赤。

c. <u>二狗和柱子吵了起来</u>，说他们俩也要去，不会给大家添麻烦的。（张谊生用例）

例（23a）句表达主从义，是"二狗"主动和"柱子"吵；例（23b）句表达对等义，是"二狗"和"柱子"互相吵；例（23c）句表达联合义，是"二狗和柱子"一起同"大家"吵。张谊生进一步根据句子的语义关系区分出，例（23a）中的"和"是介词，例（23b）和例（23c）中的"和"是连词，但两者也有区别：例（23b）中的"N_1"和"N_2"存在着对等性的交互行为，而例（23c）中的"N_1"和"N_2"则具有内在的一致性，其联合性行为是针对隐含着的他人的。

这种根据句义关系判断"和"类词的词性的方法无疑是正确的，我们可以据此判断究竟哪些句子是协配句。我们从张谊生对三种句子所做的区分可以看出：首先，表对等义的句子肯定是协配句，因为当"和"类词为连词时，"N_1"和"N_2"具有对等交互的关系。其次，表联合义的句子不是协配句，虽然此时"和"类词也为连词，并且张文将其说成是"并行、协同、一致对外的"。因为这种联合性行为是针对他人的，而并不是"N_1"和"N_2"之间互相争吵，此时"N_1"和"N_2"只是一般的联合短语，句子可以发生分解，并不会影响句义的表达。例如：

（23c）二狗和柱子吵了起来，说他们俩也要去，不会给大家添麻烦的。

→二狗吵了起来，柱子也吵了起来，说他们俩也要去，不会给大家添麻烦的。

最后，再来看主从义的句子是不是协配句。张谊生认为在主从义的句子中，"N_1"处于能动的、积极的、主导的状态，而"N_2"则处于被动的、消极的、从属的状态。这其实只是从语用层面对"N_1"和"N_2"的协配作用做出了区分，而并没有说两者之间不存在协作配合关系。如例（23a）中"二狗"和"柱子"吵，虽然说"二狗"是主动者，但是"柱子"还是参与了这一争吵事件，否则，如果只是"二狗"单方面与"柱子"吵，那么句子也就成了针对句。可见，在主从义句子中，虽然"和"类词为介词，但是整个句子还是可以被分析为协配句的。综合上述三种情况来看，由协配词语构成的句子，不管句中的"和"类词是连词还是介词，大多数情况下句子都是协配句，这也就是刘丹青（1986）所说的句子同形异构而所指相同，是"没有歧义的歧义句"，但这种情况对于少数可以陈述单数名词的协配动词而言是例外的。①

陶红印（1987）指出，当一个单数名词与相互动词连用时，句子可能会产生歧义。如"小张和小王结婚了"既可以是"小张"和"小王"之间

---

① 张谊生（1996）列出的可以组成自由隐含类短语的动词有：结婚、离婚、订婚、复婚、成家、圆房；打牌、打球、打拳、下棋、跳舞、练功、比赛；打赌、赌博；交涉、吵架、骂架、打架、吵、闹；等等。

的行为，也可以是"小张"和"小王"各自的行为。我们认为如果句义表达的是彼此之间的行为时，句子是协配句，而如果句义表达的是两人各自的行为时，则句子为非协配句。但当句义表达的是彼此之间的行为时，陶文认为此时句中的"和"是介词，这种观点存在一定的片面性，至少理由并不是很充足。我们认为当句义表达的是彼此之间的行为时，句中的"和"类词除了可以被看作介词外，有时也可以被分析为连词。因为我们可以说"小张和小王结婚了，彼此很恩爱。"这样的句子，而在这个句子中"小张"和"小王"完全是互相对等的，可见，此时的"和"当为连词。这说明，"和"类词的词性虽然是我们判断协配句和非协配句的一个因素，但是很多情况下，不管是将其分析为连词还是将其分析为介词，都不会影响整个句子的协配性质，而对于能够陈述单数名词的协配动词则要予以区分。

第二节　现代汉语协配句的类属及特点

研究一种句子，必须准确把握该种句子的类别属性。所谓句子的类别属性，其实质也就是句子的归属问题，即一种句子本质上属于什么类别的问题。在语法研究中只有弄清了句子的类别归属，我们才能对这类句子的语法性质予以定位，才能更进一步地对其做出深入的探讨。根据三维语法的观点，一个句子究竟属于何种语法类别，可从句法、语义、语用三个不同的方面予以判断。这就需要我们首先探讨句式与句型、句模、句类的关系，然后再去分析协配句的类属。只有这样，我们才能进一步描述协配句的下位类别及其特点。

一、句式及其与其他概念的关系

（一）句式的含义

学界对句式的研究较早，据范晓（2013b）粗略统计，"从1921年至今已有数百篇论文谈到句式，还有些有关句式的专著"。但是对于句式的概念学界存有争议。这诚如范晓进一步所指出的，"有的认为词类序列格式就是句式，有的认为句型（句子的句法结构的格局）就是句式，有的认为句模（句子的语义结构的模式）就是句式，有的认为有特征词或以其他特定形式为标志的句子就是句式，有的认为表示某种特定表达用途或语用意义的句子就是句式等"。在这些观点当中，最有影响的是从句式的特征界定其概念。如张斌（1996：373）就明确指出，"句型是结构类别，句式是特征类别"。陈昌来（2001a：137）的表达更为直接，他说："着眼于句子结构上的某种特殊性而形成的句子类别叫作句式或特殊句式，以区别于句型。"邵敬敏（2007：206）也认为句式"是指根据句子的局部特点划分出来的句子类型"。宗守云（2015）也明确表示完全赞同张斌的观点，认为"句式是从句子的特殊性或句子的外在标记的角度划分出来的句子类别"。但是范晓（2010c）在评判前人研究的基础上将句式定义为"句子的语法结构格式，即指由一定的语法形式显示的表示一定语法意义的句子的结构格式"。这种观点是一种综合的观点。他认为句式首先是一种"结构格式"，这种结构由两个或两个以上的词或成分组成；其次，句式是句子的结构格式，非句子层面的结构格式并不能称作句式；再次，句式要表达"一定的语法意义"，这种语法意义包括句法结构内部的关系意义和语义结构内部的关系意义以及句式整体的语用功能意义；最后，句式要由"一定语法形式"予以显示，这种语法形式主要由词类序列、特定词（或特征字）、固定格式、语调（句调）等表现出来。我们赞同这种观点，因为它兼顾了三维语法的三个层面，贯彻了形式与意义相结合的原则。但是它与基于句子局部特征界定句式的观点并无太大矛盾，因为这种综合三维平面的句式观不仅不否定"特征"是句式的语法形式，而且在句式的命名上还主张根据特定词或特定配置来确定句式的名称。如"把"字句、"被"字句、"是"字句、双宾句、连谓句、兼语句等句式的命名就和句子的某些特征有关。因此，范晓（2010c）指出，"由于描写和命名具有主观性和多样性，目前无法统一，也不必强求统一"。这就是说，在句式的命名上，可以根据句子的局部特征命名。但范晓所说的句式是一个三维的概念，兼顾句法、语义、语用三个平面，这是以往从局部特征来给句式命名的观点所没有强调的。因此范晓认为，从局部特征界定句式是更为"狭义"的观点，但它界定的句式并非不是句式。换言之，狭义的句式其实也是三维观点下的句式，只是三维句式包括的范围更大，而狭义的句式所含范围较小而已。

（二）句式与其他概念的关系

除句式外，汉语语法学上还有句型、句模、句类三个概念。我们赞同范晓（2013b）对这三个概念所下的定义：句型是句式的基本句法结构格局，即由句干句式内部的实词词类所表示的句法成分之间的句法关系构成的句法结构；句模是由动核结构组成的基本语义模式，即由句干句式内部的实词词类所表示的语义成分之间的语义关系构成的语义结构；句类是句式语用意义的类型，这种语用意义可以体现在两个方面，一是语气句式所表达的交际功能意义，二是"句型－句模"结合体所表达的句干句式的整体的独立的表达功能意义。这是从三个不同的维度对句子所做的分析，即句子在句法上表现为句型，在语义上表现为句模，在语用上表现为句类。

与句式相比，句型、句模、句类都是单一层面的分析，而句式是三维平面的综合概括，是"句法、语义、语用三位一体的匹配格式，任何句式都有句法结构、语义结构和语用功能"（范晓，2010c）。当然，句型、句模、句类也必须通过句式才能得以表示，离开了句式，其他三个维度都无从依托，无法表示。但是范晓（2010c）还指出，句式跟句型、句模、句类之间也存在着错综复杂的关系：就句式与句型的关系而言，一种句型可以由多种句式表示，同一句式也可属于不同的句型；就句式与句模的关系而言，一种句模可以由多种句式表示，同一句式也可属于不同的句模；就句式与句型的关系而言，一种句类可以由多种句式表示，同一句式也可属于不同的句类。这也就是说，句式和句型、句模、句类是从不同角度对句子进行分析的结果，前者注重综合，后三者注重分析。邵敬敏（2014、2021）也认为句式与句型、句类之间存在交叉关系，但是他将句式、句型、句类和句态①看作并列的关系，其目的是构建汉语的句子系统。这是值得提倡的，但是就一种句式的研究而言，要想深入研究它，就必须对其句型、句模、句类，乃至句态进行具体分析。因此，就研究的角度而言，范晓的句式"综合说"更具可操作性。这也就是说，在对现代汉语中的某种句式进行研究时，必须注重综合和分析：要从综合方面把握句子的总体特征，从分析方面对某一特殊句式做出全方位、多角度的深入解剖，将句式与句型、句模、句类之间的错综复杂的关系搞清楚。质言之，研究句式离不开对句型、句模、句类的深入分析；同样，分析句型、句模、句类就是在研究句式的某一个侧面。

二、现代汉语协配句的类属

明确了句式的概念和命名方式，以及句式与句型、句模、句类之间的关系，我们再来看协配句的类属。很明显，协配句应属于汉语中的一种特殊句式，这是基于该类句子的形式与意义的匹配关系对其进行的判断。邵敬敏（2020）构拟了汉语句式的三个系列：特殊结构系列、特殊词语系列、

---

① 邵敬敏（2021）主张建立句子的情态系统，并将其简称为"句态"。所谓"情态"是指"感情和态度"，和说话人的主观性密切相关。

特殊范畴系列。现代汉语协配句则属于特殊范畴系列中的一种句式。因为就形式而言，该类句子通常必须具有两个或两个以上的协配参与者；就意义而言，这两个参与者之间必须具有协作配合关系。在命名方式上，我们采用的命名方法是特征命名法，即我们关注的是参与者之间的协配关系，而没有去考虑谓语的构成、句法结构的格式、语义结构的模式、句类的语气类别等情况。这也就是说，在我们看来，事件或事态参与者之间是否具有协配关系才是我们判断一个句子是否是协配句的关键。而在这一特征的统领下，协配句可以具有不同的句法结构格式，可以具有不同的句模，同样也可以属于不同的句类。

但值得一提的是，我们说的协配句是一类句式的总称，就协配方式而言，它还可以分出一些下位句式。这种下位句式实际上也就是由句式的"分合"所产生的下位分类。范晓（2016）指出，"分"指大类分化为小类，即上位句式分化为下位句式；"合"指小类集合归纳为大类，即下位句式集合归纳为上位句式。句式"分合"所形成的大类小类的差别表明句式具有层级性。作为形式和意义匹配体的句式，无论是形式还是意义，都有个"分合"的问题。协配句是一种句式，它同样也具有"分合"的问题。宗守云（2015）将这种"分合"称为"句式的分化"。所谓"句式的分化"，是指一个句式分化出两个或两个以上的多义句式或同形句式的情形。他认为这是语用分工和历时演变的结果。

我们这里主要从协配方式看其句式分化。在参与者协配方式上，协配句的下位句式又可分为协同、交互、轮流、分别四种类型，但彼此之间也有联系和区别。就共性而言，在句法语义上，这四种类型的句子都需要参与者的协作与配合，所以都可看作协配句。

就协同类型的句式而言，本书对"协同"概念的界定较严格，它是指参与者协和一致从事某种活动，通常具有一个共同的目标。这就可以将诸如"相会、互助、对阵"等学界原定的协同动词排除在外，因为这类词语实际表达的是交互协配关系。这样，协同型的协配句所表达的语义实际强调的是参与者目标的一致性。例如：

（1）哪知还有三音神尼，要和他争那天下第一称号，比武三日夜，各受重伤，化敌为友后，合著了《归元秘笈》。（卧龙生《新仙鹤神针》）

（2）在这风起云涌的大时代，无数的英雄豪杰，名臣猛将，将会用他们的生命与鲜血，共同谱写出一曲大汉风。（魔帅《大汉万

户侯》)

上述二例参与者之间都存在合作关系，前者"他"和"三音神尼"合著了《归元秘笈》，后者"无数的英雄豪杰，名臣猛将"共同谱写了一曲大汉风，参与者之间都有一个共同的目标。这个共同目标的实现并不是单一某个个体完成的，而是行为人共同完成的。就形式而言，这种表示协同关系的协配句中的谓语核心动词前可以受"一起""共同""一同"等副词的修饰。如例（1）可以在"合著"前加"一起"，例（2）中则直接使用"共同"修饰"谱写"。对于这种表示协同关系的协配句，如果以 A 和 B 表示协同对象，以 O 表示协同目标，以 R 表示协同关系，那么我们可以将这种协配关系用图 1.1 表示。

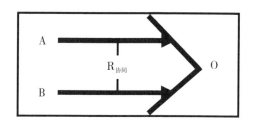

图 1.1　协同关系

交互关系是指参与者一方对另一方怎么样，另一方也对这一方怎么样的一种相互作用的关系。在这种关系中，参与者之间未必有共同目标，但是他们之间的关系又是不可分割、彼此相互依存的。一旦一方脱离另一方，彼此的相互关系也就不复存在了。例如：

（3）白牛在四清山结识了阿修罗族圣女罗刹女，两人相识相爱成为逍遥夫妻，并在翠云山立府为王。（BCC 语料库）

（4）仔细一看，原来是两个身影在交手，一个身影周围是赤红的火焰，另一个身影周围则是狂暴的天雷，两个领域在互相碰撞，两个身影都深入对方的领域之中，毫不留情地互相攻击着。（水平面《命运天盘》）

例（3）、例（4）中参与者之间都存在交互关系：前者两人相识相爱，可以存有共同目标，这就是希望成为逍遥夫妻；而后者两个领域互相碰撞，两个身影互相攻击，彼此之间并没有共同目标，但是参与者之间又是不可分离的，因为一旦分开，双方也就不再存有交互关系。就形式而言，这种表示交互关系的协配句中的谓语核心动词前可以受"互相""相互""交互"等副词的修饰或者谓语核心动词中本身就含有语素"互"或"相"等。如例（3）中"相识"和"相爱"本身就含有语素"相"，例（4）中动词"碰撞"则受"互相"的修饰。对于这种典型的表示交互关系的协配句，如果以 A 和 B 表示交互对象，以 R 表示交互关系，那么我们可以将这种协配关系用图 1.2 表示。

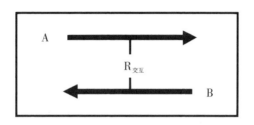

图 1.2　交互关系

轮流关系是指参与者之间所具有的交替轮换关系，即一个参与者做完之后，另一个参与者再接着去做，轮流交换，共同完成某种任务或实现某一目标。它和协同的区别在于，协同参与者可以同时参与某种活动，而轮流关系中的参与者在活动时具有时间上的先后之分。例如：

（5）儿子最早接触的书是《上下五千年》，那时他还不识字，<u>我们夫妻两个轮流一篇一篇地读给他听</u>。（BCC 语料库）

（6）气温已降至零下 32 摄氏度，但联欢会场却热气腾腾，<u>部队官兵和驻地群众轮番上台献歌献舞</u>，歌唱改革开放带来的好生活，赞颂军民一家亲。（BCC 语料库）

例（5）、例（6）中参与者之间的关系是轮流关系，他们之间可以有共同的目标或任务。如前例中夫妻二人的共同目标是给儿子读书；后一例虽无明显的共同目标，但参与者只有轮流上台，才能把联欢会组织好、举办好。如果一方离开了另一方，那么这种军民一家亲的景象就无法实现。就形式而言，这种表示轮流关系的协配句中的谓语核心动词前可以受"轮流"和"轮番"等副词的修饰。如例（5）中的"轮流"修饰动词"读"，例（6）中的"轮番"修饰"上台"。对于这种典型的表示轮流关系的协配句，如果以 A 和 B 表示轮流对象，以 R 表示轮流关系，那么我们可以将这种协配关系用图 1.3 表示。

图 1.3 轮流关系

分别关系是指参与者之间所具有的彼此相互区别的关系。在行为过程中，参与者彼此分别从事某种活动，但并不排除他们之间可以有共同的目标。就个人行为而言，这种关系似乎不是协配关系，但是从句法语义的角度来看，"分别"不是一个人能独自完成的，它同样需要两个或两个以上的参与者，且要实现相互分别这一事件状态，两者也不可分割。例如：

（7）在当地时间 25 日晚结束的都灵冬奥会短道速滑女子 1000 米比赛中，<u>中国选手王濛、杨扬分别获得银牌和铜牌</u>。（BCC 语料库）

（8）<u>他们常趴在窗台上端着枪向远处马路上的汽车扫射，或者等我回家时关了所有的灯，分头躲在暗处向我发出袭击</u>。（BCC 语料库）

例（7）、例（8）中参与者之间都具有相互分别的关系。从行为上来看，每个人都是一个独立的参与者，但是从句法语义的关系来看，每一个参与者又离不开他人的参与和配合，因为如果参与者之一离开了他人，那么剩下的一方也就无所谓是否"分别"，如例（7）。从行为目的来看，参与者之间也可以有共同目标，但是这种共同的目标一个人也可以完成，它不需要另一方的协助。如例（8）中参与者之间的共同目标就是"向我发出袭击"，这种目标单独一个人也可以完成。就形式而言，这种表示分别关系的协配句中的谓语核心动词前可以受"分别""分头"等副词的修饰。如例（7）中的"分别"修饰"获得"，例（8）中的"分头"修饰动词"躲"。对于这种典型的表示分别关系的协配句，如果以 A 和 B 表示分别对象，以 R 表示分别关系，以虚线表示各自的独立行为，那么我们也可以将这种协配关系用图 1.4 表示。

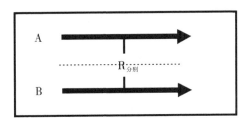

图1.4　分别关系

三、现代汉语协配句的特点

现代汉语协配句的特点主要表现在协配参与者和协配谓语表达上。本书为了表述简洁，将协配句中的协配参与者称为协配项。就协配项而言，现代汉语协配句具有非单性和加合性的特点；协配谓语而言，现代汉语协配句则具有多指性和对称性的特点。

（一）协配项的特点

1. 协配项的非单性

Lin（1998）指出，交互谓语（reciprocal predicates）需要复数主语（plural subject）与之相配。Sokolová（2019）指出，伴同格（comitative）经常使参与者复数化（pluralize），即两个参与者具有相同的情状。汉语协配句也需要有两个或两个以上的参与者才能成句，所以汉语协配句的协配项具有非单性特征。所谓协配项的非单性，是指汉语协配句中的协配项不能为单独一个个体。汉语的名词在形态上没有严格意义上的复数形式，但这并不意味着汉语不能表达复数语义范畴。只是和印欧语相比，后者大多采用形态变化，而汉语主要采用数量短语，当然也可以在表人的名词后加助词"们"，甚至形成表达复数的人称代词。就现代汉语协配句而言，表达复数语义范畴的语法形式主要有：通过列举词项表达参与者的数量，通过具有复数意义的词语表达参与者的群体称谓，通过数量短语修饰协配参与者用以表达人或事物的群体数量。例如：

（9）赵辛楣的父亲跟苏文纨的父亲从前是同僚，民国初元在北京合租房子住。（钱钟书《围城》）

（10）全家人聚集在一起，举行宴会，称为"送岁"；有的地方，人们相互走访，称为"辞年"。（阴法鲁、许树安《中国古代文化史》）

（11）遇到街边闲着聊天的小伙子们，五十人便一齐严肃起来，挺

直腰板目不斜视地从他们面前走过。(王朔《千万别把我当人》)

例(9)通过列举协配项"赵辛楣的父亲"和"苏文纨的父亲"的方式表达复数语义。例(10)通过具有复数意义的词语"全家人""人们"这种群体称谓表达复数语义。例(11)利用数量词"五十"来表示"人"的数量,说明"一齐"的参与者为复数。可见,在现代汉语协配句中协配项必须为复数。

2. 协配项的加合性

在现代汉语中,联合短语内部存有"加合关系"。就事件参与者的角度而言,联合短语中的并列成分地位等同,但其语义关系并不一定完全相同。吕叔湘(1979:66-67)将并列式的"加合关系"分为两种:其一,加而不合;其二,加而且合。前者是可以分解的,如"张三和李四都是大学生"可以分解为"张三是大学生,李四也是大学生";后者相对于协配关系而言是不可分解的,如"张三和李四是好朋友"不能分解为"张三是好朋友,李四也是好朋友",因为"朋友"表达的语义关系是关系双方的一种合并关系,仅有一方不能成为朋友。对于现代汉语协配句中的协配项而言,尽管它们并不一定都是由联合短语充当的,但其所包含的"加合关系"只能体现为"加而且合"的关系,因为现代汉语协配句中协配项是相互作用、不可分割的。换言之,协配项的一方是以另一方为基础的,失去了其中任何一方,双方之间的关系也就不复存在了。例如:

(12)俞启威与李云鹤结合后,相亲相爱地度过了许多甜蜜美好的日日夜夜,享受着平静与幸福的美满生活。(北大语料库)

(13)王杰出生于台北的永和,父亲是老演员王侠,3岁时,王侠和邵氏电影公司签约,一家人由台湾移居香港。(肖及《王杰走过艰苦岁月》)

例(12)中"俞启威"与"李云鹤"结合后相亲相爱,两者构成"加而且合"的关系。因为"相亲相爱"是双方互相爱恋,所以如果只是一方喜欢另一方,而另一方并不喜欢对方,那么就称不上"相亲相爱"。如果将句子说成"俞启威相爱"或者"李云鹤相爱",则两句都不可被接受,因为单一个体无法表达协配关系。同样,例(13)中"王侠"与"邵氏电影公司"签约是互为协配对象的,如果彼此缺少这个对象,那么他们就实现不了"签约"的愿望,所以现代汉语协配句的协配项必须加合在一起,才能完成所要从事的活动。正是从这种意义出发，我们认为现代汉语协配句的协配项具有"加而且合"的特点。

（二）谓语的表达特点

由于协配项具有非单性和加合性，相应地，现代汉语协配句的谓语也具有多指性和对称性的特征。因为按照陆俭明（2010）关于语义和谐律（semantic harmony）的观点，句子内部各组成成分之间必须和谐，所以当协配句要求协配项具有非单性时，协配句也必然要求其谓语具有多指性的特点；同理，当协配句的协配项表现为加合性时，协配句也必然要求其谓语具有对称性的特点。

1. 谓语表达的多指性

谓语表达的多指性是指协配句的谓语成分在语义指向上指向非单一性协配项的特点。这样，由于协配项是非单一性的，所以其谓语的某一成分，或者是谓语动词本身，或者是修饰谓语的状语，或者是谓语动词所带的补语/宾语，或者是宾语前的定语等，就必然具有多指性的特点。否则，谓语表达就不能涵盖整个协配项。例如：

（14）习近平说，<u>中日间有着长达两千年的友好交往历史，两国民间友好根基深厚。目前两国已互为主要经贸伙伴，相互依存日益加深，合作空间不断扩大。</u>（《人民日报》2011 - 07 - 05）

（15）1938 年春，<u>郑律成结识了"抗大"女生队队长丁雪松，抗日救亡的热情沟通了两个有着同样遭遇的青年人的心，他们真诚相爱。</u>（梁祖国《郑律成与中朝两国的军歌》）

例（14）中"交往""友好""互"和"相互"都具有协配语义，在语义指向上它们都指向并列式的协配参与者"中国"和"日本"，所以从这一点而言，该句的谓语成分具有多指性的特点。同样，例（15）中"结识""沟通""相爱"也需要两个或两个以上的人或事物才能表现，所以其语义指向也是多指性的。相反，如果此二例中的谓语成分不能表现多指性，则句子同样也不能够被接受。如例（14），若将"交往""友好""互""相互"去掉，则句子结构不合法；同样，例（15）中的"结识""沟通""同样""相爱"也都关联"郑律成"和"丁雪松"，它们也不能被换成非协配词语，否则句子意义就会发生变化，或者句子不可被接受。或许正因如此，李临定起初将该类动词称为复指动词，后来又改称为多指动词①，这正说明现代汉语协配句的谓语成分具有多指性特征。

2. 谓语表达的对称性

Plank（2006）指出，在一个对称关系中，参与者的参与方式本质上是相同的。当这种对称性适用于施事影响受事的行动时，对称性意味着参与者 A 采取行动，共同参与者 B 被采取行动，而且作为同一事件的组成部分，参与者 A 本质上就像共同参与者 B 一样也被采取行动，共同参与者 B 本质上也像参与者 A 一样采取行动。对于现代汉语协配句而言，由于协配项具有加合性特征，所以在不考虑句子语用因素的情况下，协配项之间可以相互交换位置，而通常并不会改变句子的逻辑真值。例如：

（16）a. 1924 年 4 月 4 日，汪静之与符绿漪在武汉结婚。从此，他们相依为命共同生活了 60 多个年头。（董培伦《爱情诗人汪静之的罗曼史》）

b. 1924 年 4 月 4 日，符绿漪与汪静之在武汉结婚。从此，他们相依为命共同生活了 60 多个年头。

例（16）中协配项"汪静之"和"符绿漪"可以随意交换位置，而并不会改变二者结婚的事实，以及他们之间"相依为命共同生活"的关系。协配项的这种可以交换位置的特性，反映在谓语成分上就体现为谓语成分的对称性。

所谓谓语成分的对称性，是指谓语所表达的语义关系具有对称性。而对于对称性的解释，詹斯·奥尔伍德、拉斯·冈那儿·安德森、奥斯坦·达尔（1984：104）从逻辑的角度指出："如果一个关系 R，只要在两个对象 x 和 y 之间成立，也就在 y 和 x 之间成立，也就是说，如果这种关系永远在相反的方向成立，这个关系就叫作对称性的。"这对于现代汉语协配句而言，由于协配句中的谓语成分具有对称性，所以协配句可以进行逆推，即根据 xRy 真，可以推出 yRx 也真，反之亦然。例如：

（17）在一次祝寿会上，姚怡诚与施利聆相遇，虽是初次，姚怡诚却一眼便被清丽脱俗的施利聆所吸引，有意让她做蒋纬国的意中人。

---

① 李临定在《现代汉语动词》（1990）中将此类动词称为复指动词，在《现代汉语句型》（2011）中又将该类动词称为多指动词。

（BCC 语料库）

（18）2017 年春运是近 5 年来最早的春运，<u>学生流、务工流相互叠加</u>，客流高峰较往年来得早、持续时间长，而且峰值高。（《人民日报》2016 - 12 - 29）

例（17）中"姚怡诚"与"施丽聆"相遇，同样，"施丽聆"也与"姚怡诚"相遇，这种关系是互逆的，两者具有互推性，即如果"姚怡诚与施丽聆相遇"为真，那么"施丽聆与姚怡诚相遇"也必然为真。因此，该句中的谓语动词所表达的语义关系是对称的。例（18）也是一样，"学生流"与"务工流"叠加在一起，同样"务工流"也与"学生流"叠加在一起，两者之间也具有可逆的互推关系，因此，句中的谓语成分也具有对称性。这正如朱德熙（1982）所说："对称性动词所表示的动作都有双方面参加，而这双方面的关系是对称的。"这虽然是针对对称性动词做出的论述，但对于表示交互关系的副词"互相""相互"来说，同样也是适用的，因为对称关系并不一定只能由协配动词体现，协配副词同样也可以表示对称关系。

第三节　现代汉语协配句研究的对象与范围

一、现代汉语协配句研究的对象

协配句是指参与者之间在句法语义上具有协配语义关系的句子，因此，协配句的研究对象实际上也就是具有协配语义关系的一类句子。但是具有协配语义关系的成分并不一定都处于主语或宾语位置，换言之，某些协配参与者并不充当句子的必要论元，而是扮演动词行为的附加角色，对于这些句子本书暂不做讨论。例如：

（1）俞慕槐把整个桌面上的东西悉数扫到地下，他自己筋疲力尽的跌进了椅子里，<u>用手捧住了头</u>，他扑伏在桌上，沉重地、剧烈地喘息着。（琼瑶《海鸥飞处》）

（2）马仙期将这一套乐曲名为"秋水长天"，<u>用墨笔和朱笔合写在黄麻纸上</u>，成一卷，用以献给谢阿蛮。（南宫博《乱世红颜：杨贵妃》）

例（1）、例（2）中"捧"和"合写"都是表达协配语义的词语，但是它们指向的参与者在句中并不是动作行为的实施者，而只是动作行为的工具。如例（1）中的"手"，在数量上也并不是一只手，而是两只手，但"捧"的施事是"他"，即俞慕槐。同样，例（2）中"合写"不是说两个人或多个人合作来写，而是用两种笔合写，所以协配参与者也是工具。对于这类句子，虽然它们在某些方面也能体现协配关系，但是参与者不占据句子的主干位置，因此本书对此类句子不做具体论述。

这样，本书所论述的协配句如果从参与者之间的关系来看，有的表示参与者之间的行为关系，有的表示参与者之间的状态关系，还有的表示参与者之间的身份关系。换言之，无论是表示行为关系的协配句，还是表示状态关系的协配句，抑或是表示身份关系的协配句，它们都是我们研究的对象。例如：

（3）结果丁大小姐唱歌的瘾被勾了上来，拦都拦不住，先是和罗平合唱了《梦里水乡》《爱的代价》，最后以一曲《上海滩》惊动全场。（菊子《何必太多情》）

（4）此人原在北洋李鸿章李中堂手下，前几年微臣前往津门公干，当时就是此人负责协助微臣办理相关事宜，与微臣颇有几分投缘。（面条《一个人的甲午》）

（5）虽然此举严重违反地下工作的纪律，但罗梦云却顾不上了，她和杨秋萍是好朋友、老同学，两家又是世交，从哪方面讲，她都应该去一次。（都梁《狼烟北平》）

例（3）中"丁大小姐"和"罗平""合唱"是表示行为关系的协配句。例（4）中"此人"与"微臣""投缘"是表示两人关系状态的协配句。例（5）中"罗梦云"和"杨秋萍"具有朋友关系和同学关系，这是参与人之间的身份关系。但是，这些关系都需要参与者相互协作与配合，彼此不可分离。一旦一方脱离了另一方，那么协配关系就不复存在了。换言之，只有参与者相互依存，这种协配关系才能有所依托，否则句子就不能成立。

但是，还有一点需要说明：为了使研究的内容更为集中，本书探讨的现代汉语协配句主要是单句，而对于以复句形式表达协配语义的句子，如无特殊需要不做具体分析。例如：

（6）<u>娄红依偎着耿林，耿林依偎着娄红</u>，两人慢慢朝南门走去。（北大语料库）

（7）<u>男的怪女的打牌把日子输穷了，女的怪男的喝酒把日子喝穷了</u>。（北大语料库）

例（6）表达"娄红"和"耿林"互相依偎，例（7）表达"男的"和"女的"互相指责。这些句子虽然也能表达交互语义关系，但是这些句子都是以并列复句的形式表现出来的。当句中的谓语核心不是协配动词的时候，单看一个分句则无法说明协配项之间的协配关系。只有将两个分句结合起来，才能看出这种交互语义关系。

二、现代汉语协配句研究的范围

（一）表达泛数意义的句子是不是协配句

陶红印（1987）主要论述了相互动词句，并将相互动词分为两类：一类是"交互的"，如"相遇"和"结婚"；一类是"共有的"，如"聊天"和"绝交"。但限于篇幅，他将"交互"句和"共有"句合在一起论述，且陶本人也指出"在要求有复数性名词成分与之发生关系这一点上，它们还是一致的"。因此，陶文将这两类动词构成的句子都称为"相互动词句"。

从讨论的内容上而言，陶文论述的大多数问题都属于我们所说的协配句的范围，但是也有少数不是。如陶文在论述"相互动词句"的主语为复数名词时指出："还有一种情况，有些名词无所谓单复数，在一般所谓的单复数范畴之外，我们考虑可以将其称为'泛数'。"他还以"海水汹涌"和"大雪弥漫"为例，认为"汹涌"和"弥漫"都是相互动词。这过多地扩大了相互动词的外延，从而也过多地扩大了相互句的外延。因为"海水"和"大雪"都属于不可分割的无界事物，将"汹涌"和"弥漫"看作相互动词，无法说明参与者是如何"相互"发生作用的。所以，本书不把这样的句子作为研究对象，即不将其看作协配句。这样，我们所说的相互句的外延小于陶文所说的相互句外延。换言之，我们把相互句作为协配句的一种次级类型对待，即协配句包含相互句，但协配句并不全是相互句。

（二）具有多指特征的句子是不是协配句

李临定（2011：149 - 153）列有多指动词句，并说明该句型"要求和多指的名词语搭配"。这实际上只是从谓语动词的语义指向上考虑问题，而并没有从整个句子的协配语义关系上概括该类句子的语法意义。从李著的全部分析来看，所论内容基本上也属于协配句的范围。如对于"小李和小张合唱了一首民歌"一例，李著指出"'小李'是单数，但是加上'小张'便是多数，他们共同参与'合唱'这一行为"。可见，李著在语义的表达上还是回到了"共同"语义特征上。这也就是说，尽管李著所使用的名称为"多指动词句"，但其实讨论的内容还是属于表达协配语义关系的协配句。

不过，这里还有一个问题，具有多指特征的句子是不是都是协配句呢？答案当然是否定的。这是因为如果仅就多指动词而言，它具有双向或多向性，那么由其充当谓语成分的句子必然是协配句。然而，事实是，一般的并列成分或总括成分也有多指的特点，因为事件参与者中只要有一个能指成分，就必然会有一个所指内容，所以"多指"无法说明事件参与者之间是否具有"加而且合"的特征。因此，本书只把"多指"作为协配项的一个特点，但并不是说有这个特点的句子都是协配句。这也就是说，具有多指特征的句子其外延较大，而协配句只是其中的一种。

（三）由 ［＋多数］义副词构成的句子是不是协配句

协配句除了和协配动词有关之外，还和一些表示 ［＋多数］义的副词有关。但是，沈莉娜（2008）指出："现代汉语中具有 ［＋多数］义的词语并不都是协同义词语。"她具体讨论了 ［＋协同］与 ［＋交互］、［＋协同］与 ［＋相继］、［＋协同］与 ［＋循环交替］、［＋协同］与 ［＋分别］、［＋协同］与 ［＋总括］的区别，认为 ［＋交互］［＋相继］［＋循环交替］［＋分别］和 ［＋总括］五类 ［＋多数］义词语都不属于"协同"的范畴。其实，这主要是从参与者与动作行为结果之间的关系上思考的结果。我们认为就副词而言，对于除 ［＋协同］外其余五类 ［＋多数］义副词究竟能不能表达协配语义，应分类讨论。我们先看以下三家对协同副词的界定。

张谊生（2000：22）没有对协同副词进行界定，但其著作列有协同副词，分别是"一并、一总、另外、举凡、是凡、一道、一起、一齐、一同、一例、一块儿"。张谊生（2004：85）后来又将"举凡、是凡、一总、一例"列为统括性范围副词。可见，张著所列的协同副词实际并不太多。不过，对于"另外"一词，由于只是对原有情况的补充说明，所以，我们认为其也不应被归入协同副词之内。这样，张著所列的协同副词实际上也就只有六个，即分别是"一并、一道、一起、一齐、一同、一块儿"。

肖奚强（2001）也将上述六个副词称为协同副词，但肖文认为这些副词的共同意义是"某些主体或客体同时同地施行或承受某事"。所谓"某些"是说这些副词要求与之同现的名词性成分必须是复数,所谓"同时同地"是说"施行或承受某事"是在协同的状态下进行的。这只是关注协同副词的句法语义表现,而并没有考虑其他 [+多数] 义副词的句法语义表现。如"轮次"和"交互"等副词可能只是"同地",而并不一定"同时"。那么,这样的副词究竟是否是协配副词则仍有进一步讨论的必要。

张亚军(2002:291)列有表示协同和独专的描状副词。前者有"一起、一道、一块、一同、共、同、共同、一齐、互、相、互相、相互",后者有"分别、分头、分批、分片、分步、分期"。就张著所列的协同副词而言,学界基本接受前面八个表示"共同义"的副词,而多不认为后四个具有"交互性"的副词"互、相、互相、相互"是协同副词。这大概和张著对协同副词的定义有关,因为张文认为"协同表示多个体共同发生某种动作行为"。这样,既然动作行为是"共同"发生的,那么其就不一定是"交互"发生的,因为"共同"发生的动作行为通常具有"同时同地"性,而"交互"发生的动作行为并不一定具备"同时同地"性,所以学界不予认可是有一定道理的。但问题也并不是这么简单。若将"协同"改为"协配",情况或许就会好很多。因为"协同"强调的是"某些主体或客体同时同地施行或承受某事"(肖奚强,2001),而"协配"强调的则是"参与者之间的协作与配合",即事件参与的一方与另一方相互依存,彼此无法分离。这样,从行为方式上来看,"协配"行为并不一定要限定在"共同发生"或"同时同地"的范围之内,"交互发生"也是未尝不可的。因为"协配"最核心的语义特征就是 [+协作配合] ,而"交互"事件中的参与者要完成一个交互行为也必须协作配合,否则就无法完成交互行为。因此,张亚军所说的"互、相、互相、相互"其实表示的就是一种行为方式上的相互协配的关系,它们也可以被看作协配副词,也能构成协配句。如"张三和李四相互喜欢",行为主体彼此不能分离,两者相互协作,才能实现交互关系。此外,卢福波(1994)也认为从复数集体中个体之间的关系角度来看,此类句子可有互复指和共复指之分;史金生(2011:32)则直接将"交互"和"互相"等副词归属为"共同"类副词;徐哲(2011)从语义上更进一步指出:"'相互'类副词的确可表某些个体或其相关成分之间以协同的方式施行相同的动作或处于同一状态。"可见,将交互副词构成的句子看作协配句并不是我们一家之言,这是因为"相互"本身就是一种协配关系。

这样,由于我们将"协配"看作个体之间的一种相互协作、彼此配合的关系,因而张亚军所说的表示独专的描状副词"分别"和"分头"也可以被看作协配副词。因为一个个体和另一个个体有别，那么，这个个体也和另一个个体有别，所以它们之间的关系也是相互有别的关系。相反，对于"分批、分片、分步、分期"几个独专副词，我们不做协配副词看待，因为它是把一个整体的事物划分为部分进行操作，而并不是由几个部分组合成一个整体，其内部个体成员之间不具有相互协作的关系，所以由它们构成的句子不能被看作协配句。

上面分析了［+交互］类和［+分别］类副词的协配性，下面再来看沈莉娜（2008）所列的［+相继］类、［+循环交替］类和［+总括］类三种［+多数］义词语。［+相继］类词语沈文列有"相继、陆续、逐个、逐一、尾随、传阅、辈出、接力"等。这里我们讨论的对象是副词，因为后四个词都是动词，且在语义表达上不具有对称性特征，所以不在我们的讨论范围之内。其余四个虽然是副词，但是"逐个"和"逐一"并不能表达相互关系，所以其构成的句子也不是协配句。不过，对于"相继"和"陆续"而言，由于两词可以表示"递相"关系，即可以表示参与者一个接一个地从事某种活动，从行为方式上而言，又具有一定的协作性，因而可以将其构成的句子看作类协配句。本书对其会有适当涉及，其余则不做具体论述。关于［+循环交替］类词语沈文列有"轮流、轮番、轮班、更迭、更番、倒替、倒换"等。① 虽然这类词语所表达的个体行为具有相对独立性，但是交替者必须相互配合才能完成整个活动。这也就是说，由它们构成的句子表达的其实也是个体之间的相互协作关系，因此，由它们构成的句子也应是协配句。不过，因为这一类句子以"轮流"较为常见和典型，所以下文我们将这一类协配副词改称为"轮流"类副词。关于［+总括］类词语沈文列有"都、统统、通通、全都"等，但是这类副词都是范围副词，它们并不能表达事件参与者之间的相互协作配合的关系。因此，我们和沈莉娜的观点一致，认为由这一类副词构成的句子并不是协配句。

综上所述，从以往学者的研究来看，［+多数］义副词共有四类可以表达协配语义关系，即［+协同］类、［+交互］类、［+轮流］类和［+分别］类。但就其包含的词语而言，［+协同］类副词共有九个，分别是"共、同、一并、一起、一齐、一同、一道、一块儿、共同"；［+交互］类副词包括四个，分别是"互、相、互相、相互"；［+分别］类副词包括两个，分别是"分别"和"分头"；［+轮流］类副词共有三个，分别是

---

① 在《现代汉语词典》（第6版）中，"轮番""更番"是副词，"轮流""轮班""更迭""倒替""倒换"是动词，但是由于"轮流"经常充当状语，所以这里我们将"轮流"看作副词。

"轮流""轮番"和"更番"。

本章小结

本章主要讨论了协配句的几个基本问题。就协配句的界定来说，我们主要从两个方面进行把握：一是确立协配句的必要条件，一是确立协配句的充分条件。前者指协配句的协配项在数量上必须有两个或两个以上，否则句子无法表达协配关系；后者指协配句中的协配项之间必须具有协配关系，否则句子不能被称为协配句。鉴于协配句这两个方面的要求，我们将其分别与分指句和针对句进行了对比。我们认为，分指句虽然也有两个并列项，但是彼此之间并没有协配关系，因此，并列项可以分解表达而并不减损原句子的语义信息；针对句虽然有时候和协配句可以同形，但是从语义上而言，它只表达单方面的动作行为，而协配句表达的却是双方或多方的协配行为或状态，因此，两者也有本质的区别。

就协配句的类属而言，协配句是根据参与者句法语义上的协配关系来命名的一种句子类别。从类属上而言，它应该属于句式。这是因为句式是一种综合的三维平面术语，它关注的是句子的句法、语义和语用上的特征，但在命名方式上，可以根据句子某一个层面的局部特征进行命名。协配句就是事件或事态参与者之间存有协配关系的一种特殊句式。而句式具有层级性，协配句同样也具有下位层级。从协配方式而言，现代汉语协配句的下位句式主要有协同句、交互句、轮流句和分别句四种。这四种句式虽然在具体语义表达上存有差别，但是它们都需要参与者之间的相互协作与配合，否则协配关系就不复存在。

就协配句的特点而言，我们主要从两个方面进行考察：其一是句子的协配项，其二是句子的谓语成分。协配句的协配项通常具有非单性和加合性的特点。所谓非单性，是指协配句的协配项不能为单数形式。所谓加合性，是指协配句的非单协配项不能进行分解表达，必须加合在一起才能表达完整的语义。协配句的谓语成分通常具有多指性和对称性的特点。所谓多指性，是指协配句的谓语必然指向非单性的协配项。所谓对称性，是指协配句的谓语具有对称表达的特点，即一方对另一方怎么样，另一方也对这一方怎么样。

就协配句的范围而言，我们主要分析了协配句研究的对象，并对学界的一些相关研究进行了区分。从相关的研究来看，尽管相互句与多指句所使用的名称与协配句不同，但其研究的对象也基本属于协配句的范畴。不过，当前学者主要关注的是相互动词句和多指动词句，这就不能全面反映协配句的情况。因此，研究协配句不仅要研究协配动词句，还要研究其他形式的协配句。此外，当前学界对协配句的研究主要关注的是由特定词构成的单句，而对由特殊格式或者特殊句式构成的协配句却很少涉及。因此，本书不仅要研究由特定词构成的协配句，还要研究由特殊格式、特殊句式构成的协配句。

第二章　现代汉语协配句的句法研究

协配句是根据参与者之间的句法语义关系划分出来的一类句子的总称，从构成方式上而言，协配句的下位句式较多。这就需要对协配句的构成手段做深入的分析，而分析这些手段又可以从词汇、短语、句法等方面做详细的考察。同时，还需要对协配手段的共现规律做深入的考察，因为协配句主要靠协配手段表达协配语义关系，而探究协配手段的共现规律可以更好地把握不同协配手段之间的共现与差异。最后，研究一种句式最为基础的工作就是归纳该句式的句法结构类型，只有把句法层面的问题探讨清楚了，我们才能更进一步去研究该句式的语义和功能。在研究方法上，本章重在描写，因为描写是解释的基础，但是这并不是说本章没有解释。如对协配句式中特殊词项的允准条件的归纳、对协配手段共现规律的概括，以及对相关句式的变换分析等都需要描写，但同时又离不开解释。离开了解释，描写在很大程度上也就失去了意义。因此，本章我们将贯彻描写与解释相结合的原则，力争对现代汉语协配句的表达手段、不同手段之间的共现层级，以及协配句的句法结构类型进行系统描述，并就其特点加以阐释。

第一节　现代汉语协配句的构成手段

Liao（2011）指出，从跨语言的角度来看，伴同（comitativity）概念的编码方式主要有五种：一是利用特殊的伴同格形态（special comitative case form）表达伴随语义；二是通过本质上的不及物动词（intrinsically intransitive verb）表达潜在的伴随语义，这种潜在的协配关系体现在动词的论元上，该动词需要含有一定的伴随成分；三是由表达协配语义的独立的动词（independent verb）进行表达；四是通过动词前的介词（preposition）进行表达；五是通过方向性副词（directional adverb）表达协配语义。由于汉语没有特殊的表达协配语义的形态标记，我们依据协配手段语法单位等级的不同，将现代汉语表达协配语义的手段分为三大类，分别是协配词汇手段①、协配短语手段和协配句法手段。就协配词汇而言，其主要是协配动词、协配副词、协配名词、协配代词和协配形容词。就协配短语而言，除了表示协配意义的固定短语外，现代汉语还常常利用一些特殊的类固定短语表达协配语义，如"V 来 V 去"和"你 V₁ 我 V₂"等。就协配句法结构而言，其主要表现为两种形式：一种是句法结构回环形式，常表现为"你 V 我，我 V 你"结构；另一种是疑问代词呼应形式，常表现为"谁也不 V 谁"结构。

一、词汇手段

（一）协配动词

协配动词是现代汉语中常见的一种表达协配语义的手段。我们据《现代汉语词典》（第 6 版）所收词条对其进行穷尽性考察。② 考察的标准有三条：一是看动词能否出现于下文三类协配动词所构成的句式；二是看能出现于各自句式中的动词所联系的两个名词在静态句中能否删除一个；三是看协配项交换位置后句子的逻辑语义有没有发生变化。这样，当一个动词在标准一中是肯定的，在标准二和标准三中是否定的时候，该动词就是协配动词。这样，我们共得协配动词 1008 个。由于这些动词本身含有［＋协作配合］语义特征，所以它们可以用来构造协配句。协配动词根据其构成的协配句式的差异，可以分为三类。

第一类是协配项只能出现于协配动词之前的协配动词，其常出现的句法格式为 NP₁ ＋和＋NP₂ ＋VP 或 NP₍复₎ ＋VP。这类协配动词数量最多，共有 792 个。如"拜盟、拜堂、拌嘴、合流、合谋、合拍、合围、合演、交错、交媾、交合、交互、交欢、交换、交汇、团结、团聚、团圆、围困、围堵、相等、相抵、相对、相逢、相干、相隔、相顾、相关"等词，具体词条见附录词表。这类动词在句中陈述参与者之间的协作配合关系，多数动词不能重叠，不能带动态助词"着、了、过"等。例如：

---

① 在"词汇手段"部分我们只论述由词充当的协配手段，而对于由固定短语充当的协配手段则放到"短语手段"部分进行论述。

② 《现代汉语词典》虽然收录词汇的范围很广，但是由于"合、并、互、相、对、斗、交、通、共、分"等具有较强的构词能力，词典中所收集的词也并不一定能够涵盖社会用语中的所有协配动词。但为了使研究对象相对封闭，我们姑且以《现代汉语词典》（第 6 版）所收集的协配动词为准。

（1）哈绥与方通两条干线公路纵横交汇于市区，与地方公路紧紧相连，形成四通八达的交通网络。（北大语料库）

（2）五年以后，当我独自回到南门时，又和祖父相逢在这条路上。（余华《在细雨中呼喊》）

第二类是协配项可以分别投射到主语、宾语位置上的协配动词，即该类动词可以出现在 $NP_1 + VP + NP_2$ 这种句法结构格式中。此类协配动词较少，共有 141 个，但是第一类协配动词具有向第二类协配动词扩展的倾向，即在一定的条件下，第一类协配动词也可以构成主动宾类协配句式。如"毗连、毗邻、齐名、契合、牵手、交兵、交锋、交火、交结、交手、交心、交友、接触、接轨、接界、接壤、接吻、结拜、结伴、结仇、结交、结识"等词，具体词条见附录词表。这类动词构成的协配句多为文章标题，但也不排除少数协配动词构成的句子可以出现于正文当中。例如：

（3）监事会"对决"董事会　三维丝控制权再起纷争（《21 世纪经济报道》2016 - 11 - 25）

（4）刘筱筱首次牵手陈志朋，联袂献上了一曲英文电影情歌。（凤凰卫视《鲁豫有约》2011 - 10 - 08）

第三类是协配项可以全部出现于宾语位置的协配动词，其常出现的句法结构格式为 $NP_1 + VP + NP_2 + 和 + NP_3$。此类协配动词最少，只有 75 个。如"混合、混同、混淆、捏合、判别、判明、拼合、区别、区分、劝和、熔合"等词，具体词条见附录词表。这类动词在 $NP_1 + VP + NP_2 + 和 + NP_3$ 这种协配句中具有使动意义，即主语 NP_1 使协配项 NP_2 和 NP_3 产生某种协配关系。例如：

（5）被告在推广链接中没有标明被告小说的作者名，刻意混淆原告小说和被告小说，误导了广大读者。（中央电视台《中国新闻》2010 - 07 - 13）

（6）20 平方公里的"生态走廊"隔开了工业区和居住区，已在新区打工的袁大爷也打算以后再多承包几亩果树，为新城添绿。（中央电视台《新闻联播》2010 - 09 - 12）

就句法功能而言，协配动词在现代汉语协配句中一般分布于谓语、状语和定语位置。例如：

（7）为了使因贫困辍学的宁国湍复学，<u>李道理第一次与妻子拌嘴怄气</u>，硬是中断疗程，省下药钱为小宁代交了两期学杂费。（北大语料库）

（8）与会者一致认为，<u>中国社会科学杂志社与国内著名大学合作出版《中国社会科学文摘》</u>，适应了信息化时代学术传播的要求。（北大语料库）

（9）<u>他们处在僵持的状态</u>，身心都不敢懈怠地紧张，却又不离开，几乎日日在一起，看着日头从这面墙到那面墙。（王安忆《长恨歌》）

例（7）"拌嘴"和"怄气"在句中做谓语，这是协配动词较为常见的句法功能；例（8）"合作"修饰"出版"，说明"出版"的方式，所以其应为状语；例（9）"状态"是名词，协配动词"僵持"修饰名词，其在句中充当的句法成分为定语。

但是在现代汉语中有少数表方式的协配动词，如"抱团儿、比肩、并排、搭伙、打伙儿、合股、合伙、合力、合资、交叉、交替、结伙、联袂、联名、联手、勠力、轮流、协同、偕同、携手"等词，具有副词化倾向。所谓副词化倾向是指这些协配动词还具有实在的动作义，但是它们在句法功能上却多用来做状语，而很少做谓语，具有一种向副词转化的趋势。这里我们以"联名""携手""并肩""结伴""合伙"这五个词在北大语料库"小说"类型中的使用情况来说明这一问题。表 2.1 中的数据是我们检索分析所得的结果。

表 2.1　部分方式类协配动词的句法功能分布表

功能频次	协配动词				
	联名	携手	并肩	结伴	合伙
做谓语	0	1	1	2	3
做状语	11	9	68	16	33

表 2.1 中的五个协配动词都出自袁毓林（1989）所列的协同动词表，而且在《现代汉语词典》（第 6 版）中除"并肩"标有副词用法外，其余四个词语都被标记为"动词"。但是，在实际使用中，这些词真正做谓语使

用的用例并不多，如"联名"一词没有一例是做谓语使用的，相反却有11例做状语的用例，可见其已经副词化。这也正如史金生（2011：28）所认为的，如果一个词经常充当状语而较少充当谓语，则应确认其副词属性。但是这并不意味着这些词已不再具有动词特征，如其余四个词虽然做状语的用例较多，但其还保留了做谓语的功能。这说明，这些具有副词化特征的词实际上都可以看作动词与副词的兼类词，即它们既可以做动词，也可以做副词。因此，在史著看来，不仅"联名、携手、合伙"是副词，而且像"比肩、交口、联袂、轮班、同步、相对、协力"等被袁毓林列为协同动词的词也是副词，这是有道理的。本书判断这类词的词性主要依据《现代汉语词典》（第6版）的标注，并把这类协配动词经常做状语的现象称为副词化倾向。

那么，这些词为什么会有副词化的倾向呢？我们认为这和这些词的语义有关。因为它们表示的是动作行为的方式，在句中并不表示主要信息内容，也不占据一定的时间过程，甚至根本没有表现出某种动作行为，而只是对谓语动词进行限制说明，所以它们经常出现于状语位置。这样，从句法功能上来看，它们就具有了副词化的倾向，甚至可以直接将其重新分析为副词。例如：

（10）毛泽东和周恩来联名写信给远在上海的宋庆龄，请她物色一位公道正直的外国记者和一名医生到苏区考察，以便让国际上更多的人们了解中共的真相。（方可、单木《中共情报首脑李克农》）

（11）有关方面负责人重申，承揽国际商业卫星发射业务，是我国航天技术进入国际市场的有益补充，也有利于我国航天事业发展，中国愿意与世界各国携手开发太空资源，造福人类。（北大语料库）

（12）1996年，两个美院毕业的年轻画家合伙投资书画，倾其所有2万元在上海艺术品拍卖会上买了4幅名家作品，马上拿到北京艺术品拍卖会上拍，以10万元成交，一个多月获取5倍的利润！（沈泓《富有魅力的投资领域》）

例（10）—（12）中"联名、携手、合伙"这三个词都可以被认为是动词做状语，但由于它们表达的都是其后谓语动作行为的方式，并不是主要信息内容，甚至这些动词所表达的动作并不以某种行为表现出来，且又占据状语位置，因而使动词表现出副词的特点，致使两者界限不清。如例（10）中"联名写信"实际上只是把两个人的名字都写上，而"联名"一词的词义并没有占据时间过程。例（11）中"携手"虽然是动词，但该词所表达的动作行为在句中并无具体行为予以表现，因为这里的"携手"并不是中国人民和世界其他国家的人民真正在手拉手做某事，而只是说中国同世界其他国家一道同心协力共同开发太空资源。例（12）中"合伙"的语义也较虚，它可能只是每个画家都出了一部分资金。与"投资"相比，该词的动作行为特征较弱，所以我们倾向于把它理解为状语。这正如袁毓林（2010：311）所认为的，协同动词与副词的界限是模糊的，而这种模糊性的本质其实就是协配动词在句中句法功能的偏向。尽管它们还具有做谓语的功能，但通常却偏向于用来做状语，所以也就表现出动词与副词模糊不清的特点。

（二）协配形容词

汉语中有一类形容词表示两个或两个以上的参与者之间的关系状态，如"和睦、不和、对劲、对等、和谐、恩爱、面熟、亲密、熟悉、同等、同样、相反、协调、要好、一致、友爱、友好、一样"等词，刘丹青（1987）将其称为相向形容词。我们为了行文一致，则将其称为协配形容词。这类形容词构成的协配句，通常对协配项之间关系性状进行描述。例如：

（13）一天下午，有位中年女同志走进病房，尚奎和她非常熟悉，互相热情地问候。随即，尚奎给我介绍说："这是贺子珍同志。"（水静《毛泽东密召贺子珍》）

（14）他与袁牧之、郑君里、赵丹等人十分要好，曾结拜金兰，袁牧之老大，郑君里老二，他排行老三，赵丹最小，故称他为三哥。（北大语料库）

例（13）中"尚奎"和"贺子珍"非常熟悉，同样"贺子珍"也和"尚奎"非常熟悉，而"熟悉"就是对两人关系性状的描述。例（14）中的"他"指的是"唐纳"，"要好"是对"他"与"袁牧之""郑君里""赵丹"等人关系性状的描述。可见，就关系性状的角度而言，由协配形容词构成的协配句，在逻辑上也呈现出对称性，即 A 与 B 具有关系 R，同样B 与 A 也具有关系 R，而这里的 R 就是协配形容词。

另外，汉语中还有少数表达协配属性或情状的形容词，它们在句中通常不能充当谓语，我们将其称为非谓协配形容词。这类词较少，只有"各别、共通、共同、花花搭搭、齐刷刷、清一色、全、同样、双边、双向、一顺儿"几个。这类形容词除了可以表达协配状态外，还可以表达协配关系。例如：

（15）杨全生手一挥，<u>一百多条汉子齐刷刷站到他面前</u>，杨全生站在一个钢筋桩上发表了他的第一次就职演说。（北大语料库）

（16）现在世界上出现了许多新兴力量，中国、亚洲、欧盟都是其中一员，<u>我们在维护世界和平与稳定方面有着共同的责任</u>。（北大语料库）

例（15）中协配形容词"齐刷刷"表明的是"一百多条汉子""站到他面前"的状态；例（16）中协配形容词"共同"表达的是"中国""亚洲""欧盟"这些新兴力量在维护世界和平与稳定方面的关系。

就句法功能而言，协配形容词在句中通常充当谓语和定语。例如：

（17）嫂子一回来，让嫂子吃这个吃那个，过春节嫂子还给他们压岁钱，<u>我们一家人非常和睦</u>。（北大语料库）

（18）<u>大人物和小人物有同样的难处，同样的困苦</u>；大人物之所以为大人物，只是在他那点决断。（老舍《二马》）

但有时也可在状语或补语中出现。例如：

（19）<u>苏丹、巴林、阿曼、黎巴嫩等7个国家则清一色地宣称在阿拉伯地区"拥有良好的投资环境和重要战略地位"</u>。（北大语料库）

（20）苗可秀与衣依都是李小龙主演的电影中的女主角，<u>他们相处得很融洽</u>，合作非常愉快。（张小蛇《李小龙的功夫人生》）

（三）协配名词

协配名词是指个体与个体之间具有协作配合关系的名词，既可以称人也可以指物。根据协配名词所出现的句法格式，协配名词可以分为以下六类。

第一，可出现于"$NP_1 + 和 + NP_2 + 是/为 + NP_3$"格式中的宾语名词，分为指人协配名词和指物协配名词两种。前者如"朋友、伙伴、夫妻、兄

55

弟、姐妹、旧好、旧交、搭档、老表、老乡、连襟、恋人、两口子、同学、同事、邻居、邻里、侣伴、旅伴"等；后者如"对比色、反义词、共同体、交战国、近义词、两极、邻近色、邻邦、盟邦、盟国、盟军、同盟国"等。这类协配名词最多，具体词条见附录协配名词表。就语义而言，指人协配名词能够表明协配项之间的人际关系。例如：

（21）小张的姑姑与小丽是邻居，几乎是看着小丽长大的。（天津人民广播电台《打开晚报》2009 - 09 - 09）

（22）骄傲和谦卑未必是反义词，有高贵的骄傲，便是面对他人的权势、财富或者任何长处不卑不亢。（北京人民广播电台《博闻天下》2009 - 03 - 22）

第二，可出现于"NP_1 + 和 + NP_2 + 有 + NP_3"格式中的宾语名词。如"差别、差价、差异、仇恨、仇隙、仇怨、仇冤、代沟、恩怨、反差、分别、分歧、干系、感情、隔阂、隔膜、公比、公差、共性、瓜葛、关系"等。这类协配名词较多，具体词条见附录协配名词表。就语义而言，这类协配名词主要表达协配项之间的异同情感。例如：

（23）我和壁儿之间也有感情啊，很深的感情，不承认这一点，那就是自欺欺人！（霍达《穆斯林的葬礼》）

（24）情绪的不同，不只是男子和女子有分别，东方和西方也甚有差异。（林徽因《蛛丝和梅花》）

第三，可出现于"NP_1 + 和 + NP_2 + X 成 + NP_3"格式中的宾语名词。如"邦交、邦联、对子、反比、共识、行帮、和局、和棋、剪刀差、僵局、连理、联合国、联盟、默契、平局、平手、同盟、团伙、姻娅、姻缘"等。从语义上而言，这些协配名词所表达的内容是协配项协作活动所取得的结果。如：

（25）中巴两国政府达成共识，决定抽调精锐兵力，对恐怖分子营地实施联合打击。（中央电视台《中国新闻》2010 - 07 - 09）

（26）经过120分钟激战，日本队和美国队2 - 2战成平局。（中央人民广播电台《新闻纵横》2011 - 07 - 18）

第四，可出现于"NP_1＋和＋NP_2＋订＋NP_3"格式中的宾语名词。如"地契、规约、合约、合同、合约、和议、婚约、界约、盟约、片约、聘约、誓约、娃娃亲、文契、戏约、协定、协议、协约、约会、约据"等。这些协配名词所表示的内容也是协配项活动所产生的结果，通常为契约类名词。例如：

（27）她和黎欧集团欧姓股东的儿子早已订下婚约，预定下个月底举行婚礼呢！（薛嫚《美丽俏管家》）

（28）当初为了让你过好日子，我与四阿哥订下协议，佯称自己已死，从此不再找你。（楼采凝《狂肆暴徒》）

第五，可出现于 NP_1＋和＋NP_2＋展开/发生＋NP_3 格式中的宾语名词。如"白刃战、车轮战、对抗赛、对手戏、黄昏恋、婚外恋、婚外情、空战、口水战、口水仗、联赛、陆战、肉搏战、商战、舌战、战争"等。从语义上来看，这些协配名词表示的内容是协配参与者开展的活动。例如：

（29）大舅公带领战士飞快地冲了下去，与敌人展开肉搏战，一举消灭了 70 多名鬼子兵。（张舒佳《我大舅公是抗日英雄》）

（30）梁亚洲虽然同李小丹发生了婚外情，但他起初千方百计地对妻子隐瞒事实，这说明他还没有发展到企图抛弃家庭责任而一味贪图自己快乐的地步。（高简《情真意切 直面人生》）

第六，可出现于 NP_1＋和＋NP_2＋喝/跳/开/在＋NP_3 格式中的宾语名词。如"交杯酒、交际舞、交谊舞、碰头会、一块儿、一起"等。从语义上来看，这些名词表示协配参与者所参加的活动或者所处的位置。例如：

（31）他糊糊涂涂的和新娘喝了交杯酒，又糊糊涂涂的发现，房间里的人都走光了，只留下了他和新娘两人。（琼瑶《六个梦》）

（32）可是这一两天内，他和苏小姐在一起，不是怕袜子忽然磨穿了洞，就是担心什么地方的钮子脱了线。（钱钟书《围城》）

就句法分布而言，协配名词在交互句中主要做主语、宾语，有时也可充当句子的谓语。例如：

（33）夫妻双方手拉手肩并肩进商店逛市场，那副在漫游中陶醉的神态，男人早把从前觉得带妻子出门既碍事又让人笑话的想法抛到了九霄云外。（北大语料库）

（34）那时候有这么一种风气，大家好得不能再好的时候，男的便结拜为兄弟，女的便结拜为姐妹。（陆文夫《人之窝》）

（35）善舫，我们夫妻一场，你明白我的个性，我从来都只是温室内的一盆花，经不起日晒雨淋的。（梁凤仪《金融大风暴》）

需要注意的是，首先，当协配名词做主语时，其构成的句子并不一定都是协配句，如"兄弟二人都喜欢这个女孩"中，"喜欢"是"兄弟二人"各自的心理活动，并不具有协配性。其次，当协配名词做宾语时，句中的谓语动词通常是"是、为、有、订、X 成"等动词，如例（34）。最后，当协配名词做谓语时，其后必须带时量补语，如"一辈子""一场""X 年"等，如例（35）。这是因为协配名词在表达关系时更注重说明关系的重要性，而并不仅仅强调关系的类别。这样，为了强调关系的重要性，说话人就会在协配名词后加高量级的时间词语以说明关系非同一般。

（四）协配副词

协配副词是表达协配语义关系的副词，但是本书所说的协配副词范围较宽，它不仅包括协同副词，还包括交互副词、轮流副词和分别副词。此外，还有一类由协配动词演变过来的协配副词，如"比肩、协力"等。这样，通过考察《现代汉语词典》（第 6 版），按照词典中标注的词性，我们共搜集到 35 例协配副词，其类别如下：

"一起"类：共、同、一并、一起、一齐、一同、共同、一道、一块儿、一路。

"交互"类：互、相、互相、相互、交互、竞相、争相。

"轮流"类：轮流、轮番、轮次、更番。

"分别"类：分别、分头。

"比肩"类：比肩、并肩、对脸、对面、齐声、通力、协力、一致、交口、花插着、花搭着、面对面。

陶红印（1987）指出，有两类副词，一类是"相互副词"，一类是"共同副词"，当它们与相互动词结合的时候，主语名词和谓语动词构成"交互"关系（互为施受）和"相加"关系（共为施事），而且当这些副词修饰一般动词时也可具有这两种关系。这也就是说，在语言表达中，将这些协配副词加在谓语动词之前，在一定的条件下它们就可以表达协配语义关系。这也正如葛婷（2005）所指出的，"当使用了协同副词，整个句子就是明显的协同范畴的语义表达"。所以由协配副词加一般动词做谓语成分的句子，也要求句中行为或状态的参与者必须为两者或两者以上，并且这些参与者相对于协配副词而言具有协配性。例如：

（36）在一次赴京演出时，云南著名京剧演员徐敏初发现了刘美娟的秘密。他非常感动，立即和爱人关肃霜一起加入了这支赡养老人的队伍。（北大语料库）

（37）夫妻不像情人，高雅情调是情人之间爱情的骨架，夫妻就是要通俗一点的，有一些像酒肉朋友，一块儿饿了，一块儿饕餮大吃，一块儿吃得肚儿溜圆，一块儿躺沙发上剔牙。（池莉《来来往往》）

（38）潘汉年每次都要千叮万嘱，细致周密地为董慧安排好一切，使她在遇到各种困难和麻烦时都能完成任务。渐渐地，他们从相互信赖，相互关心，终于萌发了互相爱恋之情。（尹骐《董慧——潘汉年患难与共的妻子》）

单独从行为参与者与谓语动词的关系来看，这些句子体现不出协配性。如例（36）中的"徐敏"可以单独加入"这支赡养老人的队伍"，"关肃霜"也可以单独加入"这支赡养老人的队伍"，他们的行为都是个人行为，这也就是 Moltmann（2004）所说的"并列解读"（coordinated-action reading）。但在语义表达上，针对副词"一起"而言，他们又是"协配"的，即"徐敏"和"关肃霜"一起，"关肃霜"也和"徐敏"一起，两者缺少任何一个，都构不成"一起"这种"同时同地"的协同关系，所以句子是协配句。同理，例（37）中的"丈夫"和"妻子"虽然单独一个个体可以"饿"、可以"吃"、可以"躺"、可以"剔"，但是针对"一块儿"来说，其行为也具有不可分割性，所以该句也是协配句。这种由"一起"和"一块儿"等副词所表达的协配关系也就是卢福波（1994）所说的"共复指"，但卢福波只论述了由复指动词构成的共复指，而将"一起"看作范围副词。我们认为"一起"应为协同副词，也只有如此，它才能构成共复指句式。例（38）与前两例既有相似的地方，也有少许差异。相对于谓语核心动词"信赖""关心"和"爱恋"而言，"潘汉年"和"董慧"的行为也体现不出协配性，但对于"互相"而言，两者则具有协配关系，因为一方必须以另一方为基础，否则就构不成"互相"或"相互"的关系。因此，就参与者之间的协配关系而言，该句也应是协配句。但是，这种句子中的谓语行为又是双方相互进行的，因此，它和"共复指"句不同，是卢福波所认为的"互复指"句。不过，卢福波所谈论的"互复指"同样是针对复指动词而言的。我们认为这种互复指其实就是"互相"的隐含所造成的。因为一部分协配动词已经蕴含［＋交互］语义，所以由这部分动词构成的协配句可以不出现"互相"类词语而表示"互复指"。但是，当句中的谓语动词不是协配动词时，句子就必须在动词前附加"互相"类词语才能表示"互复指"，如例（38）。

（五）协配代词

在现代汉语中能构成协配句的代词只有一个"彼此"。《现代汉语词典》（第6版）将"彼此"解释为："人称代词。那个和这个，双方。"这就是说，由"彼此"构成的句子，其所表达的行为或状态的参与者必然是两个或两个以上。否则相对于"彼此"而言，参与者就无法与"彼此"的指代相互照应。例如：

（39）姐姐变了样子，妹妹也变了样子，<u>彼此呆呆地看着</u>。（老舍《四世同堂》）

　　→姐姐变了样子，妹妹也变了样子，<u>姐姐呆呆地看着妹妹，妹妹也呆呆地看着姐姐</u>。

例（39）中"彼此"前指"姐姐"和"妹妹"，但是"姐姐"和"妹妹"已不分"彼""此"，因为"彼此"是一个整体，它与其后的动词性词语结合表示的是参与者之间的一种交互关系，在本例中即为"姐姐呆呆地看着妹妹，妹妹也呆呆地看着姐姐"。可见，由"彼此"构成的句子也可以表达交互类协配语义关系。这正如张谊生（1997）所指出的，"彼此"也可以修饰一般的非交互动词，从而使这些动词带上了临时的交互义。此处我们不论这些动词是否具有临时交互义，但由"彼此"加一般动词做谓语成分构成的句子，其语义表达往往具有交互性，所以"彼此"也是构成协配句的一种手段。本书为了保证所用术语一致，将"彼此"称为协配代词。

就句法分布而言，协配代词"彼此"在句法结构中，通常处于主语、同位语和定语位置。例如：

（40）窗帘把外边的世界隔开，<u>彼此看不清表情</u>，乌溜溜的曲子里

有一种说不清的欲望在弥漫着。（北大语料库）

（41）我们彼此心照不宣，彼此保守着秘密，谁也不敢宣布这个骇人的消息。（谢友鄞《艺术狂人》）

（42）俄中两国的友谊与协作有着良好的基础。作为邻国，两国能更好地考虑和理解彼此的利益。（北大语料库）

当句中没有其他协配词语时，处于主语、同位语和定语位置的"彼此"通常不能省略，如例（40）去掉"彼此"，句意就不完整了。尤其是在定语位置上时，"彼此"是构成协配句的关键因素，缺少了它就构不成协配句。如例（42）在把"彼此的"去掉之后，则句子不能成立。

"彼此"虽然不能充当状语，但在多数情况下却能与"相互"类副词互换。例如：

（43）两人经过这一番交往，彼此（互相）都留下了深刻的印象。（范长琛《卫立煌的两度婚姻》）

（44）夏局长隔桌也喷出一口烟雾，他们彼此（互相）发现对方笼罩在云雾之中。（张建新《不谈交易》）

例（43）中的"彼此"做主语，例（44）中的"彼此"做同位语，但是两者都可以替换为"互相"。不过，替换为"互相"之后，"互相"的句法功能与原句中"彼此"的句法功能不同。因为"互相"是副词，所以它在句中只能充当状语。

"彼此"与"相互"类副词，前者为代词，后者为副词，为什么两者可以相互替换呢？我们认为"彼此"指代的对象是"双方"或"多方"，因此，其后的动作行为具有互指分配性语义特征，即一方对另一方做出该动作，另一方也对这一方做出该动作，而这正是"相互"类副词所表达的语义特点。例如：

（45）a. 伊拉克战争结束以后，对峙半个世纪的叙利亚和以色列也在试探性地彼此伸出橄榄枝。（百度搜索）

b. 劳伦斯为人脾气暴躁，这和他长期受肺病折磨有直接关系。在内心里，他对费丽达依然一往情深、无怨无悔。正因这些原因，他俩争吵虽十分激烈，但还能彼此宽容，最终没有分手。（小元《在婚姻中永恒挣扎的劳伦斯》）

例（45a）中"叙利亚"向"以色列"伸出橄榄枝，同样，"以色列"也向"叙利亚"伸出橄榄枝。换言之，"叙利亚"和"以色列"具有彼此同等对待的关系。例（45b）中"劳伦斯"和"费丽达"的相互宽容也是在"彼此"的互指分配功能下实现的，因此，"彼此"能够用"互相"或"相互"替换。

但是，当"彼此"后的动词只具有分配性，而并不具有互指性的时候，"彼此"不能用"互相"或"相互"替换。例如：

（46）我们四五个人彼此（＊相互）按了按膝，"不要动"的暗号。（老舍《大悲寺外》）

（47）奥运会与北京拥抱，奥林匹克与中国握手，彼此（？互相）都是胜利者，双方都是获益者。（北大语料库）

例（46）里"按了按膝"实际上是"我们四五个人"各自按自己的膝盖，而并不是互相按对方的膝盖，因此该句中的动作行为"按"只具有分配性，而并不具有互指性。同样，例（47）中"奥运会"和"中国"各自也都是胜利者，所以例中的"彼此"不能换为"互相"或"相互"，否则句义将发生变化。

"彼此"不能被"相互"替换还体现在宾语位置上，因为"彼此"为代词，"相互"为副词，所以"彼此"能够充当宾语，而"相互"在句中不可以做宾语。例如：

（48）可她们甚至无法转移话题，因为她们是姐妹，她们深明彼此（＊相互）。（铁凝《大浴女》）

（49）欧盟和中国对彼此（＊互相）都很重要，正处于发展双边关系的最佳机遇期。（北大语料库）

例（48）中"彼此"在句中做宾语，不能换为"相互"。例（49）中"彼此"做介词"对"的宾语，也不能换为"相互"。可见，宾语位置上的"彼此"是不能用"相互"替换的。不过，定语位置上的"彼此"有时却可以用"相互"替换。例如：

（50）a. 两人搂在一起，分享着彼此（相互）的体热和炉火的温暖。（北大语料库）

b. 朋友 S 在客位上坐下来，<u>我们短短地讲了彼此（相互）的情况</u>。（巴金《随想录》）

刘凡（2014）认为定语位置上的"相互"与状语位置上的"相互"具有同质性，在底层都是范围副词修饰谓词性成分，其所在的短语经由谓词隐含策略达成"相互"做定语的表层语序。但这种谓词隐含说却不能很好地解释"相互之间"这种定心结构，刘文只得求助于"量化词漂移"的假说。其实，从历时语法的角度来看，问题并没有这么复杂。一方面，"相"在上古时期就带有指代的性质，表示双方彼此发生作用（向熹，2010：156）。所以，由"相"构成的"相互"仍然可以具有指代的性质。这样，"相互"可以出现在定语位置上就不足为奇了。另一方面，由于"彼此"和"相互"在很多场合可以相互替换使用，致使"相互"沾染上"彼此"的特性也是合乎情理的（刘探宙，2003）。关于这一点，我们可从历时的层面加以佐证。例如：

（51）a. 往年被略，彼蓄率种归我，缘李知古处置失所，又即翻然改图。<u>彼此之间有何定分</u>？（唐·张九龄《曲江集》卷十一）

b. 横斜曲直，无所不通，则图之为书，书之为图，<u>又岂复有彼此之间哉</u>？（宋·陈淳《北溪大全集》卷十一）

c. 今日幸得相会，正好商量，<u>彼此之间皆当有益</u>。（宋·朱熹《晦庵集》卷第七十四）

（52）a. 数人为损害赔偿义务人，连带而任其责时，以无特别之规定为限，<u>其相互之间当以平等之率，负赔偿义务</u>。（清·俞廉三《大清民律草案》）

b. 由于他们俩人都怕别人说闲话，<u>相互之间没有说一句话</u>，踏青结束后各自回到家中。（民国《古今情海》）

从历时上来看，"彼此之间"在唐宋时期已见使用，而"相互之间"到清末民国才开始出现。后者产生时代晚于前者，这说明"相互之间"很可能是"相互"受到了"彼此"用法的沾染而形成的。而如果说"相互之间"是量词化漂移形成的，那么，为什么副词"相互"在东汉时期已经形成，清代开始频繁使用，却没有发生漂移呢？显然，量词化漂移说不能解释这一问题。就功能沾染的角度而言，先有"彼此之间"，后有"相互之间"则合情合理，因为"相互"在与"彼此"的长期可以替换中逐渐沾染上了"彼此"的定语用法。

此外，"彼此"可以在同一个句中出现两次，而"相互"或"互相"没有这种用法。例如：

（53）两个单身的年轻人，<u>彼此慰藉著彼此的寂寞，彼此编织著彼此的未来</u>，我们曾经有过一段好美好美的生活。（琼瑶《雁儿在林梢》）

（54）（马丁）索性常常提父亲的大名，从不讳言："我很受家父的影响，我们是极好的朋友，<u>我们互相欣赏彼此的作品</u>。"（北大语料库）

例（53）句首的"彼此"做主语，可换为副词"相互"；句中的"彼此"做定语，不能同时换为"相互"。同理，例（54）中的"彼此"也不能换为"相互"，即不能说成"我们互相欣赏相互的作品"。

二、短语手段

（一）固定短语

具有协配义的固定短语以成语为主，如"不期而遇、耳鬓厮磨、肝胆相照、狼狈为奸、里应外合、藕断丝连、萍水相逢、卿卿我我、情投意合、相敬如宾、心心相印"等。其他形式的协配义固定短语相对较少。如惯用语有"唱反调、打交道、闹别扭、闹意见、说得来、说不来、咬耳朵、唱对台戏、一个鼻孔出气"等；歇后语有"针尖对麦芒——谁也不让谁""棋逢对手——不分上下"等。

固定短语中还有一种通常由身体名词构成的三字格形式，如"心连心、手挽手、肩并肩、面对面、嘴对嘴、头顶头、背靠背"等。Jackendoff（2008）指出，英语中也有一种可以表示亲密接触（close contact）或并置（juxtaposition）意义的"N to N"结构，如"face to face，back to back，hand to hand，cheek to cheek，eye to eye，toe to toe，shoulder to shoulder"等。此外，这种表示并置的习用短语还可以"N in N"的形式出现，如"arm in arm，hand in hand"等。对于汉语来说，这类习用语中的前一个身体名词和后一个身体名词并不是同指，而是属于不同的协配参与者的，且两个名词之间的动词性成分大多不可以换为其他动词，如"心连心"不能说成"心挽心"，"手挽手"也不能说成"手连手"。

在句法性质上，协配固定短语多为谓词性短语。如"不约而同、层出不穷、唱对台戏、唱反调、扯闲篇、扯闲天儿、称兄道弟、重修旧好、臭味相投、出双人对"等。从句法功能的角度来看，这些协配谓词性短语通常充当谓语和状语。例如：

(55) 若鸿急切地说："我和芊芊，情投意合，缘定三生。我们相知相爱，已经难舍难分，请您成全我们！"（琼瑶《水云间》）

(56) 幸好没过多一会儿，电话铃响起来，她们不约而同地抬起头，交换了一下目光，似乎都在庆幸它的到来。（陈建功、赵大年《皇城根》）

但有些谓词性协配固定短语也可以充当补语或定语。例如：

(57) 朝鲜姑娘与日本选手争得难分难解，又是靠裁判的判定，后者高兴地戴上金牌，前者伤心地流下眼泪。（北大语料库）

(58) 我和你有着心连心，手指连手指的密切生命，正像我和我的中华民族一样。（杨刚《北风》）

协配义固定短语还有少数属于体词性短语，如"八拜之交、半路夫妻、笔墨官司、黄金搭档、结发夫妻、刎颈之交、血海深仇、一丘之貉"等。这些协配短语在句中通常充当宾语，也可以做定语。例如：

(59) 每当学校或者学院里有活动或者表演，我和大熊绝对是黄金搭档，加上小鱼和虽然不情愿但被迫参加的黑泥的友情客串，我们专业的节目永远是舞台上的亮点。（北大语料库）

(60) 他不喜欢人家恭维他的文章或诗如何如何的好，也从不和人家有什么笔墨官司的来往。（谢冰莹《我认识的亚子先生》）

从句法特点上而言，由协配固定短语构成的句子也要求句中行为或状态的参与者为复数，且参与者之间的关系相对于协配方式而言具有"加而且和"的关系。例如：

(61) 桑尔凯和尔旋面面相觑，然后惊愕地望向她，兰姑是呆住了，也定定地瞪着她。（琼瑶《梦的衣裳》）

（62）<u>卓东来和司马超群面对面地站着</u>，冷风从窗外吹进来，刀锋般砍在他们之间。（古龙《英雄无泪》）

例（61）中的"面面相觑"是一个人无法独立实现的状态，当"面面相觑"在句中做谓语时，其要求参与者必须为两者或两者以上，而且参与者之间的关系是加而且合的关系，即句中的参与者必须相互配合才能实现某种行为或状态。"桑尔凯"只有与"尔旋"相互配合，两个人才能实现"面面相觑"的状态，缺少其中之一，句子就不合乎语法。例（62）就谓语中心词"站着"而言，句子不具有协配性，但就"站着"的方式"面对面"而言，句子则具有协同性，因为"面对面"的状态不是由一个人单独构成的，而是必须要由两个人构成。

（二）类固定短语

类固定短语最先由文炼（1988）提出，它是一种介于固定短语和自由短语之间的短语形式。从固定的方面讲，"它们有特有的格式和功能，跟某些成语近似"；从自由的方面讲，类固定短语中的可变项比较自由，能用其他成分替换。这也就是齐沪扬（2001）所说的类固定短语"保留其中的相同语素，替换其他的组成成分"。现代汉语中构成协配句的类固定短语不多，据我们考察仅有"X 来 X 去"和"你 X₁ 我 X₂"两种形式，它们在句中充当谓语或状语时都要求事件的参与者必须为两者或两者以上，而且相对于这两个类固定短语而言，参与者之间具有相互协作配合的关系。

1. X 来 X 去

1）"X 来 X 去"的特点与功能

Liu（2000）认为在现代汉语中趋向动词"来"和"去"能够标记交互语义。从词性上而言，表达交互意义的"X 来 X 去"中的 X 通常为［＋持续］［＋及物］［＋有向］的行为动词。例如：

（63）逢到学校通知开家长会，<u>我和他母亲总是推来推去</u>，谁都不愿去。（北大语料库）

（64）大家都停住了，<u>我们彼此望来望去</u>，面露微笑。这些女人不太会讲西班牙话。（北大语料库）

少数情况下，表达交互义的"X 来 X 去"格式中的 X 也可以是某些充当行为工具的名词。不过，前后两个名词性成分通常为异形形式，其中尤以"眉来眼去"最为常见。例如：

（65）从这以后，斯金纳与柳德米拉眉来眼去，关系渐趋暧昧。（北大语料库）

（66）她们婆媳两个刀来枪去地一句顶一句，她插不上嘴。（周而复《上海的早晨》）

就句法功能而言，在现代汉语交互句中，"X 来 X 去"格式的句法功能主要是做谓语，少数情况下，也可以做状语。例如：

（67）两个人看来看去，都看了几十年了，像是还没看够。（余华《活着》）

（68）他们俩却推来推去地谦让着，谁也舍不得吃。（北大语料库）

此外，在"V 来 V 去"中，V 还经常以异形的形式出现。例如：

（69）两人争来抢去，杨菊花用力过猛，连人带车跌倒在地。（《福建日报》1982－10－07）

（70）四个人顿时表情紧张，闪烁其词，推来搡去，都不愿出示车票。（北大语料库）

陈昌来、李传军（2012：85）认为这种异形形式的"V 来 V 去"中的两个动词 V 虽然形式不同，但可以忽略其中的差异。如"推来搡去"中"推"和"搡"实际表达的是同一个动作，可以看作是相同的，只是语形上不同而已。我们赞同这种观点。但需要指出的是，两个动词 V 并不是指同一个人的动作行为，而是分别指两个或两个以上的个体的动作行为。

2）"X 来 X 去"表达交互语义的机制

Liu（2000）认为"V 来 V 去"表达交互的意义来自该格式的基本意义，即"反复做某事"。刘云峰、石锓（2020）也认为"V 来 V 去"交互义是构式语法化的结果，是基于反复体"V 来 V 去"的构式义基础而产生的语用承继义，是一种在语境中呈现出来的意义。这也就是说，"X 来 X 去"的交互义当来自其格式的空间反复。而这种空间反复行为的产生正是来自"来"和"去"的空间反向表达。除此之外，我们认为，观察视点对于"X 来 X 去"格式交互意义的产生也具有至关重要的作用。具言之，"X

来 X 去"格式采用的是内视点观察，即以话内人物为观察视点。例如：

(71) 秦妈妈和韩云程把板凳推来推去，郭彩娣看不过去，把板凳接过来，用责备的口气对韩云程说……（周而复《上海的早晨》）

例 (71) 中"秦妈妈"和"韩云程"是交互双方，"板凳"是位移之物，即其在"秦妈妈"和"韩云程"之间反复发生位移的变化。这样，相对于"秦妈妈"和"韩云程"而言，随着动作行为"推"的反复进行，"板凳"即发生"来来去去"的位置变化。为简明起见，我们将这一过程用图 2.1 表示。

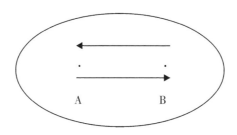

图 2.1　"X 来 X 去"内视点观察

图 2.1 中 A 点代表"秦妈妈"，B 点代表"韩云程"，箭头代表"板凳"位移的方向，椭圆形区域为 A、B 两人的活动区域。这样，当观察者以话内某个人物为参照点时，"板凳"即发生"来""去"的往返运动。因此，如果我们以 A 点为参照，"板凳"即被 B 推来，又被 A 推去；同样，如果我们以 B 点为参照，"板凳"即被 A 推来，又被 B 推去。可见，由于"板凳"在 A、B 两者之间反复发生空间位移，因此，A、B 之间产生交互行为。

比较而言，非交互意义的"X 来 X 去"格式在空间反向关系上，往往采用的是外视点观察，即说话人站在自己的角度进行观察，此时"来"和"去"的方向是相对于说话人而言的。例如：

(72) 王光复看见有人在旅馆的大厅里走来走去，但他们已经相见不相识了。（王慧章《"王氏四杰"之一——王光复》）

例 (72) 中"走来走去"是相对于"王光复"而言的，即"来"是行为主体面向"王光复"移动，"去"是行为主体背离"王光复"移动。只不过，这种外视点与内视点相比，内视点观察时，行为主体不发生位移，发生位移的是行为客体；而外视点观察时，发生位移的则是行为主体，如例（72）"有人"中的"人"。为简明起见，我们也可以将这种外视点观察的方式用图 2.2 表示。

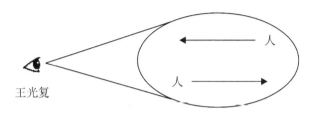

图 2.2　"X 来 X 去"外视点观察

图 2.2 中"眼睛"为观察者"王光复"所在位置，椭圆形区域为旅馆大厅位置，即行为人的活动场所，箭头所指方向为大厅内"人"的位移方向。尽管这里的"人"也并非只有一人，其行为方向同样为反向行为，但是这种反向空间位移是相对于观察者"王光复"而言的，所以"人"与"人"之间并不构成交互关系。可见，外视点观察对于格式"X 来 X 去"交互义的形成的确具有很大的限制，因为行为主体的移动都是相对于外在观察者，而并不是内在行为主体之间交互发生位移。

这样，如果说"X 来 X 去"的交互意义来自它本身的空间反向重复关系，那么当"X 来 X 去"的行为主体由单数变为复数时，观察视点相应地也由外在视点转变为内在视点，从而使这种空间反向重复关系也发生转变，即转变为行为主体之间的交互关系。这也正如 Liu（2000）所述，空间域在认知上更为基础，经常被用来隐喻非空间概念的表达。可见，"来"和"去"由空间反向指向到表达交互意义，其实也正是隐喻作用的结果。

2.　你 X_1 我 X_2

1）"你 X_1 我 X_2"的特点与功能

邵敬敏（2011）指出，框式结构具有整体的特殊语法意义。在现代汉语中，"你 X_1 我 X_2"类固定短语也是表达协配语义的一种手段。在该格式中，不定项 X 通常为［＋述人］的动作行为动词。例如：

（73）而那两个年幼的女郎，则大声地笑着你推我拥，兴高采烈地奔跑而去。（BCC 语料库）

(74) 两小口子就是如此你调我笑、你拉我抱，欢天喜地地去吃他们的晚饭。(梁凤仪《激情三百日》)

有时也可为心理动词或情态动词，少数情况下也可为形容词，例如：

(75) 咱们彼此都恨不得挖出心来叫人看；彼此都你疼我惜，情深义重。(欧阳山《苦斗》)

(76) 买菜者既不用"讨价还价"，也不消"斤斤计较"，真正地你肯我愿，买卖公平。(北大语料库)

(77) 新婚后的小夫妻你勤我俭，甘苦与共，一同迎来了共和国的诞生。(徐金威《志愿军战俘一生不改初恋情》)

需要说明的是，"你 X_1 我 X_2"格式具有一定的能产性，尤其是某些并列式的动词、形容词嵌入该格式后，整个结构就能表达人物之间的协配关系。例如：

(78) 一位年轻小伙子在推销各种式样的睡衣，摊位前顾客你挑我选，纷纷解囊。(北大语料库)

(79) 我和她不过是同学，素来是你恭我敬的，她为什么恼着我。(茅盾《蚀》)

单纯一个"挑选"或者"恭敬"都不能表达协配关系，但是当其嵌入"你 X_1 我 X_2"格式中时，整个结构就成为一种表达协配关系的格式。这主要是因为该格式中的"你"和"我"分别指代不同的对象。这样，由该格式构成的句子，其主语通常为复数，且具有互相依存的关系，即该格式能够构成协配句。

就句法功能而言，"你 X_1 我 X_2"类固定短语在协配句中通常充当谓语。例如：

(80) 两对新婚夫妻你来我往，常常互相拜访。(BCC 语料库)

(81) 女子比赛十分激烈，姑娘们你追我赶，在比赛过程中轮流领先。(北大语料库)

但是，有时也可以充当状语或补语。例如：

（82）<u>龙人们你推我挤地把门打开来</u>，恭敬地退到两边让龙骑将通过。（北大语料库）

（83）就为了这么个虚衔，<u>闹得狗撕猫咬你争我抢人仰马翻</u>，有什么意思！（王海鸰《中国式离婚》）

2）"你 X_1 我 X_2" 的语义类型

现代汉语中"你 X_1 我 X_2"格式可以表示协配关系，只不过这种协配关系首先多表现为交互关系，即"你 X_1 我 X_2"格式具有交互义。例如：

（84）你们要一天饭还不够一顿吃的，<u>两个人还你推我让</u>，谁也不舍得吃。（冯德英《迎春花》）

（85）<u>两个小伙伴旁若无人地你追我赶</u>，无疑也给年长的对手们造成了压力。（北大语料库）

例（84）表达的是你把饭推给我，我把饭让给你，两人互相推让的情景。例（85）表达的是两个小伙伴你追我，我赶你，互相比拼的情景。因此，就该结构所表达的语义关系而言，"你 X_1 我 X_2"格式首先表现的是一种交互性的语义关系。

其次，"你 X_1 我 X_2"格式还能表现一种集体性的动作行为关系，即"你 X_1 我 X_2"格式具有集体义。例如：

（86）就是年轻的小两口拌几句嘴，<u>那些好心的老太太你拉我劝</u>，好话一箩筐一簸箕直说得小两口破涕为笑。（北大语料库）

（87）未"改制"前，企业如同"足球"，<u>大家你踢我踢</u>。"改制"的目的，就是要企业变成"排球"，<u>大家你托我托</u>。（北大语料库）

例（86）中"你拉我劝"并不是"老太太"互相你拉我，我劝你，"拉""劝"的对象实际上还是"小两口"。例（87）中的"你踢我踢"和"你托我托"也不是相互踢、相互托的意思，而是大家一起踢或一起托的意思。这和例（85）不同，后者中两个小伙伴"你追我赶"是指你追我，我赶你。可见，例（86）和（87）实际上表现的是行为人的一种集体性行为。换言之，这里的"你"和"我"都只是一种任指，表明"老太太"和"大家"的群体性特征。

再次，"你 X_1 我 X_2"格式还可以表达一种替代性关系，即"你 X_1 我

X₂"格式具有替代义。例如：

(88) <u>熊召政、姜天民、刘醒龙三位作家你走我进地都住过英山县文化馆3楼8号宿舍</u>。（北大语料库）

(89) 大战前及大战开始后，张学良成了双方决定胜负的筹码，一时说客盈门，<u>各方代表你来我往</u>，纷纷到沈阳与张学良会晤。（北大语料库）

例（88）中三位作家并非同时住进县文化馆3楼8号宿舍，而是轮流进行，即第一个走了，第二个住进去；第二个走了，第三个又住进去。同理，例（89）中的"你来我往"也不是"你到我这儿来，我到你那儿去"，而是都去与张学良会晤。可见，这是一种轮流替代的关系。

最后，"你 X₁ 我 X₂"格式还具有一种特殊的分配性关系，且该格式中的可变项可以是数词，即"你 X₁ 我 X₂"格式具有分配义。例如：

(90) <u>咱们可是说好的，得了汇水，你一我二</u>，可不要错了！（电视剧《乔家大院》）

(91) 送亲者认为新娘入门应足不沾尘，由长辈直接抱进洞房，迎亲者认为这样会贬低新郎的身份，硬要新娘子下地步行。于是，<u>双方你冲我堵</u>，各不相让，好不热闹。（北大语料库）

例（90）中"你一我二"是指"咱们"之间对于"汇水"的分配，即你一份，我两份。例（91）中"你冲我堵"也是对"送亲者"和"迎亲者"双方各自行为的描述。这种关系看似可做分配性解读，但实际上"你 X₁ 我 X₂"是一种类固定结构，因此，其主语同样也必须为复数，即体现出协配性。关于这种协配关系，我们还可以举一个特殊的例子。例如：

(92) 古语有之，<u>商者商也，你买我卖</u>，大家平等相待，这是交易的基础。（电视剧《乔家大院》）

"买"和"卖"本是一个同一的过程，即"买"的同时也发生"卖"的动作行为；同样，"卖"的同时也发生"买"的动作行为，两者为同一个事件的不同视角。因此，"你买我卖"这种结构虽然表面上是分配性，但实际上是一个同一的协配关系，即体现出事件参与组合之间的协配性。诚如陈昌来、李传军（2012：105）所指出的，类固定短语的格式意义是由固定成分和可嵌入成分整合而成的，而不是两者意义的简单相加。可见，"你 X_1 我 X_2"格式实际上也是概念整合的结果，有其独立的表达功能，只不过与前几种相比，表达分配性语义的"你 X_1 我 X_2"格式其整合度略低而已。

三、句法手段

协配句构成的句法手段有两种：一种是句法结构的回环手段，一种是疑问代词的呼应手段。前者利用句法回环形式，构成协配项之间的动作行为，具有交互关系；后者利用疑问代词"谁"的前后呼应，构成语义上的互指，从而使该句表达交互语义关系，即构成协配句。

（一）句法结构的回环手段

协配句的句法结构回环手段不同于修辞上的回文辞格，后者是讲究词序有回环往复之趣的一种措辞法（陈望道，1997：194），而前者是构成协配句的一种特殊句法手段，表示协配项的交互关系。但是刘丹青（2000）指出，"这种手段的最常见格式是'你 V 我，我 V 你'"。所以本书主要讨论这种由人称代词组成的回环结构构成的协配句。由于这类协配句式较为特殊，我们在后面将做专门论述，此处先做简单介绍。例如：

（93）她和朱梅光站着你瞅我我瞅你，棉裤就湿了。（严歌苓《第九个寡妇)》

（94）说完，把前腿放下去，大家开始你挤我，我推你，彼此乱推。（北大语料库）

就句法功能而言，在现代汉语交互句中，句法结构的回环手段主要用于谓语成分。例如：

（95）众人你看我我看你，全场静得鸦雀无声。（马峰《吕梁英雄传》）

（96）村民们你帮我，我帮你，几年之内，成片的新房舍就建起来了。（北大语料库）

有时，句法回环手段也可以用于状语或补语。例如：

（97）干部们都你看我，我瞅他地怔在屋子里，情绪激动而紧张，长时地沉默着。（冯德英《苦菜花》）

（98）周炳和陈文婷高兴得你追我，我赶你，满山乱跑。（欧阳山《三家巷》）

（二）疑问代词的呼应手段

疑问代词的呼应手段也是现代汉语中表达协配语义的句法手段之一。它利用疑问代词"谁"的任指功能，构成不同的句法结构，从而使前后两个"谁"字互相指称，用以表达协配语义。由这类句法结构构成的句子也要求行为或状态的参与者为复数，且参与者之间的关系为加而且合的关系。从逻辑的角度来看，参与者之间的关系具有对称性。同样，由于这类句子也较为复杂，我们后文将做专门论述，此处只做简单介绍。例如：

（99）就是去问，谁都知道谁的底细，人家尿不尿你那一套呢？老周老胡的脾气他知道。（刘震云《官场》）

（100）虽然天天在一起，嘻嘻哈哈，但咱们互相没有怎么聊过，谁也不了解谁。（北大语料库）

例（99）中"金全礼"和"老周"或"老胡"等必须同时出现，且彼此具有加而且合的关系，即缺少任何一方，句子就不能成立；从逻辑的角度来看，"金全礼"了解"老周"的性格，"老周"也了解"金全礼"的性格，两者之间的逻辑关系是对称的，所以该句子属于协配句。同理，例（100）"咱们"中的每一个成员都不了解另一个成员，同样地，另一个成员也不了解其他成员，句子表达的是交互语义关系，因此该句也是协配句。

现代汉语疑问代词呼应手段中出现最多的是"谁也不 V 谁（的 X）"结构形式，例如：

（101）在英国举行的那次相当拘谨的军人午餐会上，大家谁也不认识谁。（北大语料库）

（102）张真人后来有恩于本座，那就两相抵过，咱们谁也不欠谁的恩情。（金庸《倚天屠龙记》）

需要说明的是，疑问代词的呼应手段中第二个"谁"可以用"对方"

替代。例如：

（103）两人可谓势均力敌，一时间谁也难以奈何对方。（辰东《神墓全集》）

（104）他们在较量，谁都不愿意把女儿输给对方。（池莉《来来往往》）

现代汉语协配句是现代汉语中的一种特殊句式，其构成手段非常丰富，既有词汇手段，也有类固定短语手段，还有句法结构手段。这些手段有的表达协同语义，有的表达交互语义，有的表达轮流语义，还有的表达分配语义。至此，我们已对现代汉语协配句中表达协配语义的手段做出了全面的描写和分析。为了简要说明，我们可以将这些协配手段归纳如下：

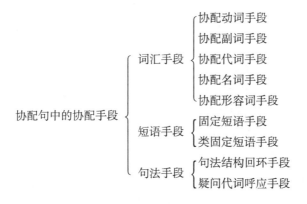

需要说明的是，在协配句中词汇手段、短语手段和句法手段可以同时出现在一个句子当中，共同表达协配语义关系。但是不同的协配手段，其语义表达的侧重点不同。通常而言，协配动词表达动作行为，协配副词表达行为方式，协配代词指代协作双方，协配名词表达协配关系，协配形容词说明关系性状；短语手段则与词汇手段类似，可以通过短语的功能类型判断它是表达动作还是表达关系或状态；而句法手段则通常表达状态。这样，由于不同的协配手段所表达的语义不同，因此，当一个句子的主语使用协配词语时，往往其谓语也可以使用协配词语进行表达，或者是当一个句子中的谓语动词运用了协配词语时，修饰它的副词也可以使用协配词语。这也就是说，协配手段之间具有相互作用的关系，当句子的某个成分使用了某一协配手段之后，它相应地也会对其他成分产生一定的影响。这种影响通常表现在主语和谓语、状语和谓语中心语的关系上。例如：

（105）平日里，<u>大家彼此互相惦念、牵挂着</u>，那份真情实实在在。（北大语料库）

（106）为了保住小三儿的一条生命，<u>侯七太爷和侯七奶奶一起商量</u>，当即就做出决定，把这个小三儿送到乡下去认了一个干娘。（林希《糊涂老太——府佑大街纪事》）

就主语和谓语的关系而言，主语通常说明协配参与者，而谓语在于表达协配行为、状态或关系。如例（105）中"大家"是主语，"彼此"作为"大家"的同位语，同样也是主语，它们都意在表达协配参与者。而谓语中的"互相"则表达协配行为的方式，从而使整个谓语都含有交互语义。就状语和中心语的关系而言，状语通常表达的是协配行为的方式，中心语则表达的是具体的协配行为。如例（106）中"一起"说明的是"侯七太爷"和"侯七奶奶"讨论问题的方式，而"商量"则是二人的动作行为。从上述二例可知，协配句法成分之间是彼此相互作用的。在具体的语句中，正是因为某个句法成分表达了某一协配语义关系，所以另一个句法成分才可以使用另一协配表达方式。

协配手段之间虽然具有相互作用，但是我们也注意到，在协配句中，协配手段的运用也有强制性和非强制性之分。这里我们以协配副词的使用为例来看，当句子中的谓语核心为普通动词时，如果句子要表达协配语义，那么其前通常需要使用协配副词进行修饰。因为当协配副词修饰动词时，整个状中短语就具有了表达协配语义的整体功能。相反，如果协配句中的谓语核心动词为协配动词，那么其前的协配副词是否需要使用则取决于说话人的语义表达需要。例如：

（107）<u>外乡人和沈良一起走出车站</u>，他们大约共同走了二十来米远，然后沈良站住了脚，他在中午的阳光里看起了眼前这座小城。（余华《此文献给少女杨柳》）

（108）顺治和玉林两个人对面坐着，谈佛论法，<u>两个人都会意地互相笑了</u>。（阎崇年《百家讲坛·清十二帝疑案·顺治》）

（109）最后，在成龙的邀请下，<u>杨利伟和成龙一起合唱《男儿当自强》</u>，并绕场一周，引起观众再一次欢呼。（《人民日报》2003 – 11 – 02）

例（107）句子的谓语核心动词是行为动词"走"，如果去掉协同副词

"一起"和"共同"，那么相应的句子都无法清楚地表达协配语义关系。同理，例（108）中的谓语核心动词是"笑"，若去掉其前的交互副词"互相"，那么句子也无法表达协配语义关系。但例（109）与前两句不同，由于"合唱"是协配动词，所以在去掉协同副词"一起"之后，句子同样也可以表达协配语义关系。这就是说，协配句中的协配副词作为表达协配语义关系的一种手段，有时可以出现，有时则可以隐去，而隐现的制约条件则在于句子去掉协配副词之后是否还能表达协配语义。如果能，则可以去掉；如果不能，则不可以去掉。

第二节　现代汉语协配手段之间的共现规律

协配句是指两个或两个以上的人或事物协配施行或遭受某种动作行为，或协配处于某种状态，或协配具有某种关系的一种句子。其典型句法特征体现在两个方面：一是协配参与者通常是两个或两个以上，一是协配参与者之间必须具有协作配合关系。就语义功能而言，协配句重在表达协配语义关系，只不过本书所说的协配关系是一种广义的协配关系，它既包括协同关系，也包括交互、分配、轮流关系。在现代汉语协配句中表达协配语义的手段非常丰富，但是这些协配手段并非彼此互不兼容。它们在某些情况下可以共现，共同表达行为主体之间的协作配合关系。本书将协配手段的共现情况分为两大类：一种是同类协配手段之间的共现情况，一种是异类协配手段之间的共现情况。我们在同类协配手段的共现中，主要探讨协配手段之间的共现原则和共现层级；在异类协配手段的共现中，主要探讨协配手段之间的共现搭配和共现语序。通过对协配手段共现规律的认识，我们可以进一步探究协配手段之间的制约作用。

一、同类协配手段之间的共现规律

（一）协配动词之间的共现原则

在现代汉语协配句中，尽管单独一个协配动词能够构成协配句，但有时也会出现协配动词连用的情况，而协配动词的连用将受以下四项原则的制约。

1. 句法功能原则

现代汉语协配动词中有一类动词常常做状语，也就是前文我们所说的具有副词化倾向的协配动词。如"比肩、并肩、合伙、结伴、携手、联名、联手、联袂、并力、并排、交错、交叉"等，在袁毓林（2010：279 – 309）的研究中都属于协同动词，且《现代汉语词典》（第6版）也将其标为动词，只有"比肩、并肩"兼标副词。这些动词在与其他协配动词连用时，常常放于其他协配动词之前。由于其他协配动词在句中充当谓语，而这一类协配动词充当的是状语，按照汉语的语序排列规则，状语通常在谓语之前，所以我们称这种共现顺序所遵守的原则为句法功能原则。例如：

（1）她的平面设计颇得上司钟爱，而她的上司能写出一手语出惊人的文案，<u>两人联袂合作了不少令人叫绝的佳作</u>。（北大语料库）

（2）位于淘金北上的一条马路看似平凡很容易被忽略，但是拥有多间特色餐厅，<u>路两边的树交错相通</u>，给人一种神秘清新的感觉。（BCC 语料库）

例（1）中"联袂"和"合作"在词典中标注的词性都是动词，但是它们连用时出现的顺序只能是"联袂"在前，"合作"在后。这是因为从句法功能上看，"联袂"充当的是状语，表示"合作"的方式，而汉语的语序规则是状语在谓语之前，所以两者共现遵守的是句法功能原则。同理，例（2）中"交错"和"相通"在词典中也标注为动词，但是"交错"在句中做状语，"相通"做谓语，两者的共现也遵守句法功能原则。

2. 时间顺序原则

戴浩一（1988）提出的时间顺序原则是现代汉语语序的一条重要原则。该原则强调了现代汉语的自然语序是根据时间先后顺序对客观现实行为的模拟。现代汉语协配动词连用同样遵守时间顺序原则，即先发生的动作行为在前，后发生的动作行为在后。例如：

（3）在差生的转化过程中，<u>我们还应注意从生活上多关心体贴，与他们多接触谈心</u>，及时了解他们的思想状况、身体情况。（BCC 语料库）

（4）罗雁飞连忙又劝道："天侠，你不要这么火气大，<u>小儿与令爱已经当众拜堂成亲</u>，无论如何我也不会亏待她的。"（司马紫烟《仙剑》）

（5）8月26日，<u>希特勒会见英国大使汉德逊，提出与英国谈判缔约及解决波兰问题</u>。（沈永兴、朱贵生《二战全景纪实》）

例（3）中"接触"与"谈心"具有时间先后顺序，在自然进程中通常协配项是先接触，然后才谈心；相反，如果"谈心"置于"接触"之前则不符合事理逻辑，所以该例遵守时间顺序原则。同理，例（4）中"拜堂"位于"成亲"之前，因为一对恋人通常只有经过"拜堂"的仪式之后，才算"成亲"了。例（5）也是如此，按照事理常识，通常是先谈判，然后才缔交合约，因此"谈判"置于"缔约"之前，反之则不合事理。

3. 词序固有原则

词序固有原则是指在两个协配动词中，如果有一个语素相同，而另两个语素可以在词语中出现，则这两个协配动词的顺序只能以这两个不同的语素构成的词语的词序作为排列顺序。换言之，这两个不同的语素构成的词语的词序就是该词语的固有顺序，而这种词语的固有顺序正是这两个协配动词排列顺序的决定因素。例如：

（6）但这些虫贩们也用游击战，与正规军周旋，你打我跑，你追我躲，你退我进，公安人员与他们斗智斗勇，花费很大精力。（北大语料库）

（7）他们二人相搀相扶，互帮互助艰难地登上清凉山，缓慢地走进南阳庙里去了。（曹尧德《屈子传》）

例（6）"斗智"和"斗勇"中的"斗"为共有语素，"智"和"勇"为相异语素，但是由于"智勇"常在一起组成词语，如"智勇双全"，所以"斗智"和"斗勇"在句中的语序只能为"斗智"在前，"斗勇"在后。同理，例（7）"相搀相扶"和"互帮互助"中的"相"和"互"为共有语素，"搀"和"扶"、"帮"和"助"分别可构成词语"搀扶"和"帮助"，所以"相搀"位于"相扶"之前，"互帮"置于"互助"之前。

4. 语言习惯原则

张谊生（2000：230）指出副词的连用受行文习惯的制约。我们认为动词的连用同样也会受到行文习惯的制约。具言之，有些协配动词长期以某种顺序出现，以致形成一种较为稳固的先后顺序，通常不再发生变化。我们将这种现象称为语言习惯原则。但这种原则不同于词序固有原则，它是指两个协配动词的连用顺序受语言习惯的制约，而词序固有原则依据的是两个协配动词中相异语素的词序。例如：

（8）她曾是韩国的望族才女，却在中国生活了50年。她同张学良

的内卫军官邂逅相遇并共结连理。（北大语料库）

（9）在两盘慢棋赛中，叶江川和倪华均握手言和，只能通过加赛快棋来分出胜负。（北大语料库）

（10）中俄两国携手并肩，加强合作，必将为人类和平与发展做出更大的贡献。（北大语料库）

例（8）中"邂逅"和"相遇"表达同一个意思，例（9）中"握手"和"言和"可以同时发生，例（10）中"携手"和"并肩"属于共存的状态。因此就理论上而言，它们似乎可以相互交换位置，但实际上很少有交换位置的用法。这是语言习惯制约的结果，因为在已有的言语实践中，人们通常只以例中的顺序予以表达，而不是以相反的语序进行表达。这里尤以例（8）最为典型，其最早在《诗经》中的连用顺序就是"邂逅"在前，"相遇"在后。不仅如此，"邂逅"与"相逢"也是按此顺序表达，这说明后者受到了前者的影响。例如：

（11）邂逅相遇，与子偕臧。（先秦《诗经·野有蔓草》）

（12）予与夫人娘子，本不相识，暂缘公使，邂逅相遇。（唐代《游仙窟》）

（13）邂逅相逢天未晚，紫薇郎对紫薇花。（明代《金瓶梅》）

当然，协配动词连用并非都遵守以上原则，有些并列的协配动词共现时也可以出现相互交换位置的情况。例如：

（14）a. 这里处于西南季风的水汽通道上，夏季四天有三天下雨，路上犹如洪水过境，大小卵石重叠交错，没有一块能放平脚的地方。（北大语料库）

b. 他逐渐往里走，白昼的光亮开始淡下来，树木越来越粗壮，树枝树叶密密麻麻地交错重叠到一起，周围地上的枯叶也显得更为整齐。（北大语料库）

（15）a. 哼！那天吃饭的时候，谁和妹妹斗气拌嘴来着？（老舍《小坡的生日》）

b. 王景来嫌她不理解他的事业，淑琴怨他不管她们娘几个的死活，经常拌嘴斗气，使得本来就凄苦的家庭更加不和谐。（北大语料库）

因为例（14）中的"重叠"和"交错"表示事物的状态，它们在时间上无所谓哪个在前哪个在后，所以两者连用时顺序较为自由。例（15）也是如此，"斗气"和"拌嘴"往往是同时发生的，前者侧重的是心理，后者侧重的是行为，因此在时间上，也不分先后，两者出现的顺序全凭说话人自己的习惯。

（二）协配副词之间的共现层级

1."一起"类副词与其他协配副词的共现层级

就协配副词共现情况来看，"一起"类副词最为活泼，能置于其他四类副词之前，共同修饰谓语。这是因为"一起"类副词是限制性的，而"互相"类副词、"轮流"类副词、"分别"类副词和"比肩"类副词都是描摹性的。据张谊生（2000：209）研究，描摹性副词一般只能紧贴中心语，而限制性副词主要是用来对动作行为、性质状态加以区别和限制的，所以"一起"类副词能置于其他四类副词之前。例如：

（16）他和年轻的师弟师妹一起互相激励、挖掘创作潜力，排练中不断撞击表演艺术的火花。（BCC 语料库）

（17）为了降低施工成本，他亲自带领同事们采购原材料；为了保证质量，他与同事们一起轮流值班督促。（BCC 语料库）

（18）今天上午，团中央书记处书记赵实、姜大明和首都中学生志愿者一起分别来到残疾人彭利华和张鸿正家中进行义务服务。（北大语料库）

（19）在朝鲜人民反对美帝国主义侵略的祖国解放战争时期，朝中两国人民又在一个战壕里，一同并肩战斗，取得了胜利。（BCC 语料库）

2."分别"类副词与其他协配副词的共现层级

"分别"类副词次之，可以置于"互相"类副词、"轮流"类副词和"并肩"类副词之前，共同修饰谓语动词。这实际上是体现了史金生（2003）所说的"由先到后"的原则，先发生的情状在前，后发生的情状在后。这是因为行为主体只有先"分别"，然后才能进一步与其他参与者"互相"发生某种行为，或者进一步去"轮流"做某事，抑或是"并肩做某事"。例如：

（20）这篇评价将 IPE 的有效性与教育干预进行比较，在教育干预中，<u>医生、护士等等分别互相学习</u>。（BCC 语料库）

（21）最后一轮比赛最关键，也最难。<u>3 名小姐将在比赛中隔离开来，分别轮流回答主持人提出的同样一个问题</u>。（北大语料库）

（22）转瞬间，<u>四男四女，分别并肩而立</u>，横剑当胸，一副凝神待敌的样子。（卧龙生《天香飙》）

3."互相"类副词与其他协配副词的共现层级

"互相"类副词再次之，通常可以置于"轮流"类和"并肩"类副词之前，但是它们之间的关系是修饰关系，即"互相"类副词先修饰"轮流"类或"并肩"类副词，构成一个副词短语，然后再修饰谓语动词。因此，这类副词的连用顺序一般不能发生改变。例如：

（23）<u>李政道和同学们一早就上茶馆，上课时互相轮流看着座位，下课后夹着书本回茶馆</u>。（顾迈南《李政道的中国情结》）

（24）<u>马上壮汉虽然神色不善，上来并不像是就要动武神气，少年也回身相待，互相对面相看</u>，呆得一呆。（BCC 语料库）

4."并肩"类副词与其他协配副词的共现层级

"并肩"类副词与其他类副词的连用情况较弱，通常置于"一起"类副词之前，极少数用例见于"轮流"类副词之前。例如：

（25）街道外，天色将暗末暗，金薇亚与麦玉霞彼此沉默不语，<u>她们并肩一起走了一段路</u>。（黎妙瑜《媚惑的季节》）

（26）<u>目下这两组并肩轮流攻上</u>，威力之大，又与昔日大不相同。（司马翎《铁柱云旗》）

其实，"并肩"类副词置于"一起"类副词之前是一种变序现象，而变序的原因主要是和说话人强调的重点有关。史金生（2003）指出，"有时为了强调某一个成分，就可以打破常规顺序，把要强调的成分放在前面"。如例（25）将"并肩"置于"一起"之前实际上就是为了强调他们向外走的方式。

5."轮流"类副词与其他协配副词的共现层级

"轮流"类副词与其他类副词的连用情况最弱，通常不能置于其他类副词之前，因为"轮流"类副词的［＋可控性］特征较强，便于凸显行为方式，所以只能紧靠谓语动词。

这样，我们可以按照协配副词内部共现度的强弱，将其共现层级排列如下（"＞"表示"先于"）：

"一起"类 ＞ "分别"类 ＞ "互相"类 ＞ "并肩"类 ＞ "轮流"类

处于层级最强位置的为"一起"类副词，其次为"分别"类副词，再次为"互相"类副词，更次为"并肩"类副词，最弱的为"轮流"类副词。但是这并不是说这四类协配副词可以在同一个句子中出现；相反，在实际语料中我们并没有发现三类以上的协配副词连用的情况，至多只有两类副词同现的用例。不过，这种共现层级也反映了语义接近和线性次序这两种语序临摹原则。前者如袁毓林（2002）所指，"强调语义上有关联的词项要尽可能的紧挨在一起，或者说在概念空间中语义距离近的词项在语句中的线性距离也相应地近"。后者如张敏（1998：166）所指，不仅体现在语序和自然时间顺序的一致性上，而且还体现在语言成分的次序和其语义辖域大小的对应性上。

就"一起"类副词而言，它主要遵循语义接近原则，因为袁毓林（2002）指出，协同副词"要跟前面的某个复数性的名词性成分相呼应，又不宜于太紧靠谓语动词"，所以它一般位于协配副词共现层级的最前端。"分别"类和"互相"类副词的位序遵循的是线性次序原则。前者体现在时间的先后之分上，即先发生的在前，后发生的在后；后者体现在语义辖域的大小上，即"互相"类副词与其他类副词连用时，体现的是修饰与被修饰的关系。最后，"并肩"类和"轮流"类副词的位序遵循的也是语义接近原则，因为这两类副词按史金生（2003）的分类都是表达方式的副词。袁毓林（2002）指出，方式副词表示某种具体的行为方式，宜紧靠谓语动词。这就是说，方式副词与动作行为的语义关系更近，所以它们通常排在后面。

二、异类协配手段之间的共现规律

（一）协配副词与协配动词的共现

王颖（2013）在研究交互动词时，根据外部语义关系将其分为联合交互动词和相互交互动词，并指出大部分联合交互动词都可以受"一起"修饰，相互交互动词一般不能受"一起"修饰，而只能受"相互"类副词修饰。这种观点较为符合实际，只是区分较为粗略。此外，我们不打算采用"交互动词"的说法，因为如用"交互动词"，然后再在其前加"相互"，这实际上是一种重复。所以本书采用"协配动词"的说法，相应地，将"联合交互动词"称为"联合协配动词"，将"相互交互动词"称为"交互协配动词"。

1. "一起"类副词与联合协配动词的共现搭配

就联合协配动词而言，能与"一起"类协配副词连用的主要是以下四类。

1）合共类

合共类协配动词通常表达的是参与者之间的合作共事关系，主要有"联手、联合、联欢、联名、合作、共事、共建、共度、共议、共勉、携手、并肩、并举、并力、并存、并发、合唱、齐唱、合称、碰杯、同行、同事、同学、厮守、厮混"等。例如：

（27）十年来，她常和唐香扇一起联手对敌，唐香扇教了她许多对敌的招数精华。（方娥真《这一生的剑愁》）

（28）她们和自己的丈夫一起并肩战斗，分担他们的难以名状的艰难困苦。（北大语料库）

2）聊天类

聊天类协配动词通常表达的是参与者之间的交流会谈关系，主要有"畅叙、唠嗑、唠扯、谈天、谈话、谈心、叙旧、叙谈、聊天、攀谈"等。例如：

（29）我常常和家宝一起聊天，我们隔了一张写字台对面坐着，谈了许多事情，交出了彼此的心。（北大语料库）

（30）勤务员沏来一壶烧枣茶，彭德怀坐在一把农家的简易太师椅上，便跟李大波和冀中的党、政、军领导们一起攀谈起来。（柳溪《战争启示录》）

3）比赛类

比赛类协配动词通常表达的是参与者之间的竞争娱乐关系，主要有

"比赛、比试、打交道、打牌、赛车、摔跤、赛跑、跳舞、下棋"等。例如：

(31) 我和美国队队员一起比赛多一点，可能不会太陌生，这也许会在心理上让自己放松一些。（北大语料库）

(32) 在那些时候，他快活地欢笑，他忘掉一切地欢笑，他和兄弟姊妹们一块儿打牌，掷骰或者做别种游戏。（北大语料库）

4）商讨类

商讨类协配动词通常表达的是参与者之间的商谈讨论关系，主要有"辩论、密商、密谈、洽商、洽谈、倾谈、商量、商洽、商谈、商讨、商议、商酌、深谈、谈判、谈论、探讨、讨论、研讨"等。例如：

(33) 在第二次开机前，陈逸飞和吴思远一起讨论修改剧本，常常通宵达旦。（BCC 语料库）

(34) 孔令志接到电话后，找来市电业局局长等人，与他们一同商量如何保证居民生活用电。（BCC 语料库）

2. "互相"类副词与交互协配动词的共现搭配

就交互协配动词而言，能与"互相"类副词连用的主要是以下四类。

1）比对类

比对类协配动词通常表达的是参与者之间的比较对立关系，主要有"比较、比拟、比试、比美、比照、对比、攀比、对唱、对调、对歌、对换、对决、对垒、对立、对消、对照、对阵、对峙、等价、等身、等同、重合、重叠、重复、重码、重名"等。例如：

(35) 有的议员说，我们需要一个和平、互惠的美中关系，美中之间没有理由相互对抗或互为对手。（BCC 语料库）

(36) 人事档案包含部分业务档案的内容，个人业务档案又不能全面地反映一个人的综合情况，因此两者互不沟通、又互相重复。（BCC 语料库）

2）交错类

交错类协配动词通常表达的是参与者之间的交叉错杂关系，主要有

"交叉、交错、交锋、交欢、交换、交会、交火、交界、交手、交谈、交恶、交心、交战、交织、绝交、错开、错叠、错杂、换班、换个儿、换工、换亲、倒换、调换、搭班、搭伴、搭伙、搭界、搭配、搭档、配合、配对、匹配"等。例如：

（37）武警部队在执行任务中经常遇到各种复杂情况，尤其是在处置较大规模突发事件时，往往<u>国际因素与国内因素互相交织，敌我矛盾和人民内部矛盾互相交叉</u>，有时还有民族与宗教问题穿插其中。（北大语料库）

（38）<u>蒋京川与张新华相互交换了一下眼神</u>，然后用沉重的笔，记下了赵京伟所述的一行行"华泰之声"演唱会的欺言骗语。（北大语料库）

3）争斗类

争斗类协配动词通常表达的是参与者之间的抗衡斗争关系，主要有"抵触、抵消、抗衡、决斗、决绝、决裂、诀别、角斗、角逐、争吵、争持、争斗、争夺、争抢、争执、争嘴、斗法、斗气、斗争、斗嘴、斗智、开打、开战、开仗、打架、干架、格斗、打仗"等。例如：

（39）游牧酋长社会的思维方式与现代社会思维方式不时碰撞，<u>现代文明与宗教观念经常相互抵触</u>，国民现代意识的整体锻造还没有完成，在经济全球化的浪潮涌来之时，酋长们有时感到束手无策。（北大语料库）

（40）<u>辽宁力士与河北铁汉相互斗法</u>，才力终究实力雄厚，以415公斤的总成绩捧走七运会举重比赛的最后一枚金牌。（BCC语料库）

4）勾离类

勾离类协配动词通常表达的是参与者之间的勾连分离关系，主要有"勾搭、勾结、勾连、沟通、构怨、媾和、接触、接吻、衔接、连接、结拜、结伴、结仇、结伙、结盟、结识、离别、分别、分居、分享、分工、分离、分开、分手、区别、区分、吻别"等。例如：

（41）<u>两国领导人经常见面，相互沟通</u>，增进共识，对双边关系保持健康稳定发展具有不可替代的重要作用。（北大语料库）

（42）在企业内部，<u>所有者和经营者互相分离又互相制约</u>，这个机制建立了，"缺位"的问题和"越位"的问题，就比较容易解决了。（BCC 语料库）

3.　协配副词与协配动词共现搭配的特殊情况

在现代汉语协配句中，联合协配动词通常跟"一起"类副词共现，交互协配动词通常跟"互相"类副词共现。但还有一些协配动词通常既不与"一起"类副词连用，又不与"互相"类副词连用，其主要是婚姻类协配动词，如"成婚、成亲、订婚、定亲、结婚、结亲、离婚、离异、复婚"等。这是因为此类协配动词和"一起"类协配副词连用表示的并不是协配项之间存在婚姻关系。如"张三和李四一起结婚"并不是指"张三"和"李四"之间具有婚姻关系，而是指二人同时结婚。

当然，也有一些协配动词既可以与"一起"类副词连用，又可以与"互相"类副词连用，这类动词主要是联合协配动词中的商讨类协配动词和合共类中的"联合、合作"等词。这是因为这类词在表达协作关系的同时，也能表达参与者之间的交互关系。例如：

（43）作为世界上两个最大的发展中国家，<u>印度和中国有责任相互合作</u>，使发展中国家更加强大，在世界舞台上提高它们的声音。（北大语料库）

（44）陈长海回厂了，他与张志平拧成了一股绳，过去的芥蒂都在高速转砣中烟消云散，<u>两人相互商量</u>，融洽无间……（北大语料库）

（45）在乾清宫里，<u>一群官服顶戴的大臣们，跪在地上，或站起来，互相辩论</u>，偶尔还挤眉弄眼。（BCC 语料库）

例（43）中的"合作"虽然具有协作性，参与者不能独自实现该动作行为，但是这个词同时也体现了交互性，即一方与另一方合作，那么另一方同样也与这一方合作，参与者之间的关系是相互的。例（44）中"陈长海"和"张志平"的"商量"也隐含交互关系，即"陈长海"与"张志平"商量，同时"张志平"也在与"陈长海"商量。这对于例（45）的"辩论"同样适用，因为一个官员与另一个官员辩论，那么另一个官员也一定与这一个官员辩论。这说明，诸如"合作、商量、辩论"等词实际既含有协作性，同时也含有交互性。因此，这类协配动词既可以与"一起"类副词连用，又可以与"互相"类副词连用。

综上，我们将协配副词与协配动词共现搭配的情况归纳为表 2.2。

表 2.2　协配副词与协配动词的共现搭配

协配副词	协配动词								
	比赛类	聊天类	合共类	商讨类	比对类	交错类	争斗类	勾离类	婚姻类
"一起"类	+	+	+	+	−	−	−	−	−
"相互"类	−	−	±	±	+	+	+	+	−

（二）协配副词与其他协配手段之间的共现

此处我们主要关注协配副词与类固定短语手段、协配句法手段之间的共现情况。在现代汉语协配句中，协配类固定短语手段主要有"X 来 X 去"和"你 X_1 我 X_2"两种；协配句法手段主要有句法结构的回环手段和疑问代词的呼应手段两种。类固定短语手段和句法手段因为多表示交互语义关系，所以能与这两种手段连用的协配副词通常为"互相"类协配副词；除"你 X_1 我 X_2"类固定短语外，一般不与"一起"类、"轮流"类副词连用。

1. 协配副词与类固定短语手段的共现情况

1）"互相"类副词与"X 来 X 去"的共现

"X 来 X 去"类固定短语利用"来"和"去"的空间反向关系表达交互语义，因此，"X 来 X 去"也是表达协配关系的一种手段。"互相"类副词在与其共现时，通常"互相"类副词在前，"X 来 X 去"类固定短语手段在后。例如：

（46）那个男孩和我互相看来看去，不远处有一群孩子都在看着我。（余华《在细雨中呼喊》）

（47）但是，美国方面也担心，如果缺乏统一有力的指挥，那么这些部队会不去执行紧迫的任务，而是互相打来打去，因为各党派各部落间的潜在矛盾还是很尖锐的。（BCC 语料库）

2）"互相"类副词与"你 X_1 我 X_2"的共现

"你 X_1 我 X_2"类固定短语利用人称代词"你""我"的指称关系表达协配语义。"互相"类副词在与其共现时，通常"互相"类副词在前，"你 X_1 我 X_2"类固定短语手段在后。例如：

（48）都是在外面读书的人，碰上了，谈得拢，互相你来我往，也是有的。（BCC 语料库）

（49）他们那种惊慌失措的样子，简直无法形容。我们听见他们互相你呼我唤，声音十分凄惨。（BCC 语料库）

2．协配副词与句法手段的共现情况

1）"互相"类副词与句法结构回环手段的共现

句法手段不同于类固定短语手段，前者主要通过句法结构形式表达协配语义关系，后者则利用类固定短语表达协配语义关系。在句法手段中，结构回环是一种常见的表达协配关系的手段。"互相"类副词在与其共现时，通常"互相"类副词在前，句法结构回环手段在后。例如：

（50）他们身体前倾，互相你看看我、我看看你，又是十分惊讶，又是兴趣盎然，连烟都忘了抽了。（BCC 语料库）

（51）一阵欢快的笑声传来，原来是两个小朋友在浇水时，一不小心将水泼在了身上，用满是泥的小手去抹，结果越抹越脏，互相你笑我，我笑你。（BCC 语料库）

2）"互相"类副词与疑问代词呼应手段的共现

疑问代词呼应手段利用疑问代词的互指功能表达交互语义关系。"互相"类副词在与其共现时，通常"互相"类副词在前，疑问代词呼应手段在后。例如：

（52）两大妈在车间大打出手，互相谁也不让谁，民警挨个上门帮助调解纠纷。（百度搜索）

（53）有意思！这两所985大学都说自己是本省第一，互相谁都不服谁。（百度搜索）

"互相"类副词在与其他协配手段连用时，通常都置于其他协配手段之前。这是因为副词的功能是充当状语，而其他协配手段在句中都可充当谓语，状语置于谓语之前是汉语的语序规则。

需要说明的是，由于"你 X_1 我 X_2"格式可以表达交互性、集体性、替代性和分配性四种协配语义关系，因此，该格式既可以与"互相"类副词连用，也可以与"一起"类、"轮流"类副词连用，但不能与"分别"

类副词连用。这是因为"你 X₁ 我 X₂"格式已经被识解为一个整体，尽管其内部可以做分配解读，但它整体充当一个句法成分，若用"分别"类副词将其整体分配给行为参与者，则 X₁ 和 X₂ 所表示的语义又不是全属于某一个参与者的，因此，两者不能连用。不过，需要说明的是，能与"互相"类副词连用的通常是表达交互语义关系的"你 X₁ 我 X₂"格式；能与"一起"类协配副词连用的主要是表达集体语义关系、少数是表达分配语义关系的格式；而能与"轮流"类副词连用的则一般是表达替代语义关系的格式。例如：

（54）特勤队员们都渐渐地互相你拉我扯地喝起酒来。（叶天南《符医天下》）

（55）大家一起你推我搡，把小王推进了屋里。（自拟）

（56）当晚，他与妻子一起你剪我缝，忙了通宵。（BCC 语料库）

（57）众人轮流你背我抱的，一路上留下了不少的欢声笑语。（百度搜索）

例（54）中"你拉我扯"表达的是交互语义关系，相当于"你拉我，我扯你"，因此可以与"互相"连用。例（55）中"你推我搡"表达的是集体语义关系，相当于大家一起推搡小王，而并不是"你推我，我搡你"的意思，因此可以与"一起"连用。例（56）中"你剪我缝"表达的是分配语义关系，即他和妻子一个人剪一个人缝，动作行为具有分配性，但由于该格式已经被识解为一个整体，所以可以和"一起"连用。例（57）中"你背我抱"表达的是替代语义关系，相当于"你背过我抱，我抱过你背"，因此可以与"轮流"连用。

这样，我们将协配副词与其他协配手段之间的共现情况归纳为表2.3。

表 2.3　协配副词与类固定短语手段、协配句法手段的共现搭配

协配副词	类固定短语手段		协配句法手段	
	X 来 X 去	你 X₁ 我 X₂	句法回环手段	疑问代词呼应手段
"一起"类	−	+	−	−
"互相"类	+	+	+	+
"轮流"类	−	+	−	−
"分别"类	−	−	−	−

但由于"你 X_1 我 X_2"类固定短语手段与不同的协配副词连用时表达的语义不同，因此我们可以进一步对其与协配副词连用的情况进行细分，见表2.4。

表2.4 协配副词与"你 X_1 我 X_2"类固定短语手段的共现搭配

协配副词	你 X_1 我 X_2			
	交互义	集体义	替代义	分配义
"一起"类	-	+	-	-
"互相"类	+	-	-	-
"轮流"类	-	-	+	-
"分别"类	-	-	-	-

（三）类固定短语手段与协配句法手段之间的共现

1. 类固定短语手段与协配句法手段的共现语序

类固定短语手段与协配句法手段之间的共现情况，根据类固定短语的不同可以分为两种情况：其一，"X 来 X 去"与句法协配手段之间的共现情况；其二，"你 X_1 我 X_2"与句法协配手段之间的共现情况。但是协配句法手段又可以分为两种情况：一为句法回环手段，一为疑问代词呼应手段。所以类固定短语手段与协配句法手段之间的共现情况，具体可以分为四种："X 来 X 去"与句法回环手段之间的共现情况，"X 来 X 去"与疑问代词呼应手段之间的共现情况，"你 X_1 我 X_2"与句法回环手段之间的共现情况，"你 X_1 我 X_2"与疑问代词呼应手段之间的共现情况。但由于"你 X_1 我 X_2"与句法回环手段所表达的语义基本相同，两者不具有共现性，因此类固定短语手段与句法协配手段之间的共现情况实际上只有三种。

1）"X 来 X 去"与句法回环手段的共现

"X 来 X 去"类固定短语手段与句法回环手段之间的共现情况，通常是句法结构回环手段在前，"X 来 X 去"类固定短语手段在后。例如：

（58）这样你偷我，我偷他，偷来偷去，乱成一片。（北大语料库）
→*这样偷来偷去，你偷我，我偷他，乱成一片。
（59）两个人你打我我打你，打来打去，谁也没有占到便宜。
（自拟）
→*两个人打来打去，你打我我打你，谁也没有占到便宜。

2）"X 来 X 去"与疑问代词呼应手段的共现

"X 来 X 去"类固定短语手段与疑问代词呼应手段之间的共现情况，通常是"X 来 X 去"类固定短语手段在前，疑问代词呼应手段在后。例如：

（60）两个人打来打去，谁也没有打到谁。（自拟）

→ * 两个人谁也没有打到谁，打来打去。

（61）两个国家争论来争论去，谁也说服不了谁。（自拟）

→ * 两个国家谁也说服不了谁，争论来争论去。

3）"你 X_1 我 X_2"与疑问代词呼应手段的共现

"你 X_1 我 X_2"类固定短语手段与疑问代词呼应手段之间的共现情况，通常是"你 X_1 我 X_2"类固定短语手段在前，疑问代词呼应手段在后。例如：

（62）两个人你推我拉，谁也不肯让谁。（自拟）

→ * 两个人谁也不肯让谁，你推我拉。

（63）夫妻二人你恩我爱，谁都喜欢谁。（自拟）

→ * 夫妻二人谁都喜欢谁，你恩我爱。

2. 类固定短语手段与协配句法手段共现的制约因素

类固定短语手段与协配句法手段之间共现情况的制约因素在于这些协配手段的表达功能。就表达上而言，这四种手段具有三种功能，分别是描摹情状功能、引导归结功能，以及表达结果功能。

1）描摹情状

描摹情状功能的协配手段为"X 来 X 去""你 X_1 我 X_2"类固定短语手段和句法回环手段。例如：

（64）这天，两人打来打去，尔泰故意一个失手，被塞娅抛在地上。（琼瑶《还珠格格》）

（65）大伙你推我挤的，除了用眼睛看，还不忘动动嘴巴打发时间。（芃羽《丑闻新娘》）

（66）空气仿佛凝固了，大家你瞧我，我瞧你，谁也没有说出话来。（北大语料库）

例（64）—（66）中"打来打去""你推我挤"和"你瞧我，我瞧你"都是对协配主体动作行为的描写，因此它们体现的是描摹行为状态的功能。

2）引导归结

引导归结功能的协配手段为"X来X去"，但杨德峰（2012）指出这种格式在语篇功能上是不自足的，通常需要后续小句。因此，具有引导归结功能的"X来X去"不同于描摹情状功能的"X来X去"。在描摹情状功能中，"X来X去"后跟的并不是一个总结性的句子，而在引导归结功能中，曾传录（2008）指出，"X来X去"后跟的是一个归结性的语句，常使用"结果、总算、还是、最终"等词。例如：

（67）两人厮扭着一阵好打，屋子里砰然山响似的刮起了旋风。打来打去，结果难分输赢，因为上帝创造他们时，都赋予了同样大的力气。（北大语料库）

（68）《新晚报》开了几次会，谁也不接受任务。推来推去，任务落到了年仅 33 岁的唐人身上。（北大语料库）

例（67）中的说话人首先描写"两人厮扭着一阵好打"，然后用"屋子里砰然山响似的刮起了旋风"予以具体说明，最后概括性地指出"打来打去，结果难分输赢"。可见，在此例句中，"打来打去"后跟的是归结性的语句，且该语句前还有标志性的词语"结果"。同样，在例（68）中"推来推去"前也有铺垫，即"开了几次会，谁也不接受任务"，这正说明了人们之间的相互推脱。这样，"推来推去"除了能概括性地表达一个推脱的过程，它还能引出一个表达结果的句子。"任务落到了年仅 33 岁的唐人身上"正是推脱之后所产生的最终结果。可见，此类"X来X去"的功能就在于归结前文，引出一个总结性的语句。

3）表达结果

表达结果功能的协配手段为疑问代词呼应手段。该手段不是用以描写行为主体的动作行为，而是表达行为主体通过某种动作或行为而产生的相互具有或互不具有的某种结果。例如：

（69）我杀了你的人，你也杀了我的人，旧债一笔勾销，咱们现在谁也不欠谁，该怎么着就怎么着。（王朔《我是"狼"》）

（70）他们面对面地站着，脸上带着凄厉的、甚至是严峻的神情，

谁也不看着谁。(张洁《爱,是不能忘记的》)

例(69)中"我杀了你的人,你也杀了我的人"是对行为人动作行为的说明,而这种动作行为所产生的结果也就是"谁也不欠谁"。例(70)中行为人"面对面地站着",彼此神情"严峻",并没有与对方相看,所以其结果也就是"谁也不看着谁"。可见,"谁也不 V 谁"结构在句中的功能就是表达动作行为产生的结果。

4)功能制约

现代汉语协配句类固定短语手段与句法结构手段之间的共现规律主要受其语用功能的制约,因为描摹情状、引导归结和表达结果三种语用功能的共现语序并不是随意排列的,而是体现出先后之分。具言之,描摹情状的手段先于引导归结的手段,引导归结的手段又先于表达结果的手段。这种共现规律可概括如下("﹥"表示"先于"):

描摹状态 ﹥ 引导归结 ﹥ 表达结果

例如:

(71)两个人你踢我,我踢你,可是踢来踢去,谁也没有踢到谁。(自拟)

(72)两个人你谦我让,谦让来谦让去,最终谁也没有说服谁。(自拟)

例(71)中的"你踢我,我踢你"和例(72)中的"你谦我让"都是描摹人物动作行为的,后面的"踢来踢去"和"谦让来谦让去"都具有引导归结功能,最后的"谁也没有踢到谁"和"谁也没有说服谁"表达的都是行为最终的结果。因此,前文我们所论述的类固定短语手段和协配句法手段之间的共现情况,其实也就是受到了这种表达功能的制约。换言之,因为类固定短语手段的表达功能不同于句法手段,所以它们之间的共现语序也不同。

第三节　现代汉语协配句的常见句型及格式

范晓（2009a：306）指出，在句法平面对句子进行语法研究，最重要的任务或目标就是要在对句子定型（确定或划分句型）的基础上构建语言的句型系统。现代汉语协配句是根据句法结构中参与者之间的协配语义关系划分出来的一种句子类型，其句法结构形式并不唯一。因此，协配句内部所包含的句型和句法结构格式相对也就较为复杂。鉴于句型在很大程度上可以细化为表层结构形式，本书对协配句的句型系统不做过于细腻的划分，而重在描述与之相对应的句法结构格式。

一、名词谓语型及其格式

名词谓语型主要由基本层次范畴内的称人的对称关系名词充当。按照Brown（1958）的观点，事物在不同的抽象层次上有不同的名称，但是，只有一个抽象层次上的名称是人们经常使用的。这个被广为使用的名称同时又代表一个范畴，处于中间层级上的范畴，就是基本层次范畴。Lakoff（1987：267）则进一步指出，基本层次范畴是完型感知、身体运动能力和形成丰富心理意象能力的集合体。在名词谓语型协配句中，无论是高层次范畴内的词语，还是低层次范畴内的词语，通常都不能充当协配句的谓语核心，而只有基本层次范畴内的词语才可以充当（贾红霞，2002）。例如：

（1）a. <u>你我朋友一场</u>，我只是提醒你注意，尽尽我的心意。（金康《超味大霸主》）

b. ＊<u>你我人类一场</u>，我只是提醒你注意，尽尽我的心意。

c. ＊<u>你我密友一场</u>，我只是提醒你注意，尽尽我的心意。

例（1）中"朋友"属于基本层次范畴的词语，它可以在协配句中充当谓语。而在词语层次范畴内"人类"是比"朋友"高的词语，"密友"是比"朋友"低的词语，两者都不能在协配句中充当谓语核心。这是因为就认知上而言，基本层次范畴中的词语更具凸显性，在人们的口语交际中使用的频率更高，因此，它们由指称转为陈述的可能性也就更大。

所谓称人名词，是指这些名词属于指称人的词语。一般而言，指物的协配名词不能充当协配句的谓语核心。例如：

（2）但不管怎么说，<u>我和燕燕朋友一场</u>，大事我得帮忙。（赵凝《眨眼睛的圣诞树》）

（3）*<u>韩国和朝鲜邻邦一场</u>，两个国家不能相互为敌，更不能发生战争。（自拟）

所谓对称关系名词，是指个体事物之间具有同一关系的名词，如"朋友、同学、同事、妯娌、搭档、同伴、邻居"等。这些名词在构成协配句时，协配项之间的关系是等同的，即甲和乙具有什么样的关系，乙和甲也具有什么样的关系，协配双方具有这样的推导关系：甲是乙的××，同样，乙也是甲的××。例如：

（4）<u>（强子和鹿儿）同事这么多年了</u>，吃一顿饭还是可以的。（赵凝《眨眼睛的圣诞树》）

（5）若昀，你真的很不上道，<u>咱们朋友一场</u>，你遇到了这么幸运的事情，不说出来与大家分享？（黄若妤《霸龙戏爱》）

例（4）中"强子"和"鹿儿"之间具有同事关系，即"强子"是"鹿儿"的同事，同样，"鹿儿"也是"强子"的同事。例（5）中"咱们"之间是朋友关系，即一方与另一方是朋友，另一方也与这一方是朋友，所以该例也是等同关系。

但是，我们还注意到一些具有逆向关系的协配名词也可以充当协配句的谓语。这是因为这些逆向关系的词语已经黏合为一个整体，意在表达话语所指对象所拥有的某种关系较为深厚。例如：

（6）我早考虑过了，与其死在她手中，倒不如死在你的手下，<u>我们夫妻一场</u>，我也没有别的可以给你，只有这一条命。（司马紫烟《玉露剑童》）

（7）李云龙收起手枪说：<u>你我兄弟一场</u>，但愿将来别在战场上相见。（都梁《亮剑》）

杨红（2018：23）将这种逆向关系名词称为粘合式关系名词，并认为这类词也具有对称性特征，这是合理的。如例（6）中会话双方"易华容"和"南宫一雄"是夫妻，同样"南宫一雄"和"易华容"也是夫妻，二者之间具有对称关系。但这种对称关系与上文中的对称关系也有一定的区别，即两人只能是一方为"夫"，另一方为"妻"。同理，例（7）中的"李云龙"和"楚云飞"是兄弟，同样"楚云飞"和"李云龙"也是兄弟，二者之间也具有对称关系。但是"你"和"我"也是一方为"兄"，另一方为"弟"。

现代汉语中表达逆向关系的协配名词相对较少，主要有"弟兄、兄弟、姊妹、夫妻、婆媳、叔侄、翁婿、师生、师徒、父子、父女、祖孙、母子、母女、甥舅、父母、子女、公婆、哥嫂"等。就句法结构的构成而言，逆向关系名词和对称关系名词构成的句子在句法结构的合成上也完全一致。例如：

（8）王老师是李老师的同事。
  李老师是王老师的同事。} 王老师和李老师是同事。

（9）王老师是李老师的丈夫。
  李老师是王老师的妻子。} 王老师和李老师是夫妻。

例（8）中协配名词"同事"具有对称关系，例（9）中协配名词"夫妻"具有逆向关系，但由它们构成的协配句都是由两个相对单向关系的句子合并而成的。不过，逆向关系名词中有少数是针对第三方互逆的。如"父母、子女、公婆、哥嫂"四个词语，在构成协配句时，句子还必须涉及关系的另一方。因此，这种关于第三方互逆的协配名词不能充当协配句的谓语。例如：

（10） a. <u>郭靖和黄蓉是郭襄的父母</u>。（自拟）
  b. ＊郭靖和黄蓉父母一场。

例（10）中"郭靖"是"郭襄"的父亲，"黄蓉"是"郭襄"的母亲，将这两个具有单向关系的句子合并在一起，其实主要是将"父亲"和"母亲"黏合成一个协配名词"父母"，致使其成为一个集合，所以也能够构成协配句。但是，这种协配句不是协配项 A 与 B 直接互为逆向关系，而是针对第三方的逆对应关系。如例（10a）中的"郭襄"是"郭靖"和"黄蓉"之间具有"父母"关系的纽带；反之，"郭靖"和"黄蓉"则因"郭襄"而具有逆对应关系。但是，由"父母"做谓语成分的句子则不成立，如例（10b）。

需要说明的是，就句法结构特点而言，协配名词做谓语时，其后必须带表［＋时段］的数量短语做补语，如"一场""一辈子""X 年"等。那么，为什么这些协配名词能够充当谓语，且带时量补语呢？我们认为，这些名词做谓语实际上是转喻的结果，因为这些名词通常指称人物之间的身份，而且这种身份对于当事人而言具有较高的凸显性。这样，当这类协配名词在谓语核心中出现时，它们就可以由指称当事人的某种身份而转指当事人以某种身份相处。而对于另外一个问题，即协配名词充当谓语核心时为什么其后要带高量级的时段补语，我们认为，这是为了强调当事人的关系非同一般，因为相处的时间越长，当事人的关系就会越深，当事人的关系越深，那么说话人针对受话人所做的事情就越有其合理性。例如：

（11）方地觉得无论如何她也该送送"土匪"，毕竟他们同学一场，又是老乡。（王朔《不想上床》）

（12）大家朋友一场，我不愿和你们撕破脸皮，但是，希望你们也不要逼我太甚才好！（柳残阳《龙头老大》）

例（11）中"方地"与"土匪"既是同学，又是老乡，但在表示这两种协配关系时，说话人前一个句子使用的是名词做谓语，即"同学"做谓语，后一个句子采用的是名词做宾语，即"老乡"做宾语。可见，这两种形式都能表示协配关系。不过，由于前一种形式使用的是名词做谓语，因此，它实际上是用具有指称功能的"同学"来转指两人"曾以同学的身份相处了很长时间"。换言之，这里的"同学"不再具有指称功能，而是具有陈述功能，即陈述"方地"与"土匪"曾经做了很长一段时间同学。但是，这种"同学"关系必须带上补语，补充说明这种关系持续的时间，以强调关系的重要性，否则句子不能自足。这是因为"关系"表达的是一种持续性的状态，当 A、B 两个协配者具有某种具体的关系时，人们更关注的是这种关系的长短程度，而这种关系正是说话人下一步要采取措施的理由。如例（11）中"他们同学一场，又是老乡"正是"方地"说明"方地"与"土匪"的关系非常密切，这正是"方地"觉得她该送送"土匪"的重要原因。相反，如果不用高量级的时段词语强调相处的时间久远，那么就不足以说明"方地"去送"土匪"的必要性。同理，例（12）也是如此，说话人认为自己与其他人具有较为深厚的朋友之情，所以他才会说自己不愿与其他人撕破脸皮。

这样，在句法结构格式上，由于名词谓语型的协配句必须带时量成分，因此，可以将其码化为"NP_1 + 和 + NP_2 + N_3 + NumP"，其中 NP_1 和 NP_2 为协配项，即协配参与者，N₃ 为协配关系名词，在句中充当谓语核心，NumP 表示数量成分，在句中充当补语。不过，值得一提的是，协配句中协配项出现的形式既可以是分解式，如例（10），也可以是合并式，如例（11）。[①] 但此处为了简洁，我们只以"NP₁ + 和 + NP₂"进行表示，其中"和"表示"和、跟、与、同"等连介词，下文也是如此。

二、动词谓语型及其格式

（一）"NP₁ + 和 + NP₂ + VP"式

在"NP₁ + 和 + NP₂ + VP"式中，NP₁ 和 NP₂ 为协配项，VP 充当谓语。该句式具体又可以分为两种形式。

一种是动词 V 为协配动词，其前可以加协配副词或其他做状语的协配手段，也可以不加。如例（13）中直接用协配动词"拌嘴"陈述主语，当然其前也可以加"互相"来表明交互关系。例（14）中使用协配动词"抬杠"和"争论"陈述主语，其前所加状语"刚才"和"在茶棚"均为非协配手段。

（13）爷爷奶奶同小叔一起生活，爷爷喜清静，奶奶爱唠叨，两人时常像小孩子一样拌嘴。（BCC 语料库）

（14）他俩刚才在茶棚抬杠争论，都把对方贬得一文不值，此刻却完全倒反过来，唯恐没把对方捧上天去。

另一种是动词 V 为普通动词，其前加协配副词或其他可以做状语的协配手段，也可以是其后带表达协配语义关系的补语，当然也可以两者同时使用。如例（15）中的"尊重"为普通动词，但其前加有"互相"以表达协配语义。例（16）中的"热恋"为普通动词，但其后带有"难舍难分"以表达协配语义。

（15）老舍和赵树理互相很尊重，他们之间的友谊是极为深厚和真挚的。（BCC 语料库）

（16）费尼娅听说这件事后，心里十分难过，但那时她已经和敌国

---

① 协配项之间的具体形式可参看葛婷（2009a）《协同副词对名词性成分的句法语义选择》，载《临沂师范学院学报》2009 年第 2 期。

情人热恋得难舍难分，因此，她这个唯一知情的乌克兰人也只能保持沉默了。（北大语料库）

（二）"NP₁ + VP + NP₂"式

在"NP₁ + VP + NP₂"式中，NP₁ 和 NP₂ 为协配项，分别充当整个结构的主语和宾语，动词 V 为协配动词。但并不是所有的协配动词都具有这种用法。例如：

（17）萨特在美国邂逅了法国女人多洛莱斯，两人陷入情网，在巴黎度过一个个良宵。（北大语料库）

（18）1980 年，朝鲜领导人金日成到北京参加抗美援朝 30 周年纪念活动，邓小平会见了金日成。（北大语料库）

（19）2004 年，为了适应快速发展的房地产行业，不断提高集团竞争力，复地集团牵手国际著名广告公司奥美中国，从更高视角对自身品牌再度进行审视和检验。（BCC 语料库）

周晓君（2018：57）将这种协配句式称为主宾结构，并指出这种结构不是一种典型的相互结构。但这种特殊的协配句式在新闻标题中出现得较多。尹世超（2001：2）指出，标题是书面语的重要组成部分，随着社会信息化进程的推进，标题逐渐增值。这就要求我们在研究中要对标题语言予以关注。就"NP₁ + VP + NP₂"这种协配句式而言，它无论是在构成条件上，还是在语义表达上，抑或是在其产生的动因与机制上都有着鲜明的特点。因此，对于这种句式我们将在后文专门讨论，此处暂不详述。

（三）"NP₁ + 和 + NP₂ + VP + NP₃"式

在"NP₁ + 和 + NP₂ + VP + NP₃"式中，NP₁、NP₂ 为协配项，VP 和 NP₃ 必须有一个充当协配手段。具体可区分如下。

第一，当动词 V 是一些表示集体行为的协配动词时，NP₃ 可以不是协配手段，而只是 VP 的一般宾语。如例（20）中的"商量"是协配动词，其后宾语"为社会做点有益的事"只是一般宾语。例（21）中的"讨论"也是协配动词，其后宾语"中东多边会谈问题"也是一般宾语，"交换"后也带一般宾语"意见"。

（20）徐永富有了钱，便和妻子姚忠英商量为社会做点有益的事。

（北大语料库）

（21）<u>克里斯托弗和佩雷斯讨论了中东多边会谈问题，之后又同拉宾总理就中东双边会谈、美以战略合作和被占领土人权问题交换了意见</u>。（北大语料库）

第二，当动词 V 不是协配动词时，V 前需有协配副词或者是充当状语的协配成分等，这样 VP 后也可以带宾语 NP_3。如例（22）中"提防"后带有宾语"外人"，其前有协配副词"轮流"；例（23）中"指责"后带有宾语"对方未能提出有效的措施"，其前有协配副词"相互"；例（24）中"发明"后带有宾语"人工取火技术、原始畜牧业和原始农业"，其前有协配副词"分别"。

（22）<u>他们一起切磋技艺、轮流提防着外人</u>。他们相互倚靠着度过了六畜界最初一年的严酷淘汰。（沧月《武之魂系列》）

（23）在讨论上述议案时，<u>共和党和民主党议员相互指责对方未能提出有效的措施</u>，以应付欧佩克的减产行动和抑制油价的大幅攀升。（BCC 语料库）

（24）相传，<u>燧人氏、伏羲氏和神农氏分别发明了人工取火技术、原始畜牧业和原始农业</u>，是我国远古时代对人类有巨大贡献的三个发明者。（北大语料库）

需要说明的是，当 V 为"给予"类三价动词，且受"互相"类副词修饰时，该三价动词后并不必然表现为双宾语形式。这是因为"互相"类副词同样具有指代性特征，尽管其在状语位置出现，但其语义上已经满足了三价动词对间接宾语的要求，如例（25）。不过，这也并不意味着三价动词后不能带双宾语，只是这种双宾语的间接宾语通常只能用"对方"充当而已，如例（26）。

（25）在东南亚地区，大象是一种吉祥物，<u>朋友相互赠送玉象</u>，寓意生意兴隆，财源广进。（北大语料库）

（26）暑期休假前，<u>他俩商定暂时搁置分歧，互相给对方留一个思考的时间</u>。（北大语料库）

第三，当动词 V 不是协配动词，且 V 前又没有协配副词时，NP_3 必须为协配名词或者是含有协配形容词做定语的名词短语。此时动词 V 通常是表示判断的"是"、表示变化的"X 成"、表示领属的"有"等。如例（27）中的"同事""上下级""师生""忘年交"，例（28）中的"朋友"，例（29）中的"一样的文化和理想"。

（27）他们两人曾是同事、上下级、师生，又是知心的忘年交。（李存修《黄秋耘情系文坛》）

（28）我与刘斌很快就成了朋友，他是我在北京交的第一个朋友。（北大语料库）

（29）他和他们有一样的文化和理想，他为他的地位沾沾自喜，但仅仅因为有利可图。（北大语料库）

（四） NP$_1$ + VP + NP$_2$ + **和** + NP$_3$ **式**

在 NP$_1$ + VP + NP$_2$ + 和 + NP$_3$ 式中，NP$_1$ 为施事者，NP$_2$、NP$_3$ 为协配项，VP 表达协配关系。例如：

（30）第六界的空间之门将慢慢敞开，将要贯通人间与天界。（辰东《神墓全集》）

（31）如何区分无产阶级和资产阶级，这是任何一个稍有马克思主义常识的人都一清二楚的。（北大语料库）

此类动词数量不多，主要有"比较、比照、贯通、合并、连写、融合、熔合、说合、调和、杂糅、糅合、混合、混淆、区分、连接"等。这类动词最大的特点是其句法结构多样，大多能够应用于之前所描述的"NP$_1$ + 和 NP$_2$ + VP"式和"NP$_1$ + VP + NP$_2$"式两种格式当中。例如：

（32）一条广阔的煤渣路伸向远方，看不到尽头，尾端和天空连接起来了。（周而复《上海的早晨》）

（33）一排粗壮的水管连接着喷头，但多数喷头已经不见了。（王小波《白银时代》）

（34）这是真正意义上的文学现实，因为它连接着过去和将来。（余华《活着》）

此类协配动词中比较特殊的是"交换"和"调换",其后跟的名词尽管也是复数,但通常不能以名词并列的形式出现,而只能隐含其中,或由协配参与者合并在一起充当定语来进行表达。例如:

(35) 两岸学者还利用会前会后个别接触的机会,<u>交换了各自的著作</u>。(北大语料库)

(36) 汉王即闯入他们的卧室,夺走他们的印信兵符,用指挥旗召集众将领们,<u>调换了众将的职位</u>。(北大语料库)

例(35)中"各自的著作"显然并不止一本著作,例(36)中的"众将的职位"也不止一个职位,其语义都隐含着复数信息,但是在句法表现上只能有一个词语出现在宾语位置,尽管有时双方交换的物品并不相同。例如:

(37) a. <u>张三用钢笔交换了李四的文具盒</u>。(自拟)

b.？张三和李四交换了钢笔和文具盒。

这是因为当"交换"双方的物品不同时,若将交换物都放于句子的宾语位置,就会使交换物的领属者发生混淆。如例(37b),我们不清楚"钢笔"和"文具盒"属于"张三"还是属于"李四",且现代汉语中也没有这样的副词能够表明这两个宾语的所属情况。所以尽管在"交换"语义框架内,至少要出现四个语义成分,即交换者 A、交换者 B 和交换物 C、交换物 D,但它们在句法格式上仍然只能使用三价句式或者二价句式表达这一交换场景。

三、形容词谓语型及其格式

形容词谓语型的基本句法格式为 $NP_1 + 和 + NP_2 + AdjP$。如前所述,该类形容词主要为状态关系类形容词。但是这类词有一个特点,就是该类形容词通常不能独立成句,如若独立成句,则一般要在其前加程度副词"很、更、比较"等,或者在其后加上表达程度、量级或情状的补语。例如:

(38) 说实在的,我俩实力不相上下,更微妙的是,<u>我和他私下很要好</u>。(BCC 语料库)

（39）然而在一次又一次的实地采访和心灵碰撞中，<u>两人已经亲密得如一条战线上的战友</u>。（BCC 语料库）

这是因为"句子平面的'主语＋谓语'倾向于现实的陈述表达，所以其中的主语成分和谓语成分要求是有界的"（张伯江，2011）。但是单独一个协配形容词只能表述协配参与者之间的协配语义关系，而并不能说明这种关系的程度或者量级。换言之，这种做谓语的协配形容词描述的事物状态都属于无界状态，不能满足"谓语成分是有界的"要求，所以协配形容词通常不能单独充当谓语。若要充当，则需要将这种"无界"的形容词转变为"有界"的程度、量级或情状的表达，而汉语中的程度副词"很"和"更"，以及某些数量补语、情态补语等恰好能够实现这一目标。因此，这些协配形容词在做谓语时，通常要在其前加上这些表达程度意义的副词，或者在其后加上补充说明程度、量级或情态的补语。

形容词充当谓语核心的协配句有时也会出现（NP_1 ＋ 和 ＋ NP_2）NP_3 ＋ AdjP 这种句法结构格式，且当该格式中的形容词为"异同"类形容词时，如"相同、相反、相似、相像、相仿、类似、一样、一致、不同"等，该格式可以和 NP_1 ＋ 和 ＋ NP_2 ＋ AdjP 这种句法结构格式互换。例如：

（40）我真没有想到，<u>张伯伦先生和我的意见完全一致</u>。（北大语料库）

→我真没有想到，张伯伦先生的意见和我的意见完全一致。

但当该格式中的形容词为"关系"类形容词时，如"密切、亲密、要好、恩爱、亲热、不错、对劲"等，"（NP_1 ＋ 和 ＋ NP_2）NP_3 ＋ AdjP"这种句法结构格式不能变换为"NP_1 ＋ 和 ＋ NP_2 ＋ AdjP"这种句法结构格式（谭景春，1992）。例如：

（41）<u>玛恩和地主太太的关系很好</u>，她总是乐呵呵的，快乐知足。（北大语料库）

→＊玛恩的关系和地主太太的关系很好，她总是乐呵呵的，快乐知足。

这是因为这些"关系"类形容词所描述的是 NP_3 的关系状态，而 NP_3 又是协配名词，其不能发生分解，所以当我们把"玛恩和地主太太的关系"

说成"玛恩的关系和地主太太的关系"时，句子就不合乎语法。

此外，由协配形容词做谓语或补语构成的协配句，有时可以转换为形容词做定语，或者是形容词做小句谓语的句子，但须加关系名词。例如：

（42）她跟柯舍沃伊很要好，两家的父母也很要好。（BCC 语料库）

→她跟柯舍沃伊有着很要好的关系，两家的父母也有着很要好的关系。

→她跟柯舍沃伊关系很要好，两家的父母关系也很要好。

（43）我的地位就在台角，所以我俩离得非常近。（汪曾祺《王全》）

→我的地位就在台角，所以我俩有着非常近的距离。

→我的地位就在台角，所以我俩距离非常近。

这是因为由形容词构成的协配句往往是对协配项之间关系的描述，因此，该类形容词能够与关系名词搭配表达协配语义关系。

四、主谓谓语型及其格式

有人将主谓谓语句置于动词谓语句下来谈，但是这实际上不仅没有区分词的功能和短语的功能，而且主谓谓语句中的小谓语也不一定都是由动词充当的。因此，我们在这里将由主谓短语充当谓语的协配句型及其格式独立出来，以便探讨它跟其他三种谓语型协配句式的差异。根据协配句中主谓谓语的特点，主谓谓语型的协配句式可以分为三种。

（一）"NP$_1$＋和＋NP$_2$＋NP$_3$＋VP/AdjP（＋NP$_4$）"式

在"NP$_1$＋和＋NP$_2$＋NP$_3$＋VP/AdjP（＋NP$_4$）"式中，NP$_1$ 和 NP$_2$ 是协配项，NP$_3$ 是小主语，"NP$_3$＋VP/AdjP"是全句的大谓语，而 VP/AdjP 只是主谓短语中的小谓语，NP$_4$ 是 VP 所带的宾语。例如：

（44）老婆与保姆矛盾很深，听小林这么说，也很高兴，又亲了他一下，翻过身就睡着了。（刘震云《一地鸡毛》）

（45）克拉丽莎和彼得性格迥异，前者理智，温和，实际；后者热情，冲动，理想化。（BCC 语料库）

用于该格式中的名词 NP$_3$ 不多，据我们考察，这些名词大致可以划分为两类：一类是表达参与者之间具有某种协配关系的名词，如"关系、矛盾、感情、差别、区别、差异"等[1]；一类是表达参与者所具有的某种观点或特征的名词，如"观点、主张、意见、外貌、气质、性格"等。当具有协配关系的名词充当 NP_3 时，句中的 VP/AdjP 可以不是协配动词或关系形容词，如例（44）；当表达某种观点或特征的名词充当 NP_3 时，句中的 VP/AdjP 必须是协配动词或关系形容词，句子才是协配句，如例（45）。此外，这种主谓谓语句型的协配句可以转化为" NP_1 + 和 + NP_2"做定语的句式，即可以转换为" NP_1 + 和 + NP_2 + 的 + NP_3 + VP/AdjP（ + NP_4）"这种结构。这是因为协配项和小主语之间具有领属关系。例如：

（46）我和女朋友感情很好，我愿意这么一直照顾她，等她毕业了我们就结婚，我的家人也默许了我的选择。（北大语料库）

→我跟女朋友的感情很好，我愿意这么一直照顾她，等她毕业了我们就结婚，我的家人也默许了我的选择。

（47）站长和书记一向意见不合，从来都是你要这样我偏那样，这一回却联手对付卢小波了。（方方《一波三折》）

→站长和书记的意见一向不合，从来都是你要这样我偏那样，这一回却联手对付卢小波了。

（二） NP_1 + **和** + NP_2 + Pro_1 + VP/AdjP + Pro_2 + VP/AdjP **式**

在 NP_1 + 和 + NP_2 + Pro_1 + VP/AdjP + Pro_2 + VP/AdjP 式中，NP_1 和 NP_2 是协配项，Pro_1 + VP/AdjP + Pro_2 + VP/AdjP 是整个句子的谓语，Pro_1 和 Pro_2 分别指代 NP_1 和 NP_2。但是这种指代只能是一种互指，即当 Pro_1 指代 NP_1 时，Pro_2 就指代 NP_2；反之，当 Pro_1 指代 NP_2 时，Pro_2 就指代 NP_1。例如：

（48）桥本与克林顿在会谈中你呼我应，你唱我和，颇为融洽。（北大语料库）

（49）鸿渐与辛楣你长我短，互为盈缺，一明一暗，角度转换中令人洞悉双方。（北大语料库）

这种结构实际上是由类固定短语"你 X_1 我 X_2"构成的一种交互句，

---

[1] 许艳平（2013：83）将这类词称为关系属性名词，并指出这类词具有对称性特征。

其中"你"和"我"分别是对交互参与者的一种互相指代。如例（48）中"桥本"与"克林顿"相互呼应，相互唱和，句中"你"和"我"分别互指协配事件中的两个参与者。例（49）中"你长我短"是说"鸿渐"的长处可以弥补"辛楣"的短处，"辛楣"的长处同样也可以弥补"鸿渐"的短处，因此才有"互为盈缺"之说。

（三）"NP$_1$ + 和 + NP$_2$ + Pro$_1$ + VP + Pro$_2$ + Pro$_2$ + VP + Pro$_1$"式

在"NP$_1$ + 和 + NP$_2$ + Pro$_1$ + VP + Pro$_2$ + Pro$_2$ + VP + Pro$_1$"式中，NP$_1$ 和 NP$_2$ 是协配项，"Pro$_1$ + VP + Pro$_2$ + Pro$_2$ + VP + Pro$_1$"是整个句子的谓语，Pro$_1$ 和 Pro$_2$ 分别互相指代 NP$_1$ 和 NP$_2$。例如：

（50）他们你推我我推你，就是没人上前来搭茬。（张平《十面埋伏》）

（51）书记和厂长一时你看我，我看你，都噤若寒蝉。（梁晓声《钳工王》）

这种结构的协配句实际上是由句法结构回环手段构成的，其中"你"和"我"也分别是对协配参与者的一种互相指代。如例（51）中实际是指"书记"看"厂长"，"厂长"也看"书记"，可见"你"和"我"也是互指。但是，需要说明的是，有时协配项并不止两项，此时 Pro$_1$ 和 Pro$_2$ 只是协配项的一种任意指代，并不具体指称某一个协配项。不过也不能是同指，而只能是互指。例如：

（52）陶百岁、刘元鹤、阮士中三人一齐挤在门口，你推我拥，争先而入。（金庸《雪山飞狐》）

（53）晚上，被子不够盖，同学们你让我，我让你，唯恐他人盖不到会受凉。（北大语料库）

例（52）、例（53）中的"你"和"我"很难说具体指称先行词中的哪一个，但是它们必须分别指称其中的一个，由此构成不同的互指，这样，句子才能表达协配语义关系。

综上所述，我们可以将现代汉语协配句的句法类型和句法格式归纳为表2.5。

表 2.5　现代汉语协配句的句型及其句法结构格式

句型种类	句法结构格式
名词谓语型	$NP_1 + 和 + NP_2 + N_3 + NumP$
动词谓语型	$NP_1 + 和 + NP_2 + VP$
	$NP_1 + VP + NP_2$
	$NP_1 + 和 + NP_2 + VP + NP_3$
	$NP_1 + VP + NP_2 + 和 + NP_3$
形容词谓语型	$NP_1 + 和 + NP_2 + AdjP$
	$(NP_1 + 和 + NP_2)\ NP_3 + AdjP$
主谓谓语型	$NP_1 + 和 + NP_2 + NP_3 + VP/AdjP\ (+NP_4)$
	$NP_1 + 和 + NP_2 + Pro_1 + VP/AdjP + Pro_2 + VP/AdjP$
	$NP_1 + 和 + NP_2 + Pro_1 + VP + Pro_2 + Pro_2 + VP + Pro_1$

　　需要说明的是，上述协配句的句型归类还较为粗略，这主要有两个方面的原因：其一，现代汉语协配句的句法结构形式多种多样，但有些并不常用，如构成协配的手段出现于补语位置的协配句就较少，所以我们没有对其进行深入描写；其二，就协配句中的"和"类词而言，其既具有连词的属性，又具有介词的属性，所以对这类词词性的不同分析，也会影响我们对次级结构的判断。如对于"$NP_1 + 和 + NP_2 + VP$"这种句法结构，究竟是将其判断为主谓型还是主状谓型就要根据具体情况而论，所以此处我们为了不使问题复杂化，暂且对协配句的句法结构类型做一个基本的描写。

本章小结

　　本章主要讨论了现代汉语协配句中表达协配语义的手段、协配句中协配手段之间的共现规律，以及协配句的常见句法结构类型及其格式。

　　就协配句中表达协配语义的手段而言，其不仅有词汇手段、短语手段，还有句法手段。在词汇手段中，协配动词和协配副词是表达协配语义关系的两大手段。前者通过动词直接做谓语核心，可以构成协配句；后者则主要将协配副词加在谓语动词之前做状语，构成协配句。虽然这两种词汇手段构成协配句的方式不同，但是它们都能表达协配项之间彼此依存、互相配合的关系。协配形容词、协配名词和协配代词也是构成协配句的常见手段。协配形容词表达协配项之间的关系状态,协配名词表达协配项之间所具有的某种关系,而协配代词则是通过"彼此"配合表达协配语义,这三种方式都能构成协配句。

就协配手段的共现规律而言,我们主要讨论了五大问题:一是协配动词之间的共现原则问题。它主要有句法功能原则、时间顺序原则、词序固有原则,以及语言习惯原则。但这并不能决定协配动词连用的全部情况,在协配动词连用中,也有一些可以互相交换位置。二是协配副词之间的共现层级问题。我们将协配副词主要分为五类,分别是"一起"类、"互相"类、"轮流"类、"分别"类和"比肩"类,其共现层级为:"一起"类 > "分别"类 > "互相"类 > "比肩"类 > "轮流"类。三是协配副词与协配动词的共现问题。我们按照语义将协配动词加以细分,分门别类地对其与协配副词的共现情况做出详细考察。尽管多数属于列举性质,但从中可以看出协配副词与协配动词共现的一般规律。四是协配副词与类固定短语手段、句法结构手段之间的共现问题。由于类固定短语手段和句法结构手段多表示交互语义,因此它们都能与"互相"类副词共现。但对于"你 X_1 我 X_2"格式而言,由于其分别能表达交互义、集体义、替代义和分配义,因此该格式相应地能与"互相"类、"一起"类和"轮流"类协配副词连用,而表示"分配义"的"你 X_1 我 X_2"格式则不能与任何协配副词连用。五是类固定短语手段与句法结构手段之间的共现顺序问题。根据语用功能,这两类手段可以分为三种功能:摹拟状态功能、引导归结功能、表达结果功能。从共现的顺序看,处于最前位置的是摹拟情状功能的句子,其次为引导归结功能的句子,最后为表达结果功能的句子。它们在句法结构层级上可以表示为:描摹情状 > 引导归结 > 表达结果。

就协配句的句法结构类型而言,协配句可以分为名词谓语型、动词谓语型、形容词谓语型和主谓谓语型四类。名词谓语型的句式是"NP_1 + 和 + NP_2 + N_3 + NumP";动词谓语型可以分为四种句式,分别是"NP_1 + 和 + NP_2 + VP"式、"NP_1 + VP + NP_2"式、"NP_1 + 和 + NP_2 + VP + NP_3"式,以及"NP_1 + VP + NP_2 + 和 + NP_3"式;形容词谓语型可以分为两种句式,分别是"NP_1 + 和 + NP_2 + AdjP"式和"(NP_1 + 和 + NP_2)NP_3 + AdjP"式;主谓谓语型可以分为三种句式,分别是"NP_1 + 和 + NP_2 + NP_3 + VP/AdjP(+ NP_4)"式、"NP_1 + 和 + NP_2 + Pro_1 + VP/AdjP + Pro_2 + VP/AdjP"式和"NP_1 + 和 + NP_2 + Pro_1 + VP + Pro_2 + Pro_2 + VP + Pro_1"式。这些句式有些可以相互转化。

第三章　现代汉语协配句的语义研究

语义是句法的深层结构。就研究的角度而言，研究语法其实就是透过表层的句法结构，探究其深层内涵。陆俭明（1987）认为，句子的意义包括句子语段的成分意义和句子超语段成分的意义，其中前者又包括具体的词汇义和抽象的关系义，而抽象的关系义又包括语法结构关系赋予的意义和语义结构赋予的意义两类。后来，陆俭明（2004）对句子语段的成分意义又增加了一项内容，即抽象的句式义。所谓抽象的句式义，其实也就是句式的整体表达功能意义，它独立于部分，通常不能由其部分概念推知。除此之外，我们认为协配句中语段成分的抽象关系义还应该包括协配项之间的关系意义。因为在协配句中事件或活动的参与者并不只有一个，他们/它们之间往往具有各种不同的协配关系。所以本章不仅讨论协配句中协配词的语义特点、协配项的语义角色、协配句的语义结构类型、协配句的句式义，而且还将讨论协配项之间的具体协配关系意义。最后，我们还将就与协配副词有关的歧义现象做具体的探讨和分析。

第一节　现代汉语协配动词及其句式义

协配动词和协配副词是表达协配语义的两大词汇手段，因此对这两类词的语义研究有助于我们对协配句进行语义分析，尤其是对于近义协配副词来说，区分它们的语义和用法就显得十分必要。

一、协配动词的语义特征

协配句中协配动词的语义包含不同的层面，学界关注较多的是其配价属性，但是关于配价的性质，究竟是属于句法范畴，还是语义范畴，抑或是属于句法－语义范畴，我国语言学界一直存在不同的看法。不过，可以肯定的是，"动词的价明显地具有深厚的语义基础"（袁毓林，2010：100），所以张谊生（1997）认为："配价语法主要是研究以价载体为中心的深层语义关系及其在表层结构的表现形式——包括配价指数、句法选择、同现限制、语义配置等各个方面。"这不仅关注了配价的语义基础，而且也关注了配价的句法表现。但是协配动词的配价实际上是一种"分合价"，其论元分时为二，合时为一（刘丹青，2000）。这样，当协配动词的配价论元分开时，其配价属性就和二价动词的句法表现十分相似；而当协配动词的配价论元合二为一时，其配价属性又和一价动词的句法表现十分相像。这说明，协配动词的配价属性实际上处于一价动词和二价动词之间，也就是处于一价动词和二价动词的过渡带上。当然，有些协配动词除了至少要有两个协配参与者之外，其后还能带宾语，这类协配动词又处于二价动词和三价动词之间，也就是处于二价动词和三价动词的过渡带上。因此，本书按照学界通常的说法，将上述二类协配动词的配价属性分别称为准二价动词和准三价动词。

（一）协配准价动词的总体语义特征

协配动词总体上具有［＋多指协配］［＋争谐离合］［＋亲疏异同］的语义特征。[①] 就［＋多指协配］语义特征而言，所有的协配动词都具有多指性，即它所陈述的对象都不止一个，而且该动词还具有协配性，其陈述的协配参与者必须通过相互协作配合才能完成某种动作或处于某种状态或拥有某种关系。例如：

(1) 老孟也顾不上埋怨大年，和杨百顺对骂起来："老子打了你！怎么样？没打死你，是便宜了你这个王八羔子！"（李晓明《平原枪声》）

(2) 从1986年起，政府开始和曼德拉秘密谈判，格列高里和他的犯人也可以去"兜风"散心了。（北大语料库）

例（1）中协配动词"对骂"陈述的对象有两个，分别是"老孟"和"杨百顺"。从二者之间的言语行为上来看，"老孟"骂"杨百顺"，"杨百顺"也骂"老孟"，所以动词"对骂"又具有交互性，而这种交互性正是参与者相互配合的一种表现，否则，失去参与者一方，"对骂"的行为就无

---

① 关于［＋争谐离合］［＋亲疏异同］的语义特征参看张谊生《交互动词的配价研究》，载《语言研究》1997年第1期。

法完成。例（2）中协配动词"谈判"陈述的对象是"政府"和"曼德拉"，他们之间只有相互协作，才能完成"谈判"的活动，所以协配动词"谈判"体现的是［+多指协配］语义特征。

就［+争谐离合］语义特征而言，它是指协配动词总体上表达争斗、谐和、分离、聚合等语义内容。这和人与人之间的交往不无关系，因为人与人在交往过程中所进行的活动，无非就是彼此的争斗、谐共、分离与聚合，所以这类动词也多具有这些语义特征。例如：

（3）今天，<u>马晓春与依田纪基对垒</u>，依田纪基执黑以星小目的对角开局，马晓春则执白两星遥遥相对。（北大语料库）

（4）<u>肖潇与陈旭分手了</u>，这是一场悲剧，更深层的悲剧是他们各自的心灵都被割裂了。（北大语料库）

例（3）中"对垒"是指协配双方的彼此相持，含有相互争斗之意；例（4）中"分手"是指"肖潇"和"陈旭"结束了恋爱关系，所以含有分离之意。

就［+亲疏异同］语义特征而言，它实际上是指协配参与者之间的协配关系属性，因为协配参与者有争斗就必然导致关系疏远，有谐共就必然导致关系亲近，有分离就必然导致行为相异，有聚合就必然导致行为相同。所以协配动词，包括协配形容词都具有［+亲疏异同］的语义特征。例如：

（5）一次，<u>这姑娘与另一个知青吵嘴</u>，立刻好多人一拥而上，把她的上衣撕得粉碎，里边全露出来了。（北大语料库）

（6）2个多小时后，小店打烊，<u>店内一男子与店主骑车同行</u>，在公路守候点，2人被塞进了警车。（北大语料库）

例（5）中"吵嘴"是协配动词，表明"这姑娘"和"另一个知青"之间的矛盾关系，因此，这个词还有疏远语义特征，即它们所联系的行为参与者之间的关系是疏远的。例（6）中"同行"属于协配动词，表明店内这个"男子"与"店主"的行为是一样的，所以这个协配动词具有"相同"的语义特征。

（二）协配准二价动词的语义特征

协配准二价动词按照［±述人］的语义特征首先可以分为［+述人］

类、［－述人］类和［±述人］类三大类。［＋述人］类协配动词通常要求协配参与者具有［＋有生命］语义特征；［－述人］类协配动词通常要求协配参与者具有［－有生命］语义特征；［±述人］类协配动词所联系的协配参与者既可以是有生命的，也可以是无生命的，即表现出［±有生命］的语义特征。例如：

（7）<u>路易十三和王后安娜</u>婚后不和长期<u>分居</u>，后经担任首相的红衣大主教黎塞留从中调解，重归和好。（北大语料库）

（8）<u>这种回避"道短"的做法，与评议工作的内涵和要求相悖</u>，达不到评议效果，群众称此为"隔靴搔痒"。（北大语料库）

（9）金枝的眼神里露出疑惑的光，仿佛直到这时候她才发现，<u>王喜的烦躁，原来和她有关</u>。（陈建功、赵大年《皇城根》）

例（7）中协配动词"分居"具有［＋述人］语义特征，其联系的协配参与者"路易十三"和"安娜"都是人，具有［＋有生命］语义特征。例（8）中协配动词"相悖"具有［－述人］语义特征，其联系的协配参与者"这种回避'道短'的做法"和"评议工作的内涵和要求"分别是事件和事物，具有［－有生命］语义特征。例（9）中协配动词"有关"具有［±述人］语义特征，其联系的协配参与者"王喜的烦躁"具有［－有生命］语义特征，"她"具有［＋有生命］语义特征。

其次，协配准二价动词还可以根据［±及物］进行分类。具有［＋及物］特征的协配准二价动词能够应用于主动宾协配句式，即"NP$_1$＋VP＋NP$_2$"结构；具有［－及物］特征的协配准二价动词通常不能应用于这一句式，而只能应用于"NP$_1$＋和＋NP$_2$＋VP"结构。例如：

（10）<u>阮玲玉在虹口昆山花园邂逅同乡富家子张达民</u>。（曾广昌《阮玲玉哀魂西归前后》）

阮玲玉在虹口昆山花园与同乡富家子张达民邂逅。

（11）一个十分偶然的机会，<u>小华和大李在上海火车站相遇</u>。（北大语料库）

＊一个十分偶然的机会，小华在上海火车站相遇大李。

例（10）中协配动词"邂逅"是及物动词，所以它能够应用于主动宾协配句式。例（11）中协配动词"相遇"是不及物动词，所以它不能出现于主动宾协配句式，而只能应用于"NP₁ + 和 + NP₂ + VP"这种结构。

再次，协配准二价动词还可以根据其联系的协配参与者的数量是否具有［±双数］语义特征进行划分。具有［+双数］语义特征的协配准二价动词能进入集合式双数主语协配句结构，即张谊生（1997）所给出的 SNs双___框架，而不能进入集合式多数主语协配句结构，即张谊生（1997）所给出的 SNs多___框架，或者虽然能够进入，但句义发生了变化。例如：

（12）<u>张三和李四结婚了，彼此恩爱。</u>
→a. 他们两个结婚了，彼此恩爱。
→b. *他们三个结婚了，彼此恩爱。
→c. 他们三个结婚了，每个人都很喜欢自己的爱人。

例（12）中协配动词"结婚"通常是男女双方相互为婚，因此例（12a）可以成立，而例（12b）却不能成立，因为现实中一般没有三个人相互为婚的婚姻关系存在。但是，例（12c）却可以成立，因为该句表达的并不是"他们三个"相互为婚，而是各自和别的某个人结婚。所以这种句子虽然句法上可以进入 SNs多___框架，但实际语义已经发生变化。

具有［-双数］语义特征的协配准二价动词实际上是指具有［+多数］语义特征的协配动词，因为准二价动词不具有［+单数］语义特征。如"包抄、包围、兜捕、兜抄、合围、会餐、混战、集萃、集会、聚餐、聚居、聚拢、团购、围困、围堵、围拢"等。就句法而言，具有［-双数］语义特征的协配准二价动词只能出现于 SNs多___框架之中，而不能出现于SNs双___框架之中，但却可以出现于 NP₁ + 和 + NP₂ + VP 结构，只不过NP₁ 和 NP₂ 各自都要求表达复数语义。例如：

（13）<u>工人和学生在广场集会。</u>
→a. 他们那些人在广场集会。
→b. *他们那两个人在广场集会。
→c. *一个工人和一个学生在广场集会。

例（13）原句属于"NP₁ + 和 + NP₂ + VP"结构，但是很明显其中的"工人"和"学生"表达的数都属于复数。这从例（13c）中可以获得证明，当"工人"和"学生"前加"一个"表示单数时，句子不能成立。同样，由于原句中的"工人"和"学生"都是复数，所以例（13a）可以成立。而例（13b）不能成立，因为例（13a）中的"那些人"可以表示"他们"的数量不止两个，而例（13b）中的"那两个人"只表示两个，这就意味着原句中的"工人"和"学生"都是单数，与本义相矛盾。

当然，协配准二价动词也可以具有［±双数］语义特征，具有该语义特征的协配准二价动词，既可以用于 SNs$_双$＿＿＿框架之中，也可以用于 SNs$_多$＿＿＿框架之中。例如：

（14）白法义、徐有科、徐成吉（他们）三人到郊外一处破庙聚齐。（雨山舒《破灭的"三国演义"梦》）

（15）两口下班点一致，铃声一响，他俩门口聚齐。（北大语料库）

例（14）中"聚齐"陈述的对象是三个人，例（15）中"聚齐"陈述的对象是两个人，所以具有这类特征的词实际上是不分双数和多数的，即它们既可以用于双数集合式主语协配句，又可以用于多数集合式主语协配句。

（三）协配准三价动词的语义特征

协配准三价动词都具有［＋述人］语义特征，其出现的基本句式有两个，分别是"NP$_1$＋和＋NP$_2$＋VP＋NP$_3$"和"NP$_1$＋VP＋NP$_2$＋和＋NP$_3$"，前者 NP$_1$ 和 NP$_2$ 是协配项，后者 NP$_2$ 和 NP$_3$ 是协配项。如例（16）和（17）中的主语都是人，所以这两句中的协配动词都具有［＋述人］语义特征，但是这两类动词也存在一定的差别。

（16）冯玉祥见了宋庆龄来信，决心不负所托，当即和孙科商量下一步的营救办法。（北大语料库）

（17）他念得很响很清楚，但因为念得太快，混淆了舌尖音和卷舌音，以致发出来的声音成了一片连续不断的嗡嗡声，令人昏昏欲睡。（北大语料库）

就出现于"NP$_1$＋和＋NP$_2$＋VP＋NP$_3$"结构中的协配准三价动词而言，其大多具有［＋交换］［＋商讨］［＋均分］［＋合共］语义特征。具有该语义特征的协配准三价动词有"倒换、调换、交换、会商、协商、磋商、面商、商量、商谈、商讨、商议、商榷、讨论、争论、辩论、均分、均摊、均沾、分摊、分享、分属、共享、共管、共度"等，具体可参看张谊生

（1997）所列的交互动词表中的 Vb 类。例如：

（18）蒋门神和张都监当时正在讨论红烧肘子和糖醋里脊的烹饪区别，正聊得高兴处，就看见门口人影一闪，血人武松闯了进来。（北大语料库）

（19）我和雷一起用功，也跟妈妈一起开车经过太平洋海滨公路，母女两人共享温暖咸湿的海风。（BCC 语料库）

就出现于 $NP_1 + VP + NP_2 + 和 + NP_3$ 结构中的协配准三价动词而言，其大多具有 ［＋比照］［＋合并］［＋连接］［＋区别］语义特征。具有该语义特征的协配准三价动词有"对比、对照、比对、合并、贯通、连写、连接、融合、熔合、说合、调和、杂糅、糅合、混合、混淆、区分"等。例如：

（20）您别混淆了美酒和醉酒；别把您用来饮用神圣佳酿的杯子也当作是神圣的；当您晚上发现它空了，碎了时，您也不要惊奇。（缪塞《一个世纪儿的忏悔》）

（21）为烧除毛毛虫，欢呼中火燎齐举，增加了孩子们的服务热忱，并调和了乡居生活的单调与寂静。（沈从文《小砦及其他》）

二、协配动词句的句式义

张豫峰（2012）指出："句式是独立于句式成分而存在的完整个体，它具有自身的形式和意义，也具有自身的语义角色。"由协配动词构成的协配句式主要有三种基本句法格式，分别是：句式（Ⅰ）"$NP_1 + 和 + NP_2 + VP + (NP_3)$"，句式（Ⅱ）"$NP_1 + VP + NP_2$"，句式（Ⅲ）"$NP_1 + VP + NP_2 + 和 + NP_3$"。句式（Ⅰ）中的协配项 NP_1 和 NP_2 处于谓语动词的左侧，句式（Ⅱ）中的协配项 NP_1 和 NP_2 分别处于谓语动词的两边，句式（Ⅲ）中的协配项 NP_2 和 NP_3 处于谓语动词的右侧。显然，就形式而言，在协配动词构成的协配句中协配项与谓语动词的语序发生了变化。而据范晓（2013a）的研究，语序是表示句式的形式或手段之一，句式需通过语序来显现，不同的语序表示不同的句式，语序的变化示现句式的变化，语序的差异影响句式的差异。因此，上述三种协配动词句的句式义也存在差异。

116

（一） 三种协配动词句的句式义

三种协配动词句由于协配项所处的位置不同，因此表达的句式义也不完全相同。在句式（Ⅰ）"NP$_1$ + 和 + NP$_2$ + VP +（NP$_3$）"中，协配项 NP$_1$ 先与协配项 NP$_2$ 结合，然后再与动词 VP 发生关系，因此句式（Ⅰ）所表达的句式义是"协配项 NP$_1$ 与 NP$_2$ 协配发生某种动作行为，或处于某种状态，或具有某种关系"。例如：

（22）<u>春玲和大伯争吵了好几天</u>，今天才算把桂花动员出来。（冯德英《迎春花》）

（23）检察事业的发展最快，成绩最显著……<u>共和国检察制度的建立与共和国新政权诞生同步</u>。（北大语料库）

（24）<u>正义和武器相似</u>。武器只要是出钱，敌人也好，我方也好，都可以买到。对正义只要是讲出道理来，敌人也好，我方也好，也都可以买到。（北大语料库）

例（22）中"春玲"和"大伯"相互争吵，该句的句式义表达的是"协配项 NP$_1$ 与 NP$_2$ 相互发生某种动作行为"。例（23）中"共和国检察制度"与"共和国新政权"同步，"共和国新政权"也与"共和国检察制度"同步，该句的句式义表达的是"协配项 NP$_1$ 与 NP$_2$ 相互处于某种状态"。例（24）中"正义"和"武器"相似，"武器"也和"正义"相似，该句的句式义表达的是"协配项 NP$_1$ 与 NP$_2$ 相互具有某种关系"。

在句式（Ⅱ）"NP$_1$ + VP + NP$_2$"中，协配项 NP$_1$ 先与动词 VP 发生关系，然后再表达协配的对象 NP$_2$。因此，句式（Ⅱ）所表达的句式义是"协配项 NP$_1$ 协配 NP$_2$ 发生某种动作行为，或处于某种状态，或具有某种关系"。例如：

（25）<u>孙妍在合影体操小萝莉</u>　冰肌玉肤妩媚动人（网易体育 2013 – 09 – 09）

（26）<u>中国西南边境毗邻世界最主要的毒源地"金三角"</u>。（北大语料库）

（27）<u>李途纯谈太子奶：上市等同进牢</u>（万家热线 2013 – 08 – 23）

例（25）中"孙妍在"合影"体操小萝莉"，同时"体操小萝莉"也合影"孙妍在",所以该句的句式义表达的是"协配项 NP₁ 协配 NP₂ 发生某种动作行为"。例（26）中"中国西南边境"毗邻"金三角",同样"金三角"也毗邻"中国西南边境",因此该句的句式义表达的是"协配项 NP₁ 协配 NP₂ 处于某种状态"。例（27）从逻辑意义上来看,"上市"等同"进牢",同样"进牢"也等同"上市",所以该句的句式义表达的是"协配项 NP₁ 协配 NP₂ 具有某种关系"。

在句式（Ⅲ）"NP₁ + VP + NP₂ + 和 + NP₃"中,NP₁ 是动词 VP 的施事,协配项 NP₂ 和 NP₃ 是动词 VP 的受事,因此句式（Ⅲ）所表达的句式义是"施事发出某种动作行为施加于受事 NP₂ 和 NP₃,且在施事的动作行为下,NP₂ 和 NP₃ 处于某种协配状态"。例如：

（28）创新包含原始创新能力、集成创新能力和引进消化吸收的再创新能力。如果想走捷径,混淆"中国制造"和"中国创造",只是自欺欺人。(北大语料库)

（29）发声方法上以普通话为咬字行腔的基准,融合民间唱法和美声唱法,形成了以情带声、高亢嘹亮、富于民间韵味又具有强烈个性的新风格。(北大语料库)

例（28）中施事在句法层面被省略掉了,"中国制造"和"中国创造"是"混淆"的受事,二者在施事的动作行为下处于"混淆"的状态。同样,例（29）中的施事也被省略掉了,"民间唱法"和"美声唱法"是"融合"的受事,二者在施事的动作行为下处于"融合"的状态。

不过,需要说明的是,有时句式（Ⅲ）中的施事表现出隐喻性质。例如：

（30）邓小平理论博大精深,它贯通哲学、政治经济学、科学社会主义等领域,涵盖经济、政治、科技、教育、文化等方面。(《北京日报》2001 - 01 - 01)

例（30）中"它"指代的是"邓小平理论"。就生命度而言,"它"属于无生命的事物,无所谓是否施行某种动作,但是在"它"的作用下,或在"它"的身上,"哲学、政治经济学、科学社会主义"等学科确实被"贯通"了。可见,"它"的作用实际上对于"贯通"而言就相当于施事,只不过"它"并不是一个有生命的事物而已。这说明,"它"实际上已经隐喻化了，即将无生命的事物看成了有生命的事物。

（二）句式（Ⅱ）与其他两种句式的语义区别

在协配动词构成的三种不同的协配句式中，句式（Ⅱ）"$NP_1 + VP + NP_2$"最为特殊，因为其他两种句式的协配项都位于协配动词的一侧，要么做句子的主语，要么做句子的宾语，而在句式（Ⅱ）中协配项则位于协配动词的两侧，即分别处于句子的主语和宾语位置。不仅如此，原先一些不能用于句式（Ⅱ）中的协配动词，现在却越来越多地出现在句式（Ⅱ）中。这也就是说，句式（Ⅱ）在当代汉语中的应用范围也越来越广。那么，为什么原先多出现于句式（Ⅰ）中的协配动词，现在却可以出现在句式（Ⅱ）中呢？毫无疑问，语义决定句式的形式。具言之，语义的不同，尤其是表达功能意义的不同，决定了论元的组配形式，因为论元位置不同，其所表达的功能意义就不相同。这样，为了表达不同的功能意义，说话人就要采用不同的句法形式。正如范晓（2010b）所指出的，"特定句式的表达式是由表达需求的约束而进行调控设定的，所以表达需求是形成句式义的调控因素"。但是"表达需求"多种多样，这里就与句式义相关的主题、焦点、主观性等问题进行探讨。

1. 与"$NP_1 + 和 + NP_2 + VP + （NP_3）$"句式的语义区别

在现代汉语协配句中，协配项是协配行为、状态或关系的参与者，他们／它们之间具有对称性，因此在逻辑层面上协配项的位置不会影响句式的逻辑语义。但是就句子的表达层面而言，协配项位置的不同就会影响协配句所表达的功能意义。尤其是有些协配动词，它们可以构成多种形式的协配句，而这些形式不同的协配句就凸显出不同的语义内容。

与"$NP_1 + 和 + NP_2 + VP + （NP_3）$"句式相比，"$NP_1 + VP + NP_2 + （NP_3）$"句式主要强调的是 NP_2 的新信息性和焦点性。因为在"$NP_1 + 和 + NP_2 + VP + （NP_3）$"句式中，$NP_1$ 和 NP_2 都处于协配动词 VP 的前面，这样，当"和"类词为连词时，两者既没有新旧信息之分，也没有话题焦点之别。但是当 NP_2 从动词的前面移到动词之后，NP_2 的新信息和焦点功能就得到了凸显。同时，由于 NP_2 后移，NP_1 的话题功能也得到了凸显。因为原本 NP_1 和 NP_2 可以共同充当话题，所以后移一个，另一个必然得到凸显。例如：

（31）a. <u>普京与奥巴马会晤</u> 肢体语言冷漠貌似谈生意（《金融界》2012 - 06 - 20）

b. 普京会晤奥巴马：肢体语言冷漠　几乎没有眼神交流（凤凰网 2012 – 06 – 20）

例（31a）（31b）中"普京"始终处于句首，无论在哪种句式中都是话题和旧信息，但对于"奥巴马"来说，情况就截然不同。例（31a）中"奥巴马"与"普京"并列，他们都为主语，体现为"会晤"的话题，都属于旧信息；但例（31b）中"奥巴马"由于位置的变化，成了"会晤"的宾语，表现为焦点，属于新信息。因此，"$NP_1 + VP + NP_2$"和"$NP_1 + 和 + NP_2 + VP + （NP_3）$"两种句式的区别就在于前者更加强调 NP_2 的新信息性以及语用焦点性。

2. 与"$NP_1 + VP + NP_2 + 和 + NP_3$"句式的语义区别

在"$NP_1 + VP + NP_2 + 和 + NP_3$"句式中，$NP_1$ 和 NP_2 完全成为句子中协配动词的宾语，因此在语义上 NP_1 和 NP_2 成了句中动词的受事。所以这种句式可以转换为"把"字句或"被"字句，例如：

（32）他糅合汉魏文的整齐和笔记文的朴素，而又很能调和。（北大语料库）

→他把汉魏文的整齐和笔记文的朴素糅合在一起，而又很能调和。

→汉魏文的整齐和笔记文的朴素被糅合在一起，而又很能调和。

这样，对于"$NP_1 + VP + NP_2 + 和 + NP_3$"这种句式来说，在语用功能上 NP_1 和 NP_2 都成了句子叙述的焦点，处于强调位置，因此都能传达新信息。与此相比，"$NP_1 + VP + NP_2$"句式中的 NP_1 和 NP_2 则不能被完全凸显为新信息，而只能是 NP_1 为旧信息，NP_2 为新信息。可见，两种句法结构在语用功能上也存在一定的差异。

三、协配动词句的心智扫描路径

认知心理学认为，视觉表象与现实客体的知觉相似，其客体的大小、方位和位置等空间特性也是可以被扫描的（王甦、汪安圣，1992：148）。而这种心智扫描又可以被分为总体扫描和顺序扫描两种。前者指对一个事体从宏观上做整体性扫描，后者指人们依照一定的顺序对事体进行扫描（王寅，2006：10）。对于句式（Ⅱ）"$NP_1 + VP + NP_2$"这种主动宾句式来说，其心智扫描过程当为顺序扫描。这不同于句式（Ⅰ）"$NP_1 + 和 + NP_2 +$

VP +（NP₃）"和句式（Ⅲ）"NP₁ + VP + NP₂ + 和 + NP₃"两种句式的扫描方式。例如：

（33）七分铁马三分情长 《隋唐演义》血性糅合情感（搜狐网2013 – 01 – 29）

例（33）中"糅合"的真正施事者处于句外，其句法主语位置由"血性"填补。这样"血性"就取得了句法主语的功能，处于舞台中央的前景位置，被观察者首先扫描，成为动作行为的射体（trajector，简作 tr）。相应地，"情感"由于处于宾语位置，成为舞台的背景映衬，所以在观察者的视域内被最后扫描，成为动作行为的界标（landmark，简作 lm）。这样"血性糅合情感"的扫描过程就是"血性→动作→情感"。其扫描方式可图示如下：

$$\{ V\cdots\cdots\blacktriangleright [\cdots \textbf{血性 } tr\rightarrow\textbf{情感 } lm\cdots]\}$$

其中，V 表示观察者，{} 表示观察者观察的最大范围，[ ] 表示舞台表演区，虚线箭头表示知觉关系，实线箭头表示能量传递，黑体表示被聚焦的角色。可见，句式（Ⅱ）"NP₁ + VP + NP₂"这种句式在扫描方式上，使原本应该并列的成分有了先后之分，因而成为顺序扫描。

再看其他两种句式，无论是句式（Ⅰ）中的协配参与者 NP₁ 和 NP₂，还是句式（Ⅲ）中的 NP₂ 和 NP₃，它们都结合为一个整体，然后再和动作行为 V 发生关系，这样，不管是句式（Ⅰ）中的"NP₁ 和 NP₂"，还是句式（Ⅲ）中的"NP₂ 和 NP₃"，其心智扫描方式都是整体扫描。但两者也有区别，这主要体现为真正施事在观察者视域内的隐现。例如：

（34）简朴对称中式 现代与传统完美糅合（365 地产家居网2013 – 05 – 26）
（35）天津卫视推综艺《幸福来敲门》糅合婚恋和达人（新浪娱乐 2011 – 03 – 31）

例（34）中的"现代与传统"在认知上被视为一个整体，共同做射体，而真正施行"糅合"的外力则处于观察者的视角之外，即在舞台上处于不被凸显的位置。另外，此种句法结构也不再有界标，观察者将注意力主要集中于"现代与传统"的关系糅合上。其扫描方式可图示如下：

$$\{ V\cdots\cdots\blacktriangleright [\cdots（现代与传统）\ tr{\rightarrow}\cdots]\}$$

例（35）与此不同，其施行"糅合"的外力"天津卫视"在句中得以凸显，处于射体位置，而"婚恋和达人"共同充当"糅合"的界标，三者都处于舞台中央的位置，受到观察者的关注。因此，这种句式的心理扫描方式为：

$$\{ V\cdots\cdots\blacktriangleright [\cdots 天津卫视\ tr{\rightarrow}（婚恋和达人）\ lm\cdots]\}$$

由此可见，上述讨论的三种句式的心理扫描方式各不相同，其中"$NP_1 + VP + NP_2$"句法结构的扫描方式为顺序扫描，其他两类句法结构中关于协配参与者的扫描方式都为整体扫描。正因如此，句式（Ⅱ）"$NP_1 + VP + NP_2$"句法结构还能体现出 NP_1 的动态性，以及 NP_2 的静态性。这在表示 NP_1 协配 NP_2 具有某种交互关系的协配句中表现得更为明显。例如：

（36）若向量 a 平行 b，b 平行 c，则 a 平行 c 对吗？（百度贴吧）

以"a 平行 b"来说，b 属于 a 的参照点，即观察者主观上认为 b 是固定的、静态的；而 a 则具有动态性，其与 b 相比，两者具有平行关系。这是因为在此种句法结构的扫描过程中，a 为射体，b 为界标。换言之，即 a 运动的结果是和 b 平行。所以，在句式（Ⅱ）$NP_1 + VP + NP_2$ 句法结构中 NP_1 具有动态性，NP_2 具有静态性，而其中的原因正是这种心智扫描过程赋予的结果。

第二节　现代汉语协配句的语义结构类型

范晓（2009a：336 - 337）指出，"在语义平面对句子进行语法研究，最重要任务或目标就是要定模（确定或划定句模）"。所谓句模，"就是句子的语义结构模式"。对于现代汉语协配句而言，要确定它的句模，最重要的就是要确定协配句中协配参与者的语义角色。但是当前学界对协配句中参与者语义角色的认识并不一致。张谊生（1997）认为，这类句子中"动作发出兼承受的有生联合体"或"与某一现象或情况有关的有生或无生的联合体"是主事。陈昌来（2003：169）认为，该类句子中"和施事或系事协同参与某种动作行为的参与者"是共事。那么，孰是孰非，还是另有他说，需要我们深入研究。

一、协配项语义角色的二重性

余俊宏、李丹丹（2017）指出，在现代汉语协配句中，协配项的语义角色表现为二重性的特点。一方面，协配句中的参与者要实现协配行为或存在协配状态或拥有协配关系，那么参与者之间就必须互相依存，彼此配合。换言之，协配参与者之间的关系应是一种互相协作、彼此配合的关系，这样，协配参与者之间的语义角色也就表现出协作性，即两者应当互为协配对象。另一方面，协配参与者相对于表达协配语义的谓语核心而言，它们与协配谓语核心之间的语义关系又是一致的，即协配一方与谓语具有什么样的语义关系，协配的另一方也与谓语核心具有什么样的关系。因此，协配参与者之间的语义角色又应该是一致的，即它们要为施事则都为施事，要为受事则都为受事。这也就是刘丹青（2008：191）所说的"施受同一"现象。

但是就目前而言，学界的研究大都是将协配项的语义角色一分为二，即前者为主事，后者为与事。这是因为这类研究都是将协配句中的"和"类词当作介词，所以将协配项之间的关系分析为主事和与事的关系。从下位层级出发，陈昌来（2003：167 – 169）将这种"与事"称为"共事"。例如：

（1）a. 小王和小李吵架了。

b. 小王同小李约会去了。

c. 小王跟小李商量过这个问题。

d. 陇海线与京广线在徐州相交。（陈昌来用例）

陈昌来明确指出，以上四句中介词"和、同、跟、与"后面的"小李"以及"京广线"就是共事。这里陈著将"和、同、跟、与"都看作介词，所以将其后的名词看作共事，这是可以理解的。但张谊生（1996）认为，所有由交互类短语同"N_1 跟 N_2"组成的无标形式都是歧义结构。这也就是说，以上四句中的"和"类词都能理解为连词。这样，如果我们将例中的"和"类词都分析为连词，那么我们如何看待上述例句中的第二个名词性成分的语义角色呢？换言之，第二个名词性成分究竟是与事还是施事呢？

如果我们认为是与事，那么并列的两个名词性成分的语义不同，前者为施事，后者为与事，这显然不能被接受。因为并列连词连接的两个成分之间的语义角色应该相同。例如：

（2）a. 小张、小王跟小李商量过这个问题。

b. 小王、小李约会去了。

在例（2a）中我们增加了一个协配项，这样能把"小李"看作与事成分，但是却不能把"小王"看作与事成分。因为"小王"在形式上和位于句首的"小张"是一样的。同样，由于并列连词只有连接功能，我们可以将其去掉而并不影响语义，这样若例（1b）中的"同"是连词，那么其也可以说成例（2b）。但是由于例（2b）中的"小李"是一个与"小王"并列的成分，不能被看作与事，因此例（1b）中的"小李"也可以不被分析为与事。至此，我们可以发现一个问题：同一个协配参与者，无论句中的"和"类词是介词还是连词，它与句中谓语动词的语义关系并没有发生实质性的变化。但是当"和"类词被分析为介词时，其后的参与者可以被看作与事；当"和"类词被分析为连词时，其后的协配项又不被看作与事，这显然有些不妥。因为语义角色实际就是事件参与者与谓语动词之间的关系在语义上的一种表现，对于协配句中的协配项而言，参与者与谓语动词之间的关系并不会随着"和"类词性质的变化而发生角色的变化。此外，范晓（2013a）在论述语义成分的移位时也指出，"某个成分移动位置后，其身份一般不变"。

但是不是将其看作施事就可以被接受呢？问题也不是这么简单。如果认为例（2b）中的"小王"和"小李"都是施事，那么我们还会看到如下句式：

（3）小王约会过小李。

（4）投资大鳄邂逅电商女王。（百度搜索）

例（3）中"小王"位于句首，成为"约会"的主语；"小李"位于句末，成为"约会"的宾语。李新良（2013）将位于句末的"小李"处理为受事。那么，这里又出现了一个问题，"小李"处于"约会"前是施事，而处于"约会"后就成了受事。这显然也是不够妥当的。因为"约会"是一个协配动词①，具有对称性。这也就是说，"小王"约会过"小李"，同样"小李"也约会过"小王"。无论"小李"在动词前还是在动词后，它与"约会"之间的关系并没有发生实质性的变化，即"小李"都参与了"约会"这一活动，尽管其可能会有主动与被动之别。退一步而言，如果认为例（3）中的"小王"是施事，"小李"是受事，那么因为小王约会小李的同时，小李也约会了小王，所以我们也可以认为"小李"是施事，"小王"是受事。这样，若将例（1b）中的"小李"单方面地分析为施事也是不够全面的。同样，例（4）更能说明这一问题，"邂逅"是一个典型的协配动词，无论"邂逅"双方出现于句法结构的何种位置，他们都做出了"邂逅"这一行为，所以他们的语义角色也不应该因为句法成分的变化而发生实质变化。

　　因此，我们认为在协配句中协配项之间的语义角色实际上是具有二重性的：就协配项之间的关系而言，它们具有协配性；就协配项与谓语成分而言，协配项之间的语义角色又具有一致性。如以施受关系而言，它们本身都可以做施事，同时又都可以做受事。例如：

　　（5）东太后和西太后斗法。（北大语料库）

　　就例（5）中的协配项"东太后"和"西太后"而言，它们的句法关系具有协配性，即"东太后"和"西太后"斗法，同样"西太后"也和"东太后"斗法。因此它们的语义角色也应是相互的。再就谓语动词"斗法"而言，"东太后"和"西太后"具有同种性质，即"东太后"是"斗法"的施事，同样"西太后"也是"斗法"的施事；反过来说，"东太后"是"斗法"的受事，同样"西太后"也是"斗法"的受事。因此它们的语义角色又具有一致性。这种"同为施受"的现象也就是刘云峰、石锓（2018）所说的"事件的参与者同时充当彼此的施事和受事两种语义角色"。关于这一点，我们还可以将"东太后和西太后"替换为"两位太后"，这样可以看得更为清楚。例如：

　　（6）a. 东太后和西太后正在斗法。
　　　　b. 两位太后正在斗法。

---

　　① "约会"实际上可分为协配义项和非协配义项，前者表示多个个体之间互相会面，后者表示一方邀请另一方相会。这里我们取前者协配义项。

有学者将例（6a）中的"东太后"看作施事、"西太后"看作与事，将例（6b）中的"两位太后"看作主事（张谊生，1997）。这是一种简便的处理方式，实际上忽略了语义角色的层级。按照范晓、张豫峰（2008：184–187）等人的观点，主事应是施事的上位角色，与事应是与主事一起参与活动或状态的角色。因此，当两个不同层级的语义角色合并到一起的时候，我们无法说明组合后的结果究竟是主事还是与事；当然也不能将主事、施事和与事放到同一个层级上讨论。这样，再回到例（6），当把"东太后和西太后"换为"两位太后"时，实际上"两位太后"就成为句子的施事，即"两位太后"都施行了"斗法"的行为。因此，我们再将"两位太后"代回到例（6a），这样例（6a）中的"两位太后"就可以是施事。但从相反的角度而言，"东太后和西太后"同时还可以是受事，因为她们之间的关系是相互的，一方为施事，另一方就为受事，反之亦然。

这样，我们将协配项之间的相互性和一致性综合起来看，例（6）中的"东太后"和"西太后"实际上具有的则是互为施受的关系。这正如刘丹青（2000）所指出的，"相互性词语的两个分合性论元语义地位对等，没有施—受之别。对于行为性较强的相互性动词来说，这两个分合性论元都是施事兼受事"。这实际上包含两个方面的意思：第一，两个论元之间"语义地位对等"表明的是协配项之间的语义角色具有相互性，即一方为施，另一方为受；另一方为受则这一方为施。第二，"这两个分合性论元都是施事兼受事"表明的是协配项之间的语义角色具有一致性，即协配双方或多方都既为施事，同时又为受事。这正说明了协配项语义角色的二重性。

由协配动词构成的协配句中的协配项的语义角色具有二重性，同样，由协配副词构成的协配句中的协配项的语义角色也具有二重性，而且在由交互副词表达协配语义关系的句子中这种二重性表现得更为明显。例如：

（7）八一队主力郝海东在一次进攻中与广东队英籍外援克雷格发生身体碰撞后，<u>两人都不冷静，相互对打</u>，结果均被裁判红牌罚出场。（北大语料库）

（8）她便昂起头挺起脖子说她那甜蜜的公爵少爷是上帝最漂亮的天使……<u>他们相互亲吻过，相互拥抱过</u>，他是她的欢乐，她的半个生命。（北大语料库）

例（7）中"郝海东"打"克雷格"，同样"克雷格"也打"郝海东"，但如果单就交互事件参与者所发出的动作行为而言，两个人都发出了

"打"这种行为，即它们都可以做施事，但同时它们又都是被打的对象，因此又可以被看作受事。可见，两者的语义角色对于谓语动词具有一致性。不过，"郝海东"和"克雷格"的这种施事和受事角色是具有交互性的，即如果"郝海东"是施事，那么"克雷格"就是受事；反之，如果"克雷格"是施事，那么"郝海东"就是受事。可见，"郝海东"和"克雷格"实际上又是互为施受关系的。因此，它们在语义角色上既具有一致性，同时又具有交互性。例（8）中的"他们"是指"安妮·莉丝贝特"和"公爵少爷"。他们相互亲吻、相互拥抱，即一方亲吻、拥抱另一方，同样另一方也亲吻、拥抱这一方，二者之间具有交互性。

　　需要强调的是，协配句共有四种类型，分别是协同类、交互类、轮流类和分别类。在句法语义上，这四种句子中协配参与者都具有协配语义关系，彼此互为协配对象。就语义角色的二重性而言，每一种协配句中的协配参与者相对于谓语核心的语义角色是一致的，但从协配性上而言，协配参与者的语义角色还可以细化。具言之，在协同句中，协配参与者的协配关系体现为共事关系；在交互句中，协配参与者的协配关系体现为互事关系；在轮流句中，协配参与者的协配关系体现为轮事关系；在分别句中，协配参与者的协配关系则体现为别事关系。例如：

　　（9）觉慧和觉民一起去参加了利群阅报处的开幕，回家刚赶上午饭的时间。（巴金《家》）

　　（10）京京和外公十分陌生，两人很少说话，外公和老人莲姑相互照顾，心心相印。（北大语料库）

　　（11）秦仲海与卢云两人轮流看守公主香帐，经常一夜不得好睡。（孙晓《英雄志》）

　　（12）天仙道人和地仙道人，分别抱走白凤和黑凤。（慕容美《血堡》）

　　例（9）中"觉慧"和"觉民"相对于"去参加"而言具有一致性，两者都是施事；但从协配关系来看，双方具有合作性，可以互为共事。例（10）中"外公"和"莲菇"相对于"照顾"而言也具有一致性，都可以既为施事又为受事；但从协配关系来看，双方具有交互性，可以同为互事。例（11）中"秦仲海"和"卢云"相对于"看守"而言具有一致性，两者都是施事；但从协配语义关系来看，双方具有轮换性，可以互为轮事。同样，例（12）中"天仙道人"和"地仙道人"相对于"抱走"而言具有一致性，两者都为施事；但从协配语义关系来看，双方具有分别性，可以互为别事。

二、协配项语义角色的类别

由于协配句中协配项的语义角色具有二重性，因此在标记语义角色时，我们将采用复合标记法，即既标示出协配项的协配性，又标示出协配项的一般语义关系。但是协配句的语义角色较为复杂，并且标记起来较为麻烦，此处我们选择使用频率较多的协同类和交互类两类协配句进行分析，对另外两类可以以此类推。不过，需要说明的是，在对协配关系进行标记时，我们将区分出集合式和组合式。前者指协配项合并成一个复数成分的协配句，后者指协配项发生分离的协配句。例如：

（13）a. 可是再高再快再强，极限料定也在前面，便不重结果而重参与，信心不因那极限而动摇，因为<u>我们大家一同在那极限处见到了爱的重要，互爱同行</u>，便是信心指引的无极之路。（北大语料库）

b. 中国科协朱光亚主席的话指出了解决问题的基本方法：<u>法律与科学要互相沟通</u>，而沟通的基础是尊重客观事实。（北大语料库）

例（13a）中协配项"我们大家"是复数代词，属于集合式；例（13b）中协配项"法律"与"科学"分开，属于组合式。这样，相应地，我们把集合式里的协配项记为"合"，组合式里的协配项则根据协同与交互关系再进行区分。由于协同句中协配项具有共事性，我们可以将协同句里组合式的协配项的语义角色标记为"共"；同样，由于交互句中的协配项具有交互性，我们可以将交互句里组合式的协配项的语义角色标记为"互"。这样，我们将这些协配项的协配性与一致性结合起来，就能完整标记出协同句和交互句中协配项的语义特点。

（一）协同类协配项的语义角色

第一，协配项是合施事，即协配项属于集合式，且与谓语动词具有施事－动作核关系。例如：

（14）<u>我们坚定地沿着小林同志的血路携手前进。</u>（鲁迅《闻小林同志之死》）

第二，协配项是共施事，即协配项属于组合式，且与谓语动词具有施事－动作核关系。例如：

（15）<u>安南与阿齐兹并肩而坐</u>，在一份细节尚未公布的文件上签字。（北大语料库）

第三，协配项是合受事，即协配项属于集合式，且与谓语动词具有受事－动作核关系。例如：

（16）<u>我们对于艺术上的许多重要问题，交换过不少意见</u>；也有过不少争论。（北大语料库）

第四，协配项是共受事，即协配项属于组合式，且与谓语动词具有受事－动作核关系。例如：

（17）车开进巷子时，<u>我十分慌乱，分不清油门和刹车</u>。（北大语料库）

第五，协配项是合系事，即协配项属于集合式，且与谓语动词具有系事－性状核关系。例如：

（18）在三林城里，有不少住户是从由市中心搬迁过来的，<u>他们一起经历了三林城的发展和变迁</u>。（BCC 语料库）

第六，协配项是共系事，即协配项属于组合式，且与谓语动词具有系事－性状核关系。例如：

（19）北京奥运会开赛后，<u>她与队友张怡宁、郭跃一起获得女团金牌</u>，接着又获得一枚女单银牌。（BCC 语料库）

第七，协配项是合起事，即协配项属集合式，且与谓语动词具有起事－关系核关系。例如：

（20）<u>我们已经是朋友了</u>，可是我还不知道你的模样呢。（王晋康《星期日病毒》）

第八，协配项是共起事，即协配项属于组合式，且与谓语动词具有起事－关系核关系。例如：

（21）<u>冀青和朝铸是同学</u>，她从来不参加朝铸热衷的那些政治活动。（北大语料库）

（二）交互类协配项的语义角色

第一，协配项是合施受事，即协配项属于集合式，且与谓语动词具有施事－动作核和受事－动作核关系。例如：

（22）<u>我们常常那样斗嘴</u>，他永远是爱理不理的，他只会对他头上那顶鸭舌帽坚持。（张小娴《面包树上的女人》）

第二，协配项是互施受事，即协配项属于组合式，且与谓语动词具有施事－动作核和受事－动作核关系。例如：

（23）根据按预赛排名进行"首尾交叉"对阵的原则，<u>中国队与芬兰队交手</u>，<u>荷兰队和美国队较量</u>。（北大语料库）

第三，协配项是合经感事，即协配项属于集合式，且与谓语动词具有经事－感受核和涉事－感受核关系。例如：

（24）他超群的才华和热情、幽默的性格吸引了我，<u>我们深深地相爱了</u>。（BCC语料库）

第四，协配项是互经感事，即协配项属于组合式，且与谓语动词具有经事－感受核和涉事－感受核关系。例如：

（25）<u>李师师与燕青见面</u>，每次都着暖色调的绣花服装，色彩略显艳丽，但绝不浓烈。（北大语料库）

第五，协配项是合系涉事，即协配项属于集合式，且与谓语动词具有系事－性状核和涉事－性状核关系。例如：

　　　（26）任飞扬盯着盒子上的名字，那不是字，那分明是流云的脸，舒鸿站在她身后，<u>他们的脸慢慢重合在一起</u>。（凌晨《天隼》）

第六，协配项是互系涉事，即协配项属于组合式，且与谓语动词具有系事－性状核和涉事－性状核关系。例如：

　　　（27）<u>小龙女此刻陡然与杨过相逢</u>，当真是柔肠百转，难以自已。（金庸《神雕侠侣》）

第七，协配项是合起止事，即协配项属于集合式，且与谓语动词具有起事－关系核和止事－关系核关系。例如：

　　　（28）如果两条直线都与同一个平面垂直，那么<u>这两条直线平行</u>。（BCC 语料库）

第八，协配项是互起止事，即协配项属于组合式，且与谓语动词具有起事－关系核和止事－关系核关系。例如：

　　　（29）<u>金铤是一种狭长的金钣</u>，类似大臣们朝见用的笏。（阴法鲁、许树安《中国古代文化史》）

此外，前面已经分析过，协配关系名词可以充当谓语构成协配句，如"你我朋友一场"。那么，如何看待这种协配句中协配项的语义角色呢？要弄清这一问题，必须说明这种协配句中协配名词的语义功能，即其究竟是不是谓语动核。陈昌来（2003：21）指出："从语义结构来看，名词性谓语句多是表示关系的语义结构。""句法上的主语是起事，句法上的谓语正是止事，而动核——关系动核（关系动词）在句法上从缺了，这从它们的否定句中关系动词必须出现可以断定。"因此，陈昌来（2003：21）认为"名词谓语并不是动核"。如果仅考虑"你们一共几个人"这样的句子，陈文的分析无疑是可取的。但如果考虑关系名词做谓语的句子，则对这种分析似乎还可以加以补充。例如：

（30）咱们在艺校是同学，好歹姐妹一场，现在我给精简了，你也不管我！（张欣《今生有约》）

（31）我与她夫妻已经将近两年了，她的性格我非常了解。（电视剧《乱世桃花》）

贾红霞（2002）认为，上述二例中的人物关系名词"姐妹"和"夫妻"后分别加的是动量和时量。这也就是说，这两个人物关系名词在句中体现出来的并不是指称义，而是陈述义。这是因为名词在凸显指称义的时候并不能在其后加动量或时量成分，相反却可以在其前加数量限制语。但此二例都不能说成如下形式：

（30'）＊咱们在艺校是同学，好歹一对姐妹，现在我给精简了，你也不管我！

（31'）＊我与她一对夫妻已经将近两年了，她的性格我非常了解。

可见，例（30）和（31）中的"姐妹"和"夫妻"都不能在其前加数量成分，但是，可以在其后加动量或时量成分做补语。这说明，它们实际上体现出的不是指称功能，而是陈述功能，即做谓语。因此，我们认为这一类由人物关系名词构成的协配句，谓语尽管表面上由名词充当，但其实质上具有陈述性，所以其语义结构也可以参照动核结构予以说明。这样，我们根据其特点，可以将人物关系名词做谓语的协配句划归为由性状动词构成的协配谓语句。换言之，人物关系名词构成的协配句其协配项之间的语义关系也应该是系事、涉事之间的关系。根据句式集合与组合的分别，也同样可以进行区分。如例（32a）是合系涉事关系，例（32b）是互系涉事关系。

（32）a. 我们姐妹一场，这把剑跟随我多年，就留给你做个纪念吧！（贾红霞用例）

b. 吴摩西与吴香香夫妻一场，吴香香跑了，馒头铺就该是吴摩西的。（刘震云《一句顶一万句》）

三、协配句的常见语义结构模式

我们对协配项语义角色以及语义特点的论述，其目的就是要归纳协配

句的语义结构模式，即描写协配句的句模形式，而协配句句模形式的描写
又离不开协配句句法结构形式的描写。但本书为了避免问题过于复杂，不
再对协配句的句法结构形式予以细致描写，而只就现代汉语协配句的基干
句模进行考察。所谓基干句模，按照朱晓亚、范晓（1999）的观点，也就
是"由基干的动核结构形成，只包含动核和动元，不包含状元"的基本语
义结构模式。此外，范晓、朱晓亚（1998）还指出："句模可分为简单和复
杂两大类，前者只包含一个动核结构，后者则包含一个以上。"但由于复杂
句模实际上只是简单句模的多重组合，所以此处我们只描写协配句的基干
简单句模。只要基干句模描写清楚了，那么，复杂的句模也就可以通过基
干句模的组合来构成。但是需要说明的是，由于协配句可以细分为四种类
型，而在实际语言运用中，协同句和交互句的应用范围最为广泛，因此，
此处我们还是主要讨论协同类和交互类这两种协配句的句模结构。

（一）协同类协配句的句模形式

第一，"合施事 + 动核"。例如：

（33）女孩们一齐笑了起来，只有柳瑜儿的脸上越来越红，像是要
滴出血来。（BCC 语料库）

第二，共施事$_1$ + 共施事$_2$ + 动核。例如：

（34）巴威尔和安德烈一同回来；霍霍尔摇着头说："嗳，依萨那
个东西，——怎么办他才好呢？"（BCC 语料库）

第三，"合施事 + 动核 + 受事"。例如：

（35）他们知道全套设备都已完工，而且已装箱待运了，他们才一
齐来拜访木兰花。（倪匡《无价奇石》）

第四，"共施事$_1$ + 共施事$_2$ + 动核 + 受事"。例如：

（36）在抵达王宫后，菲德烈和唐纳森一同登上王宫的阳台，向聚
集在王宫广场上的数万群众招手致意。（北大语料库）

第五，"施事 + 动核 + 合受事"。例如：

（37）他们都在尽力体贴对方的生活习惯，<u>力求以最快的速度调和两个人的生活</u>，也的确做得好。（北大语料库）

第六，"施事 + 动核 + 共受事₁ + 共受事₂"。例如：

（38）<u>于老现在神志恍惚，分不清白天和黑夜，梦境和现实</u>，所以思绪紊乱，语无伦次，处于身体全面衰竭状态。（北大语料库）

第七，"合施事 + 动作核 + 结果"。例如：

（39）你可以走出来，可以离开那个家，<u>我们可以一起建立一个家</u>，你可以过新生活。（林晓筠《我们缘定一生》）

第八，"共施事₁ + 共施事₂ + 动作核 + 结果"。例如：

（40）<u>老师们与学生一起制作网页、设计模型</u>，都体现出他们勇于探索、敢于实践的教育创新精神。（王柏玲《走"内涵发展"之路》）

第九，"合系事 + 性状核"。例如：

（41）佛林特愤怒地用头直接撞上龙人的肚子，<u>两个人一起倒下</u>。（北大语料库）

第十，"共系事₁ + 共系事₂ + 性状核"。例如：

（42）挣扎了三个日出与日落，<u>那个叫作哈娃的女人与她未出世的孩子一同死了</u>。（三毛《万水千山走遍》）

第十一，"合系事 + 性状核 + 涉事"。例如：

（43）一个是患病的老者，一个是健康的年轻人，<u>两人一起承受着房间里的寂静</u>。（BCC 语料库）

第十二，"共系事$_1$＋共系事$_2$＋性状核＋涉事"。例如：

（44）当<u>法国人和英国人一起</u>遇到麻烦，发生争论时，法国人总是滔滔不绝地说个不停，十分冲动，而英国人则显得很迟钝，甚或显得粗鲁。（北大语料库）

第十三，"合起事＋关系核＋止事"。例如：

（45）恰好瑞元的表舅父陈春泉的孙子陈远离也同蒋瑞元一起读书，<u>两人既是同学，又是叔侄</u>，年龄也都差不多，平时关系非常亲密。（北大语料库）

第十四，"共起事$_1$＋共起事$_2$＋关系核＋止事"。例如：

（46）<u>她与邦当太太是亲戚</u>，这已经限制了那些美丽的设想，已经堵住了美丽设想能够传播的一条路。（北大语料库）

至此，我们描写了协同类协配句的语义结构模式，共得出 14 类协同句的句模。从句子的构造方式来说，通过这种描写可以大致反映协同句的语义构造基础，为协同类协配句的构造及其句义的理解奠定语义基础。现在我们将协同类协配句的基本句模形式归纳为表 3.1。

表 3.1　协同类协配句的句模形式

类别	句模	例句
协同类协配句	合施事＋动核	女孩们一齐笑了起来。
	共施事$_1$＋共施事$_2$＋动核	巴威尔和安德烈一同回来。
	合施事＋动核＋受事	他们才一齐来拜访木兰花。
	共施事$_1$＋共施事$_2$＋动核＋受事	菲德烈和唐纳森一同登上王宫的阳台。
	施事＋动核＋合受事	他们调和两个人的生活。
	施事＋动核＋共受事$_1$＋共受事$_2$	于老分不清白天和黑夜。
	合施事＋动作核＋结果	我们可以一起建立一个家。
	共施事$_1$＋共施事$_2$＋动作核＋结果	老师们与学生一起制作网页。

（续上表）

类别	句模	例句
协同类协配句	合系事 + 性状核	两个人一起倒下。
	共系事₁ + 共系事₂ + 性状核	那个女人与她的孩子一同死了。
	合系事 + 性状核 + 涉事	两人一起承受着房间里的寂静。
	共系事₁ + 共系事₂ + 性状核 + 涉事	法国人和英国人一起遇到麻烦。
	合起事 + 关系核 + 止事	两人既是同学，又是叔侄。
	共起事₁ + 共起事₂ + 关系核 + 止事	她与邦当太太是亲戚。

（二）交互类协配句的句模形式

第一，"合施受 + 动作核"。例如：

（47）它们处于箱子中间，变得极其残暴，互相攻击、互相撕咬。（北大语料库）

第二，"互施受 + 互受施 + 动作核"。例如：

（48）张翠山和殷素素相互搂住，都已吓得面无人色，无数大冰块在头顶呼呼飞过，只须碰到一块，便即丧命。（金庸《倚天屠龙记》）

第三，"合施受 + 动作核 + 合受事"。例如：

（49）雷萨和殷少奇诏媚地帮亚琪拍掉身上的泥土，两人相互推卸责任。（莲花席《黑色罗密欧》）

第四，"互施受 + 互受施 + 动作核 + 合受事"。例如：

（50）从此，明朝和后金互换了位置：明朝由进攻转为防御，后金由防御转为进攻。（北大语料库）

第五，"合施受 + 动作核 + 受事"。例如：

（51）我们讨论电影剧本，他与众不同，总是建设性的意见。（北

大语料库）

第六，"互施受+互受施+动作核+受事"。例如：

（52）母亲在给德刚包伤；秀子到外面望风声；娟子和孔江子商量对付敌人的办法。（冯德英《苦菜花》）

第七，"合施受+动作核+成事"。例如：

（53）你真客气，给我礼物，我们交了朋友。现在我要送你一件礼物。（北大语料库）

第八，"互施受+互受施+动作核+成事"。例如：

（54）罗家和颐亲王府结了亲家，从皇室到百官，贺客盈门……（琼瑶《雪珂》）

第九，"互施受+动作核+互受施"。例如：

（55）自今年3月中国新一届政府就任以来，我已三次会晤外交部长李肇星先生。（BCC语料库）

第十，"合经感+感受核"。例如：

（56）爱情的结晶，小宝宝的出世，是给我们的生活添了许多忙乱，但我们更加互相关爱。（BCC语料库）

第十一，"互经感+互感经+感受核"。例如：

（57）我和玉淑互相信任，她相信我对祖国对人民的赤诚，我相信她品格、情操的纯正。（北大语料库）

第十二，"合系涉+性状核"。例如：

（58）在火车站，最先引起记者注意的是5名二十出头的姑娘，她们年龄相仿、穿着相近，说说笑笑走出车站。（BCC语料库）

第十三，"互系涉+互涉系+性状核"。例如：

（59）在回国的客舱上，赖德与朱莉娅邂逅相遇，往事的回忆与眼前的不幸将两人拉到一起。（北大语料库）

第十四，"互系涉+性状核+互涉系"。例如：

（60）河北省香河县毗邻首都北京，近两年，县委以"三个代表"学教活动为契机，下大力气夯实基层组织建设……（BCC语料库）

第十五，"合起止+关系核"。例如：

（61）宋朝王安石维新，排斥旧党，司马光守旧，排斥新党，两党主张相反，其力又复相等。（李宗吾《厚黑学》）

第十六，"互起止+互止起+关系核"。例如：

（62）郝增喜和王凤英就像两棵遥遥相对的树，虽近在咫尺，却不能相互拥有。（乔林生、曾泽礼《常永昌和〈三十里铺〉》）

第十七，"互起止+关系核+互止起"。例如：

（63）这些说法若真正统治了中国，孔子的地位就类似耶稣的地位，儒家就成了地道的宗教了。（冯友兰、涂又光《中国哲学简史》）

需要说明的是，在交互类协配句中，有很多动词后能跟代词"对方"来反指交互双方。例如：

（64）在航行的这段期间，他和船长两人便互相以对峙的姿态斜眼瞪着对方，在饭前饭后也不时以毒辣的言词，你来我往相互地嘲讽。（北大语料库）

（65）在西欧，有艺术爱好者愿将古典名画刻在表盘上，有许多老年夫妇愿在银婚或金婚之际互赠对方一只刻有结婚照片的手表。（北大语料库）

例（64）中"他"以对峙的姿态斜眼瞪着"船长"，"船长"也以对峙的姿态斜眼瞪着"他"，两者互相瞪着眼睛，句子完全可以将"对方"去掉。例（65）中老年夫妇互赠刻有结婚照片的手表，其"对方"也是对"丈夫"和"妻子"的反指。句子加上"对方"之后，能够强调"老年夫妇"的交互赠送物品的行为。不过，从语义上来分析，动词后的"对方"既可以是受事也可以是与事。如例（64）中"他"以对峙的姿态斜眼瞪着"船长"时，"对方"指代"船长"；"船长"也以对峙的姿态斜眼瞪着"他"时，"对方"则指代"他"。所以，此例中的"对方"语义上是受事。但是在例（65）中，"丈夫"和"妻子"均可为"对方"的所指，即为赠送的对象，而"一只刻有结婚照片的手表"则是直接宾语。因此，该句中的"对方"为间接宾语，在语义上则为与事。除此之外，"对方"还可以充当感事、止事等。例如：

（66）这阵子相处下来，我越来越觉得他真是个好男孩，我们彼此深爱对方，也正计划准备结婚。（北大语料库）

（67）夫妻之间不是互相占有对方，而是互相扶持，相互帮助，共建一个美好的家庭。（自拟）

至此，我们描写了交互类协配句的语义结构模式，共得出 17 类交互句的句模。从句子的构造方式来说，通过这种描写可以大致反映交互句的语义构造基础，为交互类协配句的构造及其句义的理解奠定了语义基础。现在我们将交互类协配句的基本句模形式归纳为表3.2。

表3.2　交互类协配句的句模形式

类别	句模	例句
交互类协配句	合施受 + 动作核	它们互相攻击、相互撕咬。
	互施受 + 互受施 + 动作核	张翠山和殷素素相互搂住。
	合施受 + 动作核 + 合受事	两人相互推卸责任。
	互施受 + 互受施 + 动作核 + 合受事	明朝和后金互换了位置。

（续上表）

类别	句模	例句
交互类协配句	合施受 + 动作核 + 受事	我们讨论电影剧本。
	互施受 + 互受施 + 动作核 + 受事	娟子和孔江子商量对付敌人的办法。
	合施受 + 动作核 + 成事	我们交了朋友。
	互施受 + 互受施 + 动作核 + 成事	罗家和颐亲王府结了亲家。
	互施受 + 动作核 + 互受施	我已三次会晤外交部长李肇星先生。
	合经感 + 感受核	我们更加互相关爱。
	互经感 + 互感经 + 感受核	我和玉淑互相信任。
	合系涉 + 性状核	她们年龄相仿、穿着相近。
	互系涉 + 互涉系 + 性状核	赖德与朱莉娅邂逅相遇。
	互系涉 + 性状核 + 互涉系	河北省香河县毗邻首都北京。
	合起止 + 关系核	两党主张相反，其力又复相等。
	互起止 + 互止起 + 关系核	郝增喜和王凤英不能相互拥有。
	互起止 + 关系核 + 互止起	孔子的地位就类似耶稣的地位。

第三节　现代汉语协配句的语义网络系统

马克思（2012）指出："人是社会的动物，人的本质不是单个人所固有的抽象物，社会性是人的本质属性。"在社会之中，人与人之间会结成很多关系，离开了社会关系，离开了人与人的对立，就无法给人下一个定义（申小龙，1996：163）。现代汉语协配句是表达协配语义关系的句子，而协配语义关系就是这些错综复杂关系中的一种，但是协配语义关系本身也有多种形式。这里我们从人际与事理的角度对其进行梳理，可以首先将其分为人际关系和事理关系两大类；而人际关系又可以分为人物关系和交际关系，事理关系又可以分为事件关系和数理关系。这种大关系包含小关系的语义现象形成了一个复杂的协配语义网络。

一、人际关系

所谓人际关系是指人与人之间的关系。但是就其类别而言，人际关系又可以分为人物关系和交际关系。前者指人与人的社会角色关系，后者指人与人的行为、状态关系。

（一）人物关系

贾红霞（2002）将人物关系分为固有关系和结成关系，但从人物位级是否等同上这两种关系各自又可以分为平级关系和非平级关系，前者人物位级等同，后者人物位级非等同。这样，固有平级关系主要包括三种关系：兄弟关系、姐妹关系和老表关系；固有非平级关系主要包括五种关系：祖孙关系、父子关系、母子关系、叔侄关系、甥舅关系。结成平级关系比固有平级关系包括的协配关系要多，主要有朋友关系、仇敌关系、同学关系、同门关系、同事关系、夫妻关系、伙伴关系、邻里关系、妯娌关系、姑嫂关系等；结成关系中的非平级类别相对较少，主要有婆媳关系、翁婿关系、师生关系等。例如：

（1）梅膺祚与梅鼎祚是兄弟俩。梅膺祚撰成《字汇》后，其兄梅鼎祚曾为之作序，序文载于书首。（北大语料库）

（2）他们是父子，是夫妻，是主仆，是朋友……他们相互依赖，又彼此厌烦。（北大语料库）

（3）聂凤智的夫人何鸣回忆说，聂凤智与许世友既是战友，更是诤友。（北大语料库）

（4）沈先生！我只能告诉你，徐先生跟我女儿是师生关系，要打破这层关系，我是绝不允许的！（潘宁东《回首碧雪情》）

但需要注意的是，尽管兄弟、姐妹是固有平级关系，但是有时也可以用其表达结成关系，协配参与者之间并不具有血缘关系。例如：

（5）萧文正色道："咱俩是兄弟呀，你能不能跟我说句真话？"常闯闷着头抽烟没有说话。（BCC语料库）

（6）我和小燕子既然是姐妹了，也没有秘密了！我就把信物都给小燕子看了，把身世告诉了她。（琼瑶《还珠格格》）

例（5）中"萧文"与"常闯"原本没有血缘关系，这里用"兄弟"表明两者之间的关系亲密得像兄弟一样。同样，例（6）中的"我"和"小燕子"也不是真正的姐妹，但是这里用"姐妹"说明两人之间的关系亲密。

此外，还有一些参与者之间的关系是多方面的，这些关系可以是平级的，也可以是非平级的。例如：

（7）虽然梁仪和谢浪是师生关系，但是因为相处久了，也就成了一种亦师亦友的关系了。（逐没《天生神匠》）

（8）王安石与吕惠卿之交情，既是僚属、同事，又是师生、朋友，情同父子，相互信任支持数十年。（阿越《新宋》）

例（7）中"梁仪"和"谢浪"本是师生，但当他们相处久了之后，也就产生了朋友之情，所以这是一种"亦师亦友"的关系。例（8）中"王安石"和"吕惠卿"之间的关系更为复杂，他们"既是僚属、同事，又是师生、朋友，情同父子"。这里"僚属、同事、朋友"是平级关系，而"师生、父子"又是非平级的关系，这体现出"王安石"和"吕惠卿"之间的关系密切，感情深厚。

（二）交际关系

1. 合作关系

合作关系指协配参与者共同参与、相互协作做某事。其具体又可以分为合伙关系、联合关系、协作关系三类。合伙关系指协配参与者往往以某种要素进行投资，然后共同从事某种行为；联合关系指协配参与者以联盟的形式进行某种行为，并不一定要有某种要素的投资；协作关系指协配参与者协配从事某种行为，虽然有时某种行为是单方面的，但从相互配合的角度而言，参与者之间又体现出协配性。具体分类及用例如下：

合伙关系：合伙、合唱、合谋、合演、合营、合译、合著、合作。

联合关系：联合、联手、联盟、联袂、联名、搭伴、搭档。

协作关系：协作、相协、互助、互利、互惠。

（9）1997年11月，吕继旺、刘财源、李生友三人合伙创办了大余喷药机械厂。（BCC语料库）

（10）两人还联袂主办了一场明星慈善音乐会，为修补老剧院的漏屋顶筹集50万英镑的经费而出了一把大力。（BCC语料库）

（11）程广泉根据这一信息，和同志们通力协作，严密排查，一举破获了一个重大盗窃自行车团伙。（北大语料库）

2. 争斗关系

争斗关系指协配参与者以某种形式进行争斗。按照争斗的性质，可以将其分为比赛关系和对抗关系。比赛关系指协配参与者进行某种比赛行为；对抗关系按产生的方式又可分为口头对抗和武力对抗两类，前者主要指以言语争吵方式进行的对抗，后者主要指以武力方式进行的对抗。具体分类及用例如下：

比赛关系：比赛、比试、比武、竞赛、竞争、决赛、较量、角逐、赛车、赛马、赛跑、摔跤。

口头对抗关系：对抗、对质、争吵、斗气、斗法、斗嘴、争执、拌嘴、吵嘴、反目、口角、闹翻、论战、吵架、骂架、吵嘴、翻脸、顶牛、怄气、抬杠。

武力对抗关系：对打、对阵、交手、交锋、交火、交战、交兵、争霸、争雄、角斗、争斗、决斗、战斗、格斗、搏斗、决战、开战、混战、作战、扭打、拼打、打架、斗架、干仗、火拼。

（12）<u>孙悟空跟一个妖怪比武</u>，那个妖怪有个小瓶子，如果妖怪叫你名字，你答应了，你就会被那个小瓶子吸进去，化成水。（艾米《山楂树之恋》）

（13）1812 年，<u>俄罗斯帝国与土耳其交战</u>，军队的大部分都开赴俄土前线，有些还在土耳其境内作战。（北大语料库）

（14）<u>后来老张老婆与老孙老婆吵架</u>，老张老婆一气之下，在一次和老张去医院看望老处长时把这话给说了。（北大语料库）

3. 聚集关系

聚集关系指协配参与者聚合、汇集在一起。其又可以分为三类：相遇关系、会晤关系、团聚关系。相遇关系指偶然发生的碰面关系；会晤关系多为有计划的会面关系；团聚关系指协配参与者由外到内的聚集关系。具体分类及用例如下：

相遇关系：相遇、遇见、重逢、遇到、碰到、邂逅。

会晤关系：晤面、会面、见面、会见、会面、会合、会盟、会晤。

团聚关系：聚合、聚集、聚齐、团聚、团圆。

（15）<u>我进京时便遇见了一个书生</u>，此人才华横溢，满腹经纶，可还不是落得名落孙山……（沧浪生《情剑山河》）

（16）1844年，<u>恩格斯与马克思会面</u>，结下了传为佳话的真挚友谊，从此密切合作，并肩战斗终身。（北大语料库）

（17）在游泳池，<u>我们男女同学聚集在一起</u>，一起做作业，踢足球，打排球，玩三人玩的戏牌，一起调情嬉闹。（BCC语料库）

4. 结交关系

结交关系指协配参与者之间的结识、交往关系。其又可分为交往关系、结识关系和联接关系。交往关系指参与者相互往来、彼此通连的关系；结识关系指参与者相互缔约、彼此结合的关系；联接关系指参与者相互联系接触的关系。具体分类及用例如下：

交往关系：交往、来往、往来、对话、通话、通婚、通信、通车、通气、通商、通航、通邮。

结识关系：缔交、缔约、缔盟、结识、结交、勾结、勾搭、团结、结拜、结义、结合、结伴、结怨、结仇、结交、结盟、结伙。

联接关系：关联、接触、联系、连通、联络、联接。

（18）公元前2世纪，<u>他们通过丝绸之路与中国交往</u>，关系十分密切，不少波斯人居留中国。（北大语料库）

（19）<u>他父亲有一次出洋考察，在伦敦结识了一个华侨交际花</u>，两人秘密地结了婚。（张爱玲《倾城之恋》）

（20）她喜爱的是这种不受拘束、自做主人的自由职业，<u>她与作家密切联络</u>，常常在书尚未写成之前即开始合作。（北大语料库）

5. 离分关系

离分关系指协配参与者之间相互离别均分的关系。其又可以分为离别关系和分摊关系两种。离别关系指参与者相互分离；分摊关系指参与者分别承担某种责任或拥有某种事物的关系。具体分类及用例如下：

离别关系：分手、分别、分离、分袂、分飙、分开、话别、诀别、脱离、疏远、惜别、离别、告别、永别、握别。

分摊关系：分工、分赃、分享、分属、分摊、均摊、均沾、均分、均享、均有。

（21）苏铃，上一次我已经说清楚，<u>我和华茜早已分手</u>，我没权理她的私事，她也不会管我的事。（岑凯伦《还你前生缘》）

（22）5月底在青岛召开的国际海滨旅游论坛上，<u>西班牙专家与中国同行</u>分享了该国海滨旅游开发的经验。（北大语料库）

6. 婚恋关系

婚恋关系指协配参与者之间具有的恋爱、婚姻关系。其又可分为恋爱关系、婚姻关系和亲昵行为关系。恋爱关系指恋爱阶段常具有的关系；婚姻关系指协配参与者在婚姻过程中常产生的关系；亲昵关系指参与者之间所发生的与性有关的行为关系。具体分类及用例如下：

恋爱关系：相爱、相好、约会、幽会、恋爱、热恋、同居、姘居、私通、通奸、偷情。

婚姻关系：结婚、结亲、订婚、成婚、成家、成亲、结亲、离婚、复婚、圆房。

亲昵关系：调笑、调情、亲吻、亲嘴、交媾、交配、性交、做爱。

（23）<u>小红跟贾芸</u>谈恋爱，小红在大观园里面碰见李奶奶了，说明李奶奶没有事，没被撵，可是茜雪就消失了。（北大语料库）

（24）<u>许秀之跟郭滔</u>订婚了。史青有点意兴阑珊，听说她要辞职，打算远走他方。（梁凤仪《豪门惊梦》）

（25）刘新生却不在，而旁边陈星的园子里，<u>陈星和翠翠</u>在草庵子里亲嘴，被他撞见，陈星和翠翠不羞，他倒羞了。（贾平凹《秦腔》）

7. 言谈关系

言谈关系指协配参与者相互言说、彼此商谈所产生的关系。其又可分为交谈类、协商类和讨论类三种关系。交谈关系是参与者之间较为随意的谈话关系，事前可以没有明确的谈话目的；协商关系是参与者为解决某一问题而聚在一起商量的行为关系，它通常具有明确的谈话目的；讨论关系是参与者就某个问题进行探讨、辩论，它有明确的论题，但参与者之间不一定采取协商对策，而很可能是各抒己见。具体分类及用例如下：

交谈关系：座谈、深谈、长谈、攀谈、谈心、交谈、畅谈、拉扯。

协商关系：协商、磋商、面商、商量、商讨、商议、商谈、商榷、商定。

讨论关系：讨论、争论、议论、辩论、争辩。

（26）到了半山寺，大家边观光边休息，<u>小平同志却毫无倦意，与</u>

庙里的住持和尚亲切交谈，询问黄山的历史掌故。（北大语料库）

（27）林徽因和思成商议，在清华建筑系成立了一个美术组，她想借这次制作和平礼物的机会，抢救这一濒于灭绝的中国独有的手工艺品。（张清平《林徽因》）

（28）做完了这些准备后，史蒂夫和他的朋友一起讨论了他应采取的谈判策略。（北大语料库）

8. 和约关系

和约关系指协配参与者相互讲和、彼此约定的关系，其又可以分为两类：讲和类和约定类。前者指通过某种言谈而取得和解关系，后者指通过言语或实际行为而达成约定关系。具体分类及用例如下：

讲和关系：和解、和好、讲和、言和、议和。

约定关系：修好、交好、约好、说好、讲好、讲定、说定、约定。

（29）宜娟在三天后就和尔凯讲和了，雅晴看得出来，软化的不是尔凯，而是宜娟，她照旧来桑家，小心地讨好奶奶。（琼瑶《梦的衣裳》）

（30）蒋晓智和妻子约定：不论生活如何艰苦，也绝不放弃每个月的购书计划。（北大语料库）

9. 亲疏关系

亲疏关系指协配参与者之间空间距离或社会距离的远近关系。其根据距离的远近可以分为亲近关系和疏远关系。亲近关系指参与者之间的距离近；相应地，疏远关系指参与者之间的距离远。这类协配关系包括的例词相对较少，具体分类及用例如下：

亲近关系：近、熟悉、要好、亲密。

疏远关系：远、陌生、冷淡、生疏。

（31）黄人助与这批人非常熟悉，他再次把这批人劝上车，并表示不收他们的隧道费，请他们马上离开不要堵塞往来的其它车辆。（北大语料库）

（32）我和吴导演根本很生疏，除了拍戏，根本没私下说过半句话！（岑凯伦《紫色的月亮》）

10. 交换关系

交换关系指协配参与者相互替换的行为关系，其又可以分为对换关系和互换关系两种。对换关系指协配参与者自身发生交换行为，互换关系指协配参与者互相交换其他物品。具体分类及用例如下：

对换关系：对换、对调、轮换、替换。

互换关系：互换、倒换、交换、调换。

（33）提升石云彪任副旅长兼军官训练大队大队长，莫干山和马梓威对调，任二四八团团长，马梓威任七十九团团长。（北大语料库）

（34）沈荣骏和胡世祥交换了一下意见，果断命令："按预定方案发射。'四号'宁肯不测，也要保证安全。"（北大语料库）

11. 酬乐关系

酬乐关系指协配参与者进行某种应酬娱乐活动所产生的协配行为关系。该关系可分为游戏类和应酬类两种。游戏类指参与者进行某种协配游戏活动；应酬类指参与者协配进行的某种应酬。具体分类及用例如下：

游戏关系：打牌、打球、跳舞、下棋、对弈。

应酬关系：唱和、酬唱、酬和、碰杯、干杯。

（35）当天晚上，大家打牌、跳舞。内莉小姐尤其显得高兴，像是告诉我：罗泽纳的殷勤，开始时让她喜欢，现在早被她忘了。（北大语料库）

（36）她在上海的时候，便已会写些五七绝之类的小诗，与四叔大哥互相酬和。（苏雪林《棘心》）

需要说明的是，协配关系内部并不统一，少数词很难被归入以上几类。如"扯平、串供"等词就相对独立，且其成员较少，难以类聚，所以我们不再对其进行归类。

二、事理关系

所谓事理关系是指事件或者事物之间的关系。按其性质不同，可分为事件关系和数理关系两种。事件关系是指一个事件与另一个或几个事件之间的关系；数理关系是指数字、图形等事物之间所具有的关系。

（一）事件关系

1. 协同关系

协同关系指一个事件与另一个事件具有协合一致的关系。汉语表达协同意义的手段有协同动词、协同副词等。前者如"合作、合唱、共管、共享、拜堂、拌嘴"等，后者如"一并、一起、一齐、一同、一道、一块儿、共同"等。从语义上来看，协同关系又可以分为共同和齐同两种类型。共同强调的是事件参与者之间的合作性；齐同强调的是事件参与者之间的一致性。例如：

（37）与大仲马的结识坚定了凡尔纳从事写作的愿望。<u>他和大仲马合写了一个剧本</u>，得到一定成功。（北大语料库）

（38）<u>画家与女管家一同去警察局报案</u>，并交上他们的速写画。（北大语料库）

上述二例事件参与者之间都存在协同关系。例（37）中"凡尔纳"和"大仲马"合写剧本这个事件，体现的是活动方式的合作性，因为在整个活动中，失去其中一个参与者，便完不成他们所要写作的剧本。例（38）中"画家"和"女管家"一同去警察局，体现的是活动行为的一致性，因为在整个活动中，失去其中一个参与者，并不影响另一方的活动，只是在整个事件中参与双方的活动是一致的而已。可见，协同关系实际体现的是参与者活动方式的合作性和事件行为的一致性。

2. 交互关系

交互关系指一个事件与另一个事件具有交叉相互的关系。汉语表达交互的方式有很多种，交互词语、交互句式和语用交互都可表达交互协配关系（刘云峰、石锓，2018）。我们根据交互性质的差异可以将其分为集体交互和组合交互两种形式。集体交互指集合内成员互相交互；组合交互指在一个集合内参与者以组合的形式交互，即集体内成员在组合内交互，而在组合外并不交互。例如：

（39）<u>钱康仍和李缅宁坐在咖啡厅里亲密交谈，互相拍着肩膀</u>，称兄道弟。（王朔《无人喝彩》）

（40）<u>李自强和瓦刀脸对峙着</u>，进退腾挪，寻找战机。（姜天民《第九个售货亭》）

（41）<u>有些孤处异国的男女留学生多数都已互相结成了一种暂时情人的关系</u>，彼此寻求温暖。（王朔《许爷》）

例（39）中"钱康"拍着"李缅宁"的肩膀，同样"李缅宁"也拍着"钱康"的肩膀，因此"钱康"和"李缅宁"的关系是一种相互的关系。同理，例（40）中"李自强"和"瓦刀脸"对峙着，"瓦刀脸"也和"李自强"对峙着，两者之间也是一种互相对峙的关系。但是这两种交互都是集体成员的全部交互，因此可称为集体交互。例（41）与此不同，"有些孤处异国的男女"组成一个大的集合，在这个集合内又有许多对男女成员组成许多个组合，在每个组合内每对男女成员构成一种情人关系，但是一个组合内的成员并不会与其他组合内的成员构成相互关系，因此是组合交互。

3. 轮流关系

轮流关系指一个事件与另一个事件或几件事以轮流、交替的方式进行，常用的词语有"轮流、轮换、交替、相继"等。根据协配项是否循环充当事件主体，可以将其再分为循环关系和递相关系两种。所谓循环关系，是指协配项依次轮流，可以永远进行下去。所谓递相关系，是指协配项通常以一定的顺序依次活动，但活动完毕便不再参与活动，该关系中的最后一个参与者也即是活动的终点。例如：

（42）<u>朝阳晚上老是哭啊哭，赵胜天李小兰轮流起来抱着哄她。</u>（池莉《太阳出世》）

（43）他们的大女儿在守寡三年以后又已结婚，<u>二女儿和三女儿也都相继结婚了</u>。（刘心武《曹叔》）

例（42）中"赵胜天"抱着哄"朝阳"，然后"李小兰"再抱着哄"朝阳"，即这种"哄朝阳"的事情是一个人结束，另一个人再开始的行为，所以体现出轮流性。例（43）中"大女儿"先结婚，然后"二女儿"结婚，最后"三女儿"结婚，因此"他们"的三个女儿是"相继结婚"，但是这三个事件之间是依次相递的关系，即发生之后就不会再次发生。这也就是说，在上述三个事件中"三女儿"结婚其实是这三个递相事件的终结，所以它与循环关系事件不同，循环事件具有往复性，而递相事件只具有依次性，不具有往复性。

4. 分别关系

分别关系指一个事件与另一个或几个事件具有相互区分的关系，常用的词语有"分别、分头、分开"等。不过，按主事与客事的不同，我们可将其分为主事分别和客事分别两种。例如：

（44）<u>国家主席江泽民、国务院总理朱镕基和国务院副总理钱其琛分别会见了鲍威尔</u>。（北大语料库）

（45）<u>金秀抬起头，分别看了两个男人一眼</u>，恨不能把满腔的愤懑倾泻到他们身上。（陈建功、赵大年《皇城根》）

例（44）中"江泽民"会见了"鲍威尔"，"朱镕基"会见了"鲍威尔"，"钱其琛"也会见了"鲍威尔"，三个句子主事不同，而客事相同，因此，这种分别关系可称为主事分别。例（45）中"金秀"抬起头看了第一个男人，然后又看了另外一个男人，这里主事相同，但客事不同，所以可称为客事分别。

（二）数理关系

数理关系包括的类别相对较多，它又可分为两小类：一是数量关系，一是图形关系。前者是数与数之间的关系，后者是图形与图形之间的关系。数量关系主要有等同关系、平均关系及各种运算关系。图形关系主要有相似关系、对称关系、重合关系、相切关系、相交关系、相离关系、平行关系、垂直关系、连接关系、匹配关系等。表达这些关系的句子通常能构成协配句。例如：

（46）它好比是说："<u>两只空筐加三只空筐等于五只空筐</u>。"筐子的"空"，是为了能随意装进天地间万物。（北大语料库）

（47）<u>四个大圆圈对称着</u>，颈部排着三角形锯齿纹，像森林一样。（张承志《北方的河》）

（48）<u>两条直线相交成直角时，就说这两条直线互相垂直</u>。这个概念可推广到一条直线与一个平面或两个平面的垂直。（北大语料库）

例（46）中说明的是数学中的加法运算，即二加三等于五，属于数量等同关系。例（47）中"四个大圆圈"属于图形，因此，它们的"对称"属于图形对称关系。同样，例（48）中"两条直线相交"属于图形相交关系，"两条直线互相垂直"属于图形垂直关系。

但需要说明的是，数理关系并不仅仅应用于数学当中，它们同样也可以运用于其他领域，隐喻性地表达事物之间的协配关系。例如：

（49）戈埃罗将荣格思想中的一个重要概念——集体无意识，等同于他所谓的世界灵魂。（孙国勇《世界性的畅销书——〈炼金术士〉》）

（50）许仙的木讷和委顿无法与她的情感强度相对称，她深感失望。（余秋雨《西湖梦》）

（51）据宗懔记载，七日还要吃七种菜做的羹汤，这与腊八食粥的习俗相似。（阴法鲁、许树安《中国古代文化史》）

例（49）表达的并不是数学中的数量关系，而是思想领域中事物之间的关系，但由于"集体无意识"与"世界灵魂"在"戈埃罗"看来彼此相等，所以两者之间仍是"等同"关系。"对称"的常常是图形，但例（50）中说话人认为"许仙的木讷和委顿"与"她的情感强度"也可以相对称。这样，协配项一个为状态，一个为度量，两者可以相对称，是图形关系的一种隐喻表达。同理，例（51）中"七日羹汤"与"腊八食粥"的习俗相似，"相似"的也不是图形关系，而是两种风俗习惯。可见，该例中的"相似"实际上也是一种隐喻表达。只不过这种数理关系的隐喻用法在其他领域出现得比较多，人们渐渐地忽略了它们的隐喻性，所以它们正在变成一种死隐喻。

综上所述，协配关系是一种错综复杂的语义网络，无论是人与人之间的关系，还是事物与事物之间的关系都处于这个网络当中。人与人不仅有社会身份关系，而且也有交际行为关系；事物与事物不仅存在事件关系，而且也可以存有数量关系。至此，我们可以将现代汉语协配句中的协配语义关系简要归纳如下：

$$
现代汉语协配句\\的协配语义关系
\begin{cases}
人际关系 & \begin{cases} 人物关系 \\ 交际关系 \end{cases} \\
事理关系 & \begin{cases} 事件关系 \\ 数理关系 \end{cases}
\end{cases}
$$

第四节　现代汉语协配句的歧义研究

歧义现象历来是语法学研究的重点内容之一。朱德熙（1980：169）指出："一种语言语法系统里的错综复杂和精细微妙之处往往在歧义现象里得到反映。因此分析歧义现象会给我们许多有益的启示，使我们对于语法现象的观察和分析更为深入。"语言在静态层面，由于缺乏语境的帮助，有时会产生歧义。范晓、张豫峰（2008：250）等也指出，"语法中的歧义是最能洞悉和体现语言奥秘的语言现象"。协同副词和交互副词是现代汉语中的两种常见的协配副词。由于这两类副词都关涉多个协配对象，因此在某些特殊的语境中，它们会导致歧义的产生。本节主要分析由这两种副词产生的歧义问题。

一、"分别"和"一起"产生的歧义

对于"分别"和"一起"构成的歧义问题，学界已有所涉及。如邵敬敏（2000：266 - 272），王仁法、徐以中（2003）都有详细的论述。但是我们通过考察发现，他们的研究存在某些差异，而这些差异直接影响我们对"分别"句或"一起"句的理解。因此，本节将在上述学者研究的基础上进一步对这两个词产生的歧义现象进行分析，探究不同观点产生分歧的原因，并在已有研究的基础上提出自己的一些看法。

（一）"分别"产生的歧义

就"分别"而言，邵敬敏（2000：272）指出其是一个"双指多项副词①"，当由其构成的句子内部语义关系发生多种交叉时，该句子可能产生歧义。邵著举例如下，并列出了该例的四种可能语义：

（1）他和老李分别向会长和秘书长做了汇报。
→a. 他和老李一起分别向会长和秘书长做了汇报。
→b. 会长和秘书长一起分别听取了他和老李的汇报。
→c. 他向会长、老李向秘书长分别做了汇报。
→d. 他分别向会长和秘书长做了汇报，老李也分别向会长和秘书长做了汇报。（邵敬敏用例）

但是，王仁法、徐以中（2003）认为，由"分别"构成的句子的歧义只有三种。就例（1）而言，他们认为该句所表达的语义可能有三种：一种

① 邵敬敏（2000：262）：副词的"指"，即副词语义联系所指的方向；能跟前后两个方向的语义成分都发生语义联系的叫"双指副词"。副词的"项"，指能跟该副词在语义上发生联系的数项；能跟两个以上成分发生语义联系的叫"多项副词"。

是"他和老李"作为一个整体同时向"会长和秘书长"分别汇报①；一种是"他"向"会长"汇报，"老李"向"秘书长"汇报；还有一种是"他"向"会长和秘书长"同时汇报，"老李"也向"会长和秘书长"同时汇报。但从表达内容上而言，王、徐二人所列出的这三种语义其实也就是邵敬敏所说的四种语义中的前三种，即王、徐所说的第一种是邵文所说的例（1a），第二种是例（1c），第三种是例（1b）。

那么，这里显然就出现了一个问题：邵敬敏所说的例（1）的第四种语义究竟算不算歧义中的一种？答案当然是肯定的，因为该例的确可以按照邵敬敏所说的第四种语义来理解。此外，就汇报事件（event）的数量而言，该例的四种语义所表达的事件数量并不完全一样。在歧义 a 中，"他和老李"向"会长"汇报是一个事件，"他和老李"向"秘书长"汇报又是一个事件，所以该句义共包含两个事件；在歧义 b 中，"他"向"会长和秘书长"汇报是一个事件，"老李"向"会长和秘书长"汇报也是一个事件，所以该句义也包含两个事件；在歧义 c 中，"他"向"会长"汇报是一个事件，"老李"向"秘书长"汇报又是一个事件，所以该句义也表达两个事件。但是，在歧义 d 中，该句义并不是两个事件，而是四个事件，即"他"向"会长"汇报是一个事件，"他"向"秘书长"汇报又是一个事件；同样，"老李"向"会长"汇报是一个事件，"老李"向"秘书长"汇报也是一个事件。这样，"他"所从事的事件和"老李"所从事的事件加在一起，也就是四个事件。因此，例（1）的第四种语义也应该是该句的歧义理解之一。

那么，造成王、徐与邵著分析产生差异的原因是什么呢？我们认为这主要在于王、徐二人所采用的观点来自吕叔湘的《现代汉语八百词》。在《现代汉语八百词》中，吕叔湘（1999：207－208）列出了"分别"的三种用法：①一个主体对几个对象；②几个主体对一个对象；③数目相同的主体和客体一个对一个。但是吕叔湘并没有分析用法③所产生的歧义问题。从其所举的用例来看也没有歧义。例如：

（2）电、化肥、水泥比去年同期分别增产百分之四、百分之三、百分之八。（吕叔湘用例）

（3）老周和老陈分别当了主任和副主任。（吕叔湘用例）

---

① 这里的"同时"似乎多余，因为"同时"就意味着无法"分别"。相比而言，还是邵敬敏所用的"一起"更好。

例（2）之所以不会产生歧义，是因为"电、化肥、水泥"各自与自己"去年同期"相比，所以它们的增产情况只能与其后的数字一一对应。一种事物的增产只有一种情况，而不可能会出现既可以增产"百分之四"，又可以增产"百分之三"，还可以增产"百分之八"的情况；当然也不会出现"电、化肥、水泥"都增产"百分之四"，都增产"百分之三"，或者都增产"百分之八"的情况的。因为它们只与自己的"去年同期"相比，即只比较了一次，所以不可能有三种结果。同样，例（3）也不会产生歧义。因为一方面，根据常识，一个人当了主任，就不会同时再当副主任；另一方面，即使一个人当了主任，还可以再当副主任，但语言中不是用"分别"来表示的，而通常是用"兼"来表示。为了说明问题，我们换用"书记"和"主任"。如通常不说"老周分别当了书记和主任"，但可以说"老周当了书记兼主任"。当然，如果我们将例（3）中的"分别"替换为"相继"，宾语稍加变化，也可以使句子产生歧义。如：

（4）老周和老陈相继当了副主任和主任。

→a. 老周先当了副主任，之后老陈当了主任。

→b. 老周和老陈先当了副主任，之后老周和老陈又当了主任。

→c. 老周先当了副主任，之后又当了主任；老陈也先当了副主任，之后又当了主任。

因为"相继"表示的是一种"先后"时间关系，刚好与一个人通常不能同时既当主任又当副主任的情况吻合①，所以句子可以产生三种理解。相反，"分别"一词具有"同时性"，即两个或两个以上的事物，如果一个与另一个或几个有"分别"关系，那么另一个或几个也必然同时与这一个具有"分别"关系。所以，当"分别"处于例（3）中时，由于"主任和副主任"不能同时置于一人之身，所以"分别"的只能是主体"老周和老陈"，即句子不会产生歧义。

现在让我们回到上述王、徐的问题，他们根据吕叔湘对"分别"的分析来区分"分别"造成的歧义，从根本上说并没有错。但是吕叔湘的分析只是在讲"分别"一词的用法，而不是在做歧义研究，所以就这一点而言，

①　一个人不可以同时担任副主任和主任，但是可以先后担任；此外，两个不同的人也可以先后担任不同的职位。所以例（4）中的"相继"既可以指向主语，也可以指向宾语，由此产生歧义。

吕叔湘也是竭力避免歧义的。但是这并不意味着由"分别"构成的句子不会产生歧义。句子产生歧义的原因又是多种多样的，其既可以和某一个词有关，也可以和具体的语言环境有关。就"分别"一词而言，它在例（2）和例（3）中都不产生歧义，而在例（1）中却可以产生四种意义，这不仅仅是由"分别"一个词造成的，而且还和句子中的谓语表达有关。如例（3），由于"当主任"和"当副主任"不具有"同时性"，所以句子不会产生歧义；相反，例（1）"做汇报"可以同时进行，所以该句具有歧义性。这也正如王、徐二人在文中表述的那样："'分别'句是否有语用歧义，还和谓语动词的语义特征有关。"其表达的也就是这个道理。

张豫峰（2014）指出，歧义句意义的实现过程，是人们根据自己的认知经验，激活知识建构里的某个概念域而形成的。因此若要消除一个句子的歧义性，则需要采用一定的语法手段凸显说话人所要表达的内容。对于由"分别"产生的歧义问题，我们可以采用添加标记词或化单句为复句的办法来消除易于引起听话人误解的概念结构。例如：

（5）张三和李四分别会见了市长和书记。

→a. 张三会见了市长，李四会见了书记。

→b. 张三分别会见了市长和书记，李四也分别会见了市长和书记。

→c. 张三和李四一起会见了市长，张三和李四也一起会见了书记。

→d. 张三同时会见了市长和书记，李四也同时会见了市长和书记。

对于协配句的前两种意思我们只需化单句为复句即可，对于后两种意思我们不仅要化单句为复句，而且还要添加一定的标记词来区别句子的语义。如例（5c）通过添加"一起"就能准确地表达"张三和李四"的协配一致性，即他们作为一个整体分别会见了市长和书记；例（5d）通过添加"同时"也能表现"市长和书记"的整体一致性，否则"张三"或"李四"是无法同时会见他们的，所以这也能起到区分语义的作用。

（二）"一起"产生的歧义

邵敬敏（2000：265）在研究副词"一起"的语义指向时指出："'一起'要求句中动作的施事或受事必须有一个是复数，否则句子就不能成立。"但是，当句中动作的施事和受事都是复数，且都位于"一起"的前面时，句子就会产生歧义。例如：

(6) 这几道题我们一起解决。（王仁法、徐以中用例）

该句具有三种理解：一种是"一起"指向"这几道题"，表达的是"这几道题"是"一起"被我们解决，而不是"单独"被"我们"解决；一种是"一起"指向"我们"，表达的是"我们"以"一起"的方式解决"这几道题"，而不是以"各自独立"的方式解决"这几道题"；还有一种是"一起"既指向"这几道题"，也指向"我们"，表达的是"这几道题是一起被我们一起解决"，主体和客体任何一方都不是孤立的，即施事不是孤立地发出动作行为，受事也不是孤立地接受动作行为。

就例（6）中"一起"的三种语义指向而言，王仁法、徐以中（2003）的分析较为可信。但是王、徐在注释中指出："如果把'这几道题我们一起解决'这句话变换成'a. 我们把这几道题一起解决'或'b. 我们一起把这几道题解决掉'其语义指向情况会有所不同，即在'a'句中'一起'只能指向'这几道题'，'b'句中的'一起'只能指向'我们'。"这种分析对于"b"句而言，我们没有疑义。但是对于"a"句而言，则还有进一步商讨的余地。

为了说明问题，我们先看邵敬敏（2000：266）给出的例子：

(7) 我们把这些问题一起解决了。（邵敬敏用例）
(8) 这些问题我们一起解决了。（邵敬敏用例）

按照邵敬敏的观点，例（7）和例（8）都是歧义句，因为这两句的施事和受事都是复数，且都位于"一起"的前边，在语义上都可以与之发生联系，所以导致歧义。那么，这里就又出现了一个问题：王、徐二人所说的"a"句和邵著所说的例（7）同属于"把"字句，且施事和受事都为复数形式，而分析的结果却不相同。王、徐认为"a"句没有歧义，而邵文直截了当地指出例（7）具有歧义。由此，两者产生了矛盾。那么，究竟谁是谁非呢？我们需要辨别。而最好的辨别方法就是要么将施事变换为单数形式，要么将受事变换为单数形式，变换之后如果句子能够成立，则说明"一起"指向的是另一个复数成分。下面我们以王、徐的用例说明问题。例如：

（9）我们把这几道题一起解决。

→我把这几道题一起解决，（他把那几道题分开解决）。

→我们把这道题一起解决，（他们把那道题各自解决）。

→（把那几道问题解决的同时），我们把这几道题一起解决。

当把该例中的施事变换为单数形式时，句子能够成立，此时，句中的"一起"指向受事"这几道题"；当把该例中的受事变换为单数形式时，句子也能够成立，此时，句中的"一起"指向"我们"。可见，"一起"只要位于施事和受事之后，那么它就有可能指向施事，也有可能指向受事；当然也有可能既指向施事，又指向受事。除此之外，例（9）还可以有第四种语义，即上述变换的第三种表达。该句表达的意思是"我们"在解决"那几道题"的同时，对"这几道题"也一起进行解决。这时，协配副词"一起"不仅指向句内成分"这几道题"，还指向句外成分"那几道题"。为了说明这种现象，邵敬敏（2000：266）建立了"联"的概念。所谓"联"，也就是指副词在语义上同时联系的对象。该对象可能在句中同现，也可能分别在不同句中异现，甚至可能只是在意念上潜在。

由此可见，就王、徐二人注释中所说的"a"句而言，其仍然可以是一个歧义句，即使"一起"可以不指向"我们"，但它仍然可以指向句外的某个成分。因此，这也给我们分化"一起"构成的歧义句带来了困难。不过，这也并不是全然没有办法。就"一起"指向受事而言，我们可以采用替换的方法，即用协配副词"一并"替换"一起"，这样可以有效地区分歧义句。如例（6）若说成"这几道题我们一并解决"就不会产生"一并"指向"我们"的可能。这是因为，肖奚强（2001）指出，"一并"与其他协配副词的一个显著的不同之处还在于它的语义多指向动作的承受者，很少指向动作的发出者。所以，当"一起"语义指向受事时，我们用"一并"替代"一起"可以大大降低句子的歧义性。当然，对于其他情况，我们只能采用其他方式予以分化。比如，尽量避免施事和受事都一起出现在"一起"的前面就是一种很好的方法。例如：

（10）这几道题我们一起解决。

→我们一起解决这几道题。

→这几道题一起被我们解决。

→我们一起把这几道题解决。

例（10）是个歧义句，但是我们通过移位手段，致使"一起"的前面只出现一个复数形式，大大降低了歧义的可能性。但是，这还不足以区分"一起"指向句外成分的情况。要区分"一起"的联指①情况，则只能通过添加的方式。如上述例句中的三种语义，若考虑联指情况，则仍然可能具有歧义。例如：

（11）a.（解决那几道题的同时），<u>我们一起解决这几道题</u>。

b.（那几道题被我们解决的同时），<u>这几道题一起被我们解决</u>。

c.（把那几道题解决的同时），<u>我们一起把这几道题解决</u>。

例（11）中"一起"既指向句外的"那几道题"，也指向句内的"这几道题"，所以在这种情况下，只有通过补充句外成分才能有效地区分"一起"造成的歧义现象。不过，这同时也说明，"一起"并不完全是一个前指副词，在联指情况下，它可以同时指向其前和其后的联系对象。

二、"互相"或"相互"产生的歧义

现代汉语交互副词是协配副词中的一个小类，表示事件参与者之间的交互关系。但是由交互副词构成的协配句在表达交互关系时，语义有时并不是那么清晰，在语境没有提供说明的情况下，甚至会出现歧义。我们根据歧义构造方式的不同，将"互相"或"相互"构成的歧义分为三种类型：一种是交互方式不同所产生的歧义；一种是交互事件数量不同所产生的歧义；还有一种是"相互"类副词的指代不同所产生的歧义。为了简明，我们将第一种歧义称为交互方式歧义，将第二种歧义称为交互事件数量歧义，将第三种歧义称为"相互"类副词指代歧义。

（一）交互方式歧义

就交互方式歧义而言，它是指同一个交互句法结构形式表达不同的交互语义类别。而交互语义的类别，根据 Langendoen（1978）的观点，总共有六种：分别是强交互（strong reciprocity）、分隔强交互（partitioned strong reciprocity）、对称交互（symmetric reciprocity）、中级交互（intermediate reciprocity）、分割中级交互（partitioned intermediate reciprocity）和弱交互（weak reciprocity）。这种按照交互强弱的分类具有一定的合理性，且在交互

---

① 邵敬敏（2000：266）建立了"联"的概念，这里我们将词语指向"联"的现象称为联指。

程度上也可看出交互句的交互性基本呈现为一个由强到弱的连续统的态势。但是，就语义划分的角度而言，这种分类太过烦琐，而且这些类型也有互相重复的嫌疑。此外，Kański（1987）又补充了另外两种交互类型：包含交替序列型（inclusive alternative ordering）和排外交替序列型（exclusive alternative ordering）。但是在 Dalrymple 和 Kanazawa（1994、1998）等人看来，Kański 所列出的这两种类型其实是同一种类型，即它们是等价的（equivalent）。这样，根据 Dalrymple 和 Kanazawa 等人的观点，交互句实际上只有三种语义类型，即强交互、中级交互和包含交替序列型交互。不过，很明显这是将 Langendoen 和 Kański 的观点综合起来的一种看法。从语义上来看，这无可厚非，但是，就命名的角度而言，三种交互类型的名称显然不够统一。因为 Langendoen 是按照交互的强弱程度来命名的，而 Kański 则是根据交互的语义特点来命名的。为了遵循命名的逻辑性，我们根据交互句的交互特点，将上述三种交互句的语义类型分别称为全部交互、组合交互和递相交互。所谓全部交互，是指在一个集合内，该集合具有两个或两个以上的元素，其所有元素都具有交互性。所谓组合交互，是指在一个集合内，该集合具有两个以上的元素，该元素先组成不同的组合，在这个组合中，其所包含的元素具有交互性，不同组合之间的元素不具有交互性。所谓递相交互，是指在一个集合内，该集合具有两个以上的元素，该元素形成一个序列，这样第一个元素与第二个元素具有某种关系，第二个元素与第三个元素也具有某种关系，其余依次类推。为了说明问题，我们以三个例句来阐述这三种交互语义关系。例如：

（12）他们三个又坐在一处，互相报告着工作，并且计划着以后的办法。（老舍《人同此心》）

（13）人们三三两两地互相交谈，他身边的一组扯到了一出最近当地很走红的戏。（刘心武《吉日》）

（14）人们互相传递着消息，这既公开又隐秘的不端之举激荡着他们。（楚良《抢劫即将发生》）

例（12）中"他们"是一个集合，其中有三个元素，假设这三个元素分别是 A、B、C，那么这种交互关系就是 A 与 B 交互，A 与 C 交互，以及 B 与 C 交互。这样，"他们三个互相报告着工作"，其语义也就是"A 与 B 互相报告工作，A 与 C 互相报告工作，B 与 C 也互相报告工作"。也就是说，在这个集合中，他们三个人两两发生关系，彼此互相报告工作。为了明晰这一语义特点，我们可以将其用图3.1表示。

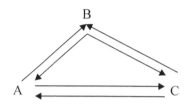

图3.1 协配项全部交互语义关系

图3.1中A、B、C是集合中的三个成员，箭头所指为集合成员之间的交互行为。从图3.1来看，当一个集合中有三个元素时，如果每两个元素之间都存在一对交互行为，那么这个集合中也就有三对交互行为发生。当一个集合中有两个元素时，那么也就有一对交互行为发生，如A和B之间就只有一对相互行为。因此，对于全部交互而言，根据组合公式 $C_n^2 = n!/2!(n-2)!$（$n \geq 2$）可以计算出元素之间的交互对数，其中 n 是一个集合中的元素个数，C表示组合的对数。如当 $n=2$ 时，交互句的相互对数有 $(2 \times 1)/(2 \times 1)(2-2)! = 1$，即只有一对相互关系；当 $n=3$ 时，则有 $(3 \times 2 \times 1)/(2 \times 1)(3-1)! = 3$，即有三对相互关系；同理，当 $n=4$ 时，有6对交互关系；$n=5$ 时，有10对交互关系；等等。

对于例（13）而言，"人们"是一个集合，但是这个集合当中不是所有元素之间都具有相互关系，而是这个集合先分成几个内部具有"三三两两"个成员的小集合，在这些小集合内各成员才具有交互关系。可以将此关系表示为图3.2。

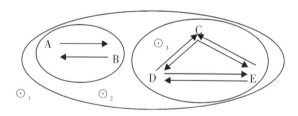

图3.2 协配项组合交互语义关系

这里假设"人们"这个集合包含五个元素，我们用A、B、C、D、E表示，大椭圆 $\odot_1$ 代表集合"人们"。那么，在这个集合内A、B先组合成一个小集合，我们用 $\odot_2$ 表示，在这个小集合内共有两个元素，分别是A和B，它们之间具有相互关系。同样，在大集合内，其余的三个元素C、D、E也组合成一个小集合，我们用 $\odot_3$ 表示。在这个集合中，三个元素之间彼此也具有相互关系。但是，在大集合⊙₁中，小集合⊙₂所包含的任意一个元素 A 或 B 和小集合⊙₃所包含的任意一个元素 C、D 或 E 之间并不具有相互关系。因此，我们将这种交互关系称为组合交互。从其与全部交互之间的关系来看，组合交互中每一个小集合内其实都是一种全部交互。如小集合⊙₂中的 A 和 B 之间的关系，小集合⊙₃中 C、D、E 之间的交互关系。此外，组合交互中小集合之间的元素也有可能会出现交叉关系，即一个元素既在小集合⊙₂中具有交互关系，又在小集合⊙₃中具有交互关系，当然也有可能在小集合⊙₄中具有交互关系，等等。例如：

（15）一万八千个娘们儿激动得眼含热泪，互相握手祝贺，翘望着元豹。（王朔《千万别把我当人》）

例（15）中大集合的元素共有"一万八千个"，就客观现实的角度而言，肯定不是全部交互，即不是每一个人都与其余的所有人握手，而只能是一个人与另外一个人或几个人握手。这样，假设成员 B 在小集合⊙₂中与成员 A 握手，而在另一个小集合⊙₃中又分别与 C、D、E 握手，当然她还有可能到其他小集合中与其中的部分或全部成员握手，这就出现了集合与集合交叉的现象。对这种具有交叉现象的交互关系，也可以表示为图 3.3。

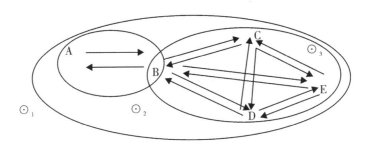

图 3.3　协配项组合交互中语义交叉关系

最后，对于例（14）而言，"人们"同样也是一个集合。但是在这个集合中，每一个人与其他所有的人都不具有直接的相互关系，而只具有间接的相互关系。为了便于阐述，我们现假设集合中有一百个元素，那么他们之间的"传递"也就可能是，第一个人把消息传递给了第二个人，而第二个人又把消息传递给了第三个人，这样依次类推，就能把消息传递给所有的人，致使集合中所有成员都能互相知道这一消息。但是，这种交互关系不是成员与成员之间的直接关联，而是递相关联。对此，我们可以用图

3.4 来表示。

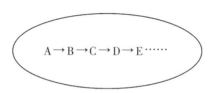

图 3.4 协配项递相交互语义关系

图中椭圆仍然表示集合，A、B、C、D、E 等仍然表示集合的元素。在这个集合中，"消息"从 A 传到 B，从 B 传到 C，再从 C 传到 D，依次类推。但是，对于集合中的一个成员而言，如以成员 C 为例，他/她接收"消息"的来源是成员 B，他/她传递"消息"的对象是成员 D。这样，就施受关系而言，成员 C 既是动作行为"传递"的受事，也是动作行为"传递"的施事。在这一点上，我们也可以将其看作具有交互性。但是，在这种交互作用中，支配成员 C 的施事和成员 C 所支配的受事不具有同一性，所以在这一点上，递相交互与前面两种交互方式又有所区别，即成员之间不是直接交互，而是间接交互。当然，上面我们所分析的是一种理想情况，有时一个消息也可以由一个人传到多个人，然后再由多个人分别传递出去。这其实还是递相交互，只不过递相交互链增多了而已。我们可将其表示为图 3.5。

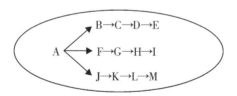

图 3.5 协配项多链递相交互语义关系

在集合中，假设"消息"由 A 发出，且 A 相应地将"消息"发送给三个人 B、F 和 J，然后 B、F 和 J 再分别将"消息"传递出去，由此也就构成了三条传递链，即 A→B→C→D→E，A→F→G→H→I 和 A→J→K→L→M。当然，在实际言语中，很少有人去区别不同的传递路径。在实际语言运用中，单链条式递相交互也是较为常见的。例如：

（16）a. 一群老鼠，整整齐齐一排，相互咬着尾巴从马路上穿过。（余华《夏季台风》）

　　b. 小朋友们男一行，女一行，互相拉着手，沿着围墙没头没脑地兜圈儿走圆。（北大语料库）

　　例（16a）中明确指出，"一群老鼠"是"整整齐齐一排"，所以它们之间只能是单链条式的"相互咬着尾巴"，而不可能是一只老鼠同时咬着几只老鼠的尾巴。同样，例（16b）中男孩一行，互相手拉着手，女孩一行，也互相手拉着手，这种交互也是一种递相交互。

　　由此可见，除了全部交互外，其余两种交互方式由于表意不够充分明确，所以其本身就能构成歧义，且集合中成员的数量越大，造成歧义的可能性也就越大。如例（15），大集合中的"一万八千个"元素究竟是谁与谁握手，我们已很难进行明确的说明。不仅如此，当交互副词前有两个以上的人或事物，且彼此都可以充当交互参与者时，对同一个句子也可能会出现不同的理解方式。例如：

　　（17）a. 这排小树相互间隔两米。（自拟）
　　　　b. 这三棵小树相互间隔两米。
　　　　c. 这三排小树相互间隔两米。

　　例（17a）没有歧义，表示这排小树中每两棵之间的距离是两米。也就是说，这里的相互间隔实际上属于组合交互，即每个组合之间距离两米。例（17b）有歧义，既可以指这三棵小树以组合交互的方式，相互间隔两米；也可以指这三棵小树以全部交互的方式相互间隔两米。同样，例（17c）也有歧义，其既可以指这三排小树每排之间间隔两米（每排中的每棵树之间不一定间隔两米）；也可以指每排中的每棵树之间间隔两米（这三排小树每排之间不一定间隔两米）；当然，也有可能是这三排小树每排之间相互间隔两米，每排中每棵小树之间也相互间隔两米。

　　由此可见，"相互"类副词也会带来句法结构的歧义，尤其是当句子主语的数量为多排、多个时，如例（17c）更容易产生歧义。究其原因，主要在于句中"相互"指代的对象不同。若认为"相互"指代的是每排中的个体，则为例（17c）的第一种解读；若认为"相互"指代的是不同的排，则为例（17c）的第二种解读；若认为"相互"指代的既是每排中的个体，又是不同的排，那就是例（17c）的第三种解读。由于这种歧义主要跟交互的方式有关，因此，我们将其称为交互方式歧义。

　　对于这样的歧义可以采用添加词语或补充说明的方式来消除歧义，如例（17c）的三种语义可以分别转换成如下三种形式：

（17）c. <u>这三排小树相互间隔两米</u>。

→c1. 这三排小树行距相互间隔两米。

→c2. 这三排小树株距相互间隔两米。

→c3. 这三排小树行距和株距都相互间隔两米。

（二）交互事件数量歧义

交互事件数量歧义主要是指交互句所表达的事件量既可以是协配者共同完成事件的数量，也可以是每一个协配者完成事件的数量。例如：

（18）张三和李四互相踢了三次。（自拟）

例（18）我们既可以理解为"张三"和"李四"总共互相踢了三次，也可以理解为"张三"和"李四"各自踢了对方三次，也就是说总共有六次踢的动作发生。如果动词"踢"还不足以让我们看清这种歧义的区别的话，那么，我们再以"亲吻"类动词来做进一步说明。例如：

（19）<u>他们（卡秋莎和聂赫留朵夫）互相亲吻了两次</u>。（北大语料库）

例（19）和例（18）一样，既可以表示"卡秋莎"和"聂赫留朵夫"总共亲吻过两次，也可以表示"卡秋莎"亲吻过"聂赫留朵夫"两次，同样"聂赫留朵夫"也亲吻过"卡秋莎"两次，即总共有四次亲吻事件。这是因为"亲吻"是指"用嘴唇接触（人或物），表示亲热、喜爱"［《现代汉语词典》（第6版）］，并不必然代表着"交互"。如我们可以说"张三亲吻了李四，但是李四并没有亲吻张三"，因为"亲吻"除了可以表示"亲嘴"外，它还可以表示亲吻某人的脸颊或额头等部位。因此，像例（19）中的"亲吻"如果表示的是"亲嘴"，那么整个句子也就有两次亲吻事件，如果表示的是一方亲吻另一方的脸颊，那么整个句子就有四次亲吻事件。可见，动词的语义表达不同，交互句所表达的语义也就不同。为了说明这两种语义的差别，Dimitriadis Alexis（2007）将这两种解读方式分别称为"总体（total）解读"和"分配（distributive）解读"。只能发生总体解读的交互句句中的谓语具有最简对称性（irreducible symmetry），相应地，具有最简对称性的谓语被称为最简对称谓语（irreducible symmetry predicates）。所谓最简对称谓语是指，如果一个谓语表达的是一个二元关系，且它的两个论元在任何事件中都必然具有完全相同的参与行为，那么该谓语就是最简对称谓语。如"张三和李四相遇了"必然包含着"李四和张三相遇了"的意思，这里"相遇"就是一个最简对称谓语。所以这种谓语如果其后跟数量短语，则不会产生歧义，即使加上"互相"类副词。例如：

（20）a. 你只要先并着脚，随后转动鞋跟，互相碰撞三次，就可以命令这双鞋子，带着你到愿意去的任何地方。（《绿野仙踪》）

b. 你只要先并着脚，随后转动鞋跟，碰撞三次，就可以命令这双鞋子，带着你到愿意去的任何地方。

无论句中有没有"互相"一词，例（20a）和例（20b）都只能有一种结果，就是"鞋跟"只碰撞过三次，即对该句只能做总体解读。为了与歧义交互句进行区别，Dimitriadis Alexis 将这种句子叫作"动词交互句"（verbal reciprocal），而对于能进行分配解读的歧义交互句，则称为"论元交互句"（argument reciprocal）。论元交互句可以借助语境描述对称事件，也可以描述非对称事件。例如：

（21）张三和李四互相指责过五次。（自拟）

将数量成分做整体理解，则共有五次指责事件发生；将指责理解为个体行为则有十次指责事件发生。这主要是因为"指责"不是最简对称谓语，它可以构成"张三指责李四，而李四并不指责张三"这样的句子。因此，其主语是可以减少为一个元素的。这也就是 Siloni Tal（2012）所说的非对称谓语（nonsymmetric predicate）。可见，当交互句中谓语为非对称谓语时，那么谓语后若有数量短语，则通常会产生歧义。而产生这种歧义的原因就在于"互相"类词语充当了分配算子（distributive operator），它既能够将非对称谓语分别指派给两个或两个以上的协配主语，又能与非对称谓语动词结合，表示一个完整事件对（event pair），如例（21）。所以，当把"互相"类副词做分配解读时，句子表达的数量是每一个个体所发生的事件的数量；当把"互相"类副词与非对称谓语表达的语义看作一个事件对的时候，则句子表达的数量是协配主语共同发生的事件的对数，即有几对交互事件发生。但是，当句中的谓语为最简对称动词时，由于这种动词已经蕴含了协配主语一方与另一方的动作必然同时发生，因此，"互相"类副词不能把谓语后的数量成分分别指派给协配主语的每一个个体，也不会产生歧义。

不过，需要说明的是，对于这种歧义的分化方法，我们也可以采用添加、补充的方法予以说明。例如：

（22）a. <u>张三和李四互相拥抱在一起三次。</u>
　　　b. <u>张三和李四互相拥抱过对方三次。</u>

例（22a）明确指出"互相拥抱"是"在一起三次"，也就是对这个句子应该做总体解读。例（22b）明确指出"互相拥抱"的是"对方"，即应该做分配解读。但是，这种歧义在没有明确说明的情况下，则很难予以区分，所以在运用这类句子时，应特别注意语义表达的准确性。

（三）"相互"类副词指代歧义

蒋平（1995、2000）指出了由"相互"类副词的分配性导致歧义的另外两种类型：一种是"互相"类副词指代的范域（scope）不同，即句子的语义既可做个体理解，也可做整体理解；另外一种是"互相"类副词指向的主语不同，即其既可指向主句主语，也可指向从句主语。

先看前一种歧义类型。例如：

（23）<u>张三和李四互相提醒对方他们该回家了。</u>（自拟）

按照蒋平（1995）的观点，例（23）共有两种解读：一是"张三提醒李四，并且李四也提醒张三他们（张三和李四）该回家了"，一是"张三提醒李四他（李四）该回家了，李四也提醒张三他（张三）也该回家了"。后来，蒋平又补充了对例（23）的第三种解读方式，即"张三提醒李四他（张三）该回家了，李四也提醒张三他（李四）该回家了"。其实，除此之外，该句还能理解为"张三和别的某个人互相提醒他们该回家了，李四也和别的某个人互相提醒他们该回家了"。

由此可见，产生这种歧义的原因主要是"他们"指代的对象不同。也就是说，其既可以做整体理解，认为"他们"指代的是"张三和李四"；也可以做个体理解，认为"他们"指代的是"张三和李四"中的每一个个体。而就后者而言，"他们"之所以能够指代个体成员，就是因为"互相"一词在句中能够起到分配作用。如果我们把"互相"去掉，"他们"就不会产生个体解读的可能。

(24) <u>张三和李四提醒对方他们该回家了。</u>

若说例（24）有歧义，至多只能有两种意思：一种是"张三提醒李四，李四也提醒张三他们（张三和李四）该回家了"，另一种是"张三和李四提醒别人（与张三和李四相对应的复数群体）他们该回家了"。后一种意思中的"他们"也可分为两种解读：一种是指"张三和李四"，一种是指"别人"。但无论如何理解，这种句子中的"他们"都只能做整体解读，即作为复数解读。由此可以说明，例（23）的歧义正是由"互相"的分配特点造成的。

对于这种歧义句的分化，可以采用化单句为复句或者明确指代对象的形式予以区分。例如：

(25) <u>张三和李四互相提醒对方他们该回家了。</u>
→a. 张三提醒李四自己该回家了，李四也提醒张三自己该回家了。
→b. 张三提醒李四李四该回家了，李四也提醒张三张三该回家了。
→c. 张三提醒李四他们两个人都该回家了，李四也提醒张三他们两个人都该回家了。
→d. 张三和别的某个人互相提醒他们该回家了，李四也和别的某个人互相提醒他们该回家了。

例（25a）通过反身代词"自己"在前一分句中代替先行词"张三"，在后一分句中代替先行词"李四"，从而达到准确表义的目的。例（25b）通过明确原句中"对方"的指代对象，即前一分句中"对方"指代的是"李四"，在后一分句中"对方"指代的是"张三"，从而也可以达到准确表义的目的。例（25c）则直接化单句为复句，并明确"他们"是两个人，所以也可以达到区别歧义的目的。例（25d）则通过补充省略成分，说明"张三"和"李四"分别是和"别的某个人"互相提醒，而不是"张三"和"李四"两个人互相提醒。可见，通过明确指代对象和化单句为复句可以实现分化歧义句的目的。

再看后一种歧义类型。例如：

（26）*约翰和玛丽认为他俩互相喜欢对方*。（蒋平用例）

蒋平（2000）认为对例（26）可以做两种解读：一是宽域解读，约翰和玛丽有不同的想法，即"约翰认为他喜欢玛丽，玛丽也认为她喜欢约翰"。此时，"互相"指向的是主句主语"约翰和玛丽"。一是窄域解读，约翰和玛丽有相同的想法，即"约翰和玛丽都认为约翰喜欢玛丽，玛丽也喜欢约翰"。此时，"互相"指向从句主语"他俩"。可见，根据"互相"究竟是指向主句主语还是指向从句主语的不同，也可以使句子产生歧义。

当然，除了上述两种理解之外，我们认为当"他俩"外指时，即"他俩"指向句外的某个人或某两个人时，对例（26）还可以存在另外两种理解方式：其一，当"他俩"指向句外的某个人时，即另一人为句内成分，则该句的意思是"约翰认为自己和另外的某个人互相喜欢，玛丽也认为自己和另外的某个人互相喜欢"。此时，"互相"指向的是句内的"约翰"和句外的"某个人"，或者是句内的"玛丽"和句外的"某个人"。其二，当"他俩"完全指向句外的某两个人时，例（26）的意思是说"约翰和玛丽都认为别的某两个人互相喜欢"。此时，"互相"也是外指的，即也指向句外的某两个人。

对于这种歧义句，我们也可以采用化单句为复句或明确指代对象的方法予以区分。例如：

（27）*张三和李四认为他们互相了解对方*。（自拟）

→a. 张三认为他了解李四，李四也认为他了解张三。

→b. 张三认为他了解李四，李四也了解他；李四也认为他了解张三，张三也了解他。

→c. 张三认为他和别的某个人互相了解，李四也认为他和别的某个人互相了解。

→d. 张三和李四都认为别的某两个人互相了解。

例（27）通过将单句化为复句形式，并明确"他们"的指代对象，从而可以分化歧义形式。也就是说例（27a）将原句化为一个复句，认为"互相"指代的是主句主语，且"互相"做分配解读；例（27b）将原句化为一个复句，认为"互相"指代的是从句主语，而从句主语又是指代主句主语的；例（27c）将原句化为一个复句，认为"互相"既指代主句主语中的一个，也指代从句主语中的一个；例（27d）也将原句化为一个复句，认为"互相"指代的都是从句主语，而从句主语又都是外指的，所以可以达到分化歧义的目的。

此外，蒋文认为汉语相互句里的动词都是及物动词，其宾语位置上存在一个论元。且这一论元要么是一个空语类，要么是名词短语"对方"①，不能是其他有明确指称对象的名词短语。对于大多数汉语相互句而言，这是符合事实的。但是汉语中也有部分相互句中的谓语动词不是及物动词，或者虽是及物动词但却不能直接在其后找到这一空语类的语迹。例如：

（28）<u>我们最后握了握手，互相笑笑</u>，他就坐上车走了。（王朔《玩儿的就是心跳》）

（29）望着她们的身影袅袅娜娜地远去，<u>韩德宝和姚副经理互相都有些不好意思。</u>（梁晓声《激杀》）

（30）<u>我们相互厮守着穷困</u>，来消磨这行将毁灭无余的青春。（沈从文《一天》）

例（28）中"笑"是一个不及物动词，其后不能带宾语，当然我们既找不到空语类的语迹，也不能在其后添加指代主语一方的代词"对方"。例（29）中"有"是一个及物动词，表示领属关系，但是其后同样既不存在空语类的语迹，也不能添加指代主语一方的代词"对方"。例（30）中"厮守"的"厮"本来就具有"相、互相"之意，其与"守"词汇化成一个及物动词之后，该词虽然能够带宾语，但也不能直接以"对方"做宾语，所以其后也不会出现空语类的语迹。

那么该如何解释这种现象呢？我们认为汉语中的相互句虽然表示协配项之间的相互行为、状态或关系，但是它是通过"相互"类副词构成的。而"相互"类副词具有指代性，可以指代主语中的每一个个体，但不能同时指代整个协配对象，所以交互句中复数主语只能表示分指，而不能表示合指。如例（28）表示的是"你"向"我"笑笑，"我"也向"你"笑笑；例（29）表示的是"韩宝德"见着"姚副经理"有些不好意思，"姚

_____

① 蒋平（1995）将"对方"称为"代词"（pronoun），后来（2000）又将"对方"看作名词短语。此处我们不去讨论"对方"的词性问题。

副经理"见着"韩宝德"也有些不好意思；例（30）表示的是"你"和"我"厮守着穷困，"我"也和"你"厮守着穷困。这也就是蒋平所说的"相互"一词强加给谓语动词的对称性。换言之，"相互"一词表达了每一个个体与另一个个体具有相互关系的意思，所以其所修饰的动词无论是及物的还是不及物的，只要它受到"相互"类副词的修饰，那么整个谓语就能够表达协配项之间的相互语义关系。相反，如果没有"相互"类副词的修饰，那么上述三个例句中则只有最后一个能够表示相互关系。例如：

（28'）我们最后握了握手，笑了一笑，他就坐上车走了。

（29'）望着她们的身影袅袅娜娜地远去，韩德宝和姚副经理都有些不好意思。

（30'）我们厮守着穷困，来消磨这行将毁灭无余的青春。

这些例句虽然还能成立，但是例（28'）和例（29'）已经不能表现出相互语义关系，而只能表示个人的动作行为，例（30'）虽然能表示相互关系，却是因为"厮守"已经含有"互相"之意。可见，"互相"类副词是交互句产生相互关系的关键因素，也正是它导致了相互句中主语的分指解读。

本章小结

本章我们主要从四个方面讨论了协配句的语义问题，分别是协配句中协配动词及其句式的特点、协配句的语义结构类型、协配句的语义关系网络，以及协配句的歧义分析。

就协配句中协配动词的语义特点而言，其总体上具有［+多指协配］［+争谐离合］［+亲疏异同］语义特征；但是不同的协配动词由于自身的特点不同，其要求与之搭配的协配项也不同，进而造成协配句的句法结构也不尽相同。就三种协配动词句所表达的句式义而言，由于协配项出现的句法位置不同，相应地，它们所表达的语用功能也不相同。

就协配句的语义结构类型而言，我们首先分析了协配项的语义二重性，然后根据协同和交互的区别，对这两类协配句的语义结构模式进行描写，共得出14类协同类协配句的句模和17类交互类协配句的句模。需要说明的是，我们描写的句模都是一些基本句模，如果考虑到一些变化或其他语义关系的存在，那么协配句的句模则可能还会更加复杂。

就协配句所表达的语义关系而言，协配句主要可分为人际关系协配句和事理关系协配句。前者又包括人物关系类和交际关系类；后者又包括事件关系类和数理关系类。这些小类当中，每一类又可以包含不同的更为具体的协配关系。而对这些协配关系的分析，则体现出协配句的复杂性和系统性。

关于与协配副词有关的歧义问题，我们主要讨论了由"分别"和"一起"造成的歧义和由"相互"类副词造成的歧义。"相互"类副词不仅会造成交互方式不同，而且也会致使交互的数量不同，此外还会造成指代不同。这些都能产生歧义，使用时需注意加以区分。

第四章　现代汉语协配句的语用研究

胡裕树、范晓（1985）指出，"语法研究要贯彻动态与静态相结合的原则，而语用是偏重于讲表达的，是一种动态的分析"，所以研究某种句子，不仅要研究该类句子的句法结构、语义特点，而且还要研究该类句子的语用表达。因为"语言的生命力表现在语言的使用之中，也就是表现在言语之中，语言通过言语显现它的发展变化"（范晓，1996：52），而语法中对语用的研究也就是对句子进行语用分析，"即着重研究言语使用者在交际中如何通过语用手段和途径，组织语言成分表达特定的语用信息"（范晓、张豫峰等，2008：286）。因此，研究一种句子，不能不去关注该类句子在动态语境中的使用情况。本章我们主要讨论协配句的主述结构、协配句的焦景结构、协配句与语篇的衔接与连贯，以及协配句在语体和文体中的分布与特点等。但是需要说明的是，本章在分析协配句的主述结构时，会将协配项的定指与非定指特征一并拿来分析。虽然范晓、胡裕树（1992）指出"有定""无定"问题和"指代""照应"问题究竟是语义问题还是语用问题存在争议，但是由于这些概念都与交际双方的信息表达有关，尽管它们在一定程度上也和句法语义有关，"本质上还是属于语用范畴"（高顺全2004：28）。而且就"指代"和"照应"而言，它涉及篇章的组织结构。一个句子是否适应一个特定的语境，其中不可忽略的一个因素就是篇章，因为篇章对句子结构具有制约作用。所以范晓、张豫峰（2008：411）将"有定""无定""指代""照应"，以及篇章结构等都归入语用平面进行探讨，这也是本章研究内容的基础。

第一节　现代汉语协配句的主述结构

胡裕树、范晓（1985）指出，"主述结构是一种重要的语用结构"。所谓主述结构也就是"主题—述题"结构。主题是说明的对象，一般是已知信息；述题是对主题进行说明的部分，一般是未知信息（范晓、胡裕树，1992）。这就是说，主述结构其实还暗含着"已知—未知"信息结构。而已知信息又通常表现为旧信息，未知信息又通常表现为新信息，所以主述结构暗含了"已知—未知"信息结构，简单地说，也就是新旧信息结构。这正如范开泰（1985）所表示的，"在正常情况下，交际总是从已知信息出发，然后引入新信息，因此，'已知—新'就是常见的一种信息结构模式"。同样，张斌（1998：114）也指出："关于信息的安排，有两种公认的定势：第一，从旧信息到新信息；第二，须满足听话人要求的信息量。"但是，旧信息和新信息在很大程度上又表现为有定和无定的区别。诚如范晓、张豫峰（2008：319）等人所言："发话人发出的信息基本可以分为两大类：一类是对方已经明了的已知与共知信息，包括上下文已经出现过的信息；另一类是对方不能确信的新信息，包括首次出现的信息。前一类信息，受话人的知晓度较高，后一类信息，受话人的知晓度较低，或根本不曾知晓。为了交际的顺利进行，发话人对于上述两种信息的处理方式是截然不同的。这种处理方式上的不同，就构成了有定与无定（定指不定指）的对立。"因此，主述结构除了能表现为已知旧信息和未知新信息结构，还能表现为定指信息和非定指信息结构。

一、协配句主述结构的特点

协配句的主述结构也就是协配句的主题与述题结构。但是，协配句有不同的句法结构形式，而且当协配项是两个或两个以上的参与者时，若参与者之间具有"和"类词，其通常可以产生歧义，即其既可以做连词，也可以做介词。相应地，对于"和"类词性质的不同看法也会影响对协配句主述结构中主题成分的分析。这样，我们在分析协配句的主题时，既要考虑不同句法结构对协配句主题的影响，又要考虑"和"类词的词性对协配句主题的影响。

（一）协配句主题的类别

根据协配句中主题分合变化的不同，可以将协配句的主题分为以下三类。

第一，协配句的主题是集合式，其既可以由复数名词或代词充当，也可以由数量短语充当，还可以由协配参与者组合起来修饰名词共同充当。例如：

（1）小两口情投意合，亲昵默契，一起下厨房，一块外出游玩，一同进舞厅，真是让人羡慕的一对。（北大语料库）

（2）台上刚刚唱了两句，台下的气氛就不对了，十几个一起学唱，把唱词给改了。（戴厚英《流泪的淮河》）

（3）以色列和美国的观点一致，即巴方新总理必须能够拥有实质性权力。（北大语料库）

例（1）中"小两口"为复数名词，在句中语用层面充当句子的主题。例（2）中"十几个"是数量短语，在语用层面也充当主题。例（3）的主题是"以色列和美国的观点"，它是由协配参与者"以色列"和"美国"修饰名词"观点"构成的，此时"观点"在语义上也是复数的，即它既包括"以色列"的观点，也包括"美国"的观点。

第二，协配句的主题是组合式，即对于组合式协配句而言，当句中有"和"类词时，此时的"和"类词应为连词。例如：

（4）宋子文和张学良一起来到蒋介石的住所，两人一齐力劝蒋介石接受谈判。（北大语料库）

（5）陈兴允和杨克文互相望望，脸上闪着按压不住的兴奋，像在沙漠行军中，猛然发现草地跟流水似的。（杜鹏程《保卫延安》）

例（4）中"宋子文"和"张学良"应作为并列成分看待，即它们在句法上都是主语，在语义上都是施事，在语用上都是主题。与例（4）不同的是，例（5）中的"陈兴允"和"杨克文"尽管在句法上都是主语，但是在语义角色上他们却是互为施受型。不过，就语用层面而言，由于句中的"和"是连词，因此二者都应是句子的主题。

第三，协配句的主题是单一式。其不仅包括所谓的主动宾交互类协配句[①]，也包括协配项处于谓语动词之后的协配句，而且还包括语义上是组合式的协配句，但此时其中必有"和"类词，且"和"类词为介词。例如：

（6）国家主席习近平6日上午在人民大会堂会见来华出席北京2022年冬奥会的新加坡总统哈莉玛。（《中国青年报》2022-02-07）

[①] 主动宾交互句由 Dimitriadis Alexis（2004）提出，实际上就是指"NP1 + VP（协配） + NP2"这种句法结构。

（7）蜜糖合并食指和中指，放在自己唇上，再按印在浩敏的唇上。（岑凯伦《蜜糖儿》）

（8）林一洲默默地乘车，默默地步行，默默地掏钥匙开门进屋，默默地坐了一会儿又默默地躺了半天，然后默默地做饭，默默地和老婆一起吃掉，默默抽了几支烟喝了两杯水，开口骂了一句："操他妈！"（王朔《修改后发表》）

例（6）中"国家主席习近平"会见"新加坡总统哈莉玛"，同样"新加坡总统哈莉玛"也会晤"国家主席习近平"，两者具有相互关系，但是该句的主题只有一个，就是"国家主席习近平"，因为"新加坡总统哈莉玛"处于述题当中，不能成为句子的主题。例（7）句子的主题是"蜜糖"，协配参与者"食指"和"中指"并不是句子的主题。例（8）中虽然"林一洲"和"老婆"两个协配参与者都处于协配谓语之前，但是"林一洲"和"老婆"之间有很长的间隔。根据张谊生（1996）所提的空位标记，句中的"和"是介词，而介词加上宾语构成的介宾短语是修饰谓语动词的，所以介词后的协配项应该处于述题当中。这样，主题部分就只有一个协配项，即本例中的"林一洲"。可见，在协配句中对"和"类词的区分关系到句子主题的确定。

此外，还有一种复合主题，即协配项先以组合的形式呈现，然后再以集合的形式充当同位语。这样，它们构成的句子主题就既具有组合性，又具有集合性。例如：

（9）夫妻二人并躺一起，武功既失，筋脉又尽被击穿，痛得如置身油锅中，偏生连嚼舌自尽的力气都没有。（金庸新《九阴九阳》）

（10）警卫员汤成和李尧两个人面对面地伏在方桌子上睡得正酣；汤成的一只手，紧靠在蜡烛旁边，烛火几乎烧到了他的手指。（北大语料库）

例（9）和例（10）若单从前面的协配参与者而言，它们是组合式，如"夫妻""警卫员汤成和李尧"，但是组合式后面跟的是含有数量词语的定中短语"二人""两个人"，这又是集合式。但由于这种集合式是其前组合式的同位语，因此，我们将其看作一种复合主题，即组合式主题与集合式主题并存。不过，需要注意的是，这种复合主题通常是组合式在前，集合式在后。例如：

（11）<u>杭素玉和顾雅仙两个人合力抱住了暴怒的老宋。</u>（北大语料库）

→＊两个人杭素玉和顾雅仙合力抱住了暴怒的老宋。

（12）<u>冯永祥和徐义德他们一同走进大客厅。</u>（周而复《上海的早晨》）

→＊他们冯永祥和徐义德一同走进大客厅。

这是因为组合式协配项常常是具体的参与者，而集合式协配项则是前者的概括或称代。这样，如果没有组合式协配项的出现，那么集合式协配项也就无法对其进行概括或称代。如例（11）中"杭素玉"和"顾雅仙"是组合式协配项，后面的集合式协配项"两个人"是对他们的概括，所以组合式协配项在前，集合式协配项在后，否则，后者无法对前者进行概括。同样，例（12）中也是组合式协配项"冯永祥"和"徐义德"在前，集合式协配项"他们"在后。如果颠倒顺序，则"他们"就无法指称"冯永祥"和"徐义德"。可见，在这种复合主题中，组合式协配项在前，集合式协配项在后，正是缘于后者是对前者的概括或称代。

（二）协配句述题的类别

范晓、张豫峰（2008：303）等指出："按照句子中述题对主题述说的情况来分类，述题可以分为四类：叙述性述题，描记性述题，判释性述题，评议性述题。"根据这种划分，现代汉语协配句中的述题也可以划分为这样四类。例如：

（13）灵鹫宫诸女摆开筵席，<u>虚竹和段誉便携手入座</u>。（金庸《天龙八部》）

（14）<u>艾达和女儿很要好</u>，下学后经常和女儿一起玩儿。（北大语料库）

（15）<u>卓金叶和陈为华是高中同学</u>，1956年一起考进清华大学工程物理系。（北大语料库）

（16）<u>巴黎和北京可以互相帮助</u>，在治理污染，城市改造，城市交通组织等方面密切合作。（北大语料库）

例（13）句子的主题是"虚竹和段誉"，述题是"便携手入座"，其谓语核心为动词，述题表达的是主题的协配动作行为，即叙述主题协配做了某事，该述题为叙述性述题。例（14）句子的主题是"艾达和女儿"，其后成分"很要好"是述题，其谓语核心为形容词，述题是对主题人物关系的描记。例（15）句子的主题是"卓金叶和陈为华"，述题是"是高中同学"，其谓语核心为判断动词"是"，述题是对主题具有"同学"关系的判断。例（16）句子的主题是"巴黎和北京"，述题是"可以互相帮助"，其谓语核心也由动词充当，但由于述题中有评议性的情态动词"可以"，因此，述题为评议性述题。

但由于评议述题既可以是对某种动作行为进行评议，也可以是对某种性质状态进行评议，当然也可以是对某种关系进行评议，因此，就句子的表达功能而言，协配句实际上可以分为三种类型，分别是活动类协配句、性状类协配句和关系类协配句。这也正如范晓（2009b）所认为的，"根据句子表现认知结构基本框架的功能，句子大体上可分为活动句、性状句、关系句三类"。

1. 活动类协配句

活动类协配句指协配项之间以协配的方式发生某种动作行为。句中的谓语通常是行为动词，协配的方式既可以是共同和交互，也可以是轮流和分别。例如：

（17）道诠和尚与父亲共同度过三年的禅堂生活，这其间，他们同食同住。（BCC 语料库）

（18）政府军和安盟武装间仍不断发生军事摩擦，并相互指责对方违反停火协议。（北大语料库）

（19）一天晚上，转播车停在白鹭宾馆，忽然下起雨来，范献国和战友们轮流披衣站岗。（北大语料库）

（20）克劳特和斯温克分别架住克莱德的胳膊，把他推推搡搡向前走去。（北大语料库）

例（17）至例（20）句中的谓语动词都是行为动词，表示协配参与者的活动，因此，这些例句都属于活动类协配句，表示协配项协配进行某种活动。不过，就协配的方式而言，例（17）属于"共同类"协配句，表示协配项共同进行某种活动；例（18）属于"交互类"协配句，表示协配项相互进行某种活动；例（19）属于"轮流类"协配句，表示协配项轮流进行某种活动；例（20）属于"分别类"协配句，表示协配项分别进行某种活动。

2. 性状类协配句

性状类协配句指协配项之间以协配的方式处于某种状态。句中的谓语通常是性状动词或形容词。协配的方式既可以是共同、交互，也可以是轮流和分别。例如：

（21）<u>虽然我们俩不喝酒，也和旁人一起陶然忘忧</u>。（杨绛《干校六记》）

（22）姚月琴的姐姐是黎青的朋友，<u>黎青常和姚月琴的姐姐在一起，也就和姚月琴相熟</u>。（吴强《红日》）

（23）<u>两个哥哥一个姐姐一个弟弟相继死去</u>，只剩下我这条我们陈家唯一的根！（BCC 语料库）

（24）在 20 世纪的科学天幕上，有许多令炎黄子孙感到自豪的闪亮星斗。其中有<u>两颗巨星分别升起在太平洋两岸</u>，它们交相辉映，熠熠闪烁。（北大语料库）

例（21）中"陶然忘忧"属于性状动词，表现"我们"和"旁人"之间所处的状态。从协配方式上来看，协配词"一起"表示的是"共同"关系，因此该句的语义功能是表达协配项共同处于某种状态。例（22）中"在一起"和"相熟"均属于性状类词语，前者表现"黎青常"和"姚月琴的姐姐"在一起的状态，后者表现"黎青常"和"姚月琴"之间的关系性质。就协配方式而言，前者表达的是协同关系，其语义功能是表达协配项所处的关系状态；后者表达的是相互关系，其语义功能是表达协配项相互处于某种状态。例（23）中"死"是性状动词，表现"两个哥哥一个姐姐一个弟弟"当前所处的状态。就协配方式而言，协配副词"相继"表达的是参与者之间的递相关系，具有一定的轮换性，因此该句的语义功能是表达协配项轮流处于某种状态。例（24）中"升起"是状态动词，表示"两颗巨星"当前所处的状态。就协配方式而言，该句表示的是"分别"关系，所以它的语义功能表达的是协配项分别处于某种状态。

3. 关系类协配句

关系类协配句指协配项之间以协配的方式具有某种关系。句中的谓语通常是表示判断、相似、归属等类别的关系动词。就协配方式而言，判断类和相似类通常是"交互"关系，而归属类则既可以表示"交互"，也可以表示"共同"和"分别"。例如：

(25) 张贤和李锡佑是同乡，又同是军校 15 期的同学。（北大语料库）

(26) 鹅的叫声，与鸭的叫声大体相似，都是"轧轧"然的。（丰子恺《白鹅》）

(27) 我和丈夫相互拥有，可以同行至死。（《北京晚报》2001 - 04 - 09）

(28) 我们和他们共同拥有爸爸这棵大树。（北大语料库）

(29) 中国和巴西是分属东西半球的两个最大的发展中国家。（北大语料库）

例（25）中谓语动词是判断动词，协配方式为"交互"，即"张贤"同"李锡佑"是同乡和同学，同样"李锡佑"也同"张贤"是同乡和同学。例（26）中谓语动词为相似动词，协配方式也为"交互"，因为"鹅的叫声"与"鸭的叫声"大体相似，同样，"鸭的叫声"也与"鹅的叫声"大体相似。例（27）中谓语动词"拥有"为归属动词，协配方式仍为"交互"，因为"我和丈夫"相互拥有，即"我"拥有"丈夫"，同样"丈夫"也拥有"我"。例（28）中虽然谓语动词也为归属动词，但"我们"和"他们"协配的方式不是"相互"拥有对方，而是"共同"拥有"爸爸这棵大树"，所以该句的协配方式为"共同"。同样，例（29）中谓语动词"分属"也是归属动词，但所属的方式是"分别"，因此，"他们"之间的协配方式为"分别"类型。可见，归属类动词用于协配句时既可以表示"交互"协配，也可以表示"共同"协配，同样还可以表示"分别"协配。

需要说明的是，判断关系类协配句的否定形式并不能否定协配关系，而只能否定某种具体的关系。例如：

(30) 他们已不是朋友与同事，而是一群强被圈在一块儿的狼。（老舍《四世同堂》）

(31) 男女主人公不是夫妻，不是父女，不是情人，却深陷于命运设置的几重陷阱中。（《北京晚报》2001 - 08 - 25）

例（30）否定"他们"具有"朋友"和"同事"关系，但是不能否定"他们"之间具有"交互"的协配关系，即"他们"之间你和我不是朋友与同事，我也和你不是朋友与同事。例（31）否定的是"男女主人公"之间具有"夫妻"关系、"父女"关系、"情人"关系，但是，同样否定不了的是"男女主人公"之间的这种相互"不具有"的关系。也就是说，"男主人公"不是"女主人公"的丈夫，"女主人公"也不是"男主人公"的妻子；"男主人公"不是"女主人公"的父亲，"女主人公"也不是"男主人公"的女儿；"男主人公"不是"女主人公"的情人，"女主人公"也不是"男主人公"的情人。因此，在否定判断关系协配句中，否定的实际是某种具体的人物关系，而并不是否定其中的协配关系。

二、协配句信息结构的特点

由于协配句的句法结构形式多种多样，协配句的信息结构同协配句的主述结构一样，也呈现为多种形式。但是就协配项所表现的信息特点而言，由于协配句主述结构的不同，协配项所表现的新旧信息的性质也就不同。这样，我们根据协配项表示新旧信息的特点，可以将协配句的信息结构分为以下三种形式。

第一，协配项同为旧信息，述题表示新信息。这种情况既包括集合式中的协配项，也包括组合式中的协配项。例如：

（32）他们一起去西班牙前线采访，也一同回巴黎。（北大语料库）

（33）四个人互相看了一会儿，没有了主意。（李文澄《努尔哈赤》）

（34）李侔和红娘子互相望望，都答不上来。（姚雪垠《李自成》）

（35）贝尔纳是这一批年轻画家中最仰慕塞尚的。1904年他专程到艾克斯寻找塞尚。塞尚被他的诚意所感动，同时为了排解孤独感，破例接纳了这位学生。贝尔纳和塞尚共度了一个月。（北大语料库）

例（32）和例（33）属于集合式协配句，其协配项都是主题，表达旧信息。例（34）和例（35）属于组合式协配句，其协配项也都是主题，表达的也同样都是旧信息。这从文本内容可以看出，如例（35）前就分别有对"贝尔纳"和"塞尚"的介绍。

第二，部分协配项为旧信息，部分协配项为新信息，表达新信息的协配项处于述题之中。例如：

（36）女友吴君如在他上台领奖前和他深情拥吻，随后，陈可辛在台上向吴君如和爱女致谢。（BCC语料库）

（37）礼送去台的蒋妙月，和蒋介石有两层关系，一层是溪口同族，系蒋的族姑；另一层，她是蒋介石萧王庙镇舅父孙琴风之妻，是蒋的舅母。（北大语料库）

（38）阮玲玉在虹口昆山花园邂逅同乡富家子张达民，两人一见倾心，互通款曲。（曾广昌《阮玲玉哀魂西归前后》）

例（36）中状语"在他上台领奖前"将协配项"女友吴君如"和"他"隔开，说明句中的"和"是介词。这样，"女友吴君如"也就是句子的主题，表达旧信息；而"他"虽然是协配项，但是由于"他"在句子的述题当中，所以"他"只能被看作新信息，向读者表明"吴君如"接吻的对象是"他"，而不是别人。例（37）乍一看，似乎句子中的协配项都是句子的主题，其实这里句子的主题仍然只有一个，它就是"礼送去台的蒋妙月"。因为在协配项"礼送去台的蒋妙月"和"蒋介石"之间有停顿，而主题和述题之间具有的语流停顿正是我们判断主题与述题的标记之一。所以，该句的主题只能是协配项的前者，而不是由协配项全部充当。因此，句子的旧信息也就是充当主题的协配项"礼送去台的蒋妙月"，充当新信息的是其后述题成分。当然，另一个协配项"蒋介石"由于包含于述题之中，所以其也应是新信息之一。例（38）中由于协配项分别位于谓语动词的前后位置，即主宾语位置，所以句子的主题应该是"邂逅"的主语，即"阮玲玉"，但同时它也是旧信息，因为文章的前文有对"阮玲玉"的叙述。但是另一个协配项"同乡富家子张达民"由于处于述题之中，因而表达新信息。这也能从前文中得到印证，因为文章前文并没有对"张达民"进行介绍。

需要说明的是，就协配项所表示的新旧信息而言，其往往还具有语体的限制，如在新闻标题中，句子的主题同样也可以传递新信息。因为新闻就是向读者提供新信息的，所以标题不可能提前对读者进行交代，它表达的信息都应该是新信息。例如：

（39）少妇邂逅假警察抛弃憨厚丈夫 与人私奔被骗4万元（金融界财经频道 2014 - 09 - 18）

（40）老外操流利粤语在地铁上与中国大妈激情对骂（凤凰网 2013 - 06 - 27）

例（39）中"少妇"虽然为句子的主题，但是从信息新旧的程度上来看，"少妇"并不见得比处于述题位置的"假警察"的共识程度高。这是因为一则新闻，其人物如果不是公众人物，那么对于读者而言都是一无所知的，如例中的"少妇"与"假警察"。因此，两者出现在新闻标题当中，尽管语用功能不同，但是其在信息的新旧程度上应该是一样的。同样，例（40）也是新闻的标题，读者对于"老外"究竟是哪个国家、哪个民族的，多大年龄，身高多少，长相如何，等等，一概不知。所以它虽然处于句子的主题位置，但是却和处于述题位置中的"中国大妈"一样，表达的都是新信息。可见，尽管大多数情况下主题可以表达句子的旧信息，但是有时也可以表达句子的新信息。

第三，协配项同时表达新信息，且它们都处于述题当中。这主要针对协配项位于谓语核心动词之后做宾语的情况。例如：

（41）人们混淆了人的私有性与公共性，在现实生活中一个民主人士可能粗野地对待他的秘书，而一个独裁者会温文尔雅地侍奉他的家人。（北大语料库）

（42）皇岗口岸是亚洲最大的陆路口岸，它通过皇岗大桥连接着深圳和香港，每天过境车辆近 2 万辆。（北大语料库）

例（41）句子的主题是"人们"，述题是"混淆了人的私有性与公共性"，主题表示旧信息，述题表示新信息，协配项人的"私有性"和"公共性"处于新信息位置。同样，例（42）句子的主题是"它"，述题是"通过皇岗大桥连接着深圳和香港"，主题仍然是旧信息，述题仍然是新信息，协配项"深圳"和"香港"位于"新信息"中。

三、协配项定指与非定指的特点

句子的主述结构基本上能够反映句子的信息结构，而信息结构在一定程度上又和句子所反映的事物是否定指有关。方经民（1994）指出："根据知识信息和指称信息之间的蕴含关系，已知信息必定是定指的……未知信息可以是定指的也可以不是定指的。"就协配句而言，由于协配项既能表达已知信息，又能表达未知信息，因此，协配项是否定指也是一个值得讨论的问题。具体而言，主要有以下三种情况。

第一，协配项同为定指成分。这是协配句最常出现的情况，因为协配句中的协配项通常在一定的语境中都有介绍。例如：

（43）德林老成持重，美珍敏捷灵巧，他们在性格上互相补充，情感默契。（北大语料库）

（44）杨太太——茂臣之妻，与丈夫精诚团结，形影不离。（老舍《残雾》）

例（43）中协配主语"他们"的指代对象前文都有表述，即"德林"和"美珍"，因此为定指成分。例（44）中的"杨太太"是特定人的专有称谓，因此也是定指的，其后"丈夫"指"杨太太"的丈夫，当然也是定指的。这说明，在协配句中协配项大多以定指的形式出现。

第二，协配项部分为定指、部分为非定指情况。该非定指成分既可以出现在句子的开头，也可以出现在句子的中间，当然也可以出现在句子的末尾。例如：

（45）人家和他的老家政府联系，老家人又为他遮掩，说他精神有毛病，又派人把他领回来了。（戴厚英《流泪的淮河》）

（46）蔡许荣在过道与一名神色匆匆的男青年不期而遇，眼神交换的一瞬，蔡许荣敏锐地觉察到：有戏。（北大语料库）

（47）崔护清明京都郊游，于一庭院，桃花之下邂逅一美妙女子。（北大语料库）

例（45）中"人家"处于句子的主题位置，属于知识背景中的旧信息，但是在指称上，"人家"是不定指的，即相当于"别人"，而读者并不知道这个人是谁，所以是不定指的。例（46）句子的协配项之一"蔡许荣"属于专有名词，处于主题位置，表达旧信息，是定指成分，但是另一个协配项"一名神色匆匆的男青年"处于述题位置，表示新信息，是非定指成分。因为叙述者只讲述了一名男青年，且并不知道这名男青年是谁，所以后一协配项是不定指成分。例（47）也是一样，协配项"崔护"是专有名词做主题，表达旧信息，而作为"邂逅"宾语的"一美妙女子"位于述题部分，传达新信息，是不定指成分。因为不仅说话人不知道这个人是谁，而且连"崔护"本人也不知道这个人是谁。

第三，协配项同时为非定指成分。该非定指成分大多出现于谓语核心动词的前面，有时也可以一个出现在谓语核心的前面，一个出现在谓语核心的后面。例如：

（48）一个年轻美貌的女子和一个年纪较大而有名望（一般是公爵或贵族）的男子在异国邂逅而相恋，最后是有情人终成眷属。（北大语料库）

（49）传说，一位少女在采花途中偶遇一位受伤的俊俏青年，一见倾心的少女将其留家疗伤。（北大语料库）

（50）一个人与一个人相配，也许是伴侣型，而与另一个更强的人相配时，又可能是助手型。（北大语料库）

陈平（1987）认为，"'一'＋（量词）＋名词"是强式、典型、极端的不定指形式。而例（48）和例（49）中的主语都属于"'一'＋（量词）＋名词"形式，这也就是说，在上述例句中，句子的主题表达的并不是旧信息，当然，协配项也不是定指形式。如例（48）中的"一个年轻美貌的女子"和"一个年纪较大而有名望的男子"，例（49）中的"一位少女"和"一位受伤的俊俏青年"都是非定指的。或许还有人认为这两例协配项中名词前有修饰语，这可以增加它们的有定性倾向。但是例（50）中名词前就完全没有修饰语，可见，协配项中名词的无定性已不容置疑。

从上述对汉语协配句中协配项的指称形式的分析中，我们可以看出，尽管汉语的信息结构基本上遵循的是有定到无定的顺序，但是有时也可以出现相反的情况，如例（45）句子开头就是无定的，同样例（48）至例（50）句子的主语、主题也都是无定的。这也正如潘文（2006：160－161）所言："句子的信息结构基本上是从有定到无定的。但是，这只是反映了句子信息结构的倾向，并非所有的句子都遵守这样的顺序。"而协配句中的信息结构正是对这句话的最有力的佐证之一。

第二节　现代汉语协配句的焦景结构

范晓、张豫峰（2008：340）等指出："焦点是指句子所表达的信息中着重说明的部分或者发话人有意强调的部分……发话人对各种信息的态度不一样，有的是着意强调说明的信息，有的是为受话人理解这个要着意强调说明的部分做的铺垫信息，前者称之为焦点（focus），后者称之为背景（background）。"由此也就构成语用平面的焦点－背景结构，简称为焦景结构。在焦景结构中，焦点可分为自然焦点和对比焦点。自然焦点处于孤立句中，它的信息安排常遵循族语的普遍编排原则；对比焦点常处于动态句中，它是说话人在动态言语中出于对比目的而有意强调的信息。这两种焦点信息在现代汉语协配句中表现得尤为明显，因为现代汉语协配句是指两个或两个以上的人或事物协配施行或遭受某种动作行为，或协配处于某种状态，或协配具有某种关系的句子，如"张三和李四互相为敌""广东队对阵上海队"等。这样，由于协配参与者必须是两个或两个以上，因此要判断它们在句中是否是焦点、是否是新信息就较为复杂。

一、协配句的自然焦点

祁峰（2013）指出："一句话在无标记的情况下，其语义重点通常在陈述部分或谓语部分，如果谓语动词带有宾语，该宾语通常成为语义的重点。"就现代汉语协配句而言，它和一般的句子基本一样，在静态层面也遵循焦景结构的尾重原则，即句子尾部是被强调和凸显的成分，其他部分是为这一部分所做的铺垫，即为背景部分。焦景结构是对句中信息分配形式的一种分析和描写（周世宏，2008）。就信息传递的角度而言，语言是信息的载体（周慧先，2005）。自然焦点一定位于未知信息中，而未知信息并不一定全部都是焦点。换言之，自然焦点可以表现未知信息，而未知信息并不一定都是焦点。例如：

（1）他们互相谦让，互相关照，双眼透露出平和幸福的神情。（北大语料库）

（2）几个好吃懒做的年轻人一起欣喜地瞅主编。（王朔《谁比谁傻多少》）

（3）人们互相传递着消息，这既公开又隐秘的不端之举激荡着他们。（楚良《抢劫即将发生》）

例（1）中"他们"是主题，可以看作旧信息，其后部分"互相谦让，互相关照"是述题，属于新信息。但是，就自然焦点的角度而言，句中的"谦让"和"关照"才是焦点，因为它们是说话者所关心的当事人的动作行为。例（2）句子的"几个好吃懒做的年轻人"为主题，属于旧信息；"一起欣喜地瞅主编"为述题，属于新信息。但是在新信息中，句子所传递的自然焦点为"主编"，因为它是说话人所关心的行为对象。例（3）也是如此，句子的主题为"人们"，属于旧信息；句子的述题为"互相传递着消息"，而"消息"就是句子的新信息中的自然焦点。可见，自然焦点一定位于新信息当中，而新信息并不一定全部都是自然焦点。

不过，就上述三个例句而言，句中的自然焦点无论是动作行为，还是说话人所关注的对象，都不是协配句中的协配参与者。但是，"焦点"是句子层面的突显性，是由句子以下结构中的多个"可能焦点成分"中的某一个"提升"而来的（祁峰、陈振宇，2013）。因此，为了突显某种信息也可以将协配参与者提升到焦点位置，即协配句中的协配参与者并不是不可以充当协配句的自然焦点。例如：

（4）美丽的青岛姑娘纪然冰<u>邂逅台湾最大的电子通讯设备公司老板彭增吉</u>，相处三年并在美生有一子。（吴琦幸《洛杉矶纪然冰命案始末〈海外孽缘〉》）

（5）<u>广州富力队对阵河北华夏幸福队、杭州绿城队对阵长春亚泰队、河南建业队对阵上海上港队、江苏苏宁队对阵山东鲁能队</u>……（《人民日报》2016－01－23）

（6）我和史兆丰也想当月下老人，想撮合<u>罗莉和马海西</u>，可惜的是我们这两个月下老人目前只能是月下找人。（陆文夫《人之窝》）

例（4）和例（5）是所谓的主动宾协配句，谓语动词前的协配项是主题，表达旧信息，谓语动词后的协配项是述题的一部分，表达新信息，且是句子的自然焦点。如例（4）中的"台湾最大的电子通讯设备公司老板彭增吉"和例（5）中"对阵后"的每一支球队都是其协配句的自然焦点。例（6）与前两例不同的是，协配项都处于谓语动词的后面，所以在此例中，"罗莉"和"马海西"都应是句子的自然焦点。

但需要说明的是，句子的自然焦点尽管都处于句子的末尾，而末尾的名词通常又具有非定指倾向，但是对于协配句而言，句子末尾充当自然焦点的协配项并不一定都是非定指信息，相反，它常常由定指信息充当。例如：

（7）<u>先锋书店邂逅中山陵美景</u>　南京永丰诗舍开张（南报网2014－09－11）

（8）<u>新亚欧大陆桥东起连云港西到荷兰的鹿特丹，连接太平洋和大西洋</u>，辐射亚欧两大洲40多个国家和地区。（北大语料库）

例（7）中协配项"先锋书店"和"中山陵美景"，一为书店名，一为地名，因此，虽然"中山陵美景"为自然焦点，但是它是定指信息。同样，例（8）中协配项"太平洋"和"大西洋"也是自然焦点，但是它们都是海洋的名称，同属于专有名词，所以也是定指信息。

刘丹青、徐烈炯（1998）指出："自然焦点虽然跟语序的关系较为密切，但并不需要具备专门的句法特征。"因此，有些在协配句末尾充当自然焦点的协配项，也可以由非定指成分充当。例如：

（9）笔者驾车入一山间小镇探访友人，路极难找，邂逅一骑自行车妇女。（北大语料库）

（10）1989 年，范晓枫偶遇一位青年工程师，得知他从事自动化衡器研究，获得过国家发明三等奖。（北大语料库）

例（9）中"邂逅"后的自然焦点是"一骑自行车妇女"，但是这位骑自行车的妇女姓甚名谁，我们并不清楚。这说明，充当自然焦点的协配项"一骑自行车妇女"实际上并不是定指的。同样，例（10）中"范晓枫"和"一位青年工程师"都是协配项，但是前者属于已知信息，且是定指的，而后者不仅属于未知信息，而且只告诉我们这个人是一位"青年工程师"，至于他是谁我们并不知道，因此，属于自然焦点的这位"青年工程师"传递的也是不定指信息。由此可见，在协配句中，当协配项位于句子的末尾时，尽管它可以充当句子的自然焦点，但是这个自然焦点既可以是定指的，也可以是不定指的，且前者通常多于后者，这和一般的句子自然焦点通常是不定指的情况不同。

协配句的自然焦点有时也可以是无指成分，这主要体现在协配名词充当宾语的句子里。例如：

（11）罗斯福与威尔基既是政敌，又是朋友。（司马摘《宋美龄与威尔基的一段私情》）

（12）李玉琴和高宝玉是夫妻，而且已经有了一个 7 岁的男孩！（《北京晚报》2001 - 11 - 14）

例（11）句子的自然焦点是"政敌"和"朋友"，两者都不是指称某种具体的实体，而是表示主题之间的关系，所以它们是无指成分。例（12）也是如此，"夫妻"表示主题"李玉琴"和"高宝玉"之间的关系，虽然它是名词，但是这种名词不能表示有指信息。温锁林（2001：62）指出："无指的名词性成分只能出现在非主题的位置上，而不能出现在主题位置上。"这对于协配句而言，同样适用。如上述二例不能说成：

（13）＊<u>政敌是罗斯福与威尔基</u>，朋友是罗斯福与威尔基。

（14）＊<u>夫妻是李玉琴和高宝玉</u>，而且已经有了一个7岁的男孩！

温锁林认为，这些无指成分之所以不能出现在主题位置上，是因为当它们处在主题位置上时，就变成了有指成分，从而导致句子不合法。我们认为，将无指名词位移至句首的确会导致其变成有指成分，但是这并不是这类词不能出现于句首的唯一原因。如果我们在句首名词前加上定指成分，那么该句子就合乎语法了。例如：

（15）<u>那对政敌是罗斯福与威尔基</u>，那对朋友也是罗斯福与威尔基。

（16）<u>这对夫妻是李玉琴和高宝玉</u>，而且已经有了一个7岁的男孩！

例（13）（14）之所以不合乎语法，是因为语句中述题部分的自然焦点都是定指的，而主题部分却不是定指的，由此造成句子的信息结构由非定指到定指，这和汉语句子普遍遵循由定指到非定指的顺序相矛盾。但是，例（15）和例（16）由于句子中主题重新又变成了定指成分，因此尽管自然焦点仍然是定指成分，但并不妨碍句子的合法性。这是因为汉语中的句子尽管普遍遵循由定指到非定指的顺序，但是有时也可以出现由定指到定指的情况。可见，尽管定指、不定指不是句子主题的必然要求，但是句子主题是否定指也会影响到一个句子是否合乎语法。换言之，当句子的自然焦点是定指的时候，句子的主题必须也是定指的，否则句子不合乎语法。

二、协配句的对比焦点

范晓、张豫峰（2008：343）等指出："对比焦点是说话人在动态言语中出于对比目的而有意强调的信息。对比项可以是句中的某个成分，也可以是上下文或语境中实际存在的某个成分，还可以是交际双方共享知识中的对象。与对比焦点相对，这些对比项是背景，焦点在背景的映衬下处于凸显位置。"这也就是说，由对比焦点构成的焦景结构，其实质是说话人有意强调的信息与某些陪衬信息构成的一种对比结构。而在这种对比结构中，突出信息就是焦点信息，背景信息往往成为话题或预设（张全生，2010）。

因此，焦点是针对预设而言的（何元建，2010）。而据温锁林（2001：113）的研究，对比焦点与自然焦点的不同之处在于，自然焦点预设的是"存在某个 X"，而对比焦点预设的是"有两个以上的对比项的存在，即'有 X，有 Y……'"。这对现代汉语协配句同样适用，尤其是主动宾交互类协配句在这一点上表现得更为明显。例如：

（17）a. <u>小泉纯一郎面晤了朝鲜最高领导人金正日</u>。（北大语料库）

b. <u>小泉纯一郎面晤的是朝鲜最高领导人金正日</u>，而不是其他人。

c. <u>是小泉纯一郎面晤了朝鲜最高领导人金正日</u>，而不是其他人面晤了朝鲜最高领导人金正日。

例（17a）句子的自然焦点是"朝鲜最高领导人金正日"，它预设的是"存在'朝鲜最高领导人金正日'这个人"。例（17b）（17c）中的"朝鲜最高领导人金正日"和"小泉纯一郎"都是对比焦点，因为焦点标记词"是"具有定位功效（温锁林、贺桂兰，2006）。但从预设来看，前者预设的是"不仅有'朝鲜最高领导人金正日'这个人，而且还有与之对比的其他人"，后者预设的是"不仅有'小泉纯一郎'这个人，而且还有与之对比的其他人"。因此，协配句的对比焦点同其他句子的对比焦点一样，也是预设"有两个以上的对比项存在"。这对于其他类型的现代汉语协配句的焦点分析也一样适用。例如：

（18）a. <u>贺子珍 18 岁那年，在永新城与毛泽东邂逅</u>。（北大语料库）

b. <u>是贺子珍 18 岁那年，在永新城与毛泽东邂逅</u>。

c. <u>贺子珍 18 岁那年，在永新城是与毛泽东邂逅</u>。

例（18a）是普通的协配句，句子的自然焦点是谓语动词"邂逅"，其余成分都是背景。例（18b）句子凸显的是对比焦点，即句子表示的是在永新城与毛泽东邂逅的人是贺子珍，而不是别人。例（18c）句子凸显的也是对比焦点，即句子表示的是贺子珍 18 岁那年，在永新城邂逅的人是毛泽东，而不是其他人。可见，在例（18b）（18c）中，句子的对比焦点预设的都是"有两个对比项存在"。但需要注意的是，表现对比焦点的主要句法手段是加焦点标记（方梅，1995），这里的对比焦点都是通过焦点标记手段"是"的标记作用表现出来的。除此之外，协配句的对比焦点还可以用

"连"字句、平行结构，以及周遍句来表现，下面我们分别来看。例如：

(19) a. 连小王都和小李合作了，你还不跟小李合作吗？（自拟）

b. 小王连小李都合作了，还会不跟你合作吗？

c. 连小王和小李都合作了，你们还不合作吗？

例（19）是利用"连……都"格式凸显对比焦点，就协配项的凸显而言，其既可以凸显某一个协配项，又可以将两个协配项合起来一起凸显。如例（19a）（19b），凸显是协配项的一个成分，前者凸显的是协配项"小王"，后者凸显的是协配项"小李"。但需注意的是，当用"连"字句凸显后一协配项时，协配项前的连词或介词不能出现，如例（19b）。例（19c）凸显的是两个协配项，即"小王"和"小李"都是对比焦点。从预设上来看，由"连"字句构成的对比焦点都具有以下预设：焦点成分最不可能发生某种动作行为。那么根据这种预设，我们可以做出推断：如果说话人预设的焦点成分事实上的确发生了某种动作行为，那么与焦点成分具有同类性的事物通常也能够发生某种动作行为。这是因为在说话人的认知背景里，对比焦点是最为极端的不可能发生某种动作行为的一个。如果连这个最不具有可能性的事物都发出了某种动作行为，那么其他有较多可能的事物就更有可能发出某种动作行为。如例（19a）在说话人的预设中，"小王"是最不具有与"小李"合作的可能的，但事实上"小王"确实与"小李"合作了，所以其他人也更具有与"小李"合作的可能性。例（19b）在说话人的预设中，"小王"最不可能合作的人是"小李"，但事实是"小李"确实是与"小王"合作的人，所以与"小李"具有同类性的人也更有可能与"小王"进行合作。同样，例（19c）在说话人的预设中，"小王"和"小李"是最不具有合作的可能性的，但是事实上"小王"和"小李"的确合作了，所以与"小王和小李"具有同样关系的人，他们之间也更应该具有合作的可能性。

范晓、张豫峰（2008：347－348）等指出："平行结构也是表现对比焦点的一种特殊形式。它常常采用并列复句的形式，两个或几个小句的某个成分既是本小句的焦点成分，也是其他小句的背景成分，互相对比、互相映衬，凸显对比焦点。"协配句中的协配项同样也可以采用这种手段凸显对比焦点。例如：

(20) a. 小王和小李同岁，和小张不同岁。（自拟）

  b. 小王和小李同岁，小张和小李不同岁。

  c. 小王和小李同岁，小张和小刘不同岁。

  例（20）单独看前一个分句，无法区分两个协配项究竟哪一个是对比焦点，但是与后一分句相比，前一分句的对比焦点就较为明显。如例（20a）后句指出比较的对象是"小张"，所以前句中句子的对比焦点就应该是"小李"。换言之，"小李"处于对比焦点位置，而"小张"则处于背景位置。相应地，由于在平行结构中，焦点与背景是对应成分，因此一个成分既可以是焦点，也可以是背景。如例（20a），当把"小张"看作焦点时，那么"小李"就是背景。同样，例（20b）中句子的对比焦点是"小王"，背景是"小张"；或者对比焦点是"小张"，背景是"小王"。例（20c）中句子的对比焦点是"小王和小李"，背景是"小张和小刘"；或者对比焦点是"小张和小刘"，背景是"小王和小李"。可见，就协配句中的协配项而言，采用平行结构不仅能够凸显单一协配项成为对比焦点，如例（20a）（20b），而且也能凸显整个协配项为对比焦点，如例（20c）。但在凸显单一协配项为对比焦点时，既可以是协配前项为对比焦点，也可以是协配后项为对比焦点。

  周遍句也可以凸显对比焦点。就协配句而言，其周遍句主要表现在疑问代词呼应手段的利用上。因为刘丹青（2000：209－240）指出，疑问代词的呼应手段也是表达交互结构的手段之一，而交互结构需要至少两个以上的参与者的相互作用才能完成某种动作行为或实现某种状态，所以交互结构实际上是协配结构的一种特殊形式。例如：

  （21）这两队人滚来滚去，谁也不了解谁，谁也没心去管谁。（老舍《二马》）

  （22）两人打成一顺了，满头大汗费了牛劲可永远谁也打不着谁。（王朔《千万别把我当人》）

  例（21）中"谁也不了解谁"实际上是指"这两队人"中的任何一个都是你不了解我，我也不了解你，但是若句子的主题仅有一个成员，则句子不能成立。因此，该句子要表达这种互不了解的状态则必需其成员相互协作与配合，而这种协作与配合正是其协配性的一种体现，所以交互结构也是协配结构的一种特殊形式。同理，例（22）"谁也打不着谁"表达的情态也是这种交互的状态，即两人你打不着我，我也打不着你，他们之间的行为需要相互协作与配合，句子也能体现出协配性。

但就对比焦点而言，例（21）和例（22）中的两个"谁"都属于疑问代词的任指用法，指在某一范围内全体成员中的一个。这也就是说，这些句子中的对比项是暗含在句子当中的，它是言谈中提及的或交际双方共同认可某一范围内的任何一个。如例（21）中的"谁"指"这两队人"中每一队人中的任意一个；例（22）中的"谁"指"两人"中的任意一个。但是，需要说明的是，在疑问代词的呼应手段中，两个"谁"不能同时指代同一个对象，而只能是前一个"谁"指代任意一个对象，后一个"谁"代指的则是除了这个对象之外的其余成员中的任意一个。如"张三和李四谁也不认识谁"，如果前一个"谁"指代的是"张三"，那么后一个"谁"只能指代"李四"，而不能指代"张三"，否则便出现"张三不认识张三"的非逻辑话语，而这种不合逻辑的话语生活中是很少出现的。这样，就焦点而言，由于前一个"谁"具有周遍性，可以指代先行词中的任意一个成员，而后一个"谁"只能指代先行词中与其不同的任意一个成员，因此，句子的对比焦点如果凸显的是前一个"谁"所指代的这一个成员，那么后一个"谁"所指代的另一个成员就成为对比的背景；反之，如果句子的对比焦点凸显的是后一个"谁"所指代的那一个成员，则前一个"谁"所指代的这一个成员就成为对比背景。可见，在疑问代词呼应手段中，现代汉语协配句的对比焦点是相互的，协配项之间可以互为焦点，当然也可以互为背景。

第三节 协配句与语篇的衔接和连贯

语篇的衔接和连贯是语篇组成一个有机整体的两个方面。只有衔接而没有连贯不能构成合法的语篇，只有连贯而没有衔接①，虽然能够构成语篇，但必须有一定的语境支持，否则就会造成交际的障碍。这也说明，连贯是构成语篇的充分条件，而衔接通常是构成语篇的必要条件。但是张德禄（2003：69）指出，连贯是一种心理表现，它存在于人的头脑之中。因此要对语篇的连贯进行研究，就必须通过衔接手段来进行。这是因为连贯属于语义方面的问题，它是无形的，在很大程度上要依赖衔接手段来实现或体现；而衔接是有形的，它属于形式方面的问题，通常可以看作连贯的标志（郑贵友，2002：22）。所以，研究语篇的衔接手段，实际上也就是在

---

① 若把音律特点也作为一种衔接手段，则可以说所有连贯的语篇也都具有衔接手段。

研究语篇的连贯，而研究语篇的连贯，也只能通过对衔接手段的分析才能有效进行，才能说得明白。这正如张德禄（2003：20）所说："语篇最终是由形式特征来体现的。到目前为止，从形式特征来研究语篇连贯的唯一途径是通过语篇的衔接机制。"这样，我们对协配句与语篇衔接的分析和协配句与语篇连贯的分析，实际上是同一的。换言之，我们在分析协配句的衔接方式的同时，也分析了协配句的连贯性。

一、协配项与上下文的照应

现代汉语协配句在语篇中的衔接主要体现在协配项的照应上，但是就协配项的照应而言，其通常要讲究顺序的一致性，即前文当中如果已经出现对协配项的介绍，而后文在用协配句表达某种协配关系时，协配项的顺序通常要与前文出现的顺序相一致。例如：

（1）从感情上说，林小枫非常愿意相信宋建平的解释都是真的，理智却告诉她说，不能相信。感情和理智是分离的。（王海鸰《中国式离婚》）

（2）当我给这个淘气的欲望鼓动得难以抑制时，就找来妹妹，乘着爷爷午睡的当儿，悄悄溜到从走廊通往后院的小门口。……我和妹妹约定好，她躲在门里，把住关口，待我捅下马蜂窝，赶紧开门放我进来，然后把门关住。（冯骥才《捅马蜂窝》）

例（1）中作者先从"感情"上说，然后又从"理智"上说，由此构成协配句的协配项的顺序是先说"感情"，后说"理智"。同样，例（2）也是如此，"我"是捅马蜂窝的主谋，"妹妹"是帮手。所以作者先说"我"，然后引出"妹妹"，在构成协配句时，仍然按照这一顺序。可见，按照协配项在前文中出现的先后顺序安排协配项的顺序是协配句的一种常见照应手段，由此也体现了现代汉语协配句在语篇中的连贯性。

协配项顺序的一致性也能体现在下文中，即在语篇当中。如果前文出现了协配句，那么后文当中对于前文协配项的衔接通常要以协配句中协配项的先后顺序来安排，这就是董素蓉、苗兴伟（2017）所说的"并列推进模式"。例如：

（3）因为喝与不喝的结果是一样的。喝了，难受，睡不好；不喝，她就得跟你没完没了地掰扯，还是睡不好。（王海鸰《中国式离婚》）

（4）"这是不可以换的，<u>男女是不一样的</u>。""问题就在这里：男人的情和欲是可以分开的；而女人，在百分之九十的女人那里，情和欲是一致的，是不可分的。"（王海鸰《中国式离婚》）

例（3）中前文指出"喝"与"不喝"的结果相同，后文是对这种结果的解释。但是解释的顺序应按照协配项出现的先后顺序，先说"喝"是一种什么情况，再说"不喝"是一种什么情况，这样才能使后文与前文衔接得自然通顺。试比较，如果将后文"喝了"与"不喝"的情况颠倒一下顺序，则语篇的前后就不够连贯顺畅。同样，例（4）中前文指出"男女是不一样的"，后文解释男女不一样的原因。为了保持语篇的衔接与连贯，作者先说"男人"，然后再说"女人"；相反，如若先说"女人"，后说"男人"，则不仅语篇不够连贯，而且也不能突出感情对于女人的重要性。

虽然协配项顺序的安排总体上受制于前文出现的顺序，但是有时为了便于某种表达，协配项的顺序也可以不受前文出现顺序的限制。例如：

（5）巴黎有四多。第一，书店多，有时一条街能碰上两三家书店。第二是药店多，第三是眼镜店多，这两种店的霓虹灯标志到处可以看到。药店的霓虹灯是个绿色的十字，眼镜店的霓虹灯是个蓝色的眼镜架。<u>眼镜店和书店总是连在一起的</u>：看书的人多，近视眼肯定多。（冯骥才《爱犬的天堂》）

（6）飞禽公园还有一个奇观，便是"黑暗世界"，养的全是夜鸟。室内漆黑，一间间鸟室，可以隔着玻璃墙观赏。……屋顶涂黑，零零落落装上一些小电珠，一闪一闪，宛如天上寥落寒星，还有一束束青白灯光，仿佛苍凉月色，这样就使游人在大白天得以看见夜鸟们活跃时的景象。到了真正黑夜，游人散去，"黑暗世界"里就照射强光，如同白昼，夜鸟便安然睡去。因为夜鸟也要休息。我说，<u>人真是有本事，按照自己的需要，可以颠倒白天和黑夜</u>。（冯骥才《巨笼》）

王全智（2002）认为，"连贯表现为语篇的主题"。这同样可以在协配句上有所体现。例（5）中作者叙述巴黎"四多"的顺序是：书店→药店→眼镜店→（狗屎）。很明显，书店位于眼镜店之前，但在表达两者之间的关系时，作者却变换了书店与眼镜店的位置，先说眼镜店，后说书店。这其实是因为作者介绍完书店时，重点介绍了药店和眼镜店，指出药店的霓虹灯样式是绿色的十字，眼镜店的霓虹灯样式是蓝色的眼镜架。这样，在表达眼镜店与书店的协配关系之前，因为紧邻着协配句的句子的主题是"眼镜店"，所以为了使协配句的前一个主题与上文的主题衔接得更紧，作者不得不改变原先的介绍顺序，将"眼镜店"放于"书店"之前。同样，例（6）作者先叙述"黑暗世界"中的"黑夜"，然后叙述的才是"白天"，但在表达颠倒关系时却先说"白天"，后说"黑夜"，这是因为人们参观飞禽公园肯定是在白天，所以自然认为把"白天"颠倒成了"黑夜"，因此先说"白天"，后说"黑夜"。

另一方面，从后文来看，有时为了突出重点，或者某种表达的需要，尽管前文有协配句，后文也并不一定都按前文协配句中协配项的顺序来进行表述。例如：

（7）我现在作画，已经与我二十年前作为一个纯画家作画完全不同了。以前我是站在纯画家的立场上作画，现在我是从写作人的立场出发来作画。（冯骥才《绘画是文学的梦》）

（8）我和妹妹约定好，她躲在门里，把住关口，待我捅下马蜂窝，赶紧开门放我进来，然后把门关住。（冯骥才《捅马蜂窝》）

例（7）中协配句表达的是"现在"与"二十年前"作画完全不同，很明显，"现在"在前，"二十年前"在后；但下文照应"现在"的"现在"在后，照应"二十年前"的"以前"在前，可见后文并不是按照协配句中协配项出现的先后顺序来进行叙述的。这是因为作者只是将自己现在的画法与以前相比较，从而突出现在是"从写作人的立场"来作画的画法。此外，从后文来说，作者也都是在论述自己对"现在"这种绘画方式的感悟。所以，这也能很好地与后文进行衔接，从而使语篇显得连贯畅通。例（8）协配句中协配项的先后顺序是"我"在前，"妹妹"在后，但下文照应"妹妹"的人称代词"她"在前，"我"在后。这实际上是遵守了时间的先后顺序。因为"妹妹"躲在门里在前，"我"捅马蜂窝在后，所以作者按照事件的先后顺序组织语篇，这样也能使语篇显得自然连贯。

但是协配项在上下文中并不一定都有照应对象，有时往往只有一个协配项有照应对象，而另一个协配项在上下文中并没有照应对象。这也就是语言学界通常所说的"外指"（exophoric），即语篇中某个成分的参照点不在语篇本身内部，而在语境这个"外部"环境之中（胡壮麟、朱永生、张德禄，1989：152）。不过就外指的类型而言，Halliday 和 Hasan（1976）将其分为两种：一种是"情景指称"，一种是"人指"，前者指所指对象在交际情景之中，后者指所指对象在交际双方的观念之中。考虑到两种外指方式的对应性，郑贵友（2002：32）将后一种外指方式称为"观念指称"。例如：

（9）我们今天说，<u>这个茶杯和这个木板，和我们人不同</u>，是因为它内含的质料不同。（北大语料库）

（10）你说的也太不堪了，不过，<u>方言倒总是和群众在一起</u>，像鱼儿离不开水。（王朔《玩的就是心跳》）

例（9）中协配项"这个茶杯""这个木板"和"我们人"在前文中都没有出现，只是说话人举例时临时想到的。但就客观情景而言，这些事物又都是存在于说话人身边的，因此，这种外指就是一种"情景指称"。例（10）与此不同，"方言"是小说中的人物，"群众"并不是小说中的人物，而且在说话的现场"群众"也不存在，他们纯粹是说话人脑子中所想到的一些人，因此，"群众"属于"观念指称"。

二、协配项的省略与替代

（一）协配项的省略

卢卫中、路云（2006）指出，"语言使用过程中存在大量的省略形式"。但是省略不同于隐含。吕叔湘（1979：68）对省略的界定较为严格，他认为省略有两个条件：第一，如果一句话离开上下文或者说话的环境意思就不清楚，必须添补一定的词语意思才清楚；第二，经过添补的话是实际上可以有的，并且添补的词语只有一种可能。而按照范开泰（1990）的说法，隐含是指由句法格式的紧缩①而形成的一种隐略现象，属于语义平面的概念。从类型上来说，隐含包括定指性隐含、非定指性隐含和泛指性隐含等形式，而且隐含成分大部分是关系语义成分。我们按照这样的观点，将省略和隐含区别开来。对于有省略的句子我们认为它仍然是协配句，而对于隐含句，本书第一章"三、'和'类连介词对协配句的限制"已经说明了为什么不把它当作协配句予以分析。如"张三结婚了"这样的句子是隐含句，尽管语义层面存有一个结婚对象，但是在句法上并不一定要把这个成分表达出来，因此，此句不是协配句。而省略则根据语境一定能够准确地

---

① 范开泰注释：一般所说的"连动式""兼语式"和"紧缩句"等句法形式，都是句法结构形式上的紧缩。

将其补充出来，而且如果不补出来，则句义就无法得到准确理解。因此，此处需要对两者进行区分。现在我们回过头再来看协配项的省略问题，就协配项省略的方式而言，协配项通常承前省略第一个协配项，但在第二个协配项之前必须加"和"类连介词。例如：

（11）刘东北开车从公司往回赶，φ在楼门口与约好前来帮娟子拉东西的林小枫不期而遇。（王海鸰《中国式离婚》）

（12）有人倒是在南方见过他们，φ和一群小伙子在一起。（王朔《玩的就是心跳》）

例（11）中"φ"处承前省略的是"刘东北"，例（12）中"φ"处承前省略的是"他们"。但是，这两处省略在前文中的作用并不相同。前者"刘东北"处于前一个句子的主语位置，后者"他们"在前一个句子中处于宾语位置。不过，就协配句而言，尽管这些省略成分都处于句首位置，即充当协配句的第一个协配项，但这个省略协配项和后一个协配项之间的连介词并不能省略。如例（11）中的"与"，例（12）中的"和"。这是因为在例（11）中"与"是介词，删去之后，就不能引介另一个协配对象；同样在例（12）中"和"可以看作连词，能够将两个协配项连接在一起，若删去，则句子就无法衔接。

在现代汉语协配句中，协配项有时也可以全部省略，只出现协配谓语。例如：

（13）这温暖和冰冷是那么和谐地并存着，φ互不相汇又彼此相容，φ就像一对并不般配的夫妻站在一起，φ恰成对比离了一个又失怙恃。（王朔《玩的就是心跳》）

（14）高洋说，"这么干有意思，先得弄清老头和那妞儿什么关系，φ别是父女俩。"（王朔《玩的就是心跳》）

例（13）句子的主语是"这温暖和冰冷"，只在第一个协配句的句首出现，后面三个协配句中主语全部省略。也就是说，这两个协配项都发生了省略。同样，例（14）中"别是父女俩"前面也发生省略现象，通过前文我们可以知道省略的是"老头和那妞儿"。换言之，后面一个协配句的主语应为"老头和那妞儿"，即它们都是协配项。

现代汉语协配句的省略也如其他句式的省略一样，有时也可以出现协配谓语的省略。例如：

> （15）因为我反正得和别人住在一起，φ与其和那些早已陌生的亲
> 戚θ，φ不如和一个可以亲近的男人θ。（王朔《玩的就是心跳》）

例（15）中有三个协配句，但只有前一个是完整的协配句，后两个都存在省略现象，其不仅有主语的省略，而且也有谓语的省略。在每一个"φ"位置，都存在主语"我"省略的现象；在每一个"θ"位置，都存在谓语"住在一起"省略的现象。可见，在协配句中省略不仅可以发生在主语位置，而且也可以发生在谓语位置。这其实可以更加突出后一个协配项的焦点表达，因为前一个协配项和协配谓语在前一个协配句中都已经出现，若后面两个协配句再出现这些内容，那么它们就属于旧信息。这样，后一个协配成分也就成为新信息，并兼具焦点功能，从而达到突出强调的目的。

除此之外，现代汉语协配句的协配项还可以在话语当中随交际情景而省略。例如：

> （16）"没关系。"我说，侧身给她让道，"φ本来还想和你多聊会
> 儿。"（王朔《玩的就是心跳》）

例（16）属于对话内容。由于说话人"我"就在交际现场，所以协配句的第一个协配项"我"可以随情景而省略。因为这句话表达的是"我"的愿望，所以"我"虽然不在句法层面上出现，但并不影响交际。

值得注意的是，协配句中后一个协配项通常不能省略，但是偶尔也有省略的情况。例如：

> （17）当前，发展中国家拥有丰富的资源，但缺乏技术；发达国家
> φ正好相反。（曾鹏飞《技术贸易实务》）

如果单独看例（17）画线部分的句子，其明显不符合语法规范。因为"相反"做谓语，它要求句子的主语是复数，但是此处是单数。但从上文来看，此句又是可以理解的，即该句表达的是"发达国家"的情况与上文表达的"发展中国家的情况"相反。因此，我们可以判定"φ"处存在省略，即此处省略了"与之"。

（二）协配项的替代

张德禄（2000）指出："在语篇中有许多衔接机制，替代也是其中之一。"在现代汉语协配句中，协配项可以以代词的形式出现，即使用替代形式，具体又可以分为部分替代和全部替代两种形式。

1. 部分替代

部分替代是指协配项中的某一部分（通常是某一项）用代词替代，而另一部分不用代词替代。根据替代位置的不同，部分替代又可以分为"和"前替代和"和"后替代两种。前者是指"和"类词之前的协配项用代词替代，后者是指"和"类词之后的协配项用代词替代。由于"和"类词前的协配项通常是第一个协配项，因此，"和"前替代也可以被称为前项替代。相应地，由于"和"类词后的协配项通常位于第一个协配项之后，因此，"和"后替代也可称为后项替代。例如：

（18）刘会元的朋友李奎东是个膀大腰圆的汉子……他和刘会元很亲热，有说有笑。（王朔《玩的就是心跳》）

（19）林小枫说可以住我们家嘛，你睡当当屋，当当和我们睡一起。（王海鸰《中国式离婚》）

例（18）中第一个协配项是"他"，指代上文"李奎东"。其由于处于协配句的前项位置，因此是前项替代。例（19）中的第二个协配项是"我们"，指代的是"林小枫和宋建平"。其由于处于协配句的后项位置，因此是后项替代。

在现代汉语协配句中前项替代较多，其不仅有人物替代，如上述二例；而且还可以有事件、情状替代。例如：

（20）从这些含含糊糊的话中，林小枫也明白了，这事与刘东北有关，并且是那方面的事。（王海鸰《中国式离婚》）

（21）谭丽愁着我说："瞧你，还紧张呢！"她笑，"这可和我第一次见你印象大不一样。"（王朔《玩的就是心跳》）

例（20）中的"这事"指的是"娟子离家出走"。例（21）中的"这"指代的是"'我'表情紧张"。前者表达的是事件，后者表达的是情状。

后项替代也可分为人物替代、事件替代和状态替代，且多使用"此、之、其、自己"等代词。例如：

（22）白日里，皇帝那般威严，尤其在大臣扈从面前，是非人的神；而在帐中，皇帝与自己赤条条地相搂相抱，又很难想象，他与那冠冕登于宝座的，竟是同一活物。（刘心武《贾元春之死》）

（23）如曾经繁荣一时的文明古国底格里斯河和幼发拉底河流域的巴比伦，尼罗河流域的古埃及，还有古罗马以及美洲印加帝国的衰落、消亡，就与此有关。[阴法鲁、许树安《中国古代文化史（三）》]

（24）这些便是商代历法对于年、月、日、时刻安排的大体情况，西周历法与之大同小异。[阴法鲁、许树安《中国古代文化史（三）》]

例（22）中的"自己"代替的是"贾元春"，属于人物替代；例（23）中的"此"指代的是"农业生产发展的中断"，属于事件替代；例（24）中的"之"代指的是"商代历法安排的大体情况"，属于情状替代。

2. 全部替代

全部替代是指协配句中的协配项全部用代词替代的情况。根据组合和集合的特点，全部替代又可以分为组合替代和集合替代两种。

组合替代中的协配项是分开的，每一个协配项都由一个代词替代。这些代词既可以指代人物，也可以指代事件，同样也可以指代情状。例如：

（25）她恨眼前这个强盗，杀人不眨眼的魔王，她与他不共戴天。（尤凤伟《石门夜话》）

（26）第一次世界大战结束，他从德国回来时，带回了两大箱德文书，不过，这与我没有关系。（北大语料库）

（27）虽说所有的兵士已经七八个月没有发饷了，虽说有几十万的失业工人，千万的灾民，然而这与他们有什么关系呢？（丁玲《五月》）

例（25）中协配项人称代词替代的是人物，因为根据文意可知，"她"指的是"新女人"，"他"指的是"眼前这个强盗"。例（26）和例（27）都由指示代词和人称代词联合作协配项。在例（26）中"这"指代的是事件，即"他从德国回来时，带回了两大箱德文书"。例（27）中的"这"指的是"兵士七八个月没发军饷，几十万工人失业，灾民成千上万"这种情状。不过，需要说明的是，当事件或情状与人物合在一起做协配项时，其通常表示的是事件或情状与人物的关系，即协配句中的谓语通常为"有关"和"无关"等。

集合替代中的协配项是合并在一起的，通常由集合代词"咱们、我们、你们、他们"等充当。如例（28）中的"我们"指"我"和"晶晶"，例（29）中的"你们"指"你"和"甫"，例（30）中的"他们"指"李鹏"和"卡斯特罗"。

（28）在街上走时，<u>我们互相争着说话</u>，晶晶为压住我拼命大声嚷嚷，说她的新朋友，她的新节目，在马路上肆无忌惮地走。（王朔《浮出海面》）

（29）回忆那三年前的春夜，你大醉了，曾将甫拟作你的爱人……<u>你们一起将你们自己献给了人间，你们又一起将你们的血奠了人类的塔的基础。</u>（台静农《春夜的幽灵》）

（30）李鹏委员长和卡斯特罗主席 5 日下午会谈的内容广泛、具体。<u>他们相互通报了各自国家政治、经济、文化、思想教育等领域的情况，并就当前国际和拉美经济形势以及中古经贸合作等问题交换了看法。</u>（北大语料库）

需要说明的是，当两个协配项都用代词指代时，有时我们很难分清每一个代词各自指代的是哪一个协配参与者。例如：

（31）我听一个朋友说过，<u>他有次在个舞会上碰见过她</u>，还把她带回家过了几夜。（王朔《玩的就是心跳》）

（32）卢小波简直不明白这老兄何故如此这般地敌视他。<u>他与他素不相识</u>，更无过错，怎的就能凭空地生出些仇恨呢？（方方《一波三折》）

例（31）中两个协配项都用第三人称代词替代，如果不是文字上有差别，"他"与"她"很难说究竟指代的是哪个对象。这在例（32）中体现得更为真切，因为该例中的两个协配项都用第三人称男性的"他"指代，所以我们分不出第一个"他"究竟是指代"卢小波"，还是指代"这老兄"；当然，也分不出第二个"他"究竟是指代"卢小波"，还是指代"这老兄"。我们所能确定的是，如果第一个"他"指代的是"卢小波"，那么第二个"他"指代的就是"这老兄"；反之，如果第一个"他"指代的是

"这老兄",那么第二个"他"指代的就是"卢小波"。总之,两个"他"在协配句中不能同时指代同一个对象,否则就构不成协配句。

第四节　现代汉语协配句的语篇功能

句子在语篇中的位置,通常有三种情形:起始句、后续句和终止句。所谓起始句,是指出现在篇章开头部分的句子,包括处于句群或复句的开头,也包括处于整个段落甚至整篇的开头;所谓后续句,是指在篇章交际过程中处于中间阶段,以保证篇章的继续进行的句子;所谓终止句,是指处于篇章结束位置的句子(张先亮、范晓,2010:150-155)。但是,语篇的概念是较为复杂的。胡壮麟(1994:1)认为:"语篇是广义的,既包括'话语'(discourse),也包括'篇章'(text)。"它可以是一个词,也可以是一个短语或词组,也可以是一个小句、一副对联、一首小诗、一支歌曲、一次对话、一场演讲,等等。因此,句子在语篇中的位置除了上述三种情况外,它还可以处于语篇的标题位置。就现代汉语协配句而言,这四种语篇位置都有所体现,我们分别将其称为起始协配句、后续协配句、终止协配句和标题协配句。下面分别来探讨不同位置协配句的语篇功能。

一、起始协配句及其语篇功能

(一)起始协配句的位置

1. 处于全文开头

起始句是篇章开头的部分,为了区别语篇的开头和段落的开头,我们可以将处于全文开头的句子称为起点句,将处于段落开头的句子看作一般的起始句。从我们考察的语料来看,处于起始位置的协配句并不多见,尤其是作为起点句的协配句更是微乎其微。这主要是因为篇章的开头通常要引进叙述的话题,而话题的选择通常是先选取一个,然后再涉及另一个,最后才能表达两者之间的协配关系。所以语篇的开头不适宜用协配句,否则,就会让人觉得莫名其妙。而就言语行为的互动合作性的角度而言,任何言说者都不要说让解码者觉得毫无价值的话,也不要说让解码者感到莫名其妙的话(曹德和、傅满义,2019)。但是,处于语篇开头的作为起点句的协配句也并不是没有,在约18万字的《冯骥才散文精选》中我们发现两例。例如:

（1）<u>人类最早和所有动物混在一起生活</u>，一同享受着大自然的赐予：阳光、风、水和果子。（冯骥才《冯骥才散文精选》）

（2）<u>真正的文学和真正的恋爱一样</u>，是在痛苦中追求幸福。（冯骥才《冯骥才散文精选》）

但是这两例都很特别。例（1）中的主语和主题都是协配项"人类"，而并不是协配项"所有动物"，所以此例实际上主要是在叙述"人类"。就话题的角度而言，它仍然是单话题，这也便于后文对"人类"继续进行陈述。例（2）虽然形式上可以将"真正的文学"和"真正的恋爱"都看作句子的主题，但是这个句子实际上是一个比喻句，它把抽象的"文学"比喻为形象的"恋爱"，其实际也是在解释"真正的文学"的特点。由此可见，尽管协配句可以出现于起点句中，但是，作为起点句的协配句，其主题只能是句子最前端的那个协配项，而一般不包含句子的其他协配项。

2. 处于段落开头

处于段首的协配句比处于篇首的起点句相对多，在《冯骥才散文精选》中我们共发现 29 例。这里列举两例如下：

（3）然而，<u>巴黎的过去和我们今天一样</u>，也经受过现代化的冲击。（冯骥才《冯骥才散文精选》）

（4）于是，<u>我和爷爷面对面开颜而笑</u>，笑得十分舒心。（冯骥才《冯骥才散文精选》）

这两例都处于段落的开头，为了与上文衔接，句前都有承接上文的关联词，如例（3）的"然而"，例（4）的"于是"。但是，处于段首的协配句与处于篇首的协配句有所不同，处于篇首的协配句主题只有一个，而处于段首的协配主题可以不止一个。如例（3）"巴黎的过去"和"我们的今天"形式上似乎都可为句子的主题，但由于后文都是对"巴黎"的叙述，因此，句子的主题只有"巴黎的过去"，而"我们的今天"只是对"巴黎的过去"的一种说明，无法成为真正意义上的句子主题。不过，例（4）就与此不同。"我"和"爷爷"在上文中都已有所交代，且我们是"面对面"开颜而笑，所以"我和爷爷"只能是并列关系，即"我"和"爷爷"共同做句子的主题。可见，作为起始句的协配句若出现于段首，则句中的协配项都可以充当句子的主题。正因如此，处于段首的协配句有时可以使用代词性的集合式形式来充当句子的主题。例如：

（5）<u>他俩拉紧双手</u>。小海蒂猛地身子腾空，一蹬爸爸双膝，就势往上蹬大腿、肚子、胸膛、肩膀，再用力踹，身子快速空翻，然后稳稳落地。（冯骥才《冯骥才散文精选》）

在例（5）中，协配项已经完全融合在一起，成为一个集合形式，并且这个集合形式是一个代词性结构。这样的句子，若不是前文已有对协配项的分别叙述，出现于段落的开头肯定是十分突兀的。但是，如果前文对句中的协配项有所铺垫，那么这种句子也就可以用作起始句了。

（二）起始协配句的语篇功能

在语篇的组构功能上，协配句不仅能够起到开启全篇的作用，而且还能揭示协配项之间的协作配合关系。这些协配关系有的表达行为主体之间的动作行为，让读者了解故事情节；有的说明协配参与者之间的状态关系，让读者了解事物之间的关系状态。例如：

（6）<u>夜里我和几个朋友打了一宿牌</u>。前半夜我倍儿起"点"，一直浪着打。（王朔《玩的就是心跳》）

（7）<u>它和我们平素十二分稔熟</u>，自从别后，竟毫不踌躇，蓦然闯进忆之域了。（俞平伯《清河坊》）

（8）<u>独裁和一切反动统治，是与恐惧同在的</u>，于是这种统治所做的事，就全以巩固其统治为目的。（冯雪峰《残酷与麻木》）

就信息表达的角度而言，起始句主要表达背景信息，主要用来说明主体信息所处的语境或引出篇章的话题和信息扩展的方向（张先亮、范晓，2008：64）。如例（6）交代了事件发生的时间、人物及其活动，这直接开启全文，使读者能够直奔故事主体，了解情节发展。例（7）开篇交代"它"与"我们"的关系，很好地表达了我们对"它"的喜欢与怀念。例（8）不仅交代了协配的双方，而且也指出了协配一方的恐惧心理。因为它们与恐惧同在，所以只要它们存在，那么它们的恐惧心理也就存在。可见，协配句开篇不仅能够直接交代事件或事态参与的对象，而且还能表达特殊的语义关系，为下文做好铺垫。

二、后续协配句及其语篇功能

（一）后续协配句的语义表达

处于后续位置的协配句相对较多。从语义表达上来看，后续协配句通常是对某些人或事物的说明，或者是对某些人或事物的叙述，或者是对某些人或事物的描写，或者是对某些人或事物关系的推断，这就使它出现在后续位置的概率更高。

1. 后续协配句对某些人或事物进行说明

（9）青春，它是包含着不同阶段的异常丰富的生命过程。<u>一个女孩子的十四岁、十六岁、十八岁——无论她外在的给人的感觉，还是内在的自我感觉，都绝不相同。</u>就像春天，<u>它的三月、四月和五月是完全不同的三个画面</u>。（冯骥才《维也纳春天的三个画面》）

（10）古来的文人崇尚"甘守寂寞"和"不求闻达"，并视为至高的境界。然而在市场经济兼媒体霸权的时代，<u>寂寞似与贫困相伴，闻达则与发达共荣</u>，有几人还肯埋头于被闹市远远撇在一边冰冷的角落里？（冯骥才《万里君独行》）

例（9）中前一个协配句"一个女孩子的十四岁、十六岁、十八岁……都绝不相同"是对"青春"的"生命过程"的说明，后一个协配句"它的三月、四月和五月是完全不同的三个画面"是对"春天"的说明。例（10）中作者认为古代与现代不同，现代是"市场经济兼媒体霸权"的时代，而这种时代的特征就是"寂寞似与贫困相伴，闻达则与发达共荣"。可见，该例中的协配句正是对当今时代特征的说明。

2. 后续协配句对某些人或事物进行叙述

（11）本来这一行动计划从租借区的洋房入手，此时，媒体忽然爆出新闻，<u>政府与香港一家房地产开发集团公司合作</u>，要对天津老城进行彻底的现代化改造。（冯骥才《抢救中国民间文化》）

（12）冬意最浓的那些天，<u>屋里的热气和窗外的阳光一起努力</u>，将冻结玻璃上的冰雪融化；它总是先从中间化开向四边蔓延。（冯骥才《冬日絮语》）

例（11）前文提及"新闻"，紧接着用一个协配句"政府与香港一家房地产开发集团公司合作"表明新闻的内容，可见该句是对"新闻"的叙述。同样，例（12）也是叙述句，陈述了冬意最浓的那些天，玻璃上的冰雪之所以融化，是"屋里的热气和窗外的样阳光一起努力"的结果。

3. 后续协配句对某些人或事物的情状进行描写

（13）远远望去，城市上空岚气氤氲，城中间有一条亮闪闪的河流过，<u>房屋、树木、街道错落有致</u>，井井有条，行人、车辆历历在目。（王朔《玩的就是心跳》）

（14）强光再次闪过，刘炎双眼下垂，<u>两手交叉</u>，嘴微张。（王朔《玩的就是心跳》）

例（13）中"房屋、树木、街道错落有致"属于协配句，它是对城中景物的描写。例（14）中"两手交叉"属于协配句，它是对人物外貌的描写。

4. 后续协配句对某些人或事物的关系进行推断

（15）绘画是静止的瞬间，是瞬间的静止与概括；诗用一滴海水来表现整个大海，诗是在"点"上深化与升华。所以<u>诗与画最容易结合</u>。（冯骥才《绘画是文学的梦》）

（16）然而，这个传统在近百年却悄悄地瓦解了。其中最重要的原因，是书写工具的西方化。我们用钢笔代替了毛笔。这样一来，<u>写作人就离开了原先的笔墨纸砚；绘画的世界与写作人渐渐脱离</u>，日子一久竟有了天壤之别。（冯骥才《绘画是文学的梦》）

例（15）中作者先说出原因，然后根据原因得出结论，而这个结论是用协配句表示的。可见，这里的协配句"诗与画最容易结合"实际上是作者根据某种原因做出的推测判断。例（16）也是如此，作者指出书写工具发生了变化，而这种变化的结果就是"写作人就离开了原来的笔墨纸砚；绘画的世界与写作人渐渐脱离"。因此，例（16）中的协配句也是表达说话人由原因推知结果，即表达的也是作者的推断。

（二）后续协配句的语篇功能

王洪亮、绪可望（2021）指出："任何语篇的语篇意义或文本意义都是由概念及概念之间的关系构成的知识网络或知识体系，语篇意义之所以具有连贯性是因为构成语篇文本内容的知识体系内部各要素之间具有关联性。"就语篇的组构功能而言，处于后续位置的协配句具有承接上文、启示下文的作用。例如：

(17)"你早就想到是我了吧?"高洋微笑着看着我,"你一点儿不吃惊。"

"从我听到那个姑娘形容玩她的日本人开始。"

<u>我们并肩走在公园里的长湖岸畔</u>。夕阳晚照,水波耀眼,湖四周的树林已经阴沉沉一片鸦雀无声。彼岸林外,华灯初上,楼堂厅轩晚宴正盛,灯窗人影逶迤一岸,偶有喧声笑语越水飘来。(王朔《玩的就是心跳》)

例(17)中前两个自然段主要是对说话人的语言进行描写,第三自然段主要是对公园四周的环境进行描写。在这两种描写之间,作者使用了一个协配句"我们并肩走在公园里的长湖岸畔"。其不仅能够承接上文,而且也能启示下文。就其承接上文而言,作者使用第一人称复数代词"我们"指代上文中的两个谈话人,不仅使上下文在形式上衔接自然,而且在语义上连贯通顺;就其启示下文而言,作者指出"我们"的协配行为是"并肩走在公园里的长湖岸畔",这样,从这个述题当中自然就引出了"公园里的长湖岸畔"这个景点。所以下文紧接着就对这个场景进行了细致描写,从而使前后文衔接自然、语义贯通。试想,如果没有第三自然段开头的那个协配句,那么第三自然段与上文的衔接就不够紧凑,语义也不够连贯。

值得注意的是,就启示下文而言,协配句也有自己的特点。有时协配句中的所有协配项都能启示下文,有时只有一个协配项能启示下文。例如:

(18)但是,一旦拿起笔来,<u>西方与东方却大不相同</u>。

对于西方人来说,绘画与写作的工具从来不是一种……

可是在古代东方,绘画与写作使用的同样是纸笔墨砚……(冯骥才《绘画是文学的梦》)

(19)隆回县政府为花瑶正式定名却是上世纪末的事。<u>这和老后不无关系</u>。

老后是人们对他的昵称。他本名叫刘启后。一位从摄影家到民间文化保护领域的殉道者。……(冯骥才《细雨看花瑶》)

例(18)中协配句"西方与东方却大不相同"中的协配项是"西方"和"东方",协配关系是两者"大不相同",由此引出下文对两者"大不相同"的具体论述。下文作者用两个自然段,一个讲述"西方"的情况,一个讲述"东方"的情况。可见,上文中的协配句很好地开启了下文。例

（19）与此不同，"这"和"老后"是协配句"这和老后不无关系"中的协配项，但是"这"是承接上文的，而"老后"则是启示下文的。因为下文主要讲述的是"老后"的情况，而没有对"隆回县政府为花瑶正式定名"这件事有过多的提及。所以例（19）中的协配句实际上是一个过渡句，它不仅起到承接上文的作用，而且还能起到启示下文的作用。

从形式上来看，协配句的承上启下功能主要体现在协配项与上下文的照应关系上。张先亮、范晓（2008：18）在探究句式的语篇适用性时具体探究了后续句中的某个成分与上下文中的同义成分或关联成分的指称关系，并认为这种同指关系或关联关系主要表现为同形形式、指代形式、省略形式、总分形式、领属形式等。现代汉语协配句的语篇适用功能也体现出这一特征。例如：

（20）圣诞节时，霍克又回到家里，和家人共进午餐，欢度佳节。<u>霍克和哈兹尔还互相赠书</u>，霍克给哈兹尔一本《曼德拉自传》，哈兹尔回赠一本关于西藏人生活的画册。（梦蓝《下野后的霍克》）

（21）泰戈尔访华，徐志摩担任联络、翻译之职，林徽因也是接待人员之一。<u>他们一起排演泰戈尔的戏</u>，一起出席泰戈尔的演讲会，频繁的接触，又使徐志摩的心弦震荡起来。（王保生《徐志摩和三位才女的爱情纠葛》）

（22）西长安街的马路上，千万个青年四个一排，<u>手和手、胳膊和胳膊都紧紧地互相拉着扣着</u>，向西大步走着。学生们一边喊口号一边散传单。这时工人、公务员、小贩、洋车夫、甚至家庭妇女也都陆续自动参加到游行队伍中，而且越来越多——觉醒了的人们怒吼着、嘶喊着，交通全都断绝了。（杨沫《青春之歌》）

例（20）中的协配参与者"霍克"和"哈兹尔"无论是在上文中，还是在下文中都以同形的形式出现。而且从下文来看，该协配句与下文还具有总分关系，即"霍克和哈兹尔还互相赠书"是总说，后面"霍克给哈兹尔一本《曼德拉自传》，哈兹尔回赠一本关于西藏人生活的画册"是分说，这能够使句子之间的主题链更加明晰。例（21）中的"他们"指的是上文中的"徐志摩"和"林徽因"，显然，该协配句在与上文的衔接形式上是以指代形式进行关联的，具体陈述了"徐志摩"和"林徽因"二人之间的活动。例（22）中"手"和"胳膊"都是属事，上文中的"千万个青年"则是领事，协配句的主语与上文句子的主语具有领属关系，且协配句的第二个分句"向西大步走着"前省略"千万个青年四个一排"。同时，我们从下文也可以看到，这里的"学生们"其实就是上文中的"千万个青年"，两者虽然形式不同，但指称的对象相同，因此协配句的主语与下文句子的主语也具有领属关系，这样可以使句子的表达更加简洁。

除此之外，协配句中的谓语成分有时也能起到启示下文的作用。具体而言，协配句的谓语成分可以与上下文中的主宾语成分相关，也可以与上下文中的谓语成分有关。例如：

（23）母亲和杨沫阿姨在大姨家同吃一锅饭，同睡一条炕，情谊极深……解放后，虽然不在一个单位工作，母亲和杨沫阿姨照旧是朋友。从战争年代结下的友情，父亲对杨沫阿姨，是有求必应的。（秦晓晴《杨沫与我的父母》）

（24）军委常委的同志已经商量过，军委工作实际上就是两件事：第一件事是"军队要整顿"；第二件是"要准备打仗"。（邓小平《邓小平文选》）

（25）走过去假装问道，让支烟，跟着便没话找话，（我）和他攀谈起来。这山民倒不拘束，挺爱说话。他告诉我……（冯骥才《挑山工》）

例（23）上文说"母亲"和"杨沫阿姨"同吃、同睡，情谊极深，这与后文所说的两人依旧是"朋友"、结下的"友情"等具有语义上的关联。例（24）"军委常委的同志已经商量过"中的协配谓语核心是"商量"，其后内容是商量之后所达成的共识，所以后文实际上是对"商量"结果的进一步说明。例（25）"（我）和他攀谈起来"中的协配谓语核心是"攀谈"，后文是对攀谈内容的具体说明，因此，"攀谈"也具有启示下文的作用。

三、终止协配句及其语篇功能

（一）终止协配句的语义表达

1. 表达结果

处于结束位置的协配句不仅能出现在段落的末尾，也可出现在整个语篇的末尾。出现于段落末尾的协配句，其通常表达的是某种结果。例如：

（26）我爷爷老实，每回去都坐那儿看看摸摸从不动真格的，两人恋爱上了。（王朔《玩的就是心跳》）

（27）我合上了这本只看了三分之一的书，<u>被我翻弄过的页码和未打开的页码黑白分明</u>。（王朔《玩的就是心跳》）

（28）原来，披发虫能分泌一种消化纤维素的酶。白蚁的肠内如果没有这种鞭毛虫，即使吃了很多纤维素，由于不能消化，也终将被活活饿死。对于披发虫来说，躲在白蚁的肠内，也实在是最安全保险不过了。另外，白蚁肠内还有丰富的纤维素供它们分解利用。<u>所以白蚁和披发虫谁也离不开谁</u>。（北大语料库）

例（26）中因为"我爷爷老实"，所以"我奶奶"认定了"我爷爷"，于是"两人恋爱上了"。例（27）中"我"原本正在看一本书，而这本书只看了三分之一。这样，"被我翻弄过的页码"和"未打开的页码"就呈现出一种"黑白分明"的结果。例（28）中"披发虫"可以帮助"白蚁"消化食物，"白蚁"也可以为披发虫提供合适的生活环境，所以两者"谁也离不开谁"。可见，当协配句处于段落的结尾时，其最适合表达某种结果。

2. 表达建议

终止协配句有时也可以表达某种建议，这种句子多以祈使句的形式表现出来。例如：

（29）那这城市咱们就军管了，直接冲进市府改公社了，<u>咱们成立一个革命委员会，轮流执政</u>。（王朔《玩的就是心跳》）

（30）"慢点，"高晋从挎包拿出一架照相机，"我说<u>咱们大伙最后再合个影</u>。"（王朔《玩的就是心跳》）

（31）钱其琛表示，早日解决台湾问题、实现祖国的完全统一是全体中国人民的共同愿望和神圣使命。<u>我们要加强与一切赞成一个中国原则、反对"台独"、主张发展两岸关系的台湾各党派、各界人士的接触。两岸同胞和一切拥护中国统一的人士团结起来，共同为发展两岸关系、推进祖国和平统一进程努力奋斗</u>。（北大语料库）

例（29）表达的是成立革命委员会之后，"咱们"应轮流执政。例（30）中虽然协配句前有"我说"二字，但"我说"是一种话语标记，并不影响协配句的语义。换言之，"我说"只是提醒大家"我"有话要说，属于插入语成分。所以其后的协配句表示的是说话人的建议，即建议大家最后再合个影。例（31）中上文表达实现祖国统一的愿望，下文表达说话人的建议，说话人主张加强两岸之间的交流和接触，希望两岸同胞和一切拥护祖国统一的人士团结起来，为推进祖国和平统一而奋斗。

3. 表达愿望

出现于整个语篇末尾的协配句，除了能表达某种结果和某种建议之外，还可以表达某种愿望。例如：

（32）我要一连跨过眼前的辽阔的秋，悠长的冬和遥远的春，<u>再一次邂逅你，我精神的无尚境界——苦夏</u>！（冯骥才《苦夏》）

（33）布什表示，他将于今年 10 月到上海参加亚太经合组织领导人非正式会议并访问北京。<u>他感谢江主席对他的邀请，并表示期待着与江主席进行坦率、富有成效的会谈。江泽民表示期待着与布什在上海和北京的会晤</u>。（北大语料库）

例（32）中"（我要）再一次邂逅你"属于主动宾交互类协配句，句子表达作者的一种愿望，即作者希望自己能够再一次"邂逅"自己精神的无尚境界——苦夏。例（33）"布什"感谢"江主席"的邀请，并期待着接下来的会谈，"江泽民"也期待着与"布什"的会晤，这在新闻报道中较为常见。

4. 表达补说

处于语篇末尾的协配句有时也可以对协配参与者的某种行为、状态或关系进行补充说明，这种补说关系尤以在解说复句和因果复句中补说原因最为常见。例如：

（34）戴高乐和伊伏娜都非常认真，一对恋人面临着最为严肃的抉择：<u>他俩能够共同生活在一起吗</u>？（北大语料库）

（35）在你面前，我不再会感到局促不安。我可以毫无畏惧地帮助你、支持你了，因为<u>我们仅仅是朋友</u>。（戴厚英《人啊人》）

（36）某富翁的左右邻居都养狗，一到晚上，这二条狗就吠叫不停。无法忍受这种折磨的富翁，便出搬家费一百万元，希望左右邻居搬走。的确，两个邻居是连狗一起搬家了，但是一到夜晚，富翁还是可听到完全相同的狗吠声。这是为什么？答案：<u>两邻居互相交换房屋</u>。（北大语料库）

例（34）中"他俩能够共同生活在一起吗？"是对"抉择"的解释说明。例（35）中"我们仅仅是朋友"是补充说明"我"可以毫无畏惧地帮助你、支持你的原因。例（36）中也是补充说明原因，但是这里的原因同时也是两个邻居搬家后富翁依然能听到犬吠的答案。

（二）终止协配句的语篇功能

就语篇的组构功能而言，处于语篇结束位置的协配句通常具有归结全文、凸显观点的作用。例如：

（28）总之，前途是光明的，道路是曲折的。我们面前困难还多，不可忽视。我们和全体人民团结起来，共同努力，一定能够排除万难，达到胜利的目的。（毛泽东《毛泽东选集》）

（29）有些部队的派性回过来又影响到地方，使地方的派性问题也不能解决。支左部队撤出地方，人走了，影响还在。所以我们说，地方的问题与军队有关。（邓小平《邓小平文选》）

从信息表达的角度来看，终止协配句多表达前景信息。所谓前景信息是指在篇章中在背景信息衬托下所显示的主体信息，它主要用来说明背景信息中引出的话题、拓展新的信息（张先亮、范晓，2008：64）。如例（28）中协配句作为全文的结束，不仅归结了全文，而且也表达了作者的号召，同时也体现了作者战胜困难、达到胜利的信心。例（29）中作者在前文指出军队影响地方，虽然撤走了，但是影响依然还在。这样，作者从这种事实中就可以自然得出结论——"地方问题与军队有关"。其不仅归结了上文，而且还表达了作者的观点，传递了新的信息。

四、标题协配句及其语篇功能

（一）标题协配句的语篇考察

协配句除了能出现在语篇的正文当中，还能出现在语篇的标题当中。这里我们选取协配副词和协配动词构成的协配句进行考察，其中副词以"互相、相互、一起、一同、一并"五个高频出现的双音节副词为检索词，动词以"会晤、邂逅、合并、对阵、交锋、结婚、争吵、打架、接吻、商量"十个较为典型的协配动词为检索词，它们在 2021 年 9 月 28 日 19 时中国知网中国重要报纸全文数据库题名中的搜索结果如表 4.1、表 4.2 所示。

表 4.1　协配副词在报纸标题中出现的频次

词条	互相	相互	一起	一同	一并
频次	1619	5662	19503	6265	382

表 4.2　协配动词在报纸标题中出现的频次

词条	会晤	邂逅	合并	对阵	交锋	结婚	争吵	打架	接吻	商量
频次	2385	1103	8271	324	1387	1562	197	851	40	1541

由表 4.1、表 4.2 表可知，无论是协配副词还是协配动词，它们都能在文章标题中大量出现。不仅如此，由协配动词构成的协配句在新闻标题中还经常使用主动宾类协配句式的形式。例如：

（30）杨洁篪会晤美国总统国家安全事务助理沙利文（《新华每日电讯》2021 - 10 - 07）

（31）43 岁女子网络邂逅"公司高管"　助其升职被骗 5 万元（海峡法治在线 2014 - 10 - 14）

（32）美国大选格局初定：共和党罗姆尼对阵民主党奥巴马（《第一财经日报》2012 - 04 - 12）

这是因为主动宾类协配句式能够将两个协配项分别投射到主语和宾语位置，相应地，处于主语位置的协配项就是主题，处于宾语位置的协配项就是述题中的焦点。这便于说话人向读者提供信息。如例（30）对于中国人来说，"杨洁篪"属于已知信息，而"美国总统国家安全事务助理沙利文"则属于未知信息中的焦点信息。说话人采用主动宾类协配句式遵守了由已知信息到未知信息的顺序。试比较，若采用一般的协配句，将原句说成"杨洁篪与美国总统国家安全事务助理沙利文会晤"，那么句子就不能凸显"杨洁篪"会晤的对象是谁。这从新闻标题的角度而言，既不够新颖独特，也不利于引起读者的兴趣。例（31）采用主动宾类协配句式，实际上便于语篇的组织。这是因为在这个新闻标题中，协配句处于标题的前半段，尽管从语义上看，该句也可以将"邂逅"的对象移至其前，但是从标题的后半段来看，"助其升职被骗 5 万元"是对前面协配句主语"43 岁女子"的说明。若将"公司高管"移至"邂逅"之前，那么标题后半部分所表达的对象就不如采用主动宾类协配句式明晰，甚至会产生歧义，造成信息交流不畅。例（32）中协配项处于动词"对阵"的两端，这一方面能够充分地临摹对阵的双方，另一方面也能使语言表达更为简洁自然。就总统竞选的角度而言，竞选双方处于对立状态，采用主动宾类协配句式能够生动逼真地摹拟这种对抗的状态；而且新闻标题要求语言表达生动简洁，若采用一般的协配句，将协配项都放于谓语动词之前，则语言表达较为呆板，且往往还要带上虚词"和"或"与"等，致使信息传递不够集中。所以为了使语言表达符合语体要求，在句法结构允许的情况下，新闻标题可以采用主动宾类协配句式。

（二）标题协配句的语篇功能

就语篇的组构功能而言，处于标题位置的协配句具有凸显主旨、统括全文的功能。如果一个标题不能凸显主旨，那么这样的标题就不能被称为好的标题；同样，如果一个标题不能涵盖文章表达的内容，那么这样的标题也不是有效的标题。就协配句构成的标题而言，其通常的作用有两个：一是直接点明事件或事态的协配参与者；二是直接点明协配参与者之间的某种协配行为，或协配状态，或协配关系。例如：

（33）苹果与三星互掐，"世纪专利审判"拉开帷幕（《新华每日电讯》2012 – 08 – 01）

（34）机遇与挑战并存：中国财富管理进入全新发展阶段（《中国经济时报》2018 – 11 – 12）

（35）2亿年前生物大灭绝"凶手"与火山活动有关（《新华日报》2022 – 01 – 26）

例（33）标题直接点明了事件发生的双方是"苹果"和"三星"，其行为是"互掐"，即双方就"专利"问题进行诉讼。例（34）中"机遇"与"挑战"是中国财富管理的两种发展前景，"并存"是这两种前景共同所处的状态。例（35）直接指出文章中涉及的事物，一是"2亿年前生物大灭绝"这件事，一是"火山活动"这种情况，而两者之间具有一定的关联。因此，就这些标题而言，即使我们不看文章内容，也能对其有大概的了解。如通过例（33）这个标题，我们可以知道文章讲述的是谁，他们之间发生了什么事；通过例（34）这个标题，我们可以知道文章讲述的对象是什么，它的发展前景如何；通过例（35）这个标题，我们可以知道文章讨论了哪两个事物之间的关系，以及造成"2亿年前生物大灭绝"的原因。

这样，标题实际上也就标示了文章的主题，起到了概括统领全文的作用。

第五节 协配句的语篇分布及其特点

范晓（2011）指出："句式与语篇的关系极其密切，任何句式都要进入语篇才能发挥效用，而任何语篇也都是由具有一定句式的句子组成的，可以说句式是组句成篇的基础。但是，句式是多种多样的，语篇也不是千篇一律的，所以并不是任何句式都可以进入任何语篇，也不是任何语篇都可以使用任何句式，言语中的动态的语篇对静态的句式具有制约性和选择性，静态的句式在进入动态的语篇时具有适用性或适应性。"因此，"把句式放到语篇语境里进行研究，就必然会涉及语体和文体"。而现代汉语协配句是指两个或两个以上的人或事物协配施行或遭受某种动作行为，或协配处于某种状态，或协配具有某种关系的句子。这种句子要求事件参与者的数量至少是两个，且它们之间还应具有协配语义关系，所以该种句式在语体和文体当中也有其独特的表现。

一、协配句的语体分布及其特点

按照表达方式的不同，语体通常分为口语语体和书面语语体两种，其中，书面语语体根据表达内容的不同又可以分为事务语体、科技语体、政论语体和文艺语体四类（袁晖、李熙宗，2005）。

为了说明口语语体中的协配句，我们从中国传媒大学、国家语言资源监测与研究有声媒体中心开发的媒体语言语料库中选取 14 期访谈节目的录音转写，内容包括政治、军事、生活等，字数约为 10 万字。具体节目为：①中央电视台《今日关注》：《野田来了 中日如何直面分歧？》（2011 年 12 月 25 日），《伊朗新武器再示强 美以是打是防？》（2012 年 2 月 1 日），《舰出港 弹上膛 中俄黄海大演兵》（2012 年 4 月 24 日），《日本争岛暴露军事野心 东北亚陷危险漩涡？》（2012 年 8 月 26 日）；②中央电视台中文国际频道：《日调兵遣将 美暗中助力 钓岛成日美交易筹码？》（2013 年 1 月 29 日）；③中央电视台《海峡两岸》：《点评台海一周热点》（2010 年 9 月 4 日），《点评台海一周时事》（2010 年 9 月 18 日），《许添财不参选也不落好》（2010 年 9 月 20 日），《台海一周点评》（2010 年 11 月 13 日）；④中央电视台《新闻 1＋1》：《一夜"暴富"的村庄》（2010 年 11 月 22 日）；⑤凤凰卫视《锵锵三人行》；⑥凤凰卫视《鲁豫有约》：《张卫健讲述夫妻吵架最尴尬经历　被关在门外只剩内裤》（2011 年 9 月 3 日），《郭晓冬　程莉莎：我们结婚吧》（2012 年 7 月 23 日）。

在这约 10 万字的谈话语体中，我们检索得到的协配句为 209 例。这也就是说，协配句个数与语料的字数之比约为 209∶100000，即每万字约有 20 个协配句。但是，这 209 例协配句并不是平均分布于每个谈话节目当中，而是呈现出不均衡性。如出现协配句最多的是《今日关注》之《野田来了　中日如何直面分歧?》这期节目，在大约 8000 字的谈话笔录中，共有 35 个协配句，即平均每万字约有 44 个协配句①；而出现最少的为"一夜'暴富'的村庄"这档节目，在大约 7000 字的谈话笔录中，只有 6 例，即平均每万字约有 9 个。可见，两者存在着较大的差异。而造成上述两档谈话节目协配句数量不同的原因就在于谈话内容的不同。就前者而言，它重在讨论国与国之间的关系，所以使用的协配句较多；而就后者而言，它主要讨论的是民生问题，较少涉及人与人之间的关系，所以其中出现的协配句较少。这里我们略举几例加以说明。前者如：

（1）在访问期间，胡锦涛主席、吴邦国委员长将分别与野田会见，中国国务院总理温家宝已经与他举行了会谈。（《野田来了　中日如何直面分歧?》）

（2）访问期间，中日双方官兵相互参观军舰，开展了军乐队联合演出、篮球、拔河等文体交流活动。（《野田来了　中日如何直面分歧?》）

（3）会不会中日关系形成两条线，比如经济上是合作的伙伴，但是在安全防范领域还是把中国看成防范的对手?（《野田来了　中日如何直面分歧?》）

例（1）至例（3）中"会见""会谈""交流""联合"体现的是协配双方的交际活动，"分别"和"相互"体现的是协配双方的所从事事件的关系，"伙伴"体现的则是协配双方在活动中所结成的国家关系。

后者相对较少，例如：

（4）北京大兴区的赵先生，用数百万拆迁款购买了奔驰车和楼房，赌博输掉了所有财产，与妻子离婚。（《一夜"暴富"的村庄》）

---

①　此处计算结果小数点后的部分按照四舍五入的法则进行处理。

（5）我觉得拆迁挺毁人的，有母亲告闺女的，有哥哥告弟弟的，就上法院，<u>姐妹闹得谁也不理谁，大打出手</u>。（《一夜"暴富"的村庄》）

例（4）（5）体现的都是人们之间的生活问题，如"离婚"和"吵闹"都属于生活中常见的现象。但是该期谈话节目重点不是讨论人们之间的这种关系，而是讨论由拆迁补偿款所带来的社会问题。因此，该口语语体中协配句较少。

此外，口语语体中协配项的省略较多。例如：

（6）一个就是伊朗的高层，IAEA 这些专家和伊朗原子能机构的这些高官，面对面地就实质问题进行澄清。<u>也就是面对面的，实质性的交锋会谈</u>。（《伊朗新武器再示强　美以是打是防?》）

（7）记者：离港之前，我们和俄方做了哪些协配工作？

雷波：一个是<u>相互通报计划，进行磋商</u>。然后俄方编队到来之后，又进行了多次图上推演和带通信工具的实际推演。（《舰出港　弹上膛　中俄黄海大演兵》）

例（6）协配句只有述语部分，主题部分承前省略，它应该是"IAEA这些专家和伊朗原子能机构的这些高官"。例（7）也只有述题，而没有主题，但是在这个话对中，发话人已经指明了协配的参与双方，因此为了凸显新信息，可以省略协配参与者。

书面语体可以分为事务语体、科技语体、政论语体和文艺语体四类，而且每一类还可以分为若干小的语体类别。这里对于事务语体我们选取法规体，具体为《中华人民共和国宪法》（约16000字）、《中华人民共和国婚姻法》（约4000字）、《中华人民共和国合同法》（约33000字）、《中华人民共和国物权法》（约20000字）、《中华人民共和国旅游法》（约12000字），共计约8.5万字。科技语体选取论著体，具体为刘自强主编的《地球科学通论》，共计约18万字。政论语体选取《邓小平文选》（1975—1982），但是由于这本书中的部分文章为谈话语体，所以我们从中选出10篇论证性较强的文章作为样本考察，分别是《军队整顿的任务》（约6000字）、《关于科学和教育工作的几点意见》（约7000字）、《在全国科学大会开幕式上的讲话》（约10000字）、《在全军政治工作会议上的讲话》（约8000字）、《解放思想，实事求是，团结一致向前看》（约9000字）、《坚持四项基本原则》（约17000字）、《高级干部要带头发扬党的优良传统》（约10000字）、

《目前的形势和我们的任务》（约 23000 字）、《党和国家领导制度的改革》（约 14000 字）、《贯彻调整方针，保证安定团结》（约 12000 字），共计约 11.6 万字。文艺语体选取小说体，具体为王朔的《玩的就是心跳》，共计约 17 万字。表 4.3 是我们考察得出的结果。

表 4.3　协配句在不同语体中的分布

项目	事务语体	科技语体	政论语体	文艺语体
语料字数（万）	8.5	18	11.6	17
协配句数（个）	166	334	223	434
每万字协配句数（个）	19.5	18.6	19.2	25.5

从表 4.3 的统计数据可以看出，平均每万字中，协配句出现频率最高的语体为文艺语体，出现频率最低的语体为科技语体。按照协配句出现频率的高低，它们的顺序依次是：文艺语体 > 事务语体 > 政论语体 > 科技语体。但是，在我们所考察的样本中，除文艺语体外，其他三种语体中协配句出现的频率差别并不是很大。就最高的和最低的比较而言，每万字中前者只比后者多出 0.9 个。可见，协配句在非文艺语体中出现的频率差别并不明显。

不过，就某一类语体而言，协配句出现的频率又和题材有一定关系。如在我们考察的事务语体中，五种法律文件出现协配句的频率并不相同，具体数据见表 4.4。

表 4.4　协配句在不同法律语体中的分布

项目	宪法	婚姻法	合同法	物权法	旅游法
语料字数（万）	1.6	0.4	3.3	2	1.2
协配句数（个）	37	17	58	40	14
每万字协配句数（个）	23.1	42.5	17.6	20	11.7

在表 4.4 中，协配句出现频率最高的是婚姻法，每万字中约占 42.5 个，而出现频率最低的是旅游法，每万字中约占 11.7 个，两者相差为 30.8 个。可见，在法律语体中，法律涉及的内容不同，其所含协配句的比率也呈现出明显的差异。不仅如此，这个结果也说明了协配句重在表达协配参与者之间的协配关系。因为婚姻法本身就是关注婚姻双方之间关系的法律文件，

里面涉及较多的男女婚姻关系的表述，所以协配句出现的频率最高；而旅游法并不太关注旅游者之间的关系，而重点关注的是旅游者或者旅行社的行为规范，所以在这种法律文书中协配句出现的频率最低。

在表达功能上，协配句可以用于叙述、描记、判释和评议，相应地，形成叙述句、描记句、判释句和评议句。这样，语体不同，充当这些表达功能的协配句的数量也会存在差异。这里按照协配句的表达功能对上述事务语体、科技语体、政论语体和文艺语体做进一步考察，其结果如表4.5所示。

表4.5　不同语体中协配句的功能分布

项目	叙述句（个）	描记句（个）	判释句（个）	评议句（个）	总计（个）
事务语体	60	31	39	36	166
科技语体	65	87	161	21	334
政论语体	65	34	79	45	223
文艺语体	224	130	68	12	434
总计	414	282	347	114	1157

从表达功能上来看，在所有协配句当中，出现次数最多的是叙述句，总共有414例，约占总数的35.8%；其次为判释句，共有347例，约占总数的30%；再次为描记句，共有282例，约占总数的24.4%；出现次数最少的是评议句，共有114例，约占9.8%。这和我们考察的语料有一定关系，因为我们考察的文艺语体是小说，篇幅较长，出现的协配句相对较多，而在这些协配句中又以叙述句为主，所以导致叙述句的总体数量较多。同样，在评议句中，由于小说中的评议句较少，因而其总体数量也少。

但是，表4.5中的数据基本可以反映语体的特点。就事务语体而言，其一方面要叙述事实情况，另一方面又要表达某种判断和评述，所以我们能够看到其叙述句较多，共有60例，约占其总数的36.1%，而其他三种句子相差不大。科技语体很有特点，出现最多的是判释句，共有161例，约占其总数的48.2%。这是符合其文体特点的，因为科技语体较多的是解释和说明问题，所以判释句较多。相应地，科技语体较为客观实在，很少掺杂个人感情，所以评议句较少，只有21例，约占其总数的6.3%。而政论语体似乎与此不同，判释句虽然较多，有79例，约占其总数的35.4%，但是它并不像科技语体中的判释句那样，远远超出其他几种句子。这是因为政论语体除了要用判释句表达观点外，还要使用叙述句讲述事实，用描写句说明情况，且重要的是，政论语体还常常带有说话人的主观感情，所以我们看到政论语体中的评议句并不少，共有45例，约占其总数的20.2%。与科技语体中的评议句相比，其所占的比重明显增多，这正是政论语体特点影响的结果。关于这一点，我们从文艺语体中可以看得更为清楚。在文艺语体中，评议句只有12例，约占其总数的2.8%。可见，这一数值比科技语体中的数值更低，这就说明文艺语体更不适合表达评议观点。相反，其叙述和描写句却很多，前者为224例，后者为130例，两者相加共有354例，约占其总数的81.6%。这说明，在文艺语体中，协配句尽管常出现，但是主要用于叙述事实和描写情状。由此可见，协配句的表达功能虽然可以分为叙述、描写、判释和评议，但是当它出现于语篇中的时候，还要受到语篇特征的制约，即一定的语体适用一定的语句表达，同时一定的语体也限制着一定的语句的表达。换言之，一定的语句表达通常可以较多地应用于一定的语体，而一定的语句表达通常又较多地受限于一定的语体。

二、协配句的文体分布及其特点

文体按照体裁来分，通常可以分为小说、散文、戏剧和诗歌四种（王德春、陈瑞瑞，2000：20）。协配句在这四种文体当中也有不同的表现。这里对于小说我们选取王朔的《玩的就是心跳》（约17万字），散文选取冯骥才的《冯骥才散文精选》（约17.8万字），戏剧选取曹禺的《雷雨》（约7万字），诗歌选取秦宇慧、王立编选的《现当代诗歌精选集》（约10万字）作为考察样本。表4.6中的数据是我们考察得出的结果。

表4.6　协配句在不同文体中分布

项目	小说	散文	戏剧	诗歌
语料字数（万）	17	17.8	7	10
协配句数（个）	434	279	141	74
每万字协配句数（个）	25.5	15.7	20	7.4

由表4.6可以看出，协配句出现频次最高的是小说，每万字中平均约有25.5个；其次是戏剧，每万字中平均约有20个；再次是散文，每万字中平均约有15.7个；出现频率最小的是诗歌，每万字中平均约有7.4个。

就使用的协配句式而言，小说最为丰富。以《玩儿的就是心跳》为例，其使用的协配句式按表达协配语义的手段来说，除了类固定短语手段没有出现，其余几种协配手段都有出现。例如：

(8) <u>你们在白云机场候机楼相遇</u>。（王朔《玩儿的就是心跳》）

(9) <u>每个院和每个院一模一样</u>，只是依次下来天井愈来愈小。（王朔《玩儿的就是心跳》）

(10) 刘炎面色苍白像搽了白粉嘴唇鲜红，<u>我望着她她望着我</u>。（王朔《玩儿的就是心跳》）

例（8）直接用协配动词"相遇"充当谓语构成协配句，例（9）用固定短语"一模一样"充当谓语构成协配句，例（10）用句法回环结构"我望着她她望着我"表达协配语义，构成协配句。所以，在小说当中，现代汉语协配句不仅出现的数量多，而且其表达手段也多种多样。

就协配句的构成而言，小说中的协配句省略较多。例如：

(11) 国家已经宣布不打仗了，<u>共存共荣了</u>，咱们还是当兵的脾气，见着资产阶级就压不住火儿，不打不舒坦。（王朔《玩儿的就是心跳》）

(12) 头一回干外贸别砸了牌子，到时候人家不说张三李四王二麻子，说咱中国人不仗义，<u>还休戚与共呢</u>。（王朔《玩儿的就是心跳》）

例（11）对"共存共荣"的协配项并没有明确表示，但是从前后文我们可以推知它们应该是"咱们"和"资产阶级"。例（12）对"休戚与共"的协配项也没有明确表示，甚至从文中也不太容易推知具体是谁与谁"休戚与共"，但我们可以确定的是一方是中国人，另一方是外国人。

就协配句出现的句法位置而言，在小说中有一些协配句出现于小句当中，尤以宾语从句居多，当然有时也会出现在定语从句当中。如例（13）和（14）中的协配小句出现在宾语从句中，例（15）中的协配小句出现在定语从句中。

(13) 我认为<u>我们很平等</u>。（王朔《玩儿的就是心跳》）

(14) 我相信<u>我和刘炎是在人群中相识</u>。（王朔《玩儿的就是心跳》）

(15) 我想象着<u>我在同样嘈杂宽阔的机场大厅里和刘炎相遇</u>的样子。（王朔《玩儿的就是心跳》）

散文中的协配句结构相对较为完整，和小说中的协配句相比，省略情况较少。这是因为小说中有很多语言描写，而语言描写又很接近口语语体，所以小说中的省略较多。而散文中很少有人物语言描写，是典型的书面语体，因此，它的省略相对较少。不仅如此，散文中协配句的协配项以集合式形式出现的比例也较少。在我们以《冯骥才散文精选》为样本考察的279个协配句中，集合式只出现了42例，约占其总数的15%。可见，在散文中集合式出现的情况远远小于组合式出现的情况。这是因为散文作者在介绍事物之间的协配关系时，往往只是点到为止，并不进行过多的阐释。退一步而言，即使进行阐释，作者似乎更喜欢将两者分开。例如：

（16）被时光磨砺得分外粗糙的巨大的石块与齐腰的荒草混在一起。然而，正是这种历史的原生态，才确切地保留着它最后毁灭于战火时惊人的景象。（冯骥才《古希腊的石头》）

（17）我却感到我和这个城市的人们浑然一体，我和他们气息相投，相互心领神会，有时甚至不需要语言交流。（冯骥才《灵魂的巢》）

例（16）中作者只是指出"石块"与"荒草"混在一起，而并没有去具体描写这种"混在一起"的状态，所以作者介绍完这一句，也就不再关注"石块"与"荒草"之间的关系了，因此也不再使用协配句描写两者之间的关系。例（17）中前文指出"我"和"这个城市的人们"浑然一体，后文紧接着对这种"浑然一体"的状态进行详细描述。按说，作者完全可以使用集合式"我们"进行称代，但是作者却故意将这种集合式改为组合式，用"我和他们"进行表达。这显示出了"我"和"他们"的区别与联系，达到了突出协配项的目的。

此外，散文中口语化的协配句较少出现。如在《冯骥才散文精选》中句法回环手段并没有出现。这是因为散文的语言较为典雅优美，而口语化的语言较为通俗平白，像"你V我，我V你"和"谁也不V谁"这种较为口语化的句式很难与散文典雅优美的语言风格相适应，所以散文很少使用这些协配句式。

戏剧中的协配句就人物对话而言，其接近于口语语体，因此，协配句出现省略的现象较为常见，但是这种省略又不像小说或者散文中的省略，它通常在对话中出现。例如：

（18）鲁大海　（暗晦地）没有什么，我回来的时候看见四凤跟这位二少爷谈天。

> 鲁侍萍　（不由自主地）谈什么？
>
> 鲁大海　（暗示地）不知道，像是很亲热似的。
>
> 鲁侍萍　（惊）哦？……（自语）这个糊涂孩子。
>
> 鲁大海　妈，您见着张大婶怎么样？
>
> 鲁侍萍　卖家具，已经商量好了。（曹禺《雷雨》）

　　例（18）中第一个协配句结构完整，协配项是"四凤"和"二少爷"，其下紧接着两个话轮中的协配句都出现了协配项省略的现象。不过，关于这种省略我们出前文可以推知其协配项是什么。但是，最后一个协配句的协配项必须在有关背景的作用下才可以推知，因为最后一个话对的关联性太小。不过，我们从前文中已经知道鲁侍萍准备离开他们现在居住的地方，搬到其他地方去。这样，要搬家就要卖家具，而卖家具就要找买家，所以问句中"张大婶"实际应该是买家具的人，最后一个协配句的协配项应该是"我（鲁侍萍）"与"张大婶"。由此可见，戏剧中协配项的省略在有场景说明的情况下更为随意自由。

　　就协配句出现的位置而言，戏剧中的协配句多出现于舞台说明当中。在我们所考察的《雷雨》141 个协配句中，出现于舞台说明中的协配句共有44 句，约占其总数的31.2%。尽管这一数值并不算太大，但是如果我们考虑到舞台说明并不是戏剧的主体部分的话，那么这一数值还是相当突出的。这也就是说，舞台说明实际用字并不多，占的篇幅也较少，但是其出现的协配句的比例却相对较高。这是因为在舞台说明中使用协配句更适合表达人物之间的关系或者描写景物之间的关系。例如：

　　（19）姊弟二人共坐矮凳上，望着姑乙。（曹禺《雷雨》）

　　（20）周公馆的客厅内（即序幕的客厅，景与前大致相同）。（曹禺《雷雨》）

　　例（19）中姊弟二人的行为是共同关系，例（20）表达此时的场景与序幕的场景是大致相同的关系。在舞台说明中使用协配句的最大作用就是精简篇幅，可以用最少的话表达最多的信息容量。否则，就要将一个简单句变成一个复句，造成信息的相对分散。但是，舞台说明并不是戏剧的主要部分，过度增加这一部分的内容则不利于人物语言的表达或者将阻碍剧情的发展。例如：

（21）母女二人相对凄然地笑了一笑，刹那间，她们脸上又浮出欢欣，这次是由衷心升起来愉快的笑。（曹禺《雷雨》）

（22）鲁四凤　哦，妈呀！（忙关窗门，周萍已推开一点，二人挣扎）

　　周　　萍　　（手推着窗门）这次你赶不走我了。

　　鲁四凤　　（用力关）你……你……你走！（二人一推一拒相持中）

（曹禺《雷雨》）

例（21）如果不使用协配句，就要将原句变为"母亲望着女儿凄然地笑了一笑，女儿也望着母亲凄然地笑了一笑"。这样变换之后的句子是一个复句，在表达上重复的内容相对较多，信息量相对较为分散。同时，字数增加，篇幅增长，语言不够经济简洁。例（22）也是如此，如果将原句改为其他表达方式，则相应会增加篇幅。但是这一部分内容只是说明人物之间的相互行为，在实际演出时它是不会作为台词出现的，所以也没有必要费那么多的笔墨在这一部分详写，而只需要把人物双方的协配关系表达清楚就行。从更重要的方面来说，在文本中这一部分内容如果不够简洁，则会影响剧情的发展。因为读者更关注的是人物行为，而如果说明性的文字较多，就会分散读者的注意力，致使读者无法完全进入欣赏剧情的境界。如例（22）读者阅读到此处可能更关注的是双方争执的动作和结果，而如果说明文字过多，那么剧本就无法满足读者及时了解事件发展的心理需求，所以在戏剧舞台说明中使用协配句是最为理想的选择。

诗歌中的协配句相对较少，但是却很有特点，其往往突破常规用法，甚至可以将不同类的事物放在一起构成协配句。例如：

（23）每一阵风过，

　　　我们都互相致意。（舒婷《致橡树》）

（24）人类和植物一样幸福

　　　爱情和雨水一样幸福（海子《活在珍贵的人间》）

这实际上是拟人化的结果。如例（23）"我们"指的是"我"和"橡树"，但是这里的"橡树"与其说是树，不如说它就是"我"所爱恋的对象，因为这里的"橡树"象征的是恋爱的另一方，诗人实际上是借橡树向爱人倾吐自己的心声。例（24）也是如此。"人类"可以感知幸福，"爱情"可以产生幸福，而"植物"没有感觉，"雨水"没有生命，它们实际上都无所谓是否幸福。但是作者却故意将它们放在一起，违背了人们通常所说的同类并列原则。这实际上是作者移情的结果，因为作者觉得"人类"幸福，那么"植物"也像人一样可以感知幸福；同样，作者觉得爱情幸福，那么一切景物也皆可幸福。这样，"人类"也就可以和"植物"并列，"爱情"也就可以和"雨水"并列，共同充当协配句的协配项。

诗歌中协配句的某些成分还常常出现句法位置的动态变化。例如：

（25）多少年的往事，当我静坐，
　　　一齐浮上我的心来。（穆旦《忆》）
（26）每次相见你闪来的倒影
　　　千万端机缘和你的火凝成。（穆旦《赠别》）

例（25）中"当我静坐"原本应该放于协配项"多少年的往事"之前，但是作者将其放于协配项与谓语之间，造成协配句句法上主语与谓语的隔离，达到凸显主题的目的。例（26）"相见"通常并不能用于主动宾交互结构，但是作者在这里突破了句法结构的限制，让协配项"你闪来的倒影"处于"相见"的宾语位置，这就能够使"你闪来的倒影"处于自然焦点位置，成为信息重心。此外，从下文来看，"千万端机缘和你的火凝成"也应该是修饰"你闪来的倒影"的，但作者却让这个定语后置，这是为了照顾诗歌的每一节字数的基本对应，同时也可以使这个限制语更加突出。可见，诗歌中的协配句在句法上相对较为自由，甚至可以在一定程度上超越语法规则的限制，但必须更好地为表达主题服务。

本章小结

本章主要从动态的角度论述协配句在语用层面的特点，具体我们主要探讨了五个方面的问题，分别是协配句的主述结构、协配句的焦景结构、协配句与语篇的衔接和连贯、协配句的语篇功能，以及协配句的语篇分布情况。

就协配句的主述结构而言，我们主要讨论了协配句的主题、述题类别，协配句的信息结构特点，以及协配项的定指和非定指特点。在对协配句的主述题的分类中，我们将主题分为组合式、集合式、单一式三类，将述题按照表达功能分为叙述性述题、描记性述题、判释性述题和评议性述题四类。在对协配句信息结构的分类中，我们按照协配项在协配句中出现的位置的不同，将其分为协配项全部表示旧信息、协配项部分表示旧信息，以及协配项全部表示新信息三种形式。在对协配项定指与不定指的论述中，我们认为协配项既可以全部是定指信息，也可以是部分定指、部分非定指，当然也可以是全部为非定指，但这并不是说定指信息一定是旧信息，非定指信息一定是新信息。

就协配句的焦景结构而言，我们主要讨论了协配句的自然焦点和对比焦点。协配句的自然焦点和其他句子一样，也遵循尾焦原则。但是协配句的具体句式较多，所以不仅协配句的谓语可以成为自然焦点，其协配项也可以成为自然焦点，而且充当自然焦点的协配项大多还具有定指性，这是其与其他句式相区别的地方。协配项的对比焦点也同其他句子的对比焦点一样，预设"有两个以上的对比项的存在"。在对比焦点的凸显方式上，协配句的对比焦点常使用焦点标记、平行结构以及周遍形式等方式进行凸显。

就协配句与语篇的衔接和连贯而言，它主要体现在协配项与上下文的照应和协配项在上下文中的省略与替代上。在协配项的照应上，上下文中协配项出现的顺序通常按照协配句中协配项出现的顺序出现，但是有时为了特殊表达的需要，也会改变这种顺序。在协配项的省略上，协配项更多是承前省略协配前项，但也有全部省略的情况。不仅如此，偶尔也会有省略协配后项的情况出现。在协配项的替代上，协配项通常可以用代词替代，具体我们又可以分为集合式和组合式，不同的协配句也有不同的替代情况。

就协配句的语篇功能而言，协配句可以出现于语篇的标题位置，可以出现于语篇的起点位置，可以出现于语篇的后续位置，也可以出现于语篇的结束位置。由于位置不同，协配句的语篇组构功能也各不相同。处于标题位置的协配句具有标示文题、统括全文的作用；处于发端句的协配句具有开启全文、揭示事物之间协配关系的作用；处于后续句的协配句具有承上启下的作用；处于终止句的协配句具有归结全文、突出观点的作用。其中，在承上启下的后续句中，协配项既可全部具有启下功能，也可以部分具有启下功能。不仅如此，协配谓语核心也可具有启下功能。

就协配句的语体分布而言，其在文艺语体中分布最多，在事务语体、科技语体和政论语体中区别不大。但是这种结论和考察的文本对象有很大关系。文本内容不同，出现协配句的比例也大有差异。就协配句的文体分布而言，其出现频次的高低依次是：小说＞戏剧＞散文＞诗歌。但是小说中出现的协配句式种类较多，形式多样；戏剧中协配句多出现于舞台说明当中，具有言简意赅、准确说明人物行为协配关系的作用；散文中的协配句结构相对较为完整，较少省略，在非省略的协配句中协配项以组合式的形式出现的较多，且少有口语化协配句式出现；诗歌中的协配句可以突破常规用法，将非同类的协配项放在一起构成协配句，而且有时也会出现一些句式上变化，这是诗歌追新求奇的结果。

第五章　现代汉语协配句的认知研究

认知语言学兴起于 20 世纪 80 年代，目前正有方兴未艾之势。与之相随，认知语法也越来越受到众多语法研究者的青睐，因为它使语言研究真正地从描写走向了解释，从发现语言内部规律走向了探寻语言外部理据。或许正因如此，范晓、张豫峰（2008：444）将语法研究中的认知分析法界定为，"它是通过人们的认知心理特点来解释语法的结构特征，或者透过语法的结构特征去挖掘制约其形成的认知基础"。在我们前面的论述中，尽管或多或少已有对相关现象的认知分析，但是那种分析还较为零散，不成系统。在本章我们拟从认知方面重点探讨现代汉语协配句的整体结构特点，阐述协配句法结构中的图形与背景关系、协配句法结构与客观现实的象似性关系、协配句法结构与言说者的主观性表达，以及协配句法结构生成过程中的整合机制等。

第一节　现代汉语协配句的认知图景分析

图形－背景（figure-ground）这对概念最早由丹麦心理学家 Ruben（1958：194－203）提出，后来完形心理学家将其借用来研究知觉和描写空间组织方式，本书将其简称为认知图景理论。在语言研究中，语言的认知分析主要采用三种观点，即体验观（experiential view）、注意观（attentional view）和凸显观（prominence view）（文旭、刘先清，2004）。运用图形－背景理论分析语言主要体现为认知凸显观，借此我们可以分析某一句子说话人所凸显的对象以及句中充当陪衬的背景。赵艳芳（2001：148）指出，图形是指"某一认知概念或感知中突出的部分，即注意的焦点部分"，背景是指"为突出图形而衬托的部分"。这正说明图形在句法结构中的凸显作用，以及背景在句法结构中的衬托作用。从句法结构上来看，协配项在现代汉语协配句中既可以表现为图形，也可以表现为背景，在句法结构的配置上具有一定的特殊性。本节主要基于图形－背景理论来分析现代汉语协配句的句法结构形式，并尝试运用该理论阐释该类句子句法结构配置的认知理据。

一、协配句中的图形与背景分布

（一）"NP_1 + 和 + NP_2 + VP"句中的图形与背景关系

现代汉语协配句的常见形式为"NP_1 + 和 + NP_2 + VP"，其中 NP_1 和 NP_2 是协配项，"和"代表表示合取关系的词，包括"和、跟、同、与"等，VP 表示协配性谓词短语。在这种协配句中，由于"和"类词既可以是连词，也可以是介词，因此，当 NP_1 和 NP_2 以组合的形式构成协配句时，协配参与者 NP_1 和 NP_2 之间的关系既可以是并列关系，也可以是非并列关系。具言之，当"和"类词是连词时，则"NP_1 和 NP_2"是联合短语；当"和"类词是介词时，则"NP_1 和 NP_2"不构成联合短语，"和 NP_2"作为介词短语只是 VP 的状语成分。从图形与背景的关系来看，当协配项 NP_1 和 NP_2 以联合短语出现，且处于句子的主题位置时，协配项都处于图形位置；当 NP_1 和 NP_2 不以联合短语出现，而只有 NP_1 充当句子的主题时，则只有 NP_1 处于图形位置，另一参与者处于背景位置。例如：

（1）他与白雨潇初次相遇在那条滚滚而去的江边，却又神秘地错开。（余华《鲜血梅花》）

（2）十年以后，马英在列车上与王二虎重逢，两个老战友双手紧握。（李晓明《平原枪声》）

按照张谊生（1996）提出的关于"和"类词的鉴别标准，例（1）中协配项"他"和"白雨潇"属于并列结构，二者具有对等义特征，共同充当句子的主语，因此，两者都处于认知心理的图形位置，即都是说话人所关注的焦点。例（2）中"马英"和"王二虎"虽然都是重逢的参与者，但由于两者之间插入了其他词语，满足分离标记强标主导原则，因此，该句中的"马英"与"王二虎"在句法结构上不是并列结构。这样，在说话人的认知心理上只有"王英"处于注意的焦点位置，成为认知中的图形，而"王二虎"则只是谓语成分中的协配参与者，从而处于说话人言说的背景之中。但这种背景并不只有一个参与者，它还有行为人活动的空间背景。

只不过在例（1）中，空间背景位置处于句子的末尾，充当补语，点明相遇的地点，即"在那条滚滚而去的江边"；在例（2）中，空间背景位置处于句中，充当状语，同样也点明了相遇的场所，即"在列车上"。

（二）"NP₁ + VP + NP₂"句中的图形与背景关系

现代汉语协配句的第二种形式为"$NP_1 + VP + NP_2$"，其中 NP_1 和 NP_2 是协配参与者，VP 表示协配性谓词短语。在这种协配句中，由于 NP_1 和 NP_2 分别处于句子的主语和宾语位置，因此从图形与背景的关系来看，协配参与者 NP_1 就是句子凸显的图形，而协配参与者 NP_2 就是句中起衬托作用的背景。例如：

（3）《乐队的夏天》对打《明日之子》，哪个综艺更吸引你？（百度搜索）

（4）男主持撞脸黄晓明，李菲儿第一反应暴露痴心，还没吃够爱情的苦？（百度搜索）

这种协配句最能表现协配参与者在说话人认知图式中的差异，因为协配参与者分别位于协配谓语核心动词的主宾语位置，从而使协配参与者的语法地位不再等同。这也就意味着说话人在表达协配参与者之间的协配行为、状态或关系时，不再同时将二者置于相同的认知焦点位置，而是将两者分别置于图形和背景之中。如例（3）中"《乐队的夏天》"是主语，是说话人关注的焦点，所以它就是认知的图形，而"《明日之子》"只是前者的竞争对手，所以说话人将其置于背景位置。同样，例（4）中"男主持"是说话人关注的对象，而"黄晓明"只是说话人比较时的参照对象，因此，说话人将前者置于图形位置，将后者置于背景位置。或许正是因为这种协配句式能够将同一个事件中协配参与者的不同作用体现出来，进而可以将说话人的识解路径呈现出来，而且句法结构简洁、信息焦点清楚，所以李新良（2013）指出："这种表达基本上都是新闻标题采用的，日常的对话并不多见。"但这并不意味着这种句式不能在正文中出现，如"富家女艾莉邂逅了穷小子诺亚，他们一见钟情。"（BCC 语料库）这个句子就出现在文章的正文中。这说明，一个主动宾协配句能否在文章的正文出现除了语用因素外，还和句中的谓语核心动词有关。如果这个协配动词可以带宾语，那么它就能很自然地构成主动宾协配句。否则，一个通常不能带宾语的协配动词不能在文章的正文中构造出协配句，除非有语境的帮助。

（三）"NP₁ + VP + NP₂ + 和 + NP₃"句中的图形与背景关系

现代汉语协配句还有一种形式为"NP₁ + VP + NP₂ + 和 + NP₃"，其中，NP₁ 为主语，VP 表示协配性谓词短语，NP₂ 和 NP₃ 是协配参与者。在这种协配句中，协配项"NP₂ 和 NP₃"只能为并列结构，因为据杨萌萌、胡建华（2018）的研究，宾语位置上的"和"为并列连词。但是由于这种句法结构中的"NP₂ 和 NP₃"不充当句子的主题，因此在图形 – 背景关系中只出现于整个句子的背景位置，充当句中 VP 的宾语。例如：

（5）芬娜的性格也糅合着俄罗斯女人的热情奔放和中国女子的温良贤淑。（《作家文摘》1993）

（6）传统语法混淆了句法和语义平面，把主语和施事等同起来，这显然是不妥当的。（北大语料库）

例（5）中图形是"芬娜的性格"，背景是"俄罗斯女人的热情奔放和中国女子的温良贤淑"。例（6）中"传统语法"为图形，"句法和语义平面"为背景。不过，这种背景并不同于空间关系中的背景关系。空间图形 – 背景关系中的背景通常是场景，如例（1）（2）中的背景都存在空间场景，而图形则是活动于该空间场景中的某些人或物。但例（5）（6）中的图形与背景关系实际上带有隐喻性，因为这里的背景并不是空间场景，而只是相对于图形处于陪衬位置，这是说话人在识解某个事件或事态时的一种认知心理的呈现。换句话说，是因为句子的主题处于说话人注意的焦点位置，所以述语中宾语才相对成为背景，即充当图形的陪衬。为此，Langacker（2013：235）依据事件过程中能量的传递，将处于主语位置的施事称为射体，将处于宾语位置的受事称为界标。我国学者陈忠（2007：284）则将其称为句法图形和句法背景。两者虽然说法不同，但都体现出了主语的施事特征和宾语的受事特征。

二、协配句中图形与背景的关系类型

（一）空间关系中的图形与背景关系

对于空间图形与背景关系，现代汉语协配句的句法结构主要表现在协配图形关系上。在上文我们已经指出，协配图形关系主要有相似、对称、重合、相交、相离、平行、垂直等，当然也包括空间中两个事物之间的位置关系。例如：

（7） a. 安徽与江苏毗邻。

   b. 江苏与安徽毗邻。

   c. 安徽毗邻江苏。

   d. 江苏毗邻安徽。

（8） a. A 线和 B 线平行。

   b. B 线和 A 线平行。

   c. A 线平行 B 线。

   d. B 线平行 A 线。

　　上述二例从语义所表达的空间关系上来看，每个例句中的四个小句所表达的空间场景都是一样的。即例（7）表达的是"安徽"和"江苏"两省位置相邻，例（8）表达的是 A、B 两条直线平行。但是就观察的角度而言，每个例句中的四个小句又各自有别。例（7a）凸显的可以是"安徽"，也可以是"安徽与江苏"这个整体。如果例（7a）凸显的是"安徽"，则"安徽"为图形，"江苏"为背景；如果例（7a）凸显的是"安徽与江苏"这个整体，那么例（7a）的图形和背景重合，即两者都为"安徽与江苏"。例（7b）和例（7a）类似，当例（7b）凸显的是"江苏与安徽"这个整体时，其图形和背景重合，即两者都为"江苏与安徽"；当例（7b）凸显的是"江苏"时，则"江苏"为图形，"安徽"为背景。这也就是说，例（7a）和例（7b）实际上都有两种理解的可能。袁毓林（1989）将这种句法结构称为"同形结构"；张谊生（1996）则进一步指出，所有由交互类短语同"N₁ 跟 N₂"组成的无标形式都是歧义结构。与此不同的是，例（7c）和例（7d）中都不使用"和"类连介词，而采用的是主动宾协配结构，所以后两例中的图形与背景关系是十分明确的。即例（7c）中的"安徽"是图形，"江苏"是背景；例（7d）中的"江苏"是图形，"安徽"是背景。

　　同理，例（8）中的四个小句也是如此。例（8a）和例（8b）都有两种理解的可能，而例（8c）和例（8d）都只有一种理解。这一点和英语不同。在英语中，例（8a）和例（8b）无论是说成"Line A and line B are parallel."还是说成"Line B and line A are parallel."都只有一种理解，就是两个协配项构成一个整体，共同充当注意的焦点，即成为图形，同时它们也共同充当注意的陪衬，即成为背景。因为英语中的 and 只能做连词，不能为介词，所以由其连接的两个成分的语法地位是等同的。为了说明这种图形和背景相互重合的关系，Langacker（2013：244 – 245）作图如下：

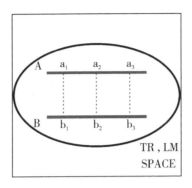

图 5.1　射体与界标的重合

Langacker 指出，在图 5.1 中，图形［A－B］不仅包括所有的次射体［a_1，a_2，a_3，……］，而且也包括所有的次界标［b_1，b_2，b_3，……］。因此，［A－B］同时充当了整体性射体 TR 和整体性界标 LM。［A－B］中的不同次结构之间所凸显的相互联系被识解为一个整体，图 5.1 用粗体的椭圆表示。但是，汉语协配句中的协配项除了能表达整体图形之外，它们还可以凸显协配前项，淡化协配后项，即协配前项为射体，协配后项为界标。具言之，当把例（8a）和例（8b）中的"和"理解为介词时，则"NP_1＋和＋NP_2＋VP"结构中的协配前项就处于图形之中，协配后项就处于背景当中，这时协配项 NP_1 和 NP_2 之间的整体性虽然依旧存在，但是它已经不是句子凸显的对象，而只充当实现某种协配关系的背景。但在例（8c）和例（8d）中，我们可以看到协配项分别充当句子的主语和宾语，这时，协配项之间的整体性已经被说话人分解，但同时它也使句子中的射体和界标关系更加明显。这是因为在"NP_1＋VP＋NP_2"主动宾结构中，句子的动作链关系得到凸显，说话人更容易把前者理解为射体，把后者理解为界标。对这些关系我们也可以用图示表示，如例（8a）和例（8d）可以分别用图 5.2 和图 5.3 表示。

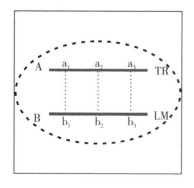
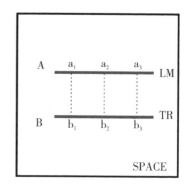

图5.2　A线为图形，B线为背景　　　图5.3　B线为图形，A线为背景

从图5.2和图5.3可以看出，对于一个协配句来说，射体不同，界标不同，那么它凸显的图形和背景也不同，由此呈现的认知图式也有差异。在图5.2和图5.3中，方框代表说话人的认知区域，粗线表示射体，细线表示界标，虚线椭圆代表的是认知背景中协配项之间的整体性。从图5.2中可以看出直线A是射体，直线B是界标，认知识解的路径是从A到B；从图3中可以看出直线B是射体，直线A是界标，认知识解的路径是从B到A。至此，我们已经清楚地认识到空间关系中协配项所呈现的图形–背景关系，以及其所凸显的认知焦点和充当的陪衬背景。但是，问题仍然没有结束。当"和"类词为介词时，例（8a）和例（8c）都以A线为图形，B线为背景；例（8b）和例（8d）都以A线为背景，B线为图形。那么，为什么这些相同的图形–背景关系形成的句子的句法结构不同呢？这仍是一个需要解决的问题。我们暂且将其放下，留待后文论述。

（二）事件关系中的图形与背景关系

在事件关系中，现代汉语协配句中的图形和背景仍然可以用射体和界标进行说明，但是这种射体和界标的关系多是相互的，因为如果在协配句中协配一方与另一方具有某种关系，那么另一方也与这一方具有某种关系。例如：

（9）a. <u>中国富二代与法国黑卡斗法</u>：HANMAC手机出奇制胜（安卓网资讯频道2016–07–18）

b. <u>山东高速男篮迎战浙江广厦　杰特斗法富兰克林</u>（新华网山东频道2014–11–14）

在例（9a）中，协配项"中国富二代"和"法国黑卡"可以共同充当主题，成为图形，协配前项"中国富二代"也可以充当句子的主题，成为图形。但是，当"中国富二代"和"法国黑卡"共同成为图形时，句子的射体和界标重合。这也就是说，对于"中国富二代与法国黑卡"这个整体中的每一个个体而言，其本身既是射体，又是界标。这是因为"中国富二代"和"法国黑卡"之间关系是相互的，即"中国富二代"与"法国黑卡"斗法，"法国黑卡"同时也与"中国富二代"斗法。而当协配前项"中国富二代"单独处于认知的图形位置时，虽然它与"法国黑卡"依然具有相互关系，但是"法国黑卡"并不处于注意的焦点位置，而是成为"中国富二代"斗法的陪衬。这样，在认知结构上，"中国富二代"就成为射体，而"法国黑卡"就成为界标。例（9b）同样也是如此，虽然"杰特"和"富兰克林"之间具有相互斗法的行为，但是说话人在认知方式上是将"杰特"放于图形位置，所以"杰特"是射体，而"富兰克林"由于处于句法的宾语位置，则其只能处于背景位置，属于说话人观察"杰特"的界标。

而在现代汉语协配句中，对于位于谓语动词之后的并列协配项而言，该协配项只能做界标，而不能充当射体，因为它们都处于宾语位置，体现出一定的受事性，属于能量传递的接受方。例如：

（10）有些西方人分不清泰国和中国台湾，但都知道 Grand Hotel是国际知名的宾馆所在。（《作家文摘》1994）

（11）伊芙琳刻画了卖笑女们的一组群像，用模糊的态度糅合着甜蜜与痛苦。（《作家文摘》1994）

例（10）中的"泰国"和"台湾"，例（11）中的"甜蜜"与"痛苦"都是协配项，但是他们都处于谓语动词之后，所以它们都处于句法背景位置，属于观察者叙述射体的界标。而这真正的射体则是谓语行为"分不清"和"糅合"的执行者，即例（10）中的"有些西方人"和例（11）中的"伊芙琳"。

三、认知图景与其他两组概念的差异

（一）图形–背景与射体–界标的差异

射体–界标虽然可以分析图形–背景关系，但是也并不是所有的图形–背景都可以用射体–界标来分析。陈忠（2007：305）指出："汉语的

主题则主要根据'图形'和句法分布位置来确定。"这也就是说，只要一个句法成分在语用层面充当主题，且处于句首位置，那么它就是认知上的图形，相应地，对这一主题进行说明的述题则就是背景。而射体和界标是针对句子的主语和宾语而言，因为 Langacker（2013：221）明确指出："主语和宾语概念分别是射体和界标的具体应用。"考虑到行为动作链中能量的传递过程，我们更倾向于将射体理解为能量的源点，将界标理解为能量传递的终点。这样，我们就更容易看出图形－背景与射体－界标之间的差别。前者不仅可以应用于句法层面，将主语看作图形，将宾语看作背景，还可以应用于语用层面，将主题看作图形，将述题看作背景。而后者只能适用于句法层面，在主动宾型的句子中通常主语为射体，宾语为界标。这样，射体—界标分析并不能适用于所有的汉语句子。因为我们知道，汉语中的主题并不都是句子中的能量源点，所以当句子的主题不是句子的能量源时，其也就不是认知上的射体。例如：

（12）<u>韭菜和麦苗，小王分不清</u>。（自拟）

（13）<u>这道题和那道题我一并解决了</u>。（自拟）

例（12）中"韭菜和麦苗"是句子的主题，从认知上来看，它们共同成为注意的焦点，即属于图形信息。但是"韭菜和麦苗"并不是句子的射体，因为它不是句中行为动能的源点，而只是句子中行为动能的终点。所以"韭菜和麦苗"仍然还是句子的界标，而射体则是"小王"。同样，例（13）"这道题和那道题"是主题，所以它们处于图形位置，而述题"我一并解决了"则属于背景内容。但是就射体－界标关系而言，"我"仍然是射体，"这道题和那道题"仍然是界标。由此可见，在动态句中射体也并不一定都处于图形位置，界标也并不一定都处于背景位置。这说明，图形－背景和射体－界标之间的确存在差异。或许正因如此，在协配句中有时协配一方可在空间背景中出现，协配另一方可在句法背景中出现，所谓的空间背景即表达空间关系的背景，所谓的句法背景则是指句中的宾语成分。例如：

（14）尤其是中国，<u>在传统文化基础上糅合了现代意识</u>，令西方人士惊呼东方巨龙的即将腾飞。（BCC 语料库）

（15）至今仍使用印章的东方在与使用签名制的西方的交流中，<u>东方在印章系统中融合了签名，西方也在签名制中融合了印章</u>。（BCC 语

料库）

例（14）中协配双方分别是"传统文化"和"现代意识"，但前者出现在空间背景中，后者出现在句法背景中。例（15）中协配双方分别是"东方印章"和"西方签名"，但在两个协配句中，其中一个可以表现为空间背景，另一个可以表现为句法背景。两者共同出现于一个句子当中，前者做状语，后者做宾语。

在现代汉语协配句中，当主题是集合概念，述题中的自然焦点是主题事物的分解时，图形和背景具有整体和部分的关系。例如：

（16）我眼前的桐花，渐次分不清淡紫粉红，与月白融为一片朦胧、幽深的思念。（《人民日报》1994）

（17）我印象很强烈的是，这些作品中的人很少例外地被分成好坏两种。（路遥《早晨从中午开始》）

例（16）中"我眼前的桐花"是句子的主题，属于认知图形，其余为述题，是认知中的背景。但是背景中的焦点信息"淡紫粉红"则是主题图形中的部分，即"淡紫"和"粉红"都是桐花的颜色，指代的是某一类桐花。例（17）中"这些作品中的人"是一个集体，它出现在认知图形中，而当这些人被分为"好坏两种"时，无论是"好人"还是"坏人"都成了"这些人"中的某一部分。可见，同一事物的整体和部分在这里构成了图形与背景关系。

（二）图形－背景与焦点－背景的差异

图形－背景关系并不等于焦点－背景关系。前者是人们观察事物的认知心理模式，后者是人们传递信息的语用结构模式。例如：

（18）威廉与莫伦在雨中约会，他向姑娘讲起了十几年的经历，告诉她每天都惦念着与她的重逢，还把一旧手帕交给了莫伦。（《作家文摘》1996）

（19）1928年夏天，茅盾决定去日本作流亡客时，邂逅秦德君女士，便一起流亡日本。（《作家文摘》1997）

例（18）中"威廉"是图形，"莫伦"是背景，因为后文中的"他"

前指的是"威廉",所以前文协配句的主题是"威廉"。但是,从焦点－背景结构而言,该句的自然焦点是"约会",其余信息则都属于背景信息。当然如果在动态句中,"莫伦"和"在雨中"也都有可能成为对比焦点,而相应的其余部分成为背景。例(19)更能说明这一问题。就图形－背景关系而言,"茅盾"是图形,"秦德君女士"是背景;但是就焦点－背景关系而言,"茅盾"处于背景之中,而"秦德君女士"则成为信息焦点。可见,认知上的图形－背景结构并不等同于语用上的焦点－背景结构,甚至有时还会出现完全相反的结果。

为了说明焦点－背景结构和图形－背景结构之间的差异,陈忠(2007:482－484)提出了认知前景和认知后景的概念。所谓后景是指句子当中为其他成分提供参照的成分,包括句子当中表示动作起因、方式、发生时间、发生地点等要素;所谓前景是指根据"后景"所提供的参照信息而确立的时间、处所、结局等情状,包括动作结果,终结后的时间、地点等。陈忠同时还指出:"'后景'往往是前景的前提条件,是为前景所做的铺垫;前景则是后景的延伸和结局。"此外,前景分为自然前景和特写前景两类。所谓自然前景,是指句子的新信息所在,位于句子的尾部;特写前景是指利用音重或其他句法手段,提高句子内部某个成分的显著度,使得该成分与其他成分之间的显著度构成强烈的反差。由于特写前景没有固定位置,此处我们只分析自然前景,而不考虑特写前景。这样,语用上的焦点－背景结构其实就对应于陈著所言的认知前景－后景结构。例如:

(20) 然后他在门口和山岗相遇,他看到山岗向他微笑了一下,山岗的微笑捉摸不透。(余华《现实一种》)

(21) 50后女星对决80后 杨幂痘脸难敌刘晓庆童颜(人民网海南视窗 2014－11－17)

例(20)从语用上来看,"相遇"是信息焦点,其他信息"他在门口和山岗"为背景信息,相应地,在认知上,"相遇"是前景,而"门口"和"山岗"等要素都是认知后景。同样,例(21)中"50后女星"是信息背景,"80后"是信息焦点,因此,"50后女星"也为认知后景,而"80后"为认知前景。这不仅说明认知前景－后景同语用的焦点－背景对应,而且也说明认知前景－后景也不同于认知图形－背景关系。这是因为,在例(21)中,如果从图形—背景的角度分析,"50后女星"处于图形位置,而"80后"处于背景位置;但是在前景－后景关系中,两者却恰恰相反,处于图形位置的主语是信息传递的后景，而处于背景位置的宾语则是信息凸显的前景。这正如陈忠（2007：486）所言："图形是凸显的部分，但是图形也可能为其他成分提供参照信息。'前景'是从功能的角度划分出来的。"这准确地说明了图形与前景之间的差异。

四、认知图景与协配项的句法投射

对于两个具有某种关系的事物，人们观察的角度不同，产生的认知心理也不同，由此就会导致对于这两个事物的图形与背景的分析不同。图 5.4 是 Ruben 的"脸与花瓶两可图"。当我们以白色为背景时，我们就会看到一个花瓶的图案；当我们以黑色为背景时，我们就会看到两个人的脸部侧面。因此，在对一个场景的描述中，说话人究竟是选择一对物体中的哪一个作为图形、哪一个作为背景就取决于说话人的观察视角。这样，说话人所选择的图形和背景也会相应地投射到句法结构的不同位置，这对于现代汉语协配句的句法结构的形成同样适用。

图 5.4 Ruben 的"脸与花瓶两可图"

（一）协配句中认知图形的句法投射

对于一个静态句而言，现代汉语协配句中的图形是说话人注意的焦点，也是说话人首先观察到的事物，因此，它在句法上通常投射到主语位置或者主题位置。例如：

（22）<u>她</u>很安稳地和华盛顿住在一块，因为他与她相爱。（老舍《二马》）

（23）周仁知道陈玉英抱走了孩子，知道张全义跟金秀已然分居，更知道自己始终爱恋着金秀。（陈建功《皇城根》）

例（22）中第一个协配句中的"她"是说话人关注的焦点，是图形，所以投射到句法的主语位置，而另一个协配项"华盛顿"则处于背景位置。但是在第二个协配句中"他"前指的是"华盛顿"，则其又处于图形位置，而"她"则可以被看作处于背景位置。而在例（23）中"张全义"和"金秀"两者更有可能都处于说话人关注的焦点位置，因为并列项之间没有其他成分，也缺少上下文的提示。所以我们可以将其看作两者都处于认知图形当中。

但是刘宇红（2006：12）指出："在一个图形－背景结构中只能有一个图形被凸显，而不能同时有两个。"而这里的两个协配项都处于图形当中，是否违反了这一结论呢？我们认为答案是否定的。这是因为图形和背景是说话人的心理认知图示，它可以随着说话人的心理变化而发生改变。这正如电影拍摄中，如果一个画面上出现两个人物，而导演欲要突出其中的一个人物，那么他/她往往会通过景深的变化让另一个人物逐渐虚化，直至最后变得模糊，以此来凸显要突出的这个角色，淡化另外一个角色；相反，如果导演需要同时展现两个人的活动，那么他/她则会将两个人物一起置于镜头的焦点位置，使之成为画面凸显的对象，此时，画面的背景也就成了人物活动的场景。只不过在语言当中，说话人在线性的一维时间进程中，无法通过空间手段的变化来凸显或淡化某一对象，但语言可通过自身的组合规则来展现这种认知心理。具言之，当说话人想凸显每一个协配参与者时，他/她就会将所有的参与者都投射到主题位置，使之成为话语凸显的对象；相反，当说话人只需要凸显某一协配参与者时，他/她则只会将这一协配参与者投射到主题位置，使之成为话语凸显对象，而另一协配参与者则被淡化到认知背景当中。

从动作链图式中的能量传递过程来看，在静态句中，当图形投射到主语位置时，主语通常是动作链中能量的源头，如例（24）中的"朝鲜人民"和"中国人民"都是"击败日寇"的实施者。但对于动态句而言，投射到主语位置的图形在动作链上可以是能量的终点。例如：

（24）朝鲜人民和中国人民携手并肩击败日寇。（BCC 语料库）

（25）橘子和苹果，我放在一起了，你可以把它们都带走。（自拟）

例（25）中的"橘子和苹果"并不是动作行为"放"的施事，而只是"放"的受事。在能量传递的过程中，充当能量源的"我"并不是说话人凸显的对象，"我"虽然是能量源，但是只处于述题当中；而"橘子"和"苹果"虽然占据主语位置，但是依然是"放"的受事，是能量的承接者。

从语用功能上来看，说话人采用这种变式句可以达到在认知图景中凸显受事的目的，这就比使用常态句"我把橘子和苹果放在一起了"更适合。

（二）协配句中认知背景的句法投射

在现代汉语协配句中，背景的句法投射分为两种：一种是空间背景投射，一种是句法背景投射。空间背景投射常常投射到两个句法位置：一为状语位置，一为补语位置。例如：

（26）几天以后，<u>他在这座桥上与沈良再次相遇。</u>（北大语料库）

（27）如果爱情一定要像琼瑶小说里那样一波三折缠绵悱恻，那么我和杨帆的恋爱是圆满的——<u>十二年前我和他邂逅在飞机上</u>，眼前大朵大朵奇妙的云朵，似乎象征着每个恋爱故事都有一个浪漫的开端。（百度搜索）

例（26）中"在这座桥上"是空间背景，它在句法上投射为状语。不过，就空间背景与协配后项之间的关系而言，空间背景既可以位于协配后项之前，也可以位于协配后项之后。如例（26）我们也可以说成"他与沈良在这座桥上再次相遇"。但无论空间背景出现于协配后项之前还是之后，它都处于状语位置。例（27）与此不同，空间背景"在飞机上"出现于谓语之后，在句中做补语。可见该例中空间背景投射的句法位置为补语。

空间背景的句法位置投射不同，在说话人的认知心理上所产生的价值取向也不同。这是因为出现在状语位置上的空间背景在静态句中属于认知后景，不是说话人所要凸显的成分，而在补语位置上的空间背景在静态句中属于认知前景，是说话人所要凸显的成分。如例（27），当空间背景出现在补语位置，成为信息焦点的时候，说话人意在强调此处所的特殊性和重要性。换言之，正是因为"我和他"邂逅的地方是在"飞机上"，所以眼前才会出现"大朵大朵奇妙的云朵"，而这种云朵又象征着"我和他"之间浪漫恋爱的开始。可见，"我和他"的邂逅之地"飞机上"的确是特殊的和重要的。相反，如果说话人把邂逅的空间背景"飞机上"置于状语位置，说成"我和他在飞机上邂逅"，则这一处所成分不能体现出这种特殊性和重要性。退一步而言，即使能够表现特殊性与重要性，这种手法也不如将其置于补语位置明确而强烈。

在现代汉语协配句中，句法背景通常被投射到宾语位置，这也就是Langacker所说的界标。从语义上来看，这个界标可以是协配参与者中的某一个对象，也可以是全部协配参与者。例如：

（28）大唐控股握手安捷伦，共同提升 TD-SCDMA 国际竞争力（国际电子商情 2014－11－16）

（29）沪港通似"转换器"连接内地"圆水管"与香港"方水管"（新浪 2014－11－18）

例（28）中"大唐控股"握手的对象是"安捷伦"，但是"安捷伦"是认知背景，处于宾语位置。例（29）中"沪港通"是认知图形，被投射到主语位置，"内地'圆水管'"和"香港'方水管'"是认知背景，它们都被投射到宾语位置。就信息传递的角度而言，句法背景的这种投射便于突出信息焦点，即使其处于认知的前景位置。这是因为就认知心理而言，自然焦点信息置于句子末尾，在心理上留给受话人更多的期待空间，从而也便于受话人有充分的时间来准备接收新信息。

至此，我们明确了一个问题，就是无论是认知图形，还是认知背景，它们在句法位置的投射上都不是随意的，而是有着特殊的认知心理基础。就表达的角度而言，无论充当主语的图形是能量源，还是能量终点，无论背景是占据状语位置，还是占据补语位置，抑或是占据宾语位置，它们都有着特殊的表达功能。在句法结构中，没有无表达功能的句法成分，也没有无句法成分的表达功能。

五、认知图景与句法结构的互动关系

王寅（2007：12）指出："认知和语言都是基于对现实的体验之上的，认知先于语言、决定语言，是语言的基础；语言又可反作用于认知，可促进认知的发展和完善。"这就是说，认知和语言并不是截然分割的，而是相互促进的。确立了这一点，我们再来解决本节"二、协配句中图形与背景的关系类型"遗留下来的一个问题：例（8a）和例（8c）都以 A 线为图形、B 线为背景，例（8b）和例（8d）都以 A 线为背景、B 线为图形，那么，为什么相同的图形－背景认知心理产生的句法结构形式不尽相同呢？我们认为这是认知心理与句法结构互动的结果。为了说明这个问题，我们以例（7）为例来具体讨论。现在请允许我们将其重新编号列举如下：

（30）a. 安徽与江苏毗邻。

b. 江苏与安徽毗邻。

  c. 安徽毗邻江苏。

  d. 江苏毗邻安徽。

  在例（30a）和例（30c）中，两者"安徽"都是图形，"江苏"都是背景，但是背景"江苏"的句法位置投射不同。在例（30a）中"江苏"投射为状语位置，在例（30c）中"江苏"投射为宾语位置。两者当中的"江苏"虽然都为背景，但是充当背景的性质不同。在例（30a）中"江苏"是空间背景，在例（30c）中"江苏"虽然在空间上是"安徽"的参照对象，但是在句法上它处于宾语位置，所以它同时还有可能被看作句法背景。这说明空间背景和句法背景之间可以相互转换，如该例中的"江苏"就由空间背景渐变为句法背景，相应地，"江苏"也由"场景角色"转变为"核心角色"。按照陈忠（2007：287－289）的观点，核心角色是指充当主宾语的角色，场景角色是指非充当主宾语的角色。但是"场景角色向核心角色转化要通过句法结构的调整得以实现"，而句法结构的调整必然又受到句中谓语动词的制约。如例（30a）中图形是"安徽"，背景是"江苏"，但是前文我们已经讨论过，图形在静态句中只能投射到主语位置，而背景不仅可以投射到状语位置，也可以投射到补语位置，当然还可以投射到宾语位置。

  而在协配句中，除去语用方面的原因仅就句法结构而言，协配项能不能投射到宾语位置，在很大程度上受制于句中的谓语动词。如第六章第三节中我们所分析的主动宾协配句式中动词的特点，就很能说明问题。具言之，只有表达单一事件具有［＋最简对称］特征的动词才可以用于这种结构，否则就不能构造出主动宾协配句式。如"金燕西邂逅了冷清秋"中"邂逅"是［＋最简对称］动词，所以该句也可以说成"冷清秋邂逅了金燕西"。但并不是说只要具有这种特征动词就一定能够构成这种句式，如"相遇"和"邂逅"意思相同，但不能出现于该句式。这从而也证明了陈忠（2007：289）的观点："句法结构也可以对认知图示产生一定的反制约。一方面认知结构制约着句法结构形式，另一方面句法结构形式也对认知结构进行反制约。认知和句法结构之间构成双向的互动关系，而不是单向的关系。"为了明确这一互动关系，我们可以将例（30）中"安徽"充当图形的情况用图5.5表示。

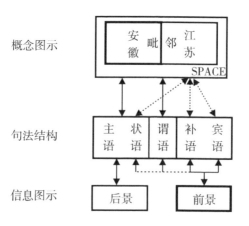

图5.5　认知图示与句法结构的互动关系

在图5.5中，概念图式中图形"安徽"投射到句法主语位置，我们用实线表示。背景"江苏"可以投射到状语位置，如"安徽与江苏毗邻"（"与"为介词）；也可以投射到补语位置，如"安徽毗邻于江苏"；还可以投射到宾语位置，如"安徽毗邻江苏"。对于这种句法位置上的或然关系我们用虚线表示。除了图形和背景投射之外，图形与背景之间的协配关系也发生了投射，它反映在句法上就是成为谓语核心，如例（30）中的"毗邻"。认知背景"江苏"虽然有三种句法投射的可能，但是能不能投射到宾语位置则受到谓语动词的控制，如例（30）中的"毗邻"能够带宾语，那么它就可以投射到宾语位置；相反，如果谓语动词不能带宾语，那么认知背景就不能投射到宾语位置，而通常只能投射到状语位置。这样，状语能否与宾语交换位置、状语能否与补语交换位置就受制于谓语动词。伴随着这一过程的实现，概念图示也就形成了不同的句法格式。而不同的句法结构形式又受制于句中谓语核心动词的类型，谓语核心动词不同，其所形成的协配句式也就会产生差异，而句式形式上的差异又会反过来影响认知图式，即不同的句法结构呈现出不同的概念结构。

同时，在协配句法结构的形成过程中，不同句法结构的形成还会受到认知图示中的语用信息的前景与后景的影响。当然，这些语用信息结构中的前景和后景也会由不同的协配句法结构来呈现。所谓前景，是指根据"后景"所提供的参照信息而确立的时间、处所、结局等情状，包括动作结果、终结后的时间、地点等；所谓后景，是指句子当中为其他成分提供参照的成分，包括句子当中表示动作起因、方式、发生时间、发生地点等要素（陈忠，2007：482－484）。但是由于认知前景分为自然前景和特写前景，所以认知前景和后景与句法结构成分之间的投射和呈现也是互动的，而且某些句法成分的投射也是变动不居的。如图 5.5 中，信息结构中的认知后景可以投射到主语位置，也可以投射到主语和状语位置，而认知前景如果是自然前景的话，则投射到补语或宾语位置，图中用实线表示；如果是特写前景的话，则任一句法成分都有可能成为投射的对象，图中用虚线表示特写前景投射到状语或谓语的情况。当某一个成分被认知前景投射后，它就成为句子中的信息焦点，相应地，其他成分则就成了认知后景所投射的对象。反过来看，在具体的语境中，当一个协配句的句法结构形成以后，那么它的认知前景和认知后景也就固定下来了。所以句法结构同样对认知信息结构具有一定的反作用，不同的句法结构呈现了说话人不同的信息传递图式。由此看来，概念图式与句法结构，以及信息图式与句法结构之间都存在互动关系。这样，我们再来看例（30a）与例（30c）的区别就比较容易了。具言之，在一个没有特写前景的句子中，当认知背景"江苏"出现在状语位置时，它不是说话人所要重点表达的信息；但是当其出现于宾语位置，则成为说话人信息传递的焦点，也就是说话人所要重点表达的内容。这是因为汉语的句子通常遵循尾焦原则，即句子的末尾是新信息所在的位置。同理，例（30b）和例（30d）也是如此。当认知背景"安徽"出现在状语位置时，它不是说话人所要重点表达的信息；但是当其出现于宾语位置，则成为说话人信息传递的焦点，也就是说话人所要重点表达的内容。

六、协配句中图形与背景的转换及限制

在协配句中，由于协配项之间常常具有对称的关系，因此，协配项可以互为图形和背景。这也就决定了协配项在句法结构上可以交换位置而并不改变句子的逻辑意义。例如：

（31）赵辛楣和鸿渐拉拉手，傲兀地把他从头到脚看一下，好像鸿渐是页一览而尽的大字幼稚园读本。（钱钟书《围城》）

→鸿渐和赵辛楣拉拉手，傲兀地把他从头到脚看一下，好像鸿渐是页一览而尽的大字幼稚园读本。

（32）可笑的是，我和孟明现在还在继续抬杠，不过这回抬的不是遗传学，而是系主任的担架！（北大语料库）

→可笑的是，孟明和我现在还在继续抬杠，不过这回抬的不是遗传学，而是系主任的担架！

例（31）中"赵辛楣"和"鸿渐"拉手，"鸿渐"也必然和"赵辛楣"拉手，两者是相互的。因此，在不考虑后文的情况下，该句可以说成"鸿渐和赵辛楣拉拉手"。这样，在说话人的认知心理中，图形与背景也就交换了位置，即在原句中"赵辛楣"处于认知图形位置，"鸿渐"处于认知背景位置；而在交换后的句子中"赵辛楣"处于认知背景位置，"鸿渐"则处于认知图形位置。同理，例（32）也是如此。在"我"和"孟明"交换位置之后，"我"也从认知图形位置转变到认知背景位置。由此可见，具有对称关系的协配项在协配句中通常可以交换协配项的位置，而并不会改变句子的逻辑语义。这正如陈忠（2007：274）所指："如果二者之间的关系可以相互参照，它们就可以进行图形和背景之间的转换。"这同时也说明了例（30）中的另外一个问题：为什么同一个客观场景可以形成不同的认知图式？因为观察者观察事物的角度不同。具言之，当以"江苏"为参照点观察"安徽"时，"安徽"自然是图形，就会投射到句法主语位置；相反，当以"安徽"为参照点观察"江苏"时，则"江苏"就处于认知图形位置，所以这时投射到句法主语位置的就应该是"江苏"。这就如同认知心理学中常提到的一个现象：面对一只只有半杯水的杯子，我们既可以关注水，说"这只杯子的一半是水"，我们也可以关注这只杯子空出的部分，说"这只杯子的一半是空的"。可见，同一个场景，观察的角度不同，得出的结果就会有差别，因此说出的句子也就不同。

但是，卢英顺（2020）指出："认知图景是人们对现实世界常规的，或者说是比较恒定的认知经验。"因此，协配项之间的语义尽管是对称的，但是有些协配项也表现出一定图形优势，相应地，有些协配项则表现出经常充当背景的倾向。具体而言，图形与背景的转换限制情况主要有以下五种类型。

（一）图形是个体，背景是整体

在现代汉语协配句中，如果协配参与者具有个体与整体的关系，那么充当图形的参与者通常是个体，而充当背景的通常是整体。这是因为个体是整体中的一部分，整体比个体范围大，更适于充当背景信息。例如：

（33）我与野地上的一切共存共生，共同经历和承受。（北大语料库）

→? 野地上的一切与我共存共生，共同经历和承受。

（34）幸运的是在林珠正当妙龄的阶段，中国搞了改革开放与国际接轨，林珠遇上了她的好时代。（《作家文摘》1997）

→ *幸运的是在林珠正当妙龄的阶段，<u>中国搞了改革开放，国际
与中国接轨</u>，林珠遇上了她的好时代。

例（33）的协配项是"我"和"野地上的一切"。从逻辑上来看，
"我"与"野地上的一切"共存共生，那么"野地上的一切"也必然与
"我"共存共生。但是在这个句子当中，我其实也应是野地上的一员，即
"我"是个体，而"野地上的一切"是整体。因此在说话人的认知图示中，
"我"处于图形位置，而"野地上的一切"处于背景位置，遵循由个体到
整体的顺序。这从例（34）更能看出这一点。"中国"自然是"国际"中
的一员，"国际"当然也包括"中国"，但是在说话人的认知中实际上"国
际"是排除了"中国"的，所以"中国"是个体，"国际"是整体，因此
也通常将"中国"放于图形位置，而将"国际"放于背景位置。相反，如
果我们将上述例句中的协配项交换位置，即交换图形与背景的关系，那么
句子的可接受性就会大为降低，甚至不可接受。

（二）图形有生命，背景无生命

在现代汉语协配句中，如果有生命的人物与无生命的事物共同成为协
配参与者的话，那么充当图形的通常是有生命的人物，而充当背景的通常
是无生命的事物。因为有生命的事物比无生命的事物具有更高的认知凸显
度。例如：

（35）杨、柳虽然牺牲了，但<u>他们的精神不死，与山河共存，与日
月同辉</u>。（《作家文摘》1993）

→? 杨、柳虽然牺牲了，但<u>他们的精神不死，山河与之共存，日
月与之同辉</u>。

（36）这使我觉得很高兴，<u>孩子与笔墨有缘</u>，这就能继承我将来的
事业了。（《作家文摘》1994）

→ *这使我觉得很高兴，<u>笔墨与孩子有缘</u>，这就能继承我将来的
事业了。

例（35）中"他们的精神"虽然表面上为无生命的，但这种"精神"
是附属于人的，且说话人明确指出这种精神"不死"，可见说话人实际上将
"精神"看作有生命的事物，所以说话人将"他们的精神"置于认知图形
位置，而将无生命的"山河"和"日月"置于背景位置。同样，例（36）

更能说明这一点。协配项"孩子"和"笔墨"相比,"孩子"是有生命的,而"笔墨"是无生命的,所以通常将"孩子"置于图形位置,而将"笔墨"置于背景位置。相反,如果我们将上述例句中的图形与背景反过来,则句子的可接受性就值得怀疑。如例(35)虽然我们可以用代词"之"代替前面的"精神",但是句子的可接受性并不高。例(36)交换顺序后句子则完全不可接受,因为"笔墨"本身就具有转指性质,所以不适合充当图形。

(三)图形是后起者,背景是源生者

在现代汉语协配句中,如果协配参与者具有时间上的先后关系,那么通常充当图形的是后出现的人或事物,充当背景的是先出现的人或事物,因为先出现的事物更容易成为说话人的参照点。例如:

(37)隋朝类似于秦朝,都是短命王朝。

→? 秦朝类似于隋朝,都是短命王朝。

(38)儿子和爸爸长得很像。

→? 爸爸和儿子长得很像。

例(37)中按照历史的先后顺序,"秦朝"在前,"隋朝"在后,即"秦朝"为先生物,"隋朝"为后起物。因此,在说话人的认知图示中,将"隋朝"置于图形位置,而将"秦朝"置于背景位置。相反,如将"秦朝"置于句首,使其充当图形,相应地,将"隋朝"置于句末,使其充当背景,则句子的可接受性大为降低。同理,例(38)"儿子"是后起物,"爸爸"是先生物,且两者具有滋生始源关系。所以,我们只能把"儿子"置于图形位置,把"爸爸"置于背景位置,而不能相反。陈忠(2007:275)认为:"图形和背景的不同特征呈现为一个连续统。"这就是说,图形和背景具备的特征不同,那么充当的角色就不尽相同。对于"儿子"和"爸爸"而言,陈著认为"儿子"的自立性低,"爸爸"的自立性高[①],所以"儿子"与"爸爸"充当的认知角色不同。其实"儿子"与"爸爸"之间的自立性本身就体现为先后关系,因为陈忠(2007:268)就明确指出,"自立性强的事物,先于自立性弱的事物存在"。可见,事物之间的先后关系才是这类事物充当图形-背景的本质差别。

---

① 陈忠(2007:268)认为,自立性是指自身独立存在的程度。

（四）图形是主动行为者，背景是被动行为者

在现代汉语协配句中，如果协配参与者在活动中具有主动和被动的区别，那么通常处于图形位置的是事件的主动参与者，处于背景位置的是事件的被动参与者。这是因为主动参与者在事件产生的过程中具有主导作用，更易于成为说话人关注的对象。例如：

（39）于是张居正只有同司礼监勾结，他才能舒展抱负，来策动当时的政事。（北大语料库）

（40）虽然清政府勾结帝国主义，将义和团运动镇压下去了，但是清王朝的封建统治也已经是苟延残喘难以维持了。（北大语料库）

例（39）中"张居正"是勾结的主动者，因为他要"舒展抱负""策动时事"；而"司礼监"虽然也参与了"勾结"行为，但是"司礼监"并不是"勾结"行为的主动者，只是陪同者。因此，在说话人的认知心理中，由于参与双方在整个事件中的性质不同，因此，说话人将主动参与者置于认知图形位置，而将被动参与者置于认知背景位置。同样，例（40）更能说明这一问题。"清政府"是镇压"义和团"的主力，同时也是最想镇压"义和团"的力量，所以它与"帝国主义"勾结具有主动性。而"帝国主义"虽然也具有镇压"义和团"的需要，但是他们只是借"清政府"的力量消灭了"义和团"。所以"清政府"是图形，处于主语位置；而"帝国主义"是背景，处于宾语位置。

（五）图形是比较对象，背景是参照对象

在现代汉语协配句中，如果协配参与者之间具有比对关系，那么通常处于图形位置的是比较对象，处于背景位置的是参照对象，因为参照对象是说话人比较的依据，没有参照对象，就无法进行比较。例如：

（41）语言和人类一样古老，自从有了人类，就有语言。（北大语料库）

（42）他年龄大约跟我相仿，嘴唇上已有了淡淡的胡髭，鼻梁稍嫌矮些，眼睛却炯炯有神。（张贤亮《绿化树》）

例（41）将"语言"和"人类"进行比较，"语言"是比较前项，"人类"是比较后项。处于比较前项的是比较对象，处于比较后项的是参照对象。因此，说话人为了表达比较对象与参照对象之间的比较关系，而只能将"比较对象"置于认知图形位置，相应地，则将参照对象置于认知背景位置。例（42）也是如此，"他"是比较对象，"我"是参照对象，因此，"他"是认知图形，位于主语位置，而"我"则是认知背景，处于状语位置。

需要说明的是，表达比较的协配句都是表示平比的比较句。① 如例（41）中"语言"和"人类"在时间上两者没有差别，它们都很"古老"。例（42）中"他"跟"我"在年龄上"相仿"，两者是差不多大的年龄，所以也是平比句。

第二节　现代汉语协配句的象似性研究

象似性最早由符号学的奠基人 Peirce（1932）提出。他将符号分为象似符（icon）、标记符（index）和代码符（symbol）三类。Haiman（1980）也是最早从象似性角度研究语言的学者之一，他将句法的象似性分为成分象似（isomorphism）和关系象似（motivation）两种。成分象似是指句法成分与经验结构的成分（大大小小的概念）相对应；关系象似是指句法成分之间的关系与经验结构成分之间的关系相对应。但是对于语言中的关系象似规律的探究，不同的学者有不同的看法。就我国学者的研究而言，沈家煊（1993）将关系象似原则归纳为三条：距离象似性、顺序象似性和数量象似性；严辰松（1997）具体介绍了四种句法临摹现象，分别是疏离、对称、不可预料性和思维的顺序；王寅（2007：510）的研究较为全面，他不仅论述了距离象似性、顺序象似性、数量象似性，而且还提出了标记象似性、话题象似性、滤减象似性以及句式象似性等观点。本节主要基于句法象似性理论讨论现代汉语协配句的句法形式。认知语言学的观点认为，语言形式并不完全都是任意的，其句法结构受到客观现实的制约。现代汉语协配句的句法结构较为特殊，其结构规则背后的认知理据需深入探讨。

---

① 太田辰夫（2003：163）指出："比较有平比、差比、极比。平比就是印欧语中所用的原级，差比就是印欧语中的比较级，极比就是印欧语中最高级。"

一、现代汉语协配句中的距离象似性

（一）组合式协配项体现的距离象似性

语言结构的距离象似性指语言成分之间的形式距离与它们之间的概念距离或语义距离相对应。认知上或概念上越接近的实体，其形式的线性距离就越接近。这就是说，语言结构形式域的成分距离或疏密反映概念域或语义域的成分距离或疏密（关永平，2011）。在现代汉语协配句中，由于协配项在句法上具有等同的地位，可以同为主语或宾语，在语义上具有相同的语义角色，可以同为施事、受事或系事等，因而不管协配项是居于句中谓语动词之前，还是居于谓语动词之后，其通常在句法位置上彼此靠得很近。这就是所谓的"并列成分间的形式距离也反映它们之间的概念距离"（文旭，2000）。例如：

（1）亚当和夏娃在园里相遇，两人都非常幸福，他们连个衣柜都没有。（北大语料库）

（2）塔赫玛斯普君王最优秀的画作，糅合了波斯的风格与土库曼的细腻。（北大语料库）

例（1）属于协配项居于谓语动词之前的协配句。就句法结构而言，"亚当"和"夏娃"都是句子的主语；就语义角色而言，"亚当"和"夏娃"都是句子的系事，两者句法功能相同、语义角色一致，因此，它们在一维的线性语言结构中位置邻近。这体现了认知功能对语言结构的影响。例（2）属于协配项居于谓语动词之后的协配句，在这种协配句中，协配项之间的句法关系也是并列关系，因此，它同样可以较为直观地反映协配项之间的概念相似。具言之，在该例中协配项"波斯的风格"和"土库曼的细腻"是两种画作的特点，但是这两种特点被"塔赫玛斯普君王"糅合在一起，因此就象似性的角度而言，"波斯的风格"和"土库曼的细腻"在语言中也应该出现在一起。而事实上在语言的表达中这两个协配项就是出现在一起的。可见，协配项的紧邻出现确实反映了协配句中协配项之间的距离关系象似于客观现实中这些事物之间的概念关系。这诚如 Givón（1994）所言："功能上、概念上和认知上距离近的，形式上的距离也近。"

在现代汉语协配句中，协配项虽然在语义上具有相同的语义角色，但其句法功能有时也可能并不一致，因为协配项的语义角色是相对于谓语核心而言的，而协配项的句法功能是由协配句的句法结构决定的。具言之，同一个协配参与者在句法结构的不同位置出现，那么它所充当的语义角色可能不会发生变化，但是句法功能则很可能会发生变化。这样，由于某个协配项的句法位置发生了变化，那么它就有可能会远离另一个协配项。从表面上看，这似乎违反了距离象似性原则，但实际上恰好也说明了语言在人的主观认知的作用下，表达相同语义概念的语言形式会随着说话人主观认知的差异而产生变化。这也就是说，如果说话人注意的焦点不同，语用表达需求不同，那么他/她就会改变原有的句法形式，使原本应该处于邻近位置的词语发生结构上的变化，从而使其在句法结构上产生差异。可见，距离象似性对句法结构还是会产生影响的：两个协配参与者，句法结构越相近，越容易被识别为相同的句法成分，反之则不易被理解为相同的句法成分。例如：

（3）白富堂后来与焦素娥相爱，双双冲破层层阻力，各自先离婚然后再"有情人终成眷属"。（北大语料库）

（4）顺姐在乡间重逢自己的哥哥。哥哥诧怪说："我们都翻了身，你怎么到翻下去了呢？"（杨绛《顺姐的"自由恋爱"》）

例（3）中的两个协配参与者虽然都处于谓语动词的前面，但两者的句法功能并不相同。因为按照张谊生（1996）对"和"类连介词所给出的鉴别标准，"白富堂"与"焦素娥"之间插入了时间状语"后来"，满足分离标记强标主导原则，所以这个句子中的"焦素娥"虽然也是"相爱"的一方，但她在句法位置上并不是主语，而只是介词"与"的宾语，即"与焦素娥"是介宾短语做状语。可见，两个协配参与者由于句法结构距离变大，它们之间的句法关系也就不再一致，而句法功能不同，其语用表达也不相同。这正如袁毓林（1989）所指出的，从语用的角度看，两个协配参与者以什么句法形式来实现是受言谈的目的、语境、线索等要素制约的。一般的情况是，把宜于做话题的成分安排在句首，这个参与者就是动词所表示的协同行为的主动者，而另一方配合这个参与者完成某一协同行为，通过用介词"和、同、跟、与"引导，来表示这种参与关系。这说明，协配参与者句法位置的不同是由语用因素决定的，而这种语用因素又间接地反映了概念距离象似的作用。因为在说话人的认知中协配参与者的地位不同，所以二者在句法结构中的位置也不同。这正是句法形式象似于概念距离的一种表现。

同样，例（4）中"顺姐"在乡间重逢了"自己的哥哥"，那么"自己的哥哥"肯定也在乡间重逢了"顺姐"。但是由于这个句子采用的是主动宾的结构形式，即将协配参与者分别置于协配谓语动词的两边，使其充当整个协配句的主语和宾语，因此，两个协配项之间的距离进一步增大，不仅导致其句法功能不再一致，而且还会使两者的语用功能发生一定的变化。张伯江（2009）指出：凡是处于谓语动词前面的成分，都会或多或少地带有一些施事的性质；凡是处于谓语动词后面的成分，都会或多或少地带有一些受事的性质。李新良（2013）则进一步指出：协同动词带宾语的语义后果是从无主次之分的两个事件的参与者之中选择一个出来，放在 SVO 句主语的位置上，从而凸显其主动施为的性质，即将其"施事化"；NP2 由于移到动词的后面，其施事性降低，从而"（准）受事化"。这也说明，虽然在协配句中两个参与者都参与了协配行为，但事实上这两个协配行为的主动性和受动性不同，所以说话人可以将其置于不同的句法位置。这样，通过线性距离上的疏远可以达到区分协配参与者句法语义地位的目的。可见，当协配项语法地位不同时，同样也能体现出距离象似性对句法结构的影响。

（二）集合式协配项体现的距离象似性

集合式协配项是指以整体形式出现的协配参与者，它是概念距离接近最突出的一种表现形式。这是因为在协配项以集合的形式展现出来之后，事物之间的先后关系就体现不出来了，这时，所有的协配参与者就融合在一起并形成了一个整体。这就是袁毓林（1989）所指出的，由于协配参与者具有相同的语义特征，而且协配动词对这两个参与者的语义选择条件是一致的，因而协配项除了可以以联合词组的形式出现外，还可以以下列形式出现：表示复数的名词、代词、数量词组、指量词组、同位词组、偏正词组等，即在表层结构中以集合 NPc 的形式来实现深层结构中的两个 NP。这样，当协配参与者以这种集合形式表现出来之后，它就更能体现客观概念象似的事物句法上更加相近的规则。这是因为从语言对客观现实的临摹来说，语言是一维的，尽管它具有象似性，可以模拟客观现实，但是空间现实是三维的、立体的。这样，一维的语言就很难将三维立体的现实完全模拟出来。比如，两枚硬币重叠在一起，在客观现实中我们可以观察到一个重叠的图形，它们分不出彼此，但是我们在语言中必须分出先后，即可以说"A 和 B 重叠"，也可以说"B 和 A 重叠"。这样，由于我们的语言在一维的时间语流中必须将相同的成分分出先后次序，因而并不能完全模拟出客观现实的本来面貌。但是就协配句的句法结构而言，汉语还有另外一种表达方法，就是采用集合式的表达方法，即让协配项成为一个集合整体，如对于上述两枚硬币重叠的场景我们可以说成"两枚硬币重叠"或者"它们重叠"等。这样，由于采用了集合式表达，A和B便不再区分先后，因此从象似性的角度来看，其形式更便于呈现客观现实场景。

在语言结构中，语言单位之间的距离越近，其语义关系也就越近。Haiman（1985a：106）举了一个例子证明语言距离与概念距离之间的象似关系，即语言距离越大，概念距离就越大，语言距离越小，概念距离也就越小。例如：

（5）a. X # A # B # Y

　　 b. X # A # Y

　　 c. X + A # Y

　　 d. X # Y

　　 e. X + Y

　　 f. Z

在例（5）中，d表示分析，其中"#"表示词的界限；e表示粘着，其中"+"表示语素的界限，f表示X和Y综合为一个单一的语素，而这个语素可以和X或Y相同，但也不一定相同。从这个例子中我们可以看出X和Y之间的距离在例（5a）中最大，在例（5f）中最小，其间经历了一个逐渐缩小的过程。由此，Haiman根据动因象似假设，进一步做出推断：形式的不同在某种意义上对应于意义的不同，尤其是X和Y之间的距离越大，它们所代表的概念之间的距离也就越大。这反映在现代汉语协配句中就是协配项之间的距离可以发生变化，而且协配项之间的距离不同，句子所表达的语法意义可能也存在差异。例如：

（6）a. 张三昨天去了上海，李四昨天也一同去了上海。（自拟）

　　 b. 张三昨天跟李四一同去了上海。

　　 c. 张三跟李四昨天一同去了上海。

　　 d. 张三、李四昨天一同去了上海。

　　 e. 他们（张三和李四）昨天一同去了上海。

例（6）中协配参与者"张三"和"李四"在句法结构中的距离逐渐缩小，但不同的句法结构形式体现出的句法语义也不完全相同。例（6a）

属于并列复句，"张三"和"李四"是两个分句的主语，说明"张三昨天去了上海"，"李四昨天也去了上海"，但由于后一分句是紧承前一分句而言的，所以后者"李四"更容易被理解为他是随同前者"张三"去的上海。例（6b）在形式上可以看作例（6a）的一种句法变化，即描述同一场景的句子从复句变成了单句，但语义上两者并不完全相同。具言之，例（6a）是复句结构，参与者之间的距离最大，两者的语义关系也最远。从每一个分句所表达的语义来看，两个分句各自叙述的都是相应的某个协配参与者的单一的个体行为。而例（6b）采用的是单句形式，让"张三"充当主语，"李四"充当状语，句子虽然陈述的是"张三"的动作行为。但由于缩小了协配参与者之间的句法距离，"李四"就成了"张三"的共事，共同完成"一同去上海"这个事件，只不过在这个句子中"张三"更容易被理解为他是随同"李四"去的上海。例（6c）是个歧义结构，这里的"跟"既可以分析为介词，也可以分析为连词。分析为介词时，它表达的语义同例（6b）；分析为连词时，"张三"和"李四"构成一个联合短语，两者语法地位等同，共同充当句子的主语，表达的语义是"张三和李四"作为一个整体一同完成了某个事件，协配参与者的行为没有了先后之分。从参与者之间的句法距离上来看，例（6c）虽然在书面形式上已经无法体现两者的不同，但在语音形式上还是存有差异的。具言之，"跟"为介词时主语"张三"与其后的谓语成分"跟李四昨天一同去了上海"之间有停顿，空间距离较大；而"跟"为连词时，"张三跟李四"之间不能有停顿，空间距离较小。但是例（6c）中协配项之间的距离还不是最小的，我们还可以进一步将"跟"去掉，如例（6d）。这样，"张三"和"李四"之间的距离进一步减小，他们之间也就只有并列关系，而不会再在书面上产生歧义。这说明，例（6d）中"张三"和"李四"之间的语符距离进一步缩小对应于他们在客观世界中概念距离的进一步缩小。不过，例（6d）中的"张三"和"李四"尽管是以并列的形式出现的，但是他们在语言的线性特征上仍然具有时间的先后顺序。相比而言，例（6e）采用集合式的手段，将协配项整合在一起，用代词"他们"进行指称，抹去了协配项在时间一维性上的差别，所以"他们"的结合更为紧密，在语义表达上更加凸显了两个人是一起去的上海。

二、现代汉语协配句中的顺序象似性

（一）协配项的顺序反映现实世界参与者的顺序

顺序象似性指语法结构成分的排列顺序临摹事件的发生顺序，即语法单位的排列顺序对应于客观事物发生或人们认知的时间顺序，这和人们对事物发生顺序的感知经验一致（张先亮、范晓，2010：216）。对于现代汉语协配句而言，由于协配项在说话人的认知心理中一般具有同等地位，因而"在深层的语义平面上，哪个协配参与者先出现，哪个协配参与者后出现是无关紧要的"（袁毓林，1989），协配项之间的位置常常可以互相交换，而并不会改变句子的逻辑真值意义。这反映了现实世界参与者的共事特征。例如：

（7）窃贼与失主银行相遇　一个取钱一个挂失（乐视网 2014 - 10 - 23）

（8）一辆载货卡车和一辆长途汽车在转弯处迎头相撞。（王朔《玩的就是心跳》）

例（7）中"窃贼"与"失主"并列共同成为句子的主语，二者在说话人的认知心理上不分先后。虽然在语言的线性规则下他们只能一前一后出现，但是由于例中的"与"是连词，协配参与者共同成为一个认知整体，因此，我们也可以交换两个参与者的位置。而且当我们把"失主"放于句首，把"窃贼"放于并列连词"与"字的后面时，句子的意思并没有发生变化，只不过为了保持后句语义与前句语义的对应性，需要将其中的"取钱"与"挂失"同时交换位置。这说明，在客观现实中，协配项之间的关系是对等的，在语言中无论它们哪一个出现于句首，通常并不影响句子的逻辑语义关系，即"窃贼"与"失主"在银行相遇，那么"失主"也肯定与"窃贼"在银行相遇。这体现出语言结构对客观现实结构的临摹。例（8）也能说明这个问题。"一辆载货卡车"位于句首，"一辆长途汽车"位于并列连词"和"字之后，述语说明二者发生"相撞"关系；当我们交换了二者的位置后，致使"一辆长途汽车"位于句首，"一辆载货卡车"位于并列连词"和"字之后，句子的逻辑语义同样也不会发生变化。这是因为在客观现实中，"载货卡车"与"长途汽车"相撞，同样"长途汽车"也与"载货卡车"相撞，二者的碰撞行为是同时发生的，无所谓谁先谁后，所以两者可以交换位置，而并不影响句子的逻辑真值意义。这也说明了语言结构象似于客观现实场景的道理。

在现代汉语协配句中，协配项交换顺序并不改变协配项之间的协配关系。这一点在协配项居于谓语之后的句子中也能表现出来。因为当协配项位于句子的宾语位置时，协配项之间的"和"类词只能是连词，而且这时协配项之间的语法地位是等同的，共同充当句子的焦点信息，所以协配项的先后顺序就更不会对句子的逻辑语义产生太大的影响。例如：

（9）看起来拉维尼娅已经和他谈好了，<u>他们准备合并巴塞洛缪和巴兹尔公司</u>，然后把合并之后的公司卖给穆先生。（北大语料库）

（10）<u>儒家文化</u>只要自我调整，就能够继续向适应现代工业文明的方向演化，<u>融会贯通西方的现代管理制度、法制体系和契约原则</u>。（百度搜索）

例（9）中无论是"巴塞洛缪"在前，还是"巴兹尔"在前，句子的逻辑语义都没有变化，两者都是"合并"关系；而且就语用信息而言，由于"巴塞洛缪"和"巴兹尔"是作为一个整体来充当"合并"的宾语的，因而不管哪个协配参与者在前，它们都是"合并"的焦点信息，为读者提供新信息。例（10）"融会贯通"支配的宾语有三个，分别是"现代管理制度""法制体系"和"契约原则"。从语义上来看，三者的关系是一致的，它们构成一个联合短语，共同充当句中谓语动词的受事，所以无论如何交换位置，都不会改变它们"融会贯通"的结果。这也说明，协配项在句法结构上的这种可以相互交换位置的现象，其实就是它们在客观现实中相互依存、彼此映照的反映。

（二）协配项的顺序反映观察者扫描事物的顺序

Croft（2003：102）指出，"语言结构以某种方式反映了经验的结构，亦即世界的结构，（按多数功能主义者的看法）也包括说话人加诸其上的视角"。就现代汉语协配句所反映的顺序象似性而言，它除了能表现协配项在句法上可以相互交换位置之外，还能反映说话人观察某一客观协配场景时扫描事物的顺序，这主要体现在主动宾协配句式中。例如：

（11）微信迎来淘宝，<u>阿里"握手"腾讯</u>（《电商报》2021－03－19）

（12）第一台比赛，<u>叶江川对阵梁充</u>，棋局进行得非常激烈。（《人民日报》2002－09－22）

例（11）中"阿里"握手"腾讯"，"腾讯"同时也握手"阿里"，因此，二者可以相互交换位置，这反映了客观现实中两者的对应关系。例（12）也是如此，正是因为"叶江川"与"梁充"在客观现实中对等，所以他们才可以相互交换位置。但是除此之外，这种句子结构也反映了说话人观察事件的顺序。例（11）说话人是以"阿里"为图形进行观察，所以观察的顺序是从"阿里"到"动作"，再到"腾讯"，若将两者交换位置，其情形则恰恰相反。同理，例（12）中的说话人先观察的是"叶江川"，后观察的是"梁充"；如若交换二者的位置，则说话人先观察的是"梁充"，后观察的是"叶江川"。这种观察顺序也就是认知语言学所说的顺序扫描，它反映的是说话人对一个场景的观察流程。这也就是说，观察者观察的过程不同，那么它所形成的句法结构也就不同。

观察者对协配场景的顺序扫描也可以反映在由句法结构的回环手段构成的协配句中。在上文我们已经指出句法结构的回环手段主要是指"你 V 我，我 V 你"这种结构，它表达协配参与者之间的一种交互关系。由它构成的协配句反映了观察者扫描参与者之间行为的方式是顺序扫描。例如：

（13）司机们你看我，我看你，这可是件大好事，恢复奖励制度谁不高兴？（北大语料库）

（14）所有炮兵脸色都变了，你望我，我望你，使着眼色。（叶楠《祝你运气好》）

例（13）主题是"司机们"，述题是"你看我，我看你"，而这一述题的表达实际上反映了说话人观察的顺序。也就是说，这个司机看了那个司机，那个司机也看了这个司机，或者是这个司机看了那个司机，而那个司机又看了另外一个司机，循环相看。这反映了说话人观察客观场景的顺序是一个接一个的。同样，例（14）也是如此，"你望我，我望你"，反映了说话人观察"炮兵"的行为方式也是顺序扫描。而这种扫描方式正是客观现实场景的具体体现。

（三）协配项的顺序受行为主体和说话者因素的制约

1. 协配项的顺序受行为主体主动与受动因素的制约

张敏（2019）指出："句法像似性指的是句法里的能指和所指在结构上的相似性或同构性，亦即前者临摹后者。整体而言，汉语的语法组织更多地依赖像似原则。"顺序象似性虽然反映了协配参与者可以相互交换位置而不改变句子的逻辑语义这一语法现象，但是如果考虑到句子的语用信息，那么现代汉语协配句中的协配项则有时又是不可以随意交换位置的，这体现出协配参与者主动与受动的差异。例如：

（15）小林感到发愁，与老婆商量送点别的算了，何况别人家已经送了炭火，咱再送也是多余，不如送点别的。（刘震云《一地鸡毛》）

（16）杨七谋职不成，情绪低落，勾结着锁匠韩六撬开大队仓库，把他那批皮袄搬了出来，摆在大街上拍卖。（莫言《生死疲劳》）

例（15）就逻辑语义而言，"小林"和"老婆"商量事情，那么"老婆"也和"小林"商量事情。但是在例（15）中，由于语用因素的限制，两者不能交换位置。这是因为在客观现实中，"小林"是"商量"的主动行为者，而"老婆"只是"商量"的共事参与者，如果交换了二者的句法位置，那么这种主动与受动的关系就体现不出来了。所以从顺序象似性的角度来看，两个参与者的位置顺序反映了二者在客观现实世界中的先后顺序，即主动者在前，受动者在后。例（16）也能说明这个问题。"杨七"是"勾结"的主动者，充当话题；"锁匠韩六"是"勾结"的受动者，充当信息焦点，两者分别位于"勾结"的主语和宾语位置，形成主动宾结构形式的协配句。李劲荣（2018）指出，这类句子"施事在发出动作时带有明显的意图"，而且句法结构较为松散。而陆丙甫、陈平（2020）也指出，"松散意味着距离远，距离远适合表达弱作用力"。所以在句法上"杨七"应出现在句首，"锁匠韩六"则应出现在宾语位置。这是协配参与者在客观现实事件中的体现。

2. 协配项的顺序受说话者心理时空距离因素的制约

协配参与者之间的先后顺序除了受事件主动者和受动者的影响之外，还会受到说话者心理时空距离远近的影响。所谓心理时空距离，是指某个人或事物在说话人心理空间上所形成的时空距离，即说话人常常以自身为参照点，然后观察事物，这样，不同时空中的人或事物相对于说话人而言，就会有距离远近的区别。就现代汉语协配句而言，说话人常常将心理时空距离近的人或事物安排为协配前项，将心理时空距离远的人或事物安排为协配后项。这体现了"思维的顺序与语言单位排列的顺序象似"（王寅，1999）。例如：

（17）李克强表示，当前中美关系与各领域合作发展势头良好。习近平主席同特朗普总统多次成功会晤、通话，两国各层级对话交流持续推进。（《人民日报》2017－9－26）

（18）马特维延科说，普京总统与习近平主席多次会晤、紧密沟通，将俄中全面战略协作伙伴关系推进到了前所未有的高水平。（《人

民日报》2014 – 9 – 24）

就"会晤"事件而言，会晤双方的关系是等同的，一方与另一方会晤，那么另一方也与这一方会晤。但对于上述二例而言，说话人不同，观察的视角也不一样，当然形成的协配句的句法形式也就存有差异。所以从说话人的角度来看，将会晤的双方哪个置于协配前项，哪个置于协配后项则与说话人的心理时空距离有关，也就是要遵循"与说话人接近原则"（文旭，2001）。就例（17）而言，说话人是"李克强"，在心理空间上"习近平主席"相较于"特朗普总统"离"李克强"更近，因为"李克强"和"习近平主席"都是中国的国家领导人，而"特朗普总统"则是外国领导人。所以从"李克强"的角度来看，他自然会把"习近平主席"置于协配前项，把"特朗普总统"置于协配后项。这从例（18）也能看出来，"马特维延科"和"普京总统"是同一个国家的人，所以他会把"普京总统"置于协配前项，把"习近平主席"置于协配后项。可见，心理时空距离的远近也是决定协配项先后顺序的一种重要因素。

三、现代汉语协配句中的数量象似性

（一）协配结构与句子的复杂化

数量象似性是指量大的信息、说话人觉得重要的信息、对说话人而言很难预测的信息，表达它们的句法成分也较大，形式较复杂（沈家煊，1993）。对于现代汉语协配句，协配表达的是两个或两个以上的人或事物之间的相互协作配合的关系，所以它相对于表达单独个体行为的语言在形式上也较为复杂。例如：

(19) a. 张三喜欢李四。

　　 b. 张三喜欢李四，李四也喜欢张三。

　　 c. 张三和李四相互喜欢。（自拟）

(20) a. 张三坐车走了，李四坐车也走了。

　　 b. 张三和李四坐同一辆车走了。

　　 c. 张三和李四一块儿坐同一辆车走了。（自拟）

例（19a）只是表达"张三"一个人的心理感受，例（19b）表达的则是"张三"和"李四"两个人的心理感受，所以例（19b）在语言形式上

是两个单独的形式。这说明，概念越多，表达所需要的语言形式也就越多。但是象似性和经济性是相互竞争的，所以为了简洁，例（19b）所表达的语义也可以说成例（19c）。但无论如何，表达两个人之间关系的句子总比表达单个人物行为的句子复杂。如例（19c）虽然在句型上仍为单句，但是该句的主语为复数形式，即"张三和李四"，谓语动词前则增添协配标记"相互"一词，表明该句的动作行为是交互发生的，即"张三"喜欢"李四"，"李四"也喜欢"张三"。可见，复杂的行为仍需复杂的语言形式予以表达。同样，例（20）也能说明这个问题。例（20a）表达的是两个独立的事件，即"张三走了"是一个事件，"李四走了"又是一个事件，两个事件之间不具有相互关系。但是在例（20b）中，句子陈述的是"张三"和"李四"是"坐同一辆车"走的，这也就说明"张三和李四"的走是同一个事件，所以它在语言的表达上也更加精细化，即为了表达这种同一事件，说话人必须强调"坐同一辆车"。所以概念的增加反映在语言上也就是语符数量的增加。例（20c）更能对此加以说明。在例（20c）中，受话人觉得"坐同一辆车"还不足以突出"张三和李四"两人的协配性，所以为了表达两人离开的一致性，说话人又增加了协配词"一块儿"以凸显两人之间的协配行为。这说明语符数量的增加又直接反映着说话人认知概念的增加。

（二）协配项与句子的复杂化

在现代汉语协配句中，数量象似性还反映在协配项的增加对应于协配关系的复杂化。这是因为在现代汉语协配句中，协配项越多，协配项之间的交互关系也就越复杂。例如：

（21）a. 张三和李四相互为敌。
　　　b. 张三、李四和王五相互为敌。（自拟）

例（21a）中协配项为两项，协配句之间的关系较为简单，即"相互为敌"只在这两个人之间发生。例（21b）中协配项为三项，协配项之间的关系相对复杂，即"相互为敌"在三个人之间发生。但是这种"相互"的方式可以不同：既可以是"张三"和"李四"为敌，"李四"和"王五"为敌，"王五"和"张三"为敌；也可以是"张三"和"李四"为敌，"李四"和"王五"为敌，而"王五"和"张三"不为敌。可见，协配项的多少决定了协配句语义表达的不同。这尤其表现在协配项是由数量结构构成的集合式协配句上。例如：

（22）全班五十名同学相互传染，结果都患上了流行性感冒。（自拟）

例（22）中协配项的数量是"五十"，协配行为是"传染"。但是这种疾病传染的途径可能是多种多样的，既可以是一个同学先得病，然后分别传染给其他同学，也可能是一个同学先得病，然后传染给另一个同学，而另一个同学再传染给另一个同学，以此类推。当然，这里面也可能包含更为复杂的传染途径。而语言为了经济，不可能也没必要将这种途径描写得一点不差，因此，使用"相互"表达是一种比较经济的手段。这也说明，协配项越多，协配句的语义表达也越复杂。

关于这一点，我们在第三章第四节其实已经有所论述。我们将交互协配句的语义分为全部交互、组合交互和递相交互三种，这实际上就是交互协配句语义复杂性的体现。这是因为全部交互可以只出现两个协配项，而组合交互和递相交互通常都不会只有两个协配项。例如：

（23）a. 这两根电线杆相互间隔 50 米。

　　　b. 这五根电线杆相互间隔 50 米。（自拟）

（24）a. ＊张三和李四相互跟着进入教室。

　　　b. 同学们相互跟着进入教室。（自拟）

例（23a）中协配项为两项，但它实际上还是全部交互；例（23b）则只能为组合交互，即每两个电线杆之间的距离都是 50 米。同样，当例（24a）的协配项为两项时，句子不可以接受，因为两个人不能完成"相互跟着"这种场景；而例（24b）由于"同学们"是一个集合概念，其通常不止两个，所以可以完成"相互跟着"这种场景，因此句子合法。

不过需要说明的是，在交互协配句中，全部交互、组合交互和递相交互这三种交互方式实际上呈现为一个连续统的状态。这是因为就交互的程度而言，全部交互的交互性最强，其次为组合交互，再次为递相交互。但是递相交互也可以分为循环与非循环两种。例如：

（25）a. 第二天我又给那老大娘买了两顿盒饭，那几个学生也和我混熟了，大家互相轮换着坐座位。（北大语料库）

　　　b. 上述十九世纪的大事也非全部耽误时光，以致再蹈覆辙一错再错。而系鸦片战争，自强运动，百日维新，和辛亥革命互相连锁，成为一连串梯次式之反应。压力愈强，反应才加剧。最后则除了彻底破

坏，无法进入一个突破和转折的局面。（北大语料库）

例（25a）是循环性质的，因为火车上座位有限，其理想情况是第一个人坐过后，第二个人坐，第二个人坐过之后，第三个人坐，依次类推，循环进行。例（25b）不具有循环性，因为"鸦片战争""自强运动""百日维新""辛亥革命"这四个历史事件是接续发生的，前者对后者具有触发作用，而后者对前者没有触发作用。所以它们之间的关系是"互相连锁"，而不是循环相递。

就交互性强弱的角度而言，循环性的交互句强于非循环性的交互句。换言之，在所有的交互句中，非循环性的递相交互句的交互性是最弱的，所以其处于交互句连续统的最末端。这样，我们按照交互协配句之间交互性的强弱，可以将交互协配句之间的连续统用图 5.6 表示。

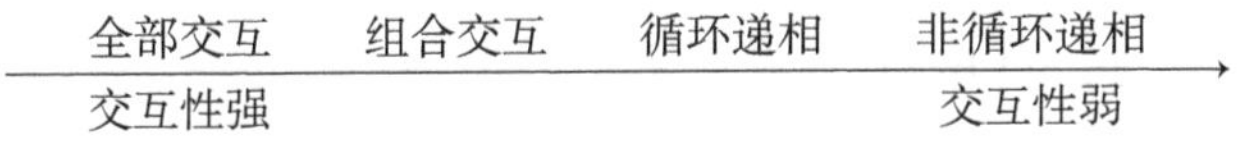

全部交互　　组合交互　　循环递相　　非循环递相
⟶
交互性强　　　　　　　　　　　交互性弱

图 5.6　交互协配句交互性强弱的连续统

就数量象似性的角度而言，当协配句中的协配项较多时，协配项之间的语义关系也就在这个连续统当中游移，因为有时候我们很难判断一个协配句的语义究竟有哪种语义关系。如"大家都在讨论这个问题"，我们并不知道"大家"包含了多少个协配项，也不清楚是不是每一个协配项都参与交互行为的方式，因此，我们只能判断"大家"之间存在交互行为，至于是全部交互还是组合交互，我们并不清楚。所以它实际上是处于连续统当中的某个位置，在实际需要中没有必要做精细化表达时，我们可以采用模糊的方式处理这种信息。但这种模糊的表达方式正说明了交互语义的复杂性，而这一复杂性就是因协配项之间数量的增加而产生的。可见，协配项的增加象似于协配语义的复杂性。

四、现代汉语协配句中的对称象似性

（一）现代汉语协配句中的对称语义关系

关永平（2012）指出："对称象似性是指，对称的语言形式或结构反映对称的概念或语义。在英汉及其他许多语言中，语言的平行结构、平衡结构、排比结构、对偶结构、重复结构、并列结构、关联结构及押韵结构，都可以看成是形式与概念或语义的对称性象似。"但是张敏（1988：168 –

169）认为："人类语言有一个本质特征，似乎使得对称性成为语言里（尤其是口语里）最难用象似方式表达的概念之一，它就是索绪尔的第二条原则：语言的线性原则。因为语言所采用的媒介是语音，而语音只能在时间这一单一的维向上线性地展开。所以语言在媒介上的这一限制似乎使得它很容易以象似的方式表达不对称的概念。这也就是说，语言形式在本质上是不对称的，因为我们不能同时说出两件事情。"不过，对于现代汉语协配句，情况并不完全如此。在现代汉语当中，协配句能够充分体现语言形式与客观世界之间的对称性。Haiman（1985a：73 – 95）早已指出，和我们想象的相反，概念上的对称关系其实是人类语言中最容易，也是最经常以图样象似方式表达的关系之一。他给概念的对称性下了一个明确的定义：

> A、B、C 是几个概念成分，r 是它们之间的关系。若：
> a）A r B 和 B r A 同时为真，或
> b）A r C 和 B r C 同时为真，
> 则概念之间的关系是对称的。

为了解释 Haiman 的观点，张敏（1998：168 – 169）进一步指出，两个子句所表达的事件若是交替的、同时的、互相依赖的，则它们在概念上是对称的。这也就是说，如果事件双方具有互相交替、同时进行或互相依赖的关系，那么两者所表达的语义关系就是对称的。例如：

> （26）张三和李四各自打了对方。（＝张三打了李四，李四也打了张三。）
> （27）张三和李四同时离开了。（＝张三离开了，同时，李四也离开了。）
> （28）张三和李四长相相似。（＝张三长得像李四，李四长得像张三。）

就句子所表达的语义而言，上述三例都可以看作协配句，因为它们都表达了相应的协配关系。这从其后的语义解释上可以看出，例（26）表达的是"张三"和"李四"互相击打，例（27）表达的是"张三离开"和"李四离开"这两件事同时发生，例（28）表达的是"张三"和"李四"彼此依存，共同成为比较的依据。可见，在这些句子中，若一个参与者与另一个参与者具有某种关系，那么另一个参与者也与这一个参与者具有相

同的语义关系。因此，这些参与者之间都具有对称关系。

对于现代汉语协配句，由于该类句子表达的是协配参与者的协作配合关系，它们在句法结构上都具有交互性和对称性特征，而且协配参与者相对于协配谓语行为、状态或关系而言，彼此相互依赖，通常在表层形式上不能只出现一个，因此，现代汉语协配句是最能表现客观事物对称关系的一类句子。例如：

（29）在 108 公斤以上级的比赛中，辽宁名将才力遇到河北选手魏铁汉的冲击。<u>辽宁力士与河北铁汉相互斗法</u>，才力终究实力雄厚，以415 公斤的总成绩捧走七运会举重比赛的最后一枚金牌。（《人民日报》1993 - 09 - 15）

（30）银行业全面改革的大幕已拉开，<u>机遇与挑战并存</u>，2017 年能否开掘新一轮发展红利，在新的市场中再唱主角，要看银行敢不敢变革、会不会创新。（《人民日报》2017 - 01 - 16）

（31）<u>张红天与夫人杨爱华是同学</u>，两人相知相爱，感情笃深。如今，杨爱华为自己的丈夫和他的同事骄傲："他们像个男子汉，我为他们自豪。"（《人民日报》1999 - 05 - 20）

例（29）中"辽宁力士"与"河北铁汉"相互斗法，当然"河北铁汉"也与"辽宁力士"相互斗法。这是因为两个参与者共同参与了"斗法"行为，任何一方都需要依靠另一方来完成这一行为。而且在这种句子中，协配双方的行为已经无法再进行分解，即该句子不能转变成两个分句的形式。可见，协配双方的行为已经完全融为一体，所以两者具有对称关系。例（30）中"机遇"与"挑战"并存，当然"挑战"也与"机遇"并存，两者之间处于"并存"状态，句法上完全可以交换它们之间的位置而不会改变句子的逻辑意义，这说明它们之间也存在对称关系。例（31）中"张红天"与"杨爱华"是同学，当然"杨爱华"也与"张红天"是同学，两者共同拥有"同学"关系。这种关系相对于单独一方来说是不能存在的，它至少需要两个参与者才能构成这种关系，所以协配参与者之间也具有对称关系。

（二）现代汉语协配句对时间顺序原则的消解

张敏（1998：168 - 169）同时还指出："语言里的并列形式有一种似乎互相矛盾的'双重性格'：它比非并列的主从形式更能表达对称的关系，也似乎更能表达非对称的时间顺序关系。"Haiman（1985b）也认为，一般说来，并列句是具备时间象似性的，其子句顺序对应于概念上事件出现的顺序；而主从句则不一定具有时间象似性。从时间性的角度来说确实是这样，戴浩一（1988）曾指出，汉语句子的排列顺序基本遵循时间顺序原则，即先发生的事情在前，后发生的事情在后。但在现代汉语协配句中，表达对称语义关系的句法结构消解了句子中的时间先后顺序，从而使协配句成为最能体现句法结构具有对称象似性特点的句子。这主要可从三个方面来理解：一是在不考虑语用因素的情况下，协配参与者的位置可以相互交换而不会改变句子的逻辑真值意义。二是现代汉语中的协配语义关系如果可以用复句的形式表示，那么这个复句除了后一分句有时会添加表示并列关系的虚词外，两个分句基本上是对应的，这就与客观世界里的人或事物的对称关系具有了象似性。三是在汉语中协配语义关系的表达并不是只能通过复句来表达，相反，协配语义关系的常见表达方式是单句。这是因为一方面，有些协配动词所表达的协配语义关系不能进行分解，如"斗法、比武、火并、对阵"等；另一方面，说话人为了消除并列结构这种时间上的不对称性，常常采用"融合"和"穿插"两种方式来表示概念对称关系。所谓"融合"，也就是用"相、互、合、并、共、分"等语素或用"互相、相互、轮流、一起"等词语将一个表达协配关系的复句合并为一个单句；所谓"穿插"，也就是用"分别、分头"这样的词语将一个表达协配语义的复句转变为一个单句。例如：

（32）a. 约翰爱玛莉，玛莉爱约翰。

      b. 约翰和玛莉相爱。（自拟）

（33）a. 张三获得第一名，李四获得第二名。

      b. 张三和李四分别获得第一名和第二名。（自拟）

例（32a）是并列复合句，从对称性上来看，并列本身便是一种对称关系的表达方式。但是从时间性来看，一前一后两个子句轻微地暗含了它们所表达的事件的时间顺序性（张敏，1998：172）。这也就是说，在时间上，两个事件并不对称。但是例（32b）通过"融合"的方式，将例（32a）中的两个子句融合为一个句子，则原有句子中的时间先后性被取消了，从而更好地体现了概念对称性。同样，例（33a）是并列复句形式，在事件上具有对称性，在时间上具有先后性。但是例（33b）采用"穿插"方式将例（33a）整合为一个句子，这就打乱了原有语句的时间顺序性，从而也很好地体现了概念的对称性。

（三）现代汉语主动宾协配句体现出的对称象似性

前文我们分析了主动宾协配句所体现出来的顺序象似性，这里我们还可以再分析一下主动宾协配句所体现出来的对称象似性。或许有人觉得顺序象似性与对称象似性存在一定的矛盾，但是我们需要指出的是，我们说主动宾协配句能够体现顺序性指的是这种顺序是说话人观察的顺序，而并不一定是客观事物的自然顺序。明确了这一点，我们再来看主动宾协配句所体现的对称象似性。在主动宾协配句式中，协配项分列于谓语动词两边，由此造成主语和宾语以谓语动词为中心呈对称状态分布，而这种对称状态恰好是协配项语义结构对称的体现。因为从语义上来看，协配项之间的语义地位是平等的，即一方与另一方具有某种关系，那么另一方也必然与这一方具有同样的某种关系，所以说话人将语义地位相等的两个事物分别置于谓语动词的两边能够较为妥帖地体现事件参与者之间的对称关系。例如：

（34）北京时间 2021 年 2 月 16 日 03：30，德甲联赛开始最新一场对战，比勒菲尔德客场对抗拜仁慕尼黑。两队最终战成 3 – 3，拜仁慕尼黑战平比勒菲尔德。（小度足球早播报 2021 – 02 – 16）

（35）根据赛程，足协杯 1/4 决赛首回合较量将于 7 月中旬展开，上半区是山东鲁能队对阵上海申花队、江苏苏宁队对阵上海申鑫队，下半区则是由广州富力队对阵广州恒大队、上海上港队对阵天津权健队。（《人民日报》2017 – 06 – 22）

例（34）"比勒菲尔德"和"拜仁慕尼黑"是这场足球比赛的两个参赛球队，两者地位相当，共同参与"对抗"比赛，实现"战平"结果，它们分别置于协配谓语动词的两端，构成主动宾协配句，体现了比赛双方的对称语义关系。因为在现实生活中，一个球队与另外一个球队进行比赛，攻守双方是相向而行的，这样两支球队分别处于关系两端，动作行为和结果发生在球队中间，所以采用主动宾协配句式更能体现比赛双方的对称语义关系。同样，例（35）中对阵双方都是协配参与者，他们之间各自发生"对阵"行为，说话人将每一对参与者分别置于主宾语位置，中间用谓语动词隔开，体现了对阵双方的对称语义关系，凸显了矛盾双方的平衡性。这种主动宾协配句式的对称象似性也可以用图 5.7 表示。

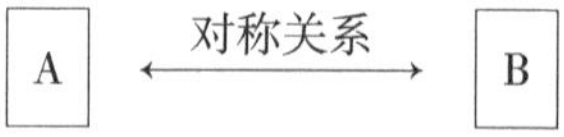

图 5.7　主动宾协配句中的对称象似性

图中 A 和 B 表示协配参与的两个事物，中间的双向箭头表示协配项之间的对称关系，这种关系通常由协配动词表达。这样，协配项自然分列于对称关系的两端，因此，主动宾协配句式能够最大限度地摹拟这种客观现实。张克定（2006）曾对对称结构的对称性做出解释：“对称结构的对称性，从逻辑的角度来讲，是因为由谓项所联系起来的两个事物或实体均可以既用作关系前项又用作关系后项；而从认知的角度来看，就在于谓项所联系起来的两个事物或实体均可以以对方为参照实体或参照点来加以确认，即均可以用作图形或背景。”这不仅可以解释主动宾协配句构造的逻辑语义基础，也可以解释主动宾协配句构造的认知动因。换言之，两个协配参与者之所以可以形成主动宾协配句，就在于两者在逻辑上具有对称关系，在认知上可以互相参照。

第三节　现代汉语协配句的主观性研究

学界对语言主观性的关注较早。早在 20 世纪之初，Bréal（1900/1964）便将主观性作为一种语言现象提了出来。在 20 世纪 30 年代和 50 年代，Büchler（1934/1990）和 Jakobson（1957）又分别对其进行了阐述。但是语言学界常将这一领域的初始研究归于法国语言学家 Benveniste（1958/1971：224）。Benveniste 将语言的主观性定义为说话人将自己视为“主体”的一种能力。之后，学界对语言主观性的关注开始增多。但从研究的角度来看，又可以分为两大方面：一是共时的研究，一是历时的研究。前者以 Lyons（1977、1982）和 Langacker（1985、1990）为代表，后者以 Traugott（1989、1995）和 Traugott、Dasher（2002）为代表。在共时层面，Lyons（1982）认为，“人从本质上讲是主观的，因为我们都拥有‘自我’。‘自我’包括认知、感知、情感、态度和意图等。语言的主观性就是人们言语时表现出来的‘自我’”。与其观点不同，Langacker（1985）认为，“人们用语言反映客观世界时拥有各自的视角，因而语言学家应该关注说话人如何从某一视角出发去认识客观情景”。在历时层面，Traugott（1995）认为，“广义上说，主观化过程就是语言中表达说话人的主观信念和态度的形式和结构逐渐变为某种可识别的语法成分的过程，在这个演变过程中，'意义越来越依赖说话人对命题内容的主观信念和态度'（Traugott，1989：35）"。沈家煊（2001）是我国较早关注语言主观性的学者之一。他认为主观性主要体现在三个方面，分别是说话人的视角（perspective）、说话人的情感（affect）和说话人的认识（epistemic modality）。冯光武（2006）也认为，"语言中的主观现象可以从两个角度去考察：一是自我，二是视角。'自我'即自己的观点，'视角'即认识事物的角度，两者都和人的自我觉醒有关"。对于现代汉语协配句，句法结构上的两个或两个以上的协配参与者如何排列，谁在前，谁在后，是共同充当主语，还是部分充当主语，则体现出说话人主观认知上的差异。

一、从说话人的视角看协配句的主观性

Langacker（2013：504）指出："视角是观察场景的方式，它包括图形－背景位置的排列、观察点和主观性。"这也就是说，语言的主观性不仅与图形－背景有关，而且也与观察者的观察视点有关。对于图形－背景位置与协配项的排列关系前文已有论述，这里主要讨论观察视点与协配句主观性的关系。但是，"视点"是一个综合术语，它又包括"观察位置"（vantage point）和"观察取向"（orientation）两个具体概念（Langacker，2013：128）。下面，我们从这两个方面分别来看协配句的主观性。

（一）从观察位置看协配句的主观性

就观察位置而言，说话人所处的观察位置不同，那么观察的结果也就不尽相同。因此，对于现代汉语协配句中的协配项，它们之间的关系在逻辑上虽然是同等的、对称的，但是在语用上选取哪一个作为观察的对象，哪一个作为观察的背景，就体现出观察者主观认知方面的差异。例如：

（1）a. <u>火箭与雷霆两支球队对决</u>。＝<u>雷霆与火箭两支球队对决</u>。

b. <u>火箭与雷霆对决</u>。≈<u>雷霆与火箭对决</u>。

c. <u>火箭对决雷霆</u>。≠<u>雷霆对决火箭</u>。（自拟）

从逻辑语义上来看，例（1）每组两个句子表达的语义是等同的，但从观察视角来看就存在一定的差异。例（1a）中协配项"火箭与雷霆"后有"两支球队"，表明"火箭"与"雷霆"是并列关系，这说明它们都处于观

察者的注意的焦点位置，在句法上共同做主语。这样，无论是"火箭"在前还是"雷霆"在前，它们之间的语义都没有什么区别。例（1b）中缺少"两支球队"，我们不能准确地判断"火箭"与"雷霆"之间究竟是不是并列关系，因为"所有由交互类短语同'N_1 跟 N_2'组成的无标形式都是歧义结构"（张谊生，1996）。换言之，这里的"与"既可以分析为连词，也能分析为介词，所以对于"火箭与雷霆对决"这个句子我们也就无法准确地判断"雷霆"究竟是主语成分还是状语成分。但从主观性上来看，对于"雷霆"这个协配项句法成分的不同理解就体现出说话人的主观差异。具言之，如果我们认为说话人把"雷霆"置于观察的焦点位置，那么"雷霆"就是主语；反之，如果我们认为说话人把"雷霆"置于观察的衬体位置，那么"雷霆"就是状语。可见，说话人的观察视角不同，说话人的主观性也就不同。质言之，对于客观现实中发生一个协配事件，当说话人把协配项全部置于主语位置时，说话人观察的是协配对象的整体行为、状态或关系；当说话人把某一个协配项置于主语位置而把其他的协配参与者置于状语位置时，则体现的又是对单一协配项的凸显。而究竟把谁放于注意的焦点位置，把谁放于衬体位置，也体现出说话人的主观差异。这在例（1c）中有更直观的体现。由于该句采用的是主动宾协配结构，即两个协配参与者分别处于主语和宾语位置，因而说话人的观察视角较为明确，即处于主语位置的协配项是观察视角的焦点所在，处于宾语位置的协配项是观察视角的衬体所在。因此，对于一个特定的协配关系，说话人观察的视角决定了说话人观察的主观差异。换言之，说话人究竟把两个或两个以上的协配参与者全部处理为图形，还是部分处理为图形，则是由说话人的主观性决定的。为了明晰这种主观性变化的差异，我们可以用图5.8加以说明。

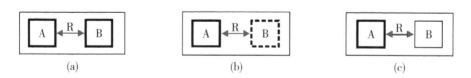

(a)　　　　　　　(b)　　　　　　　(c)

图5.8　说话人的观察位置体现主观性差异

图5.8中外边的大框表示说话人观察的视域范围，方框 A 和 B 表示事件参与的双方，R 表示参与者之间的关系，双向箭头表示参与者之间的关系是双向的，黑体粗线表示观察者注意的焦点位置，普通细线表示观察者注意的衬体位置，粗体虚线表示参与者既可以是焦点，也可以是衬体。在图5.8（a）中事件参与者 A 和 B 具有对称关系，都处于观察者的注意焦点

位置，说明观察者主观上认为两者是对等的，它们之间没有太大的差异，句法上的表现就是两者可以交换位置，如例（1a）。在图 5.8（b）中事件参与者之间的协配关系尽管也是对称的，但是就说话人观察的角度而言，参与者 A 和 B 之间存在差异。具言之，参与者 A 处于观察的焦点位置，而参与者 B 可以成为观察者的注意焦点，同样也可以称为观察注意的衬体，所以图中用粗体虚线表示。这表现在句法结构上就是参与者 B 既可以被分析为主语，也可以被分析为状语，如例（1b）。同样，在图 5.8（c）中事件参与者 A 和 B 也不相同。虽然它们之间的逻辑关系是一致的，两者都具有协配关系 R，但是就说话人观察的视角而言，参与者 A 处于焦点位置，B 处于衬体位置，两者完全相反，句法上参与者 A 为主语，B 为状语或宾语，有时也可能为补语，如例（1c）中的参与者 B 即为宾语。由此可见，说话人对参与者观察的视角不同就体现出观察者的主观差异，这种差异同时也会在句法结构上得以体现。

（二）从观察取向上看协配句的主观性

从观察取向上而言，观察者采用的坐标不同，那么观察的结果同样也就不尽相同。因此，对于一组协配关系，说话人究竟以哪一个为观察对象，以哪一个为参照点也就体现出说话人的主观差异。例如：

（2）a. 直线 A 与直线 B 互相垂直。

　　b. 直线 A 垂直直线 B。

　　c. 直线 B 垂直直线 A。（自拟）

例（2a）说话人实际上采用的是整体观察，即"直线 A"与"直线 B"互为观察对象和参照点。具言之，当以"直线 A"为观察对象时，"直线 B"则为参照点；当以"直线 B"为观察对象时，则"直线 A"为参照点。可见，说话人在这里实际上整合了两种观察视角，即分别采用了不同的观察坐标，然后再在"互相"的作用下将其整合在一起，使其呈现出双坐标的观察模式。比较而言，后两例采用的都是单坐标式观察方式。具体而言，例（2b）以"直线 A"为纵坐标，以"直线 B"为横坐标进行观察。这样，"直线 B"就相对静止，而"直线 A"则相对处于运动状态，即"直线 A"运动的状态是和"直线 B"垂直。相反，例（2c）则是以"直线 B"为纵坐标，以"直线 A"为横坐标进行观察。这样，"直线 B"相对运动，而"直线 A"相对静止，前者运动的结果是和后者垂直。可见，尽管处于同一个协配状态关系，说话人采用的观察坐标不同，其所体现出的观察者的主观差异也就不同。为了明晰这一差异，我们也可以将这种观察取向用图5.9表示。

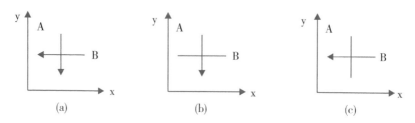

图5.9　说话人的观察取向体现主观性差异

图5.9中"直线A"和"直线B"的位置关系没有发生变化，但是说话人可以采用不同的说法表示这一垂直协配关系，这反映出说话人观察取向的差异。就图5.9（a）而言，在坐标轴x和y中，当说话人将x识别为横坐标，将y识别为纵坐标时，则表明"直线B"是静态的，而"直线A"是动态的。我们用带箭头的直线表示说话人的这一识别过程。但是由于两条直线是互相垂直的，因此，图5.9（a）还表示说话人向右旋转了90°进行观察，即说话人以x轴为纵坐标，以y轴为横坐标进行观察。这样，"直线A"是静态的，"直线B"则是动态的，它的运动轨迹是和"直线A"垂直的。我们用带箭头的直线B表示。值得一提的是，这两种识别方式虽然处于一个图示之中，但是两者并不是同时发生的，它们是在"互相"的作用下才形成一个整体的。明确了图5.9（a）所表示的语义关系之后，那么图5.9（b）和图5.9（c）也就很好理解了。在图5.9（b）中说话人以x为横坐标轴，以y为纵坐标轴进行观察，"直线A"的运动轨迹也就是与"直线B"垂直，而直线B则相对静止。同理，在图5.9（c）中说话人改变了观察取向，不再以x轴为横坐标，y轴为纵坐标，而是将其完全颠倒，以y轴为横坐标，以x轴为纵坐标，所以说话人可以说"直线B垂直直线A"，而这体现的就是"直线B"向"直线A"的运动变化。因此，A是静止的，B是运动的。由此可见，说话人的观察取向也体现出说话人的主观认知差异。说话人的主观认识不同，其所表达出来的言语结构也就不尽一致。

二、从说话人的情感看协配句的主观性

（一）从移情作用看协配句的主观性

袁毓林（1989）指出："从语用的角度看，两个NP以什么句法形式来实现是受言谈的目的、语境、线索等要素制约的。"这里的言谈目的其实也就是为说话人的主观性的一种体现。这种体现有时表现为说话人对协配参与者的倾注的感情态度不同。沈家煊（2002）认为从说话人的情感上看说话人的主观性，实际上也就是谈论说话人的移情（empathy）表现，而这种"移情"既可以表现为说话人对移情对象的"同情"，也可以表现为说话人对移情对象的"钟情"，还可以表现为说话人对移情对象的"厌恶"。就现代汉语协配句而言，尽管汉语协配句能够较为客观地反映协配项之间的相互关系，但是有些协配句仍然能够表现出说话人对协配项的主观情感差异，即说话人可以对某些协配项表达同情的情感，也可以表达钟情的情感，或者是表达厌恶的情感。例如：

（3）由于双打实力不济，中国队在最近5届汤姆斯杯赛中总是与冠军无缘。（北大语料库）

（4）他们又都绝对与罗曼蒂克无缘，虽然苦闷却又并无任何婚外恋的尝试。（刘心武《曹叔》）

（5）田老师又矮又胖，脸上没有一根胡子，眼睛又是出奇的小，简直与英俊潇洒无缘。（北大语料库）

例（3）中由于中国队双打实力不济，所以在5届汤姆斯杯比赛中都没能取得冠军，说话人在表达这一观点时，实际上是带有对中国队的同情心理的。例（4）"他们"向往罗曼蒂克，但是实际上"他们"并没有罗曼蒂克的生活，所以"罗曼蒂克"是"他们"钟情的对象，也是说话人所钟情的对象，因为"罗曼蒂克"是符合说话人的价值取向的。例（5）"田老师"的长相并没有什么可取之处，从中可以体现出说话人对他的厌恶之情，同时，这里也体现出说话人对"英俊潇洒"的钟情。这说明，在协配句中说话人对协配项之间的感情并不完全相同，说话人既可以喜欢一个协配项，也可以厌恶一个协配项，这完全是由说话人的主观性决定的。

（二）从褒贬态度看协配句的主观性

协配句所体现出的说话人的主观感情差异，还可以表现为对协配双方

倾注的感情态度不同，即存在褒贬差异。就两个协配参与者而言，虽然它们在句法上具有对称形似，可以相互交换位置，共同构成某种协配语义关系，但是从说话人的情感来看，说话人常常对其中一个倾注积极赞同的情感，而对另外一个则持否定负面的情感。这通常和"隐藏在句子背后的背景认知"（邵敬敏，2017）有关。例如：

(6) a. 黑猩猩酷似人类。　　　　b. ? 人类酷似黑猩猩。

(7) a. 日本人像中国人。　　　　b. ? 中国人像日本人。

尽管从生物进化的角度而言，黑猩猩早于人类出现，但是我们通常只说例（6a），而很少有人说例（6b）。究其原因，是因为这两个句子体现出说话人不同的感情偏见。从观察视角上来看，例（6a）是以"人类"为标准，对"黑猩猩"进行观察，得出结论为"酷似人类"；但例（6b）是以"黑猩猩"为标准观察"人类"，因此，这种观察方法不被接受。这体现出我们以"人类"为万物之灵的思想，因此，我们认为"人类"高于一切生物，尽管它们比我们人类早出现。例（7）更能说明这一问题。这是因为站在中国人的立场来看问题，我们可以说"日本人像中国人"，但是大家不会接受"中国人像日本人"的说法。在主动宾协配句中，处于宾语位置的协配后项是说话人的参照对象，这个对象一般是说话人的比较标准，当说话人把一个事物置于协配后项的时候，也就意味着这个事物是说话人心中的理想模型。所以当我们把"日本人"和"中国人"放在一起比较的时候，我们出于维护民族感情的需要，认为中国人是最理想的认知模型，就会说"日本人像中国人"，而不会接受"中国人像日本人"的说法。

（三）从情感多寡看协配句的主观性

说话人对协配项的主观感情差异，有时也可以表现为对同一个协配事件参与双方所倾注的感情的多少不同。具体而言，说话人在观察两个协配参与者时，并不是全部将其置于观察的焦点位置，而是对两者采取不同的观察视角：将一个置于主语或主题位置，使其成为关注的焦点，倾注更多的情感；将另一个置于状语或宾语位置，使其成为凸显主体的背景，倾注的情感较少。例如：

(8) 赵雅淇将与陆毅"飚戏"　与老妈"逼婚"斗法（中国网 2015 – 03 – 20）

(9) 姑娘叫梁崇明，长年在深圳打工，<u>国庆节前夕她赶回家与家人团圆</u>。（BCC 语料库）

例（8）中"赵雅淇"与"陆毅"飙戏，"陆毅"也与"赵雅淇"飙戏，"赵雅淇"与"老妈"斗法，"老妈"也与"赵雅淇"斗法，但是两个句子的说话人都是站在"赵雅淇"的角度叙述事件的，所以说话人对"赵雅淇"投入的感情多，而对"陆毅"和"老妈"投入的感情少。因为就说话人的视角而言，"赵雅淇"是说话人陈述的对象，而"陆毅"和"老妈"并非说话人主要介绍的人物，所以说话人会将陈述的对象置于主语位置，将非陈述对象置于状语位置，这样可以凸显说话人所陈述的对象，淡化非主要人物。如此一来，说话人对"赵雅淇"关注得更多，投入的感情也就最多。同样，例（9）中说话人对"梁崇明"的介绍花费的笔墨多，对"家人"花费的笔墨少，说明说话人对"梁崇明"关注得多，对她投入的情感也多。这从原文内容可以看出，"梁崇明"是一位美丽漂亮的姑娘，年仅 25 岁，在打工回到家的第一天就在洗澡时触电身亡，这着实让人感到同情，所以说话人对其给予了更多的关注。

需要说明的是，说话人虽然对协配句中协配参与者投入的情感不同，但是对于相同的协配项，说话人在安排其句法位置时却不一定都将其安排在某一个固定的位置。换言之，说话人可以将这个协配参与者安排为协配前项，也可以将其安排为协配后项。但是据李国宏（2020）的研究："主观化成分左移是一个优势分布，而右移是一个劣势分布。"对于现代汉语协配句，位于协配前项的事件参与者就成了说话人重点移情的对象，而位于协配后项的事件参与者只是说话人情感淡化的对象，这从说话人对其叙述所用言语的多少上可以表现出来。例如：

(10) <u>缺乏控制能力的孩子</u>，成人后易受挫折，固执、孤僻，受不了压力，逃避挑战，<u>当然也就多半与成功无缘了</u>。（北大语料库）

(11) <u>纵使成功与他们永远无缘</u>，但校园的科学精神将是永恒的、宝贵的民族财富。（北大语料库）

例（10）说话人对"缺乏控制能力的孩子"负有同情心理，对"成功"负有钟情心理；例（11）也是如此，说话人对"他们"负有同情心理，对"成功"负有钟情心理。但是两者的句法安排并不完全相同，在例（10）中"缺乏控制能力的孩子"是协配前项，"成功"是协配后项；但在例（11）中"成功"是协配前项，而"他们"则处于协配后项位置。可见，虽然"成功"在两个句子中都以协配参与者的身份出现，但是其所出现的位置并不相同。不过，这同样也能体现说话人的情感差异。就例（10）而言，说话人关注的焦点的是"缺乏控制能力的孩子"，自然对其投入的情感较多；而例（11）说话人关注的焦点是"成功"，所以"成功"就成了说话人倾注感情较多的一个协配参与者。关于这一点，我们可以从文中叙述的语句看出，例（10）对孩子叙述的话语较多，而例（11）则对与成功相关的科学精神的叙述较多。

三、从说话人的认识看协配句的主观性

在客观现实中，协配参与者之间的关系是对等的，但是具有对等关系的协配项在说话人看来并不一定完全一样，其中体现了说话人的主观认识差异。而且有时说话人为了体现认知中两个参与者的差异，还会将一个参与者置于主语位置，将另外一个参与者置于状语位置或宾语位置，以此来呈现两者的区别。具体来看，这种主观性差异主要体现在以下五个方面。

（一）积极行为与消极行为

说话人认为协配参与者对参与协配事件的态度具有积极和消极之别。具言之，在一个协配事件中，协配参与者本应该无所谓积极和消极之分，但是在说话人看来协配一方是事件形成的积极参与者，另一方则是事件形成的消极参与者。在句法上，前者常常被置于主语位置，后者则被置于状语或宾语位置。例如：

（12）去年5月里，我与两位作家朋友结伴，踏上了一条虽然艰苦，却于人生、于创作很有益处的采访之路。（《人民日报》1998年）

（13）地主怀恨在心，串通南山里的土匪，绑了老东山的"票"。（冯德英《迎春花》）

例（12）叙述的是"我"的采访之路，虽然"我"与"两位朋友"结伴，但是"我"在说话人的认知中是积极结伴者，而后者只是协配参与者。例（13）采用的是主动宾协配句式。对于这种句子，李新良（2013）认为，从无主次之分的两个事件的参与者之中选择一个，放在SVO句主语的位置上，从而凸显其主动施为的性质。李劲荣（2018）则进一步指出这种句式中的施事发出的动作行为都是有意而为的。这其实都说明了一个问题，即

处于主语位置的协配参与者往往在行为上具有主动性。如例（13）中"地主"串通"土匪"，"土匪"也同样串通"地主"，但是这里就施行"串通"这一事件的协配双方而言，二者在该行为中的表现是不同的。具言之，"地主"在这一"串通"事件中充当积极行动者的角色，而"土匪"只是在"地主"的收买下，直接从事了绑票的行为，所以两者分工不同，体现出积极和消极之分。

（二）主要责任与次要责任

说话人认为协配参与者在协配事件中所负的责任有大小之别。具言之，在一个协配事件中，协配参与者本是共同参与完成某事，但是在说话人看来，协配一方是事件的主要实施者，负主要责任；而另一方只是陪衬实施者，负次要责任。在句法上，前者常常被置于主语位置，后者则被置于状语或宾语位置。例如：

(14) 许昌一小伙勾结网吧收银员　盗窃硬币终受罚（中国新闻网 2013 - 08 - 19）

(15) 他又与姜玉坤合谋偷税 2 万多元，还将厂内 1000 多元基建器材白送给姜玉坤等人盖新房，而姜玉坤则以大量现金、高级消费品、彩色电视机等向李德良行贿共计 7000 多元。李德良还伙同姜玉坤盗卖厂内基建钢材得款 1980 元，李独吞 1300 元。（《人民日报》1982 - 01 - 11）

例（14）讲述的是"许昌小伙赵英杰通过勾结网吧收银员，利用游戏机存在的漏洞多次盗窃硬币，被杞县人民法院一审判处拘役三个月，缓刑三个月，并处罚金 3000 元"的事。从"勾结"行为而言，"许昌小伙"勾结了"网吧收银员"，同样"网吧收银员"也勾结了"许昌小伙"，他们之间的"勾结"行为是相互的。但是在说话人看来，"许昌小伙"在整个勾结事件中负主要责任，而"网吧收银员"在整个勾结事件中负次要责任，所以最终受到处罚的也是"许昌小伙"。例（15）中"他"指的是"李德良"，虽然他和"姜玉坤"合谋偷税，但是"他"是主谋，获益较多，所以说话人把"他"置于主语位置，把"姜玉坤"置于状语位置。这从后一个句子"李德良还伙同姜玉坤……"也可以看出：正是因为"李德良"是偷税的主要实施者，所以他才充当协配前项；"姜玉坤"是协配参与者，获益较少，所以处于协配后项位置，充当"伙同"的宾语。

（三）主体事物与客体事物

说话人认为协配参与者在协配事件中具有主客之别。具言之，在一个协配事件中，协配参与者本是协作配合参与完成某种事件，但是在说话人看来，协配参与者之间一方属于事件参与的主事方，另一方属于事件的客事方。这样，在句法上，前者常常被置于主语位置，后者则被置于状语或宾语位置。例如：

（16）<u>日本外相会晤越南副主席</u>　重申海上安全合作（环球网2015 – 03 – 16）

（17）财政部与香港联合交易所今日于香港君悦酒店就我国政府发行 10 亿美元全球债券在港上市签署上市协议。在签字仪式之前，<u>董建华在其办公室与财政部长项怀诚会面</u>。（《人民日报》1999 – 01 – 19）

陈忠（2007：268）指出，"自立性强的事物，先于自立性弱的事物存在"。在现代汉语协配句中，事物自立性的强弱体现为主事与客事的区别。如例（16）从形式上来看，"日本外相会晤越南副主席"也可以说成"越南副主席会晤日本外相"。但是说话人将"日本外相"安排于协配前项位置，将"越南副主席"安排于协配后项位置，则体现出说话人的主观认知差异。就事件发生的地点而言，此次会晤是在日本仙台，这也就是说，日本是这次会晤事件的主办方，而越南是事件的参与方，所以说话人将二者安排于不同的句法位置。例（17）"董建华"会见"项怀诚"，同样"项怀诚"也会见"董建华"，但由于会见的地点是在董建华的办公室，说话人认为"董建华"是主事方，"项怀诚"是客事方，所以前者被置于主语位置，后者被置于状语位置。可见，说话人对事件参与者角色的认识也影响着参与者的句法安排，反之，参与者的句法安排也体现着说话人对协配参与者的主观认识不同。

（四）重要人物与次要人物

说话人认为协配参与者在协配事件中具有重要和非重要之别。具言之，在一个协配事件中，协配参与者共同参与完成了某个协配事件，但是在说话人看来，协配参与的一方属于重要人物，而另一方并不特别重要。这样，在构造现代汉语协配句时，前者常常被置于主语位置，后者则被置于状语或宾语位置。例如：

（18）朴槿惠会晤朝野代表　就公务员年金改革达成共识（网易新闻 2015 – 03 – 18）

（19）林子祥自上次受伤后，还是第一次在演唱会上亮相。他与容祖儿合唱了《分分钟需要你》，看情况，他的演唱和表演都已恢复正常。祖儿与一万多名观众一起合唱了《争气》《心淡》等歌曲，演唱会的气氛到达顶点。（BCC 语料库）

例（18）就会晤的参与双方而言，"朴槿惠"会晤"朝野代表"，同样"朝野代表"也会晤"朴槿惠"，双方的关系是相互对称的，但是说话人并没有将"朝野代表"置于句首充当句子的主语或主题，而是将其置于句子的宾语位置，这体现出说话人对协配双方的认识是不同的。"朴槿惠"是韩国的总统，属于韩国的重要人物，处于说话人关注的焦点位置，而"朝野代表"尽管在韩国也有一定的身份地位，但是与"朴槿惠"相比，其重要性远不如总统，所以采用这种句法结构安排实际上也反映了说话人对协配参与双方的认知差异。例（19）在音乐界"林子祥"是乐坛前辈，"容祖儿"是后生晚辈，在说话人的认知中，前者高于后者，所以将"林子祥"置于协配前项，将"容祖儿"置于协配后项。而在第二个协配句中，"容祖儿"与"一万多名观众"相比，在演唱会上前者肯定比后者重要，所以"祖儿"就成了协配前项，"一万多名观众"就成了协配后项。

（五）高级事物与低级事物

说话人认为协配参与者在协配事件中具有等级之别。具言之，在一个协配事件中，协配参与双方原本无所谓高低贵贱之分，但是在说话人看来，协配双方的等级并不完全一致，即说话人认为协配一方等级高，协配另一方等级略低。这样，在句法上，主观认识等级低的常常被置于主语位置，主观认识等级高的则被置于状语或宾语位置。例如：

（20）目前，搜狐的股价已涨到 28 美元，比肩新浪。（北大语料库）

（21）帕隆藏布不仅发育着诸如关星冰川、则普冰川等长度超过 10 公里的大型山谷冰川，而且还分布着中国独一无二的大规模古冰川地貌景观——冰砾阜群，它们与流域内种类和数量众多的其他古冰川地貌景观构成了一幅中国西部高山、高原区内罕见的冰川景观系统图画，其景观品质堪与云南石林媲美。（《人民日报·海外版》2002 – 05 – 10）

例（20）中搜狐的股价是 28 美元，那么新浪的股价也应是 28 美元，因为"搜狐"比肩"新浪"，那么"新浪"也必然比肩"搜狐"。但是从报道内容来看"搜狐"属于后来居上，而"新浪"早就具有了这样的实力，所以在说话人的主观认知上，尽管"搜狐"和"新浪"的股价是"比肩"的，但是说话人依然认为"搜狐"与"新浪"之间存在一定的等级之差，即"搜狐"略低，"新浪"略高。同样，例（21）"帕隆藏布"的景观品质能与"云南石林"媲美，当然"云南石林"的景观品质也能与"帕隆藏布"媲美，但是说话人将"帕隆藏布"置于协配前项，将"云南石林"置于协配后项，则体现出说话人的主观差异，即说话人认为前者在等级上会略逊于后者，因为后者是前者的参照对象。

第四节　现代汉语协配句的整合机制研究

协配句从语义上来说，它叙述的是两个或两个以上的协配参与者之间的行为、状态或关系，但在句法上，这类句子又多采用单句的形式进行表达。那么，这里就产生了一个问题：既然协配是双方或多方的行为、状态或关系，那这种单句形式是如何产生的？我们认为这和人类的整合思维有关。概念整合是由 Fauconnier 和 Turner 创建的一种探索意义生成的理论。该理论认为，人类在建构意义的过程中，会建立不同的心理空间，然后通过输入空间之间的映射、合并，最终在整合空间构建出新的意义。现代汉语协配句所反映的协配事件需要协配参与者共同完成，但是人们在表述协配事件时并不是只考虑某一个协配参与者，而是将协配双方的行为进行整合，构建出一个协配事件，然后再通过语言进行表达。这就涉及概念化的过程，它体现了说话人独特的认知方式。而要认识这种独特的认知方式，我们又离不开对语言形式的分析。Fauconnier 和 Turner（1998）指出："语法层次的形式整合过程与概念整合过程是平行的，而且这两个过程以复杂的方式相互作用。"这也就是说，概念的整合需要用语法结构予以表征，语法结构在一定程度上也映射着概念结构的整合过程。本节探究现代汉语协配句的概念整合过程，将从句法层面入手，通过句法结构特征分析现代汉语协配句形成过程中的心理机制。

一、协配句整合过程中的心理空间

Fauconnier（1985）将心理空间分为输入空间、类属空间和整合空间。

任何一个整合事件都至少需要两个输入空间，这两个输入空间既具有相同的成分，也具有不同的成分，它们始终所共有的部分被投射到类属空间，这是两个输入空间能够实现概念整合的基础。在整合空间，输入空间的要素被选择性地投射，它们经过组合使得整合空间中的各种关系成为可能，然后组合的结构再借助其他结构得以完善，而且连续不断的动态完善可以引入新的原则和逻辑，进而使得整合空间得到极度的细化。这样，通过组合、完善和细化三种操作，最终在整合空间中产生突生结构。

现代汉语协配句所表达的语义至少涉及两个协配参与者，这里我们以两个协配参与者来分析协配句整合过程中的心理空间。从输入空间的角度来看，两个协配参与者在协配事件中各自提供了一部分活动，所以每一个协配参与者的行为都应成为一个输入空间。在输入空间中，每个参与者都具有相同的动作行为，他们/它们协作完成某一事件。而从类属空间的角度来看，由于输入空间1和输入空间2中的协配参与者具有相同的动作行为，因此，协配句概念整合的类属空间即为协配参与者从事某种共同的活动。当两个参与者的行为投射到整合空间之后，输入空间的要素和结构重新进行组合、完善和细化，产生层创结构。具言之，输入空间中的两个参与者可以在整合空间中进行组合，形成相互协作的两个行为主体，然后这些协配主体在背景概念结构和知识的作用下，将输入空间中的两个事件完善为一个协配事件，最后根据已经建立起来的整合框架，细化协配双方的行为场景，使整合空间的细节更加丰富。例如：

（1）曹操和刘备一起去攻打吕布，消灭了吕布的割据势力。（《中华上下五千年》）

（2）张大经和王秉真互相望望，各怀着七上八下的心情向外走去。（姚雪垠《李自成》）

例（1）中概念整合的输入空间1是"曹操攻打吕布"，输入空间2是"刘备攻打吕布"，它们的类属空间即为施事攻打受事。而在整合空间中，两个输入空间中的行为人被整合到同一个句法结构中，成为协配参与者；他们之间的行为通过完善突生出两个行为人共同攻打某一个对象的概念结构；最后在动态的心理模拟中细化产生了输入空间所不具备的协配语义结构。我们可以将这个例子的心理空间用图5.10表示。在图5.10中，输入空间1中的"曹操"与输入空间2中的"刘备"具有相同的行为，他们都发出"攻打"行为，而攻打的对象也具有一致性，即两者攻打的目标对象都是吕布。这种对应关系在心理空间中我们用实线表示。当然，从类属空间上来看，输入空间 1 中的"曹操"和输入空间 2 中的"刘备"都是"攻打"行为的施事，而"吕布"则是"攻打"的受事，因此，他们投射到类属空间即体现出"施事攻打受事"的共性特征。图中我们用虚线箭头表示这种投射关系。而在整合空间，我们可以看到输入空间 1 中的"曹操"和输入空间 2 中的"刘备"都投射到了整合空间，二者共同成为"攻打"的施事，同样原有两个输入空间中的"吕布"在整合空间中只出现一个，而这个"吕布"成为"曹操"和"刘备"共同攻打的对象，因此在整合空间中产生"曹操和刘备一起攻打吕布"的概念结构。

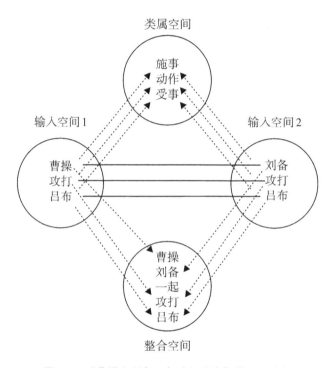

图 5.10　"曹操和刘备一起攻打吕布"的心理空间

同样，例（2）中概念整合的输入空间 1 是"张大经望王秉真"，输入空间 2 是"王秉真望张大经"，两者的类属空间是施事看受事。但在整合空间中，由于"张大经"和"王秉真"分别被投射到施事和受事位置，所以两者重新组合为互为施受的双方，然后双方的行为被完善为一个相互事件，进而在心理模拟中细化为两人的相互观望。我们可以将这个例子的心理空间用图 5.11 表示。在图 5.11 中，输入空间 1 中的"张大经"与输入空间 2 中的"王秉真"具有相同的行为，他们都发出"望"的行为。但与例（1）

不同的是，这里两个施事所望的对象恰好又各是这两个施事，即输入空间 1
中的受事是"王秉真"，输入空间 2 中的受事是"张大经"。这也就是说，
输入空间 1 中的"张大经"与输入空间 2 中的"王秉真"相对，他们在各
自的心理空间中都是施事；输入空间 1 中的"王秉真"与输入空间 2 中的
"张大经"相对，他们在各自的心理空间中都是受事，这种对应关系在心理
空间中我们也用实线表示。当然，从类属空间上来看，由于输入空间 1 中
的"张大经"和输入空间 2 中的"王秉真"都是"望"这种行为的施事，
输入空间 1 中的"王秉真"和输入空间 2 中的"张大经"都是"望"这种
行为的受事，因此，他们投射到类属空间也体现出"施事望受事"的共性
特征。图 5.11 中我们用虚线箭头表示这种投射关系。而在整合空间，我们
可以看到输入空间 1 中的"张大经"和输入空间 2 中的"王秉真"都投射
到了整合空间，二者共同成为"望"的施事和受事，因此在整合空间中产
生"张大经和王秉真互相望"的概念结构。

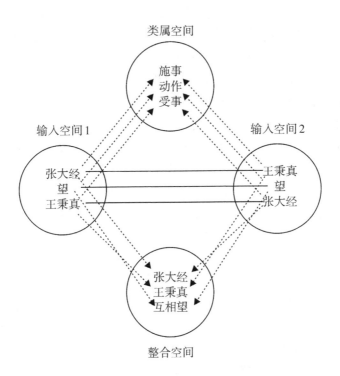

图 5.11　"张大经和王秉真互相望望"的心理空间

二、协配句整合过程中的概念化表征

整合空间的构建主要通过组合、完善和细化三种操作实现。如在例
（1）中输入空间1中的"曹操"和输入空间2中的"刘备"被投射到整合
空间，进而被整合成一个共同参与完成某一事件的主体，这就是整合空间
中的组合操作。而在完善过程中，当输入空间1"曹操攻打吕布"和输入
空间2"刘备攻打吕布"被映射到整合空间后，"曹操"的行为和"刘备"
的行为由于具有相同的攻击对象，因而会产生两者"合并攻打吕布"的含
义。这样，当"曹操"和"刘备"的行为被整合为一个心理空间之后，我
们可以进一步推衍出二者的合作关系，丰富协配的方式，将其细化为"曹
操和刘备一起攻打吕布"的意义。但问题是这种组合、完善和细化的操作
是如何实现的？换句话说，在整合空间这种协配的关系含义是如何产生的？
我们还是不太容易从整合本身说清这种关系的来源。但我们也注意到意义
的生成与我们人的具身体验是直接相关的。人在世界中生活，自出生就开
始感知外在世界，并在认知世界的过程中逐渐对外界事物进行范畴化，建
构不同的概念体系，从而来理解和认识周围世界。因此，我们认为在概念
整合的过程中，整合意义的生成还需要概念化的操作过程。

认知语法学家 Langacker（2006：30）认为，语义就是概念化，它既包
括新奇的想法，又包括固定的概念，既涉及感觉、运动、情感经历，又涉
及对周围环境的认识（社会的、身体的和语言的），如此等等。董兴华
（2007）认为"概念化"就是一种认识活动，或者说是一种信息加工活动，
是把我们对客观实际、人们的心智体验和认知加工活动的认识用一个"概
念"表示出来，也可以说是对认识的认识、对认识的概念化。牛保义
（2011、2016）则进一步指出：概念化是复杂的、动态的，它是一种语言使
用过程中的心智活动或识解操作（construal operations），是一种具身认知活
动，一个表达式的句法构造是概念化者身体体验在句法结构中的投射，一
个表达式的意义源于概念化者的身体体验，一个表达式意义概念化引发的
意象图式是对物理世界的具身体认。Croft 和 Cruse（2004：46）的研究更为
具体，他们认为概念化包括注意、判断、视角、格式塔四个方面的内容。
其中，注意包括选择、辖域、量度矫正、动态性等；判断包括范畴化、隐
喻、图形－背景等；视角包括观点、指示、主观性和客观性；格式塔包括
结构图式化、力传递和关系性。这些研究都阐述了一个观点，即概念化是
人在社会活动中依据自身的感知体验所产生的一种语义表达。人在观察外
界事物现象时，总是依据自身的经验来思考、理解、判断某个事件或事态，

并根据表达的需要适时调整观察的视角或注意的辖域等，由此就会形成不同的概念结构。如婴儿在出生之前一直与母体相连，这就是一种连接关系；出生之后与家人建立关系，与空间环境等建立关系。这些关系在人认识事物的过程中逐渐成为观察思考的认知基础。

　　而就现代汉语协配句的形成过程而言，协配双方在某一事件中都从事了某种活动，但是说话人怎样表达这种语义关系则体现出说话人的注意和视角的不同。也就是说，对于一个协配事件，说话人既可以从某一个参与者的角度进行表达，也可以从参与者所形成的整体出发进行表达，但注意的视角不同，概念化的语义也就不同。如对于例（1），当我们着眼于协配个体时，我们可以说"曹操攻打吕布，刘备也攻打吕布"，也可以说"曹操和吕布一起攻打吕布"。但是说话人究竟选择哪一种表达方式则体现了说话人观察这个攻打事件的角度的差异。同样，例（2）也是如此，从交互场景来看，如果我们关注协配参与者的某一个个体，那么我们看到的是一方看另一方，但是如果我们关注的是双方的行为，那么我们看到的是协配双方的相互观看。由此可见，对于同一个事件或者同一个场景，由于观察的视角不同，我们得出的语义的表达形式也就不同，而这种语义表达形式上的差异也正是概念化的一种体现。但正如兰艾克（2016：53-56）所强调的，意义不等于概念，而等于概念化，后者所强调的是一种动态认知加工。这种动态性不仅体现在它是随时间加工展开的，而且还在于这一具体的展开过程是我们心理经验的一面。当我们对一个协配事件或协配场景的两个参与者分别进行观察时，我们的心理扫描是一种顺序扫描，其心理识解的过程是从一个个体的行为到另外一个个体的行为；当我们把两个协配参与者作为一个整体进行观察时，我们的心理扫描是一种整体扫描，其心理识解的过程是将两个个体的行为整合为一个事件，但这种整合伴随着我们对整个活动或场景的重新认识，于是，我们才会产生"曹操"与"刘备"协同攻打"吕布"的语义表达，或者是"张大经"和"王秉真"相互观望的语义表达。

　　Rubinstein（2007）指出，交互化（reciprocalization）是一个价变化的操作，它减少了一个动词的论元，产生出一个表达群组事件（group event）的不及物动词。就汉语而言，在对一个协配事件或场景进行概念化的过程中，我们通常用"共、同、联、合、比、斗、并、对、接、结、聚、会、通、连、商、议、轮、竞、交、互、相、协、离、分"等语素与另一个动词性的语素进行组合，构造出一个不及物的协配词语，这其实也是从词汇的角度对整个协配事件概念进行固化。王寅（2021）指出，完形心理学倡导整体原则、相似原则、相邻原则和连贯原则。人们在认识事物时趋向于整体认识，包括具有对称性的整体；相似的个体常倾向于被感知为一个共同体，形成一个统一的图形；在同等条件下，距离上靠得近的个体倾向于构成一个互相紧连的整体，更易被感知为一个整体单位。现代汉语协配句具有对称性，上述所列语素都倾向于把分散的个体整合为一个整体，这也是说话人对一个协配事件或场景认知概括的结果。例如：

（3）你会有幸获得一个感人至深的故事，<u>你会有幸在一行诗里，在一瞬间，与人共度岁月千年</u>。（北大语料库）

（4）<u>你与我青梅竹马相交，你和我萍水相逢相遇</u>；你永远不会让我忘记，你从来都没有挂在我的心头……（北大语料库）

例（3）（4）中的"共度"和"相交"或"相遇"其实都是说话人对行为主体之间所存在的协配关系的一种概括，这种概括将整个协配事件或场景用一个词语的形式表征出来，固化了人对事物认知的概念化过程，使我们的心智对客观场景的识解得以呈现。

当然，现代汉语协配句整合中的概念化过程还可以体现在意义生成的方式上，因为现代汉语协配句具有不同的外在形式。文旭（2022）指出："不同的概念化主体或同一概念化主体在不同认知语境中对相同的客体会产生范畴化、识解等认知的差异。如不同的概念化主体会选择不同的始源域去比喻同一个对象（目标域），或者使用不同的主语、话题、语气、时态等编码同一个事件。"就协配动词句而言，概念化主体可以采用"NP_1 + 和 + NP_2 + VP"的形式表征一个协配事件，也可以采用"NP_1 + VP + NP_2"的形式表征一个协配事件，甚至在某些情况下还可以采用"NP_1 + VP + NP_2 + 和 + NP_3"的形式表征一个协配事件。那么这就产生了一个问题，即在概念整合的过程中，输入空间中的成分在投射到整合空间后，究竟以哪种形式存在方能体现出说话人主观视角的差异。这同样也是概念化的结果。例如：

（5）鸿钧老祖很护短，<u>元始天尊和通天教主斗法</u>，最后的牺牲者是他。（百度搜索）

（6）火爆！辽篮 VS 广东球票秒售罄，<u>杜锋斗法杨鸣</u>，郭艾伦对决易建联（百度搜索）

例中"斗法"一词既可以构成"NP_1 + 和 + NP_2 + VP"形式的协配句，

也可以构成"NP₁ + VP + NP₂"形式的协配句，但是从概念整合的角度来说，两种句法结构的输入空间应该是一致的，即都是一方攻防另外一方。如在例（5）中输入空间 1 是"元始天尊攻防通天教主"，输入空间 2 是"通天教主攻防元始天尊"，在整合空间中双方的这种攻防关系被概念化为"斗法"关系。但是这里的"斗法"究竟被整合成什么样的句式，则是概念化的结果。这是因为不同的句法形式表征着说话人不同的认知思维，认知思维不同所呈现的句子的语义也有差异。这种差异可以体现在说话人扫描事物的方式上，也可以体现在语用功能上，如前者关注的是协配主体之间的行为，后者强调的是处于宾语位置的另一个协配参与者。

三、现代汉语协配句的整合类型

按照 Fauconnier 和 Turner（1998）的概念整合网络理论，概念整合的网络类型主要有四种：单一网络（simplex networks）、镜像网络（mirror networks）、单侧网络（single-scope networks）、双侧网络（double-scope networks）。现代汉语协配句在整合的过程中主要表现为单一网络、镜像网络和双侧网络。

（一）协配句整合中的单一网络

朱怀（2019：59）指出："单一网络是最简单的一种框架网络，该网络主要是将由人类文化或生物历史形成的某些框架应用于某些具体成分类型中，在单一网络框架中抽象的框架组成一个输入空间，某些具体框架填充成分组成另一个输入空间，整合框架则用最简单的方式合并输入空间的框架和具体的值。"现代汉语协配句的整合类型也存在单一网络。这种单一网络主要是由协配名词构成一个框架结构，然后再由几个具有协配关系的实体填充到这个框架当中。这样，作为输入空间 1 的框架结构与作为输入空间 2 的实体实例之间发生整合，就形成这种单一整合网络。例如：

（5）<u>孙中山与宋嘉树是朋友</u>，也是同志。（北大语料库）

（6）<u>张静华和李三元是夫妻</u>，钱送给谁都一样。（BCC 语料库）

例（5）的一个输入空间是两个人具有朋友关系，另一个输入空间则是具体的人"孙中山"和"宋嘉树"，两个输入空间中的成分具有映射关系，即"孙中山"和"宋嘉树"都与"朋友"映射。这样，在整合空间中就可以浮现出"孙中山与宋嘉树是朋友"的概念语义。同样，这种单一网络整合模式在例（6）中更加明显，因为此例中的"夫妻"是表达逆向关系的名词，我们更容易看出两个输入空间中的映射关系。在输入空间1中某两个人具有夫妻关系，在输入空间2中"张静华"和"李三元"分别提供了两个具体的填充实例，两个输入空间中的成分具有映射关系，即"张静华"映射妻子，"李三元"映射丈夫，这样在整合空间中就形成了"张静华和李三元是夫妻"的概念语义。

（二）协配句整合中的镜像网络

Fauconnier 和 Turner（1998）认为，镜像网络是所有空间（输入空间、类属空间和整合空间）共享一个组织框架的合并网络，其组织框架指的是规定相关活动、事件和参与者性质的框架。它为其所在空间的要素提供一套组织关系，如果两个组织空间共享一个组织框架，那么它们就能直接建立一种跨空间映射的关系。现代汉语协配句至少有两个协配参与者，每一个参与者都参与协配活动，他们/它们的行为具有一致性，两者可以建立一种跨空间映射关系。例如：

（7）<u>罗密欧与朱丽叶相爱</u>，但由于双方世仇，他们的爱情遭到了极力阻碍。（北大语料库）

（8）<u>洪金宝与李小龙对打</u>！现在的龙迷只能怀恋了……（BCC 语料库）

例（7）中输入空间1是"罗密欧爱朱丽叶"，输入空间2是"朱丽叶爱罗密欧"，在这两个输入空间中"罗密欧"和"朱丽叶"相互映射，两者互为经事和感事，两个空间共有的组织框架是"一个人爱另外一个人"，它们形成镜像网络关系。这种整合过程我们可以用图5.12表示。

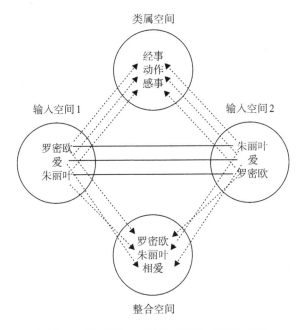

图 5.12　"罗密欧与朱丽叶相爱"的整合网络

同理，例（8）中输入空间 1 是"洪金宝打李小龙"，输入空间 2 是"李小龙打洪金宝"，在这两个输入空间中"洪金宝"和"李小龙"相互映射，两者互为施受，两个空间共有的组织框架是"一个人打另外一个人"，它们也形成镜像网络关系。这种整合过程我们可以用图 5.13 表示。

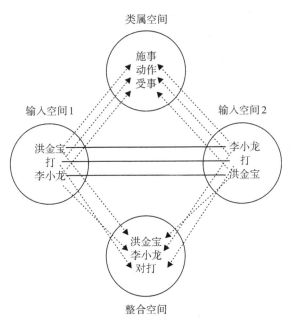

图 5.13　"洪金宝与李小龙对打"的整合网络

（三）协配句整合中的双侧网络

Fauconnier 和 Turner（1998）指出，如果构成两个输入空间的框架不同，而两个框架将某个拓扑结构投射到整合空间，并构成该整合空间的框架，那么这个共享的拓扑结构就是双侧网络。这就是说，双侧网络的输入空间具有不同的组织框架，而在整合空间中这两个不同的输入空间中的成分都能投射到整合空间，即两个输入空间的框架对整合框架都起作用。在现代汉语协配句中，双侧网络主要表现在"NP$_1$＋VP＋NP$_2$＋和＋NP$_3$"这种句法结构中，因为在这种结构中，NP$_1$ 施加某种行为于协配参与者 NP$_2$ 和 NP$_3$，而 NP$_2$ 和 NP$_3$ 在 NP$_1$ 的作用下，处于某种协配状态。这样，概念整合过程中的输入空间 1 就应该是"NP$_1$ 施加某种行为于协配参与者 NP$_2$ 和 NP$_3$"，输入空间 2 则是"NP$_2$ 和 NP$_3$ 处于协配状态"。这说明两个输入空间的结构并不相同，但在整合过程中两者都可投射到整合空间。例如：

（9）<u>王琦瑶这么撮合蒋丽莉和程先生</u>，有一点为日后脱身考虑。（北大语料库）

（10）<u>设计师糅合自然生态和现代前卫的双重艺术</u>，……在 4 幢酒店式公寓里，每五层各营造出一个"空中花园"。（BCC 语料库）

例（9）中输入空间 1 为"王琦瑶拉拢蒋丽莉和程先生"，输入空间 2 为"蒋丽莉和程先生产生恋爱关系"，两个空间具有因果关系，前者促使后者产生，后者是前者行为的结果。在整合空间中，"王琦瑶拉拢蒋丽莉和程先生"的概念语义用语素"撮"来表示，"蒋丽莉和程先生产生恋爱关系"用语素"合"来表示，两者整合在一起，表达"王琦瑶撮合蒋丽莉和程先生"的概念语义。可见，在整合结构中两个输入空间虽然组织框架不同，但是它们都有一些成分投射到整合空间，所以这种形式的整合网络为双侧网络。例（10）也是如此，输入空间 1 是"设计师混杂自然生态和现代前卫的双重艺术"，输入空间 2 是"自然生态和现代前卫的双重艺术合在一起"，两者成分不同，结构不同，但它们都投射到整合空间，产生了新的句法结构。这里我们将例（9）的双侧网络结构用图 5.14 表示。

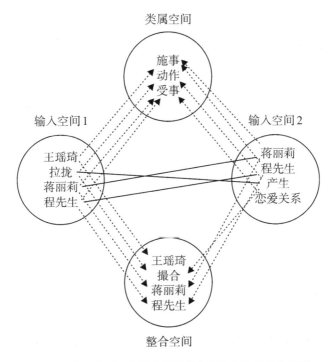

类属空间

输入空间1　　　　　　　　　　　输入空间2

整合空间

图 5.14　"王琦瑶这么撮合蒋丽莉和程先生"的整合网络

四、现代汉语协配句整合的句式特征

现代汉语协配句由两个输入空间中的概念成分整合成一个合成空间中的概念结构，这种概念结构在句法层面以不同的形式表现出来。但是不同的结构形式由于其所表达的具体事件和场景的不同，因而又具有不同的结构特征。这里我们对其进行如下描述。

第一，协配句至少要有两个协配参与者，否则概念整合难以完成，尤其是当协配动词为"包围、聚集、会合、云集"等词语时，句子的协配参与者通常会是不定数量的一个群体。例如：

（11）他觉得，有了好心情，<u>在家里与妻子对酌缓饮</u>，那才是饮酒的乐趣。（北大语料库）

（12）康有为既然抓住皇帝来行新政，<u>反对新政的人就包围西太后</u>，求"太后保全，收回成命。"（北大语料库）

（13）同年 7 月 7 日，<u>六七百名国民党老兵聚集在台北国民党中央党部大门前请愿</u>。（北大语料库）

例（11）中的"对酌"指的是两个人饮酒，如果主语是单个个体，则句子不能成立，如"一个人独自对饮"就不合逻辑。这是因为"对饮"只是两个人的活动，单独一个人无法完成这种活动。这在主语是多个人的情况下，句子的语义也是如此。如我们说"一家人对酌缓饮"，其实他们还是两两相对饮酒，在每一组对酌的集合中协配参与者还是两个人。但是例（12）和例（13）中的协配动词是"包围"和"聚集"，其协配参与者通常不止两个人，而应该是由多个个体组成的群体。如果我们将这两例改成如下说法则句子不成立。

（14）＊康有为既然抓住皇帝来行新政，<u>反对新政的两个人就包围西太后</u>，求"太后保全，收回成命。"

（15）＊同年7月7日，<u>两个国民党老兵聚集在台北国民党中央党部大门前请愿</u>。

这是因为"聚集"和"包围"这两个动词所表达的语义都不能由少数协配参与者完成，当然我们也无法准确地说出到底多少个人参与这件事，才能完成"聚集"和"包围"活动，这其实也是词义模糊性的一面。但通过以上例子我们可以看出，协配参与者若要在心理空间完成概念整合过程，那么它至少需要两个或两个以上的参与者。

第二，在"NP$_1$ + 和 + NP$_2$ + VP"这种形式的协配句中，协配谓语核心前可以有修饰语，其后也可以有补语或宾语，一些协配行为动词可以带动态助词"着、了、过"①，但也有一些协配状态动词不能带时体标记"了"和"过"，却可以带"着"。不过，正如陶红印（1987）所指，协配动词绝大多数都不能重叠。例如：

（16）<u>杨过与小龙女</u>在殿上肆无忌惮地拜堂成亲，全真教上下人等无不愤怒。（金庸《神雕侠侣》）

（17）赵姑母又顺便去看王德的母亲，因为<u>李静的叔父与王德的父亲</u>曾商议过他们儿女的婚事。（老舍《老张的哲学》）

（18）公路上不断地出现广告牌，上面写着："看看印第安人的家

---

① 一些非延续性动词后面不能带"着"，如不能说"他们在北京相遇着"。还有一些动词虽然可以延续，但一般不用"着"表示，而是用副词"一直"或时量补语进行表示，如"两国总统会晤了一个上午"。

庭"，"看看印第安人在工作"。这些牌子就和展览野狼和蟒蛇等小规模动物园的广告牌并立着。（北大语料库）

例（16）中"拜堂成亲"的前面有状语"在殿上肆无忌惮"。例（17）"商议"后带"过"，并带有宾语。例（18）"并立"后面可以带"着"，但不可以带"了"和"过"，也不能重叠，这是因为这些牌子与动物园的广告牌"并立"是其存在的一种状态，而且这种状态短时间内一般不会轻易发生变化，所以不能用"了"和"过"表示这种状态的终结和过往，但用"着"就可以表示这种状态的持续。

第三，当协配句中的谓语核心由协配名词充当时，协配名词后需带数量补语"一场"。但是该名词一般不能带动态助词"着、过"，也不能重叠，不能前加表示将来的副词，但偶尔可以带"了"。例如：

（19）庞涓将剑扔到公孙阅面前："你我朋友一场，我不杀你，你自己了结吧。"（北大语料库）

（20）他心里不觉对他们生出些怜惜，一旦他们真吃了官司，他卢小波心里也不好受，毕竟朋友了一场。（北大语料库）

例（19）、例（20）中如果把"一场"改为"两场""多场"，或者在"朋友"后加"着"，或者在"朋友"前加"即将"等，句子都不成立。这是因为一方面这种句子中的"一场"所表达的量是一种主观大量①，而且强调时间一直没有中断，所以没有必要再用"两场"或"多场"来强调场次之多。如果用"两场"或"多场"则说明中间有中断，反而无法说明主观大量特征。另一方面，这种句子之所以不能与"着"和"将要"等时体标记连用，是因为它所表达的语义是一种已然的事实，而不是未然的预期，当然也不是正在进行的状态，说话人说出这样的话往往预示着某种协配关系的终结。如我们可以说例（21），却不可以说例（22）和例（23）。

（21）你我已经朋友了一场，我不恨你，你走吧。
（22）＊你我即将朋友一场，我不恨你，你走吧。

---

① 这种主观大量我们可从形式上加以判断。如我们不能说"你我朋友一天"，因为"一天"的数量较短，与主观大量特征不符。当然也不能是具体的某些天，因为任何一个具体的数值都不是最大的数值。

（23）＊你我朋友朋友/着一场，我不恨你，你走吧。

第四，当现代汉语协配句为"NP$_1$＋VP＋NP$_2$"这种形式的协配句时，句子中的协配谓语动词后一般不能带补语；若协配动词是动宾式合成词的话，其后一般也不带时体标记"着、了、过"，当然也不能重叠。例如：

（24）山寨歌神周鹏终于正面交锋天籁女神王菲。（BCC 语料库）

→＊山寨歌神周鹏终于正面交锋一次天籁女神王菲。

→＊山寨歌神周鹏终于正面交锋交锋/着/了/过天籁女神王菲。

（25）昨天联通牵手小米，正式推出了定制版小米手机。（BCC 语料库）

→＊昨天联通牵手一回小米，正式推出了定制版小米手机。

→＊昨天联通牵手牵手/着/了/过小米，正式推出了定制版小米手机。

因为例（24）、例（25）表示协配参与者施行某一行为于另一协配参与者，并与之协配完成某种活动，所以它并不强调协配的次数，也不强调协配的时体标记。而且这类句子多出现在标题中，因此受语义表达与语体的限制，该类句子一般不能带补语，也不带动态助词。

五、现代汉语协配句整合的动因分析

（一）语言表达经济性的要求

语言经济思想的产生最早可追溯到 Whitney（1877/1971）和 Jespersen（2016）的简易理论思想，后来美国学者 Zipf（1949）将语言经济原则（Economy Principle）称为省力原则（Principle of Least Effort），并将其概括为：以最小的代价换取最大的收益。这是人类活动的一条根本性的原则，它同样适用于语言演变。法国语言学家 Martinet 在解释语言演变时就指出，"在言语活动内部具有某种力量促使语言不断发展变化，这种力量就是人的交际和表达的需要与人的生理及精神上的自然惰性之间的矛盾。人为了交际和表达的需要本应采用更多、更复杂的语言单位或形式，但人们在言语活动中又总是尽可能地减少力量的消耗来完成交际和表达"（转引自张云秋，2004）。这也就是说，人在交际的过程中，由于自身惰性使然，人们在言语形式能够充分表达语义的情况下会优先选择语言符号更少的话语形式，

以此来减少自身体力与脑力的消耗。而在现代汉语协配句整合的过程中我们可以看到，协配句将输入空间中的成分整合成了一个简单句的形式，这样，在语言符号的使用上就减少了一些没有必要出现的成分，从而使语言表达更为经济简洁。例如：

（26）<u>张三去了北京，同时李四也跟着去了北京。</u>（自拟）
→张三和李四一起去了北京。

（27）<u>张三喜欢李四，李四也喜欢张三。</u>（自拟）
→张三和李四互相喜欢。

（28）<u>老大照顾完父亲老二照顾，老二照顾完父亲老三照顾，老三照顾完父亲又是老大照顾……</u>（自拟）
→老大、老二和老三轮流照顾父亲。

（29）<u>张三考了第一名，李四考了第二名。</u>（自拟）
→张三和李四分别考了第一名和第二名。

例（26）至例（29）无论是协同类、相互类，还是轮流类和分别类，每一种协配句在没有发生概念整合之前，句子采用的都是复句形式。这样，在语言符号的使用上所用词语较多，而且有的句子十分臃肿繁复，如例（28）。但是当概念整合以后，输入空间中的成分在整合空间中进行了新的组合、完善和细化，句子表达更加简洁经济。

（二）认知思维概念化的需要

Langacker（1987：194）指出："意义不是客观地给定的，而是（人为地）建构出来的，即便是那些描写客观现实的语言表达，其意义也是这样。"面对一个客观的自然场景，说话人要建构一个意义结构来描述这一场景，那么他/她就要对眼前的场景进行概念化处置，即通过主动的认知加工将场景中的事件结构加在他/她的心智经验之上，并形成一个新的概念结构。对于现代汉语协配句，虽然在概念整合中没有发生的情况，其语义表达在输入空间可以通过其他语言形式得以表现，但是我们还不能说它就一定产生了某一新的概念结构。这是因为没有整合就没有产生新的语言形式，没有新的语言形式就无法将整合所得的结果呈现出来。所以为了将认知对现实的反映固化下来，语言需要进行整合。例如：

（30）曹雪芹写了《红楼梦》的前八十回，高鹗写了《红楼梦》

的后四十回。（自拟）

　　→曹雪芹和高鹗合写了《红楼梦》。

（31）张三追赶李四，李四也追赶张三。（自拟）

　　→张三和李四互相追赶。

　　对于例（30），如果我们把每一个分句所表达的语义作为输入空间来看的话，那么单独来看每一个输入空间都不会产生"合写"的概念结构。但事实上人们在思考这一写作过程时，我们可以将《红楼梦》的成书过程看作两个人合作的结果。因此，我们要想对这一思维结果进行概念化处置，就需要在心理空间中进行概念整合，从而使其在整合空间中产生新的概念结构。同样，例（31）中"张三追赶李四"和"李四也追赶张三"只是对二人行为的分别描述，但是如果从整体上来观察事物，那么我们就会产生两人相互追赶的概念结构。这种概念结构是人的主观认知的结果，是对二人你追我、我追你这种场景的概念化。由此可见，意义的产生和人的主观认知密不可分，而现代汉语协配句作为概念整合的结果，其动因也与人对客观场景的概念认知有关。

（三）语用功能表达的需求

　　语用功能即语言交际的功能。它包括"说话人的交际目的或意图、交际的场合、交际者的文化背景等语境因素"（牛保义，2011）。在言语交际的过程中，说话人的交际目的不同、交际场合不同、交际者的文化背景不同，都有可能会形成不同的句法结构形式，而这些不同的句法形式又反映了不同的概念整合过程。就现代汉语协配句协配句法结构而言，说话人采用不同的话语形式进行描述，则反映了说话人语用功能的差异。我们以协配动词构造的协配句法结构为例来看，某些协配动词可以构造出不同的协配句法结构，但是它们的语用功能并不完全一致。例如：

（32）巧姐用柚子换了板儿的佛手，板儿用佛手换了巧姐的柚子。

　　→巧姐和板儿交换了柚子和佛手。（根据北大语料库语料改写①）

（33）巴黎向北京赠送了戴高乐蜡像，北京向巴黎赠送了周恩来蜡像。

　　→巴黎与北京互赠戴高乐和周恩来蜡像。（北大语料库）

――――――――――

　　①　原文是"两个人交换了柚子和佛手"。出自电视节目《百家讲坛·梁归智·〈红楼梦〉的断臂之美》。

例（32）中的"互赠"和例（33）中的"交换"都涉及两个施事和两个受事，即这两个动词所表达的语义在事件结构中实际上需要四个语义成分。但是这四个成分可以有不同的配置方式，也可以形成不同的句法结构，而且不同的句法结构所表达的语用功能存在差异。如例（32）如果采用复句的形式进行表达，句子所体现的扫描方式为顺序扫描，其功能主要是分别说明巴黎和北京各自的行为方式；但是如果采用概念整合的方式进行表达，则句子凸显的是巴黎与北京的互赠关系，并强调互赠的物品。同样，例（33）如果我们着眼于交换参与者中的任意一方，那么我们既可以表达"巧姐用柚子换了板儿的佛手"，也可以表达"板儿用佛手换了巧姐的柚子"，但这种表达都只强调参与者一个人的行为，而不强调双方的交换关系。所以在概念整合发生后，我们将这种双方互换礼物的方式说成"巧姐和板儿交换了柚子和佛手"，句子的协配关系就得到凸显。当然，这里也容易产生歧义，因为这里的"柚子和佛手"有可能被当作每个人都具有的物品，但在有语境帮助的情况下，这种歧义是可以消除的。从上述例句分析可见，在一个协配事件中，尽管我们可以不采用整合的方式进行表达，但是这种以复句形式表达的句子弱化了协配关系；相反，当句子整合为一个单句的形式之后，句子的这种协配关系得以凸显。这说明，语用功能方面的差异也是协配句整合的动因之一。

本章小结

本章我们从认知的角度对协配句的句法语义特点进行了分析，具体体现在四个方面：一是协配句中协配项的图形与背景关系；二是协配句中句法结构的象似性；三是协配句中句法结构的主观性；四是协配句句法结构生成的整合机制。

就协配句中的图形－背景关系而言，协配句中的协配项既可以全部充当图形，也可以全部充当背景，还可以部分充当图形，部分充当背景。说话人对协配项的认知识解不同，则协配项的句法投射也不同。当把协配项识解为图形时，该协配项就投射到主语位置，充当话题；当把协配项识解为背景时，该协配项就出现于状语或宾语位置，充当焦点。但协配项在话题和焦点之间的转换有时也会受到某种限制：当协配项是有生命者、个体事物、比较对象、后起物、主动行为者时，它们倾向于充当图形；当协配项是无生命者、整体事物、参照对象、被动行为者时，它们倾向于充当背景。

协配句中句法结构的象似性主要体现在距离相似性、顺序象似性、数量象似性和对称象似性四个方面。在距离象似性上，协配项之间的距离越近，它们越倾向于被识解为一个整体，其语义角色一致。在顺序象似性上，协配项客观上可以交换位置，所以在语序上也可以交换位置。就观察者的角度而言，说话人的观察顺序反映为协配项出现的先后顺序，这一点体现在主动宾交互类协配句和句法回环类协配句上。在数量象似性上，协配项越多，协配句的协配关系越复杂。就交互协配句而言，由全部交互到组合交互，再到递相交互，其体现为一个连续统的状态。在对称象似性上，协配项之间在逻辑语义上具有对称关系，它们之间交换位置，并不改变句子的逻辑语义。在主动宾交互类协配句中，协配项分列协配动词的主语和宾语位置，本身就体现出协配项的对称性。协配句常使用穿插和融合两种手段表达对称性，因为它抵消了协配项动作行为上的时间顺序性。

就协配句中句法结构的主观性而言，我们主要从说话人的视角、说话人的情感和说话人的认识三方面进行分析。就说话人的视角而言，其不仅可以表现为说话人观察的角度不同，也可以表现为说话人观察的取向不同。在观察立场上，说话人既可以站在这个协配项的角度观察，也可以站在那个协配项的角度观察，其结果虽然一致，但体现出说话人的主观差异。在说话人的观察取向上，说话人采用不同的观察坐标，其形成的协配句式也有一定的差异，这也是说话人主观性的体现。就说话人的情感而言，尽管协配句多数表达的事态较为客观，但是有些协配句也能表达说话人的同情、钟情与厌恶。就说话人的认识而言，协配句中的协配项可以具有积极消极、责任大小、主事客事、重要与否、等级高低之别，说话人对协配项的认识不同，则对其安排的句法位置也就不同。

就协配句生成过程中的整合机制而言，不同的句法结构映射着不同的心理空间。当我们关注某一个协配参与者的行为或状态时，其实也就形成了某一个输入空间；而当我们把这些输入空间融合在一起的时候，它们之间的一些共有的概念成分及结构就会相互映射，并在整合空间中产生新的概念意义与结构，由此形成不同的协配句法形式。而这些协配句法形式又表征着不同的概念化的过程。整合空间虽然能够阐释概念结构的整合，但却不能说明为什么要形成这种整合，而不形成那种整合，这其实是概念化的结果。就整合网络的类型而言，现代汉语协配句的整合网络主要有单一网络、镜像网络和双侧网络三种。通过对这些整合网络的阐述，我们可以更加清楚地认识到不同协配句式的整合过程。但就整合的动因而言，现代汉语协配句的整合过程受制于语言经济原则、概念化认知和语用表达功能的制约，后者影响着前者的具体形式。

第六章　现代汉语协配句的个案研究

　　现代汉语协配句具有多种形式，不同的表达形式具有不同的表达功能。本章将对现代汉语协配句式进行个案考察。我们具体选择句法回环类协配句式、疑问代词呼应类协配句式、主动宾"X + V_{协配} + Y"协配句式，以及由"一同"和"共同"构成的协配句式进行研究。从学界的研究来看，对这些句式学界都给予了一定的关注，但是有的缺乏深入分析，有的研究不够具体，还有的虽然讨论较多，但还存在某些问题，值得进一步深入挖掘。如对于前两种句式，刘丹青（1986、2000）都曾提及，但是此后很少有人对这两种句式进行深入分析；对于主动宾协配句式，当前学界较为关心协配动词带宾语的问题，如李新良（2013），赵旭、刘振平（2014），李劲荣（2018）等的研究，虽然取得了较为重要的成果，但是仍然存在一些问题没有解决。本章拟对这几种协配句式进行个案分析，以便深化协配句研究的内容，加深我们对现代汉语协配句的认识。

第一节　句法结构回环类协配句研究

　　句法结构回环类协配句主要体现的是协配参与者之间的交互关系。学界对其虽有相关研究，但只是在论述交互句时简单提及，而没有深入讨论这种交互类协配句式。如刘丹青（2000）指出，构成交互句的手段除直接用相互性实词外，常见的还有：相互性状语（"互相、相互、彼此、相"），人称代词的回环式互指，疑问代词"谁"的呼应式互指。这里第二种"人称代词回环式互指"类交互句其实就是句法回环类协配句的一种常见形式。但是句法结构回环不同于修辞上的回文辞格，后者是讲究词序有回环往复之趣的一种措辞法（陈望道，1997：194），而前者是构成交互类协配句的一种特殊句法手段。本节主要论述句法回环类协配句的类型、动词 V 的允准条件，以及该类协配句与其他协配句的变换条件。

一、句法结构回环类协配句的类型

（一）句法回环类协配句的形式划分

1. 基于句型归属的划分

1）复句式句法回环类协配句

复句式句法回环类协配句是由两个或两个以上的单句通过句法成分的回环往复构成的一种协配句。① 就两个单句构成的协配句而言，其句法结构形式通常可以表示为"$NP_1 + VP + NP_2$，$NP_2 + VP + NP_1$"，其中 NP_1、NP_2 表示协配参与者，VP 表示协配者之间发生的行为或存在的状态。例如：

（1）江山就是人民，人民就是江山。（习近平《党史学习教育讲话》）

（2）科学需要社会主义，社会主义更需要科学。（郭沫若《科学的春天》）

例（1）并列复句的两个分句中"江山"与"人民"交换了位置，构成句法回环，表达交互语义，凸显"江山"与"人民"的辩证统一关系。例（2）尽管是一个递进复句，但是句中的"科学"和"社会主义"彼此互相依存、互相需要，两者之间谁也离不开谁。所以通过句法结构的回环往复，交互语义得以呈现。

2）单句式句法回环类协配句

单句式句法回环类协配句是指句法回环手段在单句中充当句法成分而构成的一种协配句，该手段充当的句法成分通常为谓语，但也可以是状语或补语。不过，刘丹青（2000）指出："这种手段的最常见格式是'你 V 我，我 V 你'。"因此，本节讨论的单句式句法回环类协配句主要就是这种句式。例如：

（3）女孩们你看看我我看看你，没想到会有这么学识广博的人。（严歌苓《穗子物语》）

---

① 复句式句法回环是表达交互语义的一种手段。前文我们没有对这种复句形式的交互句进行论述，是因为本书为了使研究对象相对易于把控，主要在单句范围内探讨问题。其实，有些复句形式也可以表达交互关系。

（4）<u>他们将泥壶你传我、我传你地欣赏</u>，但并不作任何评价。
（北大语料库）

（5）三叔公走后，<u>大家还笑得你挽我我扶你</u>。（严歌苓《扶桑》）

单句式句法回环类协配句在例（3）中做谓语，例（4）中做状语，例
（5）中做补语。这些句子通过句法回环手段的运用表达出交互语义。但是
这里的人称代词"你"和"我"并不一定固定指称某一个事件参与者。尤
其是参与交互事件的成员过多时，我们很难确定句中的"你"和"我"具
体指代哪一个成员。如例（5）中的"大家"是一个集体，其成员数量较
大，句中的"你"和"我"也就不易确定究竟是指称谁。因此，这里的
"你"和"我"只是一种任指，但不能同时指称同一个对象。

3）变异形式的句法回环类协配句

范晓（2007）指出："语法既有规律性，又有灵活性。"如果说上面两
种形式是句法回环类协配句的典型形式，那么除此之外，这种协配句中的
句法回环手段还可以有一些变化形式，我们将其称为变异形式。例如：

（6）<u>两个房客都是贼，于是你偷我的钱，我偷你的钱。</u>（刘丹青
用例）

（7）<u>张明和李刚两个人哪，你得奖，我不服，我得奖，你不服。</u>
（刘丹青用例）

（8）<u>我们玩游戏的时候，你朝我扔石头，我朝你扔石头，</u>把那块
地方砸得坑坑洼洼的，糟蹋得不像样子。（北大语料库）

（9）我的苹果4S突然打电话接电话一点声音没有，<u>别人听不见我
说话，我也听不见别人说话</u>。（百度搜索）

刘丹青（2000）指出，例（6）回环手段的形式是"你 V 我的 O，我 V
你的 O"，例（7）的形式是"你 V_1，我 V_2，我 V_1，你 V_2"，V_2 获得了相
互性。我们仿照刘丹青的做法，将例（8）的形式码化为"你 Prep 我 VP，
我 Prep 你 VP"，将例（9）的形式码化为"别人 V_1P 我 V_2P，我 V_1P 别人
V_2P"，该句的交互性体现在 V_1P 上。但在这四种交互类协配句中，无论是
哪一种形式，句子都是通过句法结构的回环，即"你"或"别人"和
"我"的句法位置互换构成的一种协配句。

2. 基于句法成分的划分

1）狭义句法回环类协配句

按照构成成分是否完全相同，句法回环类协配句具有广狭之分。所谓狭义句法回环类协配句是指回环手段中构成材料完全相同的协配句，其句法结构形式通常为"NP$_1$ + VP + NP$_2$，NP$_2$ + VP + NP$_1$"的复句形式，或者是由"你 V 我，我 V 你"充当句法成分的单句形式。当然，其他几种句法回环类协配句只要构成成分完全相同，也可以构成狭义句法回环类协配句。例如：

（10）这件事表明，老师信任学生，学生也信任老师。（北大语料库）

（11）大家常常你等我，我等你，唯恐自己先开口。（北大语料库）

例（10）中的参与者和谓语动词完全一样，只是将参与者的位置进行主宾交换，由此构成交互类协配句。这种交互类协配句我们就称为狭义句法回环类协配句。例（11）"你等我，我等你"在句中充当谓语，其构成成分完全相同，所以该句也是狭义句法回环类协配句。

2）广义句法回环类协配句

广义句法回环类协配句是指回环手段中构成材料不完全相同的协配句。这种句法形式主要体现在由人称代词回环构成的协配句中，但是构成材料的不同之处要么在于回环结构中的谓语动词，要么在于人称代词，当然，也可以是其他成分。例如：

（12）在被炮火烧焦的山坡上，在迎面而来的枪炮中，伤员们你搀我，我扶你，开始突围了。（北大语料库）

（13）她们只晓得她们应该形影不离，上课放学都要结伴同路，你邀我，我邀她。（胡辛《四个四十岁的女人》）

（14）我们挑一些恋爱到将明未明时的事来互相取笑，说到羞处，你搡我一把，我拉你一下。（北大语料库）

例（12）中的"搀"和"扶"不同，但整个结构还是能够表达交互语义。因为"搀"和"扶"属于类义词，尽管形式不同，但在句中两者表达的语义实际是一样的，所以整个句子还是协配句。例（13）中人称代词不完全相同，前者为"你""我"，后者为"我""她"。这种结构看似构不成交互，但是这里的"你""我""她"都不是具体指称某一个成员，它们属于不能同指的任指，因此，整个结构还是表达他们互相邀请的意思。例（14）只有人称代词"你"和"我"相同，其余谓语动词和动量补语都不相同。但由于"搡"和"拉"也属于类义词，动量补语只是表达动作行为的量，因此在"你""我"交换主宾语位置的时候，整个结构也是表达交互语义的。不过，上述三个交互类协配句的构成材料并不完全相同，所以我们可以称其为广义句法回环类协配句。

（二）句法回环类协配句的意义划分

1. 同步式句法回环类协配句

同步式句法回环类协配句是指一方对另一方施行某种动作行为时，另一方也可同时对这一方施行某种动作行为。这种交互类协配句以表达交互双方的心理活动最为常见。例如：

（15）如果你爱我，我也爱你，谁敢来在我们中间插手呢？（北大语料库）

（16）你瞒我，我瞒你，大家都钻到牛角尖里去了。（高阳《红顶商人胡雪岩》）

例（15）中"爱"是"你""我"的心理活动，在一方"爱"另一方的同时，另一方也爱着这一方，所以两者是同步式相爱。例（16）也是如此，"瞒"也属于心理行为动词，当一方瞒另一方时，另一方也瞒这一方，所以两者之间也是同步性的互相欺瞒。

2. 交替式句法回环类协配句

交替式句法回环类协配句是指一方对另一方施行某种动作行为，另一方也对这一方施行某种动作行为，但是两者不同步，一方行为在前，另一方行为在后。这种交互类协配句以表达交互双方的动作行为最为常见。例如：

（17）周炳和陈文婷高兴得你追我，我赶你，满山乱跑。（欧阳山《三家巷》）

（18）你杀我，我杀你，究竟是为了什么，连你们自己都不知道……（古龙《小李飞刀》）

例（17）当"你"追"我"时，"我"在前，"你"在后；当"我"赶"你"时，"你"在前，"我"在后。两者不可能同时在前或同时在后，因此，这种交互只能以交替的方式存在。我们将这种交互类协配句称为交替式句法回环类协配句。从表面上看，例（18）中的"你""我"可以同时杀对方，但是如果一方将另一方杀掉，那么另一方是没有可能再杀死这一方的，所以这里的"你杀我，我杀你"实际上也是交替式行为。

3. 递相式句法回环类协配句

递相式句法回环类协配句是指一方对另一方施行某种动作行为，另一方并不直接对这一方施行某种动作行为，而是对另外某一方施行某种动作行为，它要求参与者至少为三个。但是这种交互类协配句又可分为两种情况：一种是循环式，一种是链条式。前者是指交互参与者的第一个成员与交互参与者的最后一个成员重合，由此整个交互过程构成一种循环路径；后者是指交互参与者的第一个成员与交互参与者的最后一个成员并不是同一个个体，因此，整个交互过程实际上呈现的是一种链条式的交互路径。例如：

（19）你罚我，我罚他，大家都挨罚；这也罚，那也罚，受害是国家。（北大语料库）

（20）在寻找偏方治病的途中，你传我，我传你，就都信"主"了。（李佩甫《羊的门》）

例（19）中"你"罚的是"我"，"我"罚的是"他"，尽管没有直接指出"他"罚的是"你"，但是后文明确指出"大家都挨罚"，正说明"你"也是处罚的对象，所以该句实际上是一种循环式的递相交互类协配句。例（20）与此既有相似之处，也有不同之点。就交互过程而言，两者都是前一个参与者将行为施及后一个参与者，但例（20）中的前后两个"你"并不指称同一个对象。因为"你传我"中，"你"已经"信'主'"，这就不牵涉别人再把"主"传给"你"的问题，所以后一个"你"当是指称另外一个交互参与者。因此，该例属于链条式的递相交互类协配句。

二、句法回环结构中动词 V 的允准条件

（一）从自主性看动词 V 的允准条件

从动词 V 是否自主来看，句法回环结构中的动词 V 大多具有［＋自主］语义特征，这是因为句法回环类协配句主要用来描写人的动作行为，所以该结构中的动词在很大程度上要表现出可控性。例如：

（21）<u>大家开始你挤我，我推你</u>，彼此乱推。（老舍《小坡的生日》）

（22）<u>两兄弟你望我，我望你</u>，不知如何是好。（金庸《神雕侠侣》）

当然，在句法回环结构中动词 V 有时也可以具有［－自主］语义特征。我们根据马庆株（2004）对非自主动词的划分，发现能出现于句法回环结构中的非自主动词主要表现为以下三类。

第一，句法回环结构中动词 V 是［－自主］［＋判断］［＋归属］类动词。判断动词如"是、即"等，归属动词如"有、拥有、享有、占有、属于"等。具体用例如下：

（23）因为<u>你就是我，我就是你</u>，我俩即全人类。（北大语料库）

（24）中国的土地，<u>你属于我，我属于你</u>。（北大语料库）

第二，句法回环结构中动词 V 是［－自主］［＋得失］［＋变化］类动词。得失动词如"得、失、胜、败、输、赢、却少、需要"等，变化动词如"变、化、改变"等。具体用例如下：

（25）你我武功不分胜负，<u>你赢不了我，我也赢不了你</u>，那不如你我换个对手如何？（百度搜索）

（26）<u>你要的我给不了，我要的你也给不了</u>，<u>你改变不了我，我也改变不了你</u>。（百度搜索）

第三，句法回环结构中动词 V 是［－自主］［＋发现］［＋心理］类动词。发现动词如"看见、窥见、瞧见、瞅见、碰见、撞见"等，心理动词如"爱、恨、喜欢、喜爱、厌恶、讨厌、认得、知道、了解"等。具体用例如下：

（27）<u>他们你看见了我，我看见了你</u>，最后又两人一起说起话来。（北大语料库）

（28）近代的自由恋爱，<u>你爱我，我爱你</u>，结果还是要离婚。（岑凯伦《合家欢》）

（二）从及物性看动词 V 的允准条件

从及物性的角度看动词 V 的允准条件，需要考虑句法回环协配手段的句法结构形式。根据前文对回环类协配句句法类型的划分，其句法形式主要有六种：（Ⅰ）"NP_1 + VP + NP_2，NP_2 + VP + NP_1"式，（Ⅱ）"你 V 我，我 V 你"式，（Ⅲ）"你 V 我的 O，我 V 你的 O"式，（Ⅳ）"你 V_1，我 V_2，我 V_1，你 V_2"式，（Ⅴ）"你 Prep 我 VP，我 Prep 你 VP"式，（Ⅵ）"你 V_1 我 V_2P，我 V_1 你 V_2P"式。很明显，从形式上来看，第（Ⅰ）（Ⅱ）（Ⅲ）式中的动词 V 及第（Ⅵ）式中的动词 V_1 都应该是 ［＋及物动词］，事实也正是如此。例如：

(29) 人民爱总理，总理爱人民。（百度搜索）

(30) 你看我的书，我看你的书，不亦乐乎。（百度搜索）

(31) 大家在雪梁上跪着、爬着，你挽我，我拉你，终于翻过了雪梁。（北大语料库）

(32) 你知道我没睡，我也知道你没睡，看着彼此更新的消息。（百度搜索）

第（Ⅳ）式回环类协配手段"你 V_1，我 V_2，我 V_1，你 V_2"，从形式上看 V_2 似乎是不及物动词，但其实质还是及物动词。这是因为按照刘丹青（2000）的说法，V_1 不具有交互性，只有 V_2 才具有交互性，那么 V_2 的交互性实际上还是来自两个参与者的相互行为，而这种相互行为又是一方以另一方为行为对象的。例如：

(33) 兄弟二人你创业，我支持，我创业，你支持。（自拟）

(34) 两个年轻人在宿舍里你唱歌，我不反对，我唱歌，你不反对。（自拟）

很明显，例（33）（34）中 V_2 后面都没有宾语，但并不代表它就不是及物动词，只是省略了宾语而已。如例（33）中前一个"支持"的宾语是"你"，后一个"支持"的宾语是"我"；例（34）中前一个"反对"的宾语是"你"，后一个"反对"的宾语是"我"。可见，在句法回环协配手段"你 V_1，我 V_2，我 V_1，你 V_2"中，交互性的动词 V_2 同样具有及物性。

第（Ⅴ）式句法回环类协配手段"你 Prep 我 VP，我 Prep 你 VP"，从形式上看，不易确定动词 V 是及物动词还是不及物动词，因为这里的 VP 是一个短语，它并不能支配交互参与者。这也就是说，在"你 Prep 我 VP，我 Prep 你 VP"中，动词 V 是否及物主要在于 V 本身的性质，而并不在于整个结构对它有什么特殊的要求。这是因为在"你 Prep 我 VP，我 Prep 你 VP"中，动词 V 并不具有交互性，该结构的交互性来自介词短语。例如：

（35）<u>两个人隔着一条河你朝我挥手，我朝你挥手</u>，互相告别。（自拟）

（36）<u>两个人你向我走来，我向你走去</u>，都渴望早点儿见到对方。（自拟）

例（35）表达的意思是两个人互相朝对方挥手，虽然动词"挥"是及物动词，但无论是"你挥手"，还是"我挥手"，它们都不具有交互性。真正的交互性实际上来自介词"朝"及其宾语，因为"你朝我""我朝你"才能表达"两个人"的动作行为是交互的。同样，例（36）中动词"走"是不及物动词，本身也不具有交互性，该句的交互性实际也来自介词"向"及其宾语，因为"你向我""我向你"表达的语义是交互的。由此可见，在"你 Prep 我 VP，我 Prep 你 VP"中，动词 V 本身并不具有交互性，也无所谓是否及物，该结构的交互性实际上来自介词短语。

（三）从支配对象看动词 V 的允准条件

从支配对象来看，由于在"你 Prep 我 VP，我 Prep 你 VP"中，动词 V 不具有交互性，又无所谓是否及物，因此，当动词 V 是及物动词时，动词 V 后支配的对象完全由动词 V 的性质决定，只要语义搭配合理，两者就可以结合，此处不做细论。

在句法回环手段"你 V 我的 O，我 V 你的 O"中，动词 V 支配的对象一般是受事宾语，当然也可以是感事宾语，少数情况下也可以是涉事宾语。例如：

（37）<u>两个人你打我的脸，我打你的脸</u>，谁也不让谁。（自拟）（受事宾语）

（38）<u>两个恋人你爱我的才智，我爱你的美貌</u>。（自拟）（感事宾语）

（39）<u>相依为命的兄弟，你得到了我的帮助，我也得到了你的帮助</u>。（自拟）（涉事宾语）

在"NP₁ + VP + NP₂，NP₂ + VP + NP₁"和"你 V 我，我 V 你"两种句法回环结构中，动词 V 支配的对象一般是受事宾语和感事宾语，但少数情况下也可以是止事宾语或涉事宾语。例如：

> （40）张三指责李四，李四指责张三。（自拟）（受事宾语）
>
> （41）张三讨厌李四，李四也讨厌张三。（自拟）（感事宾语）
>
> （42）恋人的心中，你即我，我即你。（北大语料库）（止事宾语）
>
> （43）这样虚空的时候，她们更是你需要我，我需要你。（北大语料库）（涉事宾语）

在"你 V_1，我 V_2，我 V_1，你 V_2"这种句法回环手段中，体现出相互性的动词是 V_2，所以我们只讨论动词 V_2 后的宾语类型。据考察，动词 V_2 所带宾语的语义角色较少，通常为受事或感事。例如：

> （44）小王和小李两个人，你有困难，我帮你，我有困难，你帮我。（自拟）（受事宾语）
>
> （45）张三和李四两个人，你取得进步，我不服（你），我取得进步，你不服（我）。（自拟）（感事宾语）

在"你 V_1 我 V_2P，我 V_1 你 V_2P"这种句法回环手段中，体现出相互性的动词是 V_1，所以我们只讨论动词 V_1 后的宾语类型。据考察，动词 V_1 所带宾语的语义角色更少，通常只表现为感事，因为该结构中动词 V_1 通常为心理动词。例如：

> （46）他们俩你看见我上街了，我也看见你上街了。（自拟）（感事宾语）
>
> （47）那对恋人，你相信我爱你，我也相信你爱我。（自拟）（感事宾语）

三、句法结构回环类协配句的变换分析

（一）与"互相"类协配手段的互换

复句式句法回环类协配句的基本形式为"NP_1 + VP + NP_2，NP_2 + VP + NP_1"，在转换时，这种复句形式需要转换为单句形式，即可以将原句式转换为"NP_1 + 和 + NP_2 + 互相 + V + 对方"或"NP_1 + 和 + NP_2 + 互相 + 对 V"

等。例如：

（48）张三骂李四，李四骂张三。（自拟）
→张三和李四互相骂对方。
→张三和李四互相对骂。

对于"NP$_1$+和+NP$_2$+你 V 我+我 V 你"这种交互句式，我们也可将其转换为"NP$_1$+和+NP$_2$+互相+V+对方"或"NP$_1$+和+NP$_2$+互相+对 V"等。例如：

（49）歇息时两人像木菩萨，你望我，我望你。（叶蔚林《割草的小梅》）
→歇息时两人像木菩萨，互相望着对方。
→歇息时两人像木菩萨，互相对望。

对于"NP$_1$+和+NP$_2$+你 V 我的 O+我 V 你的 O"这种交互句式，我们可将其转换为"NP$_1$+和+NP$_2$+互相+V+对方的 O"，但却不可以将其转变为"NP$_1$+和+NP$_2$+互相+对 V"。否则，句子传递的信息就会缺损，甚至不能成立，因为这里动词 V 后带有宾语，而这个宾语并不是交互双方这些行为的参与者。例如：

（50）两个女人你说我的坏话，我说你的坏话。（自拟）
→两个女人互相说对方的坏话。
→*两个女人互相对说。

对于"NP$_1$+和+NP$_2$+你 V$_1$，我 V$_2$+我 V$_1$，你 V$_2$"这种句式，我们只能将其转变为"NP$_1$+和+NP$_2$+互相+因对方 V$_1$ 而 V$_2$"，而不能将其转换为"NP$_1$+和+NP$_2$+互相+V$_1$+互相+V$_2$"。因为一方面，V$_1$ 不具有交互性；另一方面，交互一方的 V$_1$ 实际上是另一方 V$_2$ 的原因。例如：

（51）张明和李刚两个人哪，你得奖，我不服，我得奖，你不服。（刘丹青用例）
→张明和李刚两个人哪，互相因对方得奖而不服。
→*张明和李刚两个人哪，互相得奖，互相不服。

对于"NP$_1$+和+NP$_2$+你 V$_1$P 我 V$_2$P+我 V$_1$P 你 V$_2$P"这种句式，我们可将其转换为"NP$_1$+和+NP$_2$+互相+因对方 V$_2$P 而 V$_1$P"，而不能将其转换为"NP$_1$+和+NP$_2$+互相+V$_1$+互相+V$_2$"。这是因为一方面，V$_2$ 不具有交互性；另一方面，交互一方的 V$_2$ 实际上是另一方 V$_1$ 的原因。例如：

（52）文化差异很大的两个人，你不理解我为什么这样做，我也不理解你为什么这样做。（自拟）

→文化差异很大的两个人，互相因对方这样做而不理解。

→*文化差异很大的两个人，互相不理解，互相这样做。

对于"NP$_1$+和+NP$_2$+你 Prep 我 VP+我 Prep 你 VP"这种句式，我们可以将其转换为"NP$_1$+和+NP$_2$+互相+Prep 对方+VP"，而通常不可以将其转换为"NP$_1$+和+NP$_2$+互相+VP+对方"，尤其是当 VP 后带宾语时。例如：

（53）张三和李四两个人你向我招手，我向你招手。（自拟）

→张三和李四两个人互相向对方招手。

→*张三和李四两个人互相招手对方。

需要说明的是，当用"对方"替换时，交互参与者更倾向于是两个个体；反之，当交互参与者数量超过两个时，我们就不适合在动词 V 或介词 Prep 后加上"对方"，因为我们不知道这时的交互究竟属于哪一种交互方式。换言之，如果交互类型属于递相交互，则通常不能用"对方"替代交互参与者，因为如果加上"对方"，就意味着是两者之间的对应交互，而不是多个个体之间的递相交互。例如：

（54）这样你偷我，我偷他，偷来偷去，乱成一片。（北大语料库）

→这样大家互相偷盗，偷来偷去，乱成一片。

→? 这样大家互相偷盗对方，偷来偷去，乱成一片。

此外，当交互类型属于交替交互或递相交互时，句法回环类协配句通常也不可以用"互相对 V"来转换。这是因为一方面，交替交互和递相交互中个体的行为并不是同时发生，而是有先后之别；另一方面，递相交互中的个体行为并不是对称的，而是呈序列性排列。这样，在用"互相对 V"

311

手段时，该结构不仅淡化了个体行为时间上的先后之别，而且它所表达的对称交互也与递相交互的语义不符。试比较：

(55) <u>她们你推我，我推你</u>，含羞而上台。（北大语料库）

→＊她们互相对推，含羞而上台。

(56) <u>案犯中像炸了锅，你咬我，我咬你</u>，最后咬住了李胜利。

（北大语料库）

→＊案犯中像炸了锅，互相对咬，最后咬住了李胜利。

例（55）属于交替交互句，"你"先推"我"，然后"我"再推"你"，之后"你"又推"我"，依次类推。动词"推"具有时间上的先后性，但是当替换为"互相对推"之后，"推"的时间先后性就消失了，所以句子也不可接受。例（56）属于递相交互句，前一个"你"和后一个"你"并不是指称同一个个体。理想的实际情况是"你"咬"我"，"我"咬"他"，"他"再咬另外一个个体，最后咬住的才是"李胜利"。个体之间的行为"咬"具有时间上的先后性，但不具有对称性。然而，当转换为"互相对咬"之后，个体之间的行为不仅时间上的先后性消失了，而且也具有了对称性，所以与原句不符。

（二）与"V来V去"协配手段的互换

Liu（2000）指出，在现代汉语中，"V来V去"是表达交互语义的常见手段。张秀芳（2014）进一步指出，"含有对比义、争斗义、分合义、商谈义等交互义的动词进入'V来V去'在一定语境下可以获得相互义的解读"。其实，不仅仅是交互动词进入该结构才可以产生交互，某些［＋持续］［＋有向］的及物动词进入该结构也可以产生交互义。例如：

(57) 逢到学校通知开家长会，<u>我和他母亲总是推来推去</u>，谁都不愿去。（北大语料库）

(58) 这份考卷落在几个考官手里，<u>考官们传来传去地看</u>，赞不绝口。（北大语料库）

例（57）中的"推来推去"实际上就是"我"和"他母亲"互相推让。例（58）中的"传来传去"则是"你传给我，我传给他，他再继续传下去"这样一种递相传递的状态。可见，并非只有交互动词进入"V来V

去"结构，该格式才能表达交互协配语义关系。

句法回环类协配句中的"你 V 我，我 V 你"结构有时可以与"V 来 V 去"协配手段互换，但这种句法回环手段通常以狭义句法回环手段为主，且谓语动词 V 要具有［＋有向］语义特征，或其虽无［＋有向］语义特征，但带上"来""去"之后能够表达一定的向度义。例如：

（59）大家一齐上，你挤我，我挤你，势必因小失大，处处被动。（北大语料库）

→大家一齐上，挤来挤去，势必因小失大，处处被动。

（60）坐在下面的孩子们互相看来看去，也没看出谁是作案人。（王旭烽《茶人三部曲》）

→坐在下面的孩子们互相你看我我看你，也没看出谁是作案人。

当然，并不是所有的由"你 V 我，我 V 你"手段构成的交互句都可以转换为由"V 来 V 去"构成的交互句。下面我们从两个不同的角度来看"你 V 我，我 V 你"交互手段与"V 来 V 去"交互手段在哪些方面不能相互替换。

1. 基于句法回环手段的考察

从句法回环手段的角度来看，"你 V 我，我 V 你"手段在以下三种情况下不能与"V 来 V 去"互换。

第一，当"你 V 我，我 V 你"中的动词 V 属于［＋判断］［＋归属］［＋得失］或［＋变化］等非自主动词时，两者通常不能互换。这是因为非自主动词不具有可控性，也不具有［＋有向］语义特征。例如：

（61）两个相爱的人你拥有我，我拥有你，感情十分甜蜜。（自拟）

→＊两个相爱的人拥有来拥有去，感情十分甜蜜。

（62）你我武功不分胜负，你赢不了我，我也赢不了你，那不如你我换个对手如何？（百度搜索）

→＊你我武功不分胜负，不能赢来赢去，那不如你我换个对手如何？

第二，当"你 V 我，我 V 你"位于句子的末尾时，两者通常不能互换，因为利用回环句式构成的句子具有对举性。而据张国宪（1993）的研究，对举性的句子具有完句功能，因此可处于句子末尾。相反，杨德峰

（2012）认为"V来V去"不具有对举性，在语用上"是非自足的"，且替换后又缺少必要的完句成分，时空上属于无界性结构，所以不能处于句子的末尾。例如：

（63）<u>六个人正在你一句，我一句，你捧我，我捧你</u>。（古龙《小李飞刀》）

→*六个人正在你一句，我一句，捧来捧去。

第三，当"你V我，我V你"结构是广义句法回环结构时，两者通常不可以互换。这是因为在"V来V去"结构中，动词同形比动词异形在表达交互语义上接受度更高，尽管该格式在表达反复义时，其动词可以为不同形式的近义词或类义词。例如：

（64）在迎面而来的枪炮中，<u>伤员们你搀我，我扶你</u>，开始突围了。（北大语料库）

→*在迎面而来的枪炮中，伤员们搀来扶去，开始突围了。

2. 基于"V来V去"手段的考察

反过来，我们从"V来V去"的角度看，在以下四种情况下，句中的"V来V去"不能转换为"你V我，我V你"结构形式。

第一，当"V来V去"中的动词"V"是交互动词时，两者通常不能互换。这是因为交互动词表示交互双方互相发生某种动作行为，或相互处于某种状态，或相互具有某种关系，而这样的交互动词口语中很少能出现在"你V我，我V你"句法结构中。例如：

（65）<u>平时两家就常常争长论短，吵来吵去</u>，到今天你又怎么能说得清？（张平《十面埋伏》）

→*平时两家就常常争长论短，你吵我，我吵你，到今天你又怎么能说得清？

第二，当"V来V去"不表达交互语义时，两者通常不能替换。李晋霞（2002）将"V来V去"格式的意义划分为三类：一是表示持续，二是表示反复，三是表达篇章功能。但是，曾传录（2008）认为，"不管'V来V去'是否由持续动词构成都表示动作行为的反复"。因此，"V来V去"

格式的意义除了交互义外，还应当具有反复义，以及篇章功能作用。这样，当"V来V去"格式不表示交互义时，它就不能用"你V我，我V你"句法回环手段替换。例如：

（66）这些问题在陈奂生脑子里<u>转来转去</u>，像摆了迷魂阵。（高晓声《陈奂生转业》）

→*这些问题在陈奂生脑子里你转我，我转你，像摆了迷魂阵。

（67）他们两人谈了半天，<u>说来说去</u>，全是关于小罗登的事。（BCC 语料库）

→*他们两人谈了半天，你说我我说你，全是关于小罗登的事。

第三，当"V来V去"格式中动词 V 的支配对象不是交互参与者时，两者通常不能互换。这是因为在"你V我，我V你"句法回环结构中，对于"你V我"而言，"你"是主语，"V"是谓语，"我"是宾语；而对于"我V你"而言，"我"是主语，"V"是谓语，"你"是宾语。可见，动词"V"后的宾语"你""我"实际上就是交互参与者。但是有些表达交互义的"V来V去"，其中，动词"V"的潜在宾语并不是交互参与者，这样，它就不能用"你V我，我V你"句法回环结构替换。例如：

（68）她们<u>两人抢来抢去</u>，锅把就掉了下来。（北大语料库）

→*她们两人你抢我，我抢你，锅把就掉了下来。

例（68）中两人"抢"的对象实际上是"锅"，并不是交互参与者，所以当其转换为"你抢我，我抢你"时，"抢"的宾语变成了交互参与者，句子不能成立。

第四，当"V来V去"格式在句中的语用功能起引导归结作用时，两者通常不可以相互转换，因为"你V我，我V你"的语用功能是描摹情状。而据张虹（2007）的研究，"V来V去"格式的语用功能除了"描写性功能"外，它还具有评注性功能，而后者当中就有"引出主观认定的结果"这种归结功能。例如：

（69）小夫妇也开过几次交手战，可是打架与爱情无伤，<u>打来打去</u>，她竟自供献给他一个又白又胖的小女孩——龙凤。（老舍《老张的哲学》）

→*小夫妇也开过几次交手战，可是打架与爱情无伤，你打我，我打你，她竟自供献给他一个又白又胖的小女孩——龙凤。

（三）与"你 V_1 我 V_2"协配手段的互换

在现代汉语中，"你 V_1 我 V_2"格式也是表达协配语义的手段之一，但学界很少有人提及。其实，它主要是利用人称代词"你"和"我"的任指功能让其分别指称先行词中的不同交互参与者而形成的一种交互类协配手段。例如：

（70）陶百岁、刘元鹤、阮士中三人一齐挤在门口，你推我拥，争先而入。（金庸《雪山飞狐》）

（71）小两口子就是如此你调我笑、你拉我抱，欢天喜地地去吃他们的晚饭。（梁凤仪《激情三百日》）

例（70）中三人"你推我拥"实际上就是"你推我，我拥你"，表达的是一种交互语义。例（71）中"你调我笑""你拉我抱"描写的也是夫妻双方互相调情、互相拥抱的恩爱场景。可见，"你 V_1 我 V_2"格式确实也是表达交互语义的手段之一。但这种交互句是利用人称代词的任指功能构成的一种交互句，不过两个代词不能同时指称一个对象。如例（71）中"你"若指称"丈夫"，则"我"就指称"妻子"；同样，若"我"指称"妻子"，则"你"就指称"丈夫"。

句法回环交互手段也可以和表达交互语义的"你 V_1 我 V_2"格式互换。具言之，当"你 V 我，我 V 你"为广义交互手段时，其本身在一定的条件下可以和"你 V_1 我 V_2"格式互换，而这个互换的条件就是其中的谓语动词能够带宾语，且能支配交互参与者。例如：

（72）大家在雪梁上跪着、爬着，你挽我，我拉你，终于翻过了雪梁，到达了预定地点。（北大语料库）

→大家在雪梁上跪着、爬着，你挽我拉，终于翻过了雪梁，到达了预定地点。

（73）在这种时刻，乘客们你推我让，互相谦让，令人十分感动！（北大语料库）

→在这种时刻，乘客们你推我让你，互相谦让，令人十分感动！

同样，尽管广义形式的"你 V 我，我 V 你"交互手段可以和"你 V_1 我 V_2"互换，但是也并不是所有的广义"你 V 我，我 V 你"结构都可以替换为"你 V_1 我 V_2"。具体也可以从以下两个方面考察。

1. 基于句法回环手段的考察

从句法回环的角度来看，广义的"你 V 我，我 V 你"在以下三种情况下不能和"你 V_1 我 V_2"互换。

第一，当"你 V 我，我 V 你"中的动词 V 为双音节动词时，两者通常不能互换。这是因为"你 V_1 我 V_2"中的动词通常为单音节动词，这样便于构造一个"四字格"形式的短语。而据冯胜利（1997：31）的研究，"四字格"具有普遍性和权威性，是现代汉语当中的一种常见韵律"模块"形式，相反，"六字格"则很少出现。例如：

（74）兄妹之间再没和睦过，你猜疑我，我猜忌你，而《雾中华山图》至今影踪儿不见。（北大语料库）

→*兄妹之间再没和睦过，你猜疑我猜忌，而《雾中华山图》至今影踪儿不见。

第二，当"你 V 我，我 V 你"处于句子结尾时，两者通常不能互换，因为"你 V_1 我 V_2"也不具有完句功能。相反，由于"你 V 我，我 V 你"本身属于对举结构，因此，该结构具有完句功能，可以出现在句子的末尾。例如：

（75）大家全部睡在地上，你靠着我，我挨着你。（北大语料库）

→*大家全部睡在地上，你靠我挨。

第三，当"你 V 我，我 V 你"中的动词 V 为［－自主］动词时，两者通常不能互换，因为"你 V_1 我 V_2"中的动词通常为［＋自主］动词。如例（76）的"连"和"牵"在句法回环结构可以使用，而在"你 V_1 我 V_2"中就不能出现。

（76）从诞生的第一天起，学校和校办工厂就像两个连体婴儿一样，你连着我，我牵着你，你中有我，我中有你。（北大语料库）

→*从诞生的第一天起，学校和校办工厂就像两个连体婴儿一样，你连我牵，你中有我，我中有你。

2. 基于"你 V₁ 我 V₂"格式的考察

从"你 V₁ 我 V₂"格式的角度来看，在以下三种情况下，"你 V₁ 我 V₂"格式不能用句法回环手段"你 V 我，我 V 你"替换。

第一，当"你 V₁ 我 V₂"格式中的动词 V 为非及物动词，包括状态动词时，其不能换为句法回环手段"你 V 我，我 V 你"。道理很简单，因为不及物动词后不能跟宾语，而句法回环手段中的动词必须为及物动词。例如：

（77）双方对歌对舞，<u>你来我往</u>，一旦婚配成对，就偕老至终。（北大语料库）

→*双方对歌对舞，你来我我往你，一旦婚配成对，就偕老至终。

第二，当"你 V₁ 我 V₂"格式中的动词 V 为及物动词时，若构成句法回环手段中的动词支配的不是受事宾语，则"你 V₁ 我 V₂"类固定格式手段也不能与句法回环手段"你 V 我，我 V 你"转换。例如：

（78）只有男人在<u>你争我夺</u>，有了财不够，还要得势。（苏青《谈男人》）

→*只有男人在你争我我夺你，有了财不够，还要得势。

例（78）中男人们"争""夺"的对象是财物、权势。若将"你争我夺"转换为"你争我，我夺你"则"争""夺"的宾语不是受事，而是与事，显然例句不能成立。所以"你 V₁ 我 V₂"格式若要转换为句法回环手段，则其动词 V 支配的必须是受事宾语。

第三，当"你 V₁ 我 V₂"格式表达非交互语义时，该结构也不能换为句法回环手段"你 V 我，我 V 你"。我们前文已经指出，"你 V₁ 我 V₂"格式不仅可以表达交互语义，而且还可以表达集体义、替代义和分配义等。这样，当"你 V₁ 我 V₂"格式表达这些非交互语义时，句子就不能用"你 V 我，我 V 你"替换。例如：

（79）大家<u>你言我语</u>，各抒己见。（北大语料库）

→*大家你言我我语你，各抒己见。

（80）三位作家<u>你走我进</u>地都住过英山县文化馆 3 楼 8 号宿舍。

（北大语料库）

　　→＊三位作家你走我我进你地都住过英山县文化馆 3 楼 8 号宿舍。

（81）戏曲爱好者们在三水湾公园里的长廊下你弹我唱，自有一番乐趣。（百度搜索）

　　→＊戏曲爱好者们在三水湾公园里的长廊下你弹我唱你，自有一番乐趣。

例（79）中"你言我语"属于集体性共同行为，而并不是互相言语，不能换为句法回环手段。因为句法回环手段只能表示交互性关系，而不能表示其他语义关系。同理，例（80）中"你走我进"是一个人走了，另一个人才来，等这个人走了，下一个人再来，体现出替代关系，所以也不能换为回环手段。例（81）中"你弹我唱"是分配关系，即两个人互相配合完成一件事，一个人"弹"，另一个人"唱"，因此也不能用回环手段"你 V 我，我 V 你"替换。

第二节　疑问代词呼应类协配句研究

疑问代词呼应手段也是现代汉语中表达交互协配语义的句法手段之一，它利用疑问代词"谁"的任指功能，构成不同的句法结构，从而使前后两个"谁"字互相指称，用以表达交互语义。由这类句法结构构成的句子也要求行为或状态的参与者为复数，且参与者之间的关系为加而且合的关系；从逻辑的角度来看，参与者之间的关系具有对称性。例如：

（1）张三和李四谁都了解谁的性格，所以有了矛盾也容易解决。（自拟）

（2）马先生，你我谁也不明白谁，咱们最好别再费话。（老舍《二马》）

例（1）中"张三"和"李四"必须同时出现，且两者具有加而且合的关系，即缺少任何一方，句子就不能成立。从逻辑的角度来看，"张三"了解"李四"的性格，"李四"也了解"张三"的性格，两者之间的逻辑关系是对称的，所以该句子属于协配句。同理，例（2）中"你"不明白"我"，"我"也不明白"你"，只有"你"与"我"相互配合，彼此协作，句子才能够成立。因此，该句也是协配句。对于此种句式，学界已有散见论述，如林祥楣（1958：52），于细良（1965），胡建伦、王建慈（1989）等。本节主要讨论这种疑问代词呼应类交互句式的句法、语义特点，并就其不对称的原因做出认知阐释。

一、疑问代词呼应手段的常见形式

疑问代词呼应手段可以构成多种句式，常见的有六种，可分为肯定和否定两大类。肯定类有"谁都 V 谁"式、"谁都 V 谁的 N"式、"谁都 Prep 谁 VP"式；否定类有"谁也不 V 谁"式、"谁也不 V 谁的 N"式、"谁也不 Prep 谁 VP"式。共计有六种形式。

（一）肯定类形式

第一，"谁都 V 谁"式，其在句中可以充当谓语和分句，其中的"都"一般不能换为"也"。例如：

（3）三年后，我们谁都了解谁，各奔东西。（百度搜索）

（4）毕竟这个小城，谁都认识谁，派出所的一位老警员告诉我，我的妈妈一直在那所国中里做工友。（北大语料库）

第二，"谁都 V 谁的 N"式，其在句中可以充当谓语和分句，"都"可以换为"也"，后面的名词不可以省略。例如：

（5）就是去问，谁都知道谁的底细，人家尿不尿你那一套呢？老周老胡的脾气他知道。（刘震云《官场》）

（6）夫妻相处这么多年，谁都了解谁的性格。（自拟）

第三，"谁都 Prep 谁 VP"式，其在句中可以充当谓语和分句，"都"一般不能换为"也"。例如：

（7）大伙儿都是一家人，谁都可以给谁干点活儿。（老舍《正红旗下》）

（8）夫妻二人谁都把谁放在心里，感情非常和谐。（自拟）

（二）否定类形式

第一，"谁也不 V 谁"式，其在句中可以充当谓语和分句，"也"可以换为"都"，"不"可以换为"别"和"没有"等否定性词语。例如：

（9）千万记住，<u>咱们谁也不认识谁</u>。（邓友梅《别了，濑户内海！》）

（10）我们大家都在说谎，<u>谁都不信任谁</u>。（王小波《2015》）

该式具有"可能式"。例如：

（11）<u>（金秀金枝两姐妹）平时谁也说服不了谁，改变不了谁。</u>（陈建功、赵大年《皇城根》）

第二，"谁也不 V 谁的 N"式，其在句中可以充当谓语和分句，"也"可以换为"都"，"不"可以换为"别、没有"等否定性词语。例如：

（12）那就两相抵过，<u>咱们谁也不欠谁的恩情</u>。（金庸《倚天屠龙记》）

（13）（三个男人）你他妈我他妈地向别人表现自己的个性，<u>谁都不买谁的账</u>。（池莉《让梦穿越你的心》）

该式具有"可能式"。例如：

（14）大赤包，桐芳，高第的三张嘴一齐活动，<u>谁也听不清谁的话</u>。（老舍《四世同堂》）

有时，在语义不说自明的情况下，该式中的名词 N 可以省略。例如：

（15）两个人越说越乱，<u>谁也不听谁的</u>，<u>谁也听不见谁的</u>。（老舍《旅行》）

（16）我们一起度过了青春，<u>谁也不亏欠谁的</u>，青春就是用来怀念的。（电影《致青春》）

例（15）中"谁也不听谁的"，显然"听"的对象是另一个人的"话"，但是在语义暗含的情况下，宾语中心词"话"省略了。同样，例（16）中说话人谈论的主题是"青春"，所以"谁也不亏欠谁的"，其实

"亏欠的"也是"青春"。这样,"谁的"中心词"青春"也同样省略了。

第三,"谁也不 Prep 谁 VP"式,其在句中可以充当谓语和分句,"也"可以换为"都","不"可以换为"别"和"没有"等否定性副词。例如:

> (17) 同志们谁也不给谁拿什么主意,都怕担干系。(北大语料库)
>
> (18) 满街的人都是毫不相干的面孔,谁也不为谁存在,谁也不为谁停留。(张欣《爱又如何》)

需要说明的是,疑问代词呼应手段中第二个"谁"可以用"对方"替代。例如:

> (19) 两人可谓势均力敌,一时间谁也难以奈何对方。(辰东《神墓全集》)
>
> (20) 他们在较量,谁都不愿意把女儿输给对方。(池莉《来来往往》)

二、"谁"的指称特点及动词 V 的语义特征

(一)"谁"的指称特点

1. 两个"谁"指称不同

在疑问代词呼应结构中有两个"谁",前一个做主语,后一个做宾语①或定语。但是从指称上来看,它们的所指并不相同,尽管它们都任指其前的名词性成分。例如:

> (21) 马老先生看着儿子不对,马威看着父亲不顺眼,可是谁也不敢说谁;只好脸对脸儿呶着嘴。(老舍《二马》)
>
> (22) 可阿 P 一想也好,自己坏了金表,老婆丢了手机,这下扯平,谁也不用埋怨谁啦!(北大语料库)

例(21)和例(22)句子陈述的对象都只有两人,前者分别是父亲和儿子,后者分别是阿 P 和老婆。但是,在"谁也不 V 谁"中前一个"谁"

---

① 包括"谁都 Prep 谁 VP"和"谁也不 Prep 谁 VP"中的介词宾语。

和后一个"谁"分别都是任指其中之一，且两个"谁"不能同指。如例（21）中的"谁也不敢说谁"的意思是"父亲不敢说儿子，儿子也不敢说父亲"。即第一个"谁"指称"父亲"时，第二个"谁"就指称"儿子"；反之，第一个"谁"指称"儿子"时，第二个"谁"就指称"父亲"。两个"谁"都不能同时指称"父亲"或"儿子"，即"谁也不敢说谁"不能理解为"父亲也不敢说父亲，儿子也不敢说儿子"。同理，例（22）中"谁也不用埋怨谁"的意思是"阿P不用埋怨老婆，老婆也不用埋怨阿P"。

可见，在"谁也不V谁"结构中，虽然两个"谁"都是任指先行词中的一个，即于细良（1965）所说的"表示一定范围内的任指"，但两者并不能同时指称同一个对象。对于这种指称形式，张尹琼（2005）认为该指称为"异指"。这虽然指出了两个"谁"的指称差异，但不十分精确。在我们看来，两个"谁"其实应该是"互指"，即彼此互相指称。这也正如唐燕玲（2011：183）所认为的，从结构上看，两个疑问代词表示任指，而实际上它们是互指。

2."谁"既可指人，也可指物

《现代汉语词典》（第6版）中释"谁"为"任指，表示任何人"。刘云峰、石锓（2018）也指出："交互事件的参与者大都是生命度等级高的施事或受事。"因此，疑问代词呼应类交互结构中的"谁"首先可用于指人，即句中交互参与者具有［+有生命］语义特征。例如：

（23）在夏天是那些年轻男女幽会的地方，一对对静悄悄进来，谁也不干扰谁，找个树背后，铺开雨衣就躺下。（彭荆风《绿月亮》）

（24）康有富扯着张有义的领口，张有义撕着康有富的耳朵，两个人谁也不放谁，口里骂着，另外两只手互相乱打。（马峰《吕梁英雄传》）

例（23）中的两个"谁"分别指幽会男女，例（24）中的两个"谁"分别指"康有富"和"张有义"，都是具有［+有生命］语义特征的人。

但是"谁也不V谁"句式中的"谁"并不排除用于指物的情况。换言之，某些疑问代词呼应类交互句中交互参与者也可以具有［-有生命］语义特征。例如：

（25）所以在今后很长的时间内，网络招聘求职和传统招聘求职将并行发展，谁也不会取代谁。（左源源《网络招聘求职全接触》）

（26）人类文化也是一个有机的整体，无论是哲学、文学艺术书籍，还是自然科学或工程技术书籍，它们都在其间有着各自的位置和用途，<u>谁也不能代替谁</u>。（北大语料库）

例（25）中"谁"指称"网络招聘求职"和"传统招聘求职"这两种招聘求职的方式，例（26）中"谁"指称各类"书籍"，两者都不能换成指物的疑问代词"什么"。如例（25）不能说成"什么也不会取代什么"，例（26）也不能说成"什么也不能代替什么"。

但是，还有一些例句尽管指称的是物，却明显带有隐喻性质，或者说是修辞上的一种拟人用法。例如：

（27）所以都是黑洞和黑洞，老死不相往来，<u>谁也不知道谁</u>。（《百家讲坛》2003－04－21）

（28）从太阳到蚜虫，<u>谁也不能藐视谁</u>，彼此都互相依存。（北大语料库）

例（27）中"谁"指称宇宙中各种各样的"黑洞"，例（28）中"谁"指称世界上形形色色的各种生物。尽管它们都不是"人"，但实际上已将它们转移到人与人之间的认知域里，这从动词 V 的语义可以看出。例（27）中的"知道"是人才具有的意识活动，例（28）中的"藐视"也是人才具有的动作行为。可见，这种句子实际上是将物当作人来进行表述，从修辞上来看，属于拟人；而从认知上来看，它们将事物与事物之间的关系类比成人与人之间的关系，即在认知心理上具有隐喻性。

（二）动词 V 的语义特征

在疑问代词呼应结构中，除"谁都 Prep 谁 VP"和"谁也不 Prep 谁 VP"两种形式外[①]，动词 V 首先表现为［＋及物性］特征，即动词 V 必须带宾语。道理很简单，因为不及物动词通常不能直接带宾语，而在其他结构类型中，动词 V 后都带有宾语。例如：

（29）麻油拌芥菜，各有心中爱，<u>谁也不许笑话谁</u>！（汪曾祺《晚饭花》）

---

① 这两种形式由于 VP 位于句末，有时动词 V 可以不具有［＋及物性］语义特征，如"他们俩谁也不为谁难过"。

（30）谁也不限制谁，到头来仍然是谁也离不开谁，这才是真爱。
（北大语料库）

其次，在疑问代词呼应句法结构中，动词 V 还应具有［＋述人］的语义特征，具有［－述人］语义特征的动词一般不能用于"谁也不 V 谁"句式中。例如：

（31）两个人合则聚，不合则分，谁也不牵累谁。（琼瑶《月朦胧鸟朦胧》）
（32）他们面对面地站着，脸上带着凄厉的、甚至是严峻的神情，谁也不看着谁。（张洁《爱，是不能忘记的》）

在"谁也不 V 谁"句式中，动词 V 前为疑问代词"谁"，而"谁"通常指称人。尽管该句式少数情况下也可用于指物，但要么其中的动词既可以述物，也可以述人，如例（25）和例（26）；要么这些句子在很大程度上已经隐喻化，如例（27）和例（28）。因此，在指物时动词 V 仍具有［＋述人］语义特征。

最后，在疑问代词呼应句法结构中，当第二个"谁"做宾语时，动词 V 还应具有［＋支配人］的语义特征，其支配的既可以是受事，也可以是涉事，还可以是止事。例如：

（33）我们也买了新式犁杖，大家又一团和气，谁也不欺侮谁。（刘绍棠《运河的桨声》）
（34）其他杂姓的人，就更麻烦了……结果，争来争去，谁也不服谁。（李佩甫《羊的门》）
（35）美国是自由之国，谁也不属于谁，你怎么可以说百山是我们的？（北大语料库）

例（33）中"欺侮"支配的是受事，例（34）中"服"支配的是涉事，例（35）中"属于"支配的是止事。这些动作的发出者都是人，其支配的对象也是人。相反，如果将句中的动词换为一个不具有支配人的动词，该句式就很难成立。如"谁也不吃掉谁"可说，而"谁也不喝掉谁"就不能说。这是因为"吃"的对象很多，可以包括食物、公司，当然也可包括人；而"喝"的对象并没有这么广泛，其后一般支配［＋流质］食物或饮料。所以"吃"可以用于"谁也不V谁"句式中，而"喝"不能。

综上所述，在疑问代词呼应类交互协配句中，动词V最基本的要求就是要具有［＋及物性］和［＋述人］语义特征。当疑问代词呼应结构为"谁也不V谁"句式时，句中的动词V还应具有［＋支配人］语义特征。① 对于"谁也不V谁"这种句式，必须同时具备三种语义特征，该动词才能出现于"谁也不V谁"句式中，否则句子就不符合要求，甚至不能成立。

三、"谁也不V谁"的语义及其对参与者的数量限制

（一）"谁也不V谁"的语义

在疑问代词呼应类交互句的六种句法结构形式中，出现频率最高的是"谁也不V谁"句式，这里我们主要选取这种句式进行具体论述。胡盛伦、王建慈（1989）指出，"谁也不V谁"句式意义比较单纯，只表示两个不同对象到目前为止的一种对称关系。我们认为这种对称所表示的关系是协配双方互不针对对方所具有的某种关系。根据动词V的性质的不同，还可以将此种对称关系做如下区分。

其一，当动词V为动作动词时，"谁也不V谁"表示参与者之间互不发生某种动作行为。例如：

（36）中国支持朝鲜半岛和平统一，但谁也不吃掉谁。（百度搜索）

（37）为何与喜欢的人相遇，却谁也不叫谁，谁也不看谁呢？（百度搜索）

例（36）中"吃"为行为动词，整个小句表示朝鲜不会吃掉韩国，韩国也不会吃掉朝鲜。换言之，即话语表述对象之间互不发出"吃掉"的行为。同样，例（37）中"叫""看"也是行为动词，用于该句式时表示两个人"你不叫我，我也不叫你""你不看我，我也不看你"，即互不发出"叫"和"看"的行为。可见，当动词V为行为动词时，该句式表示的是参与者之间互不发出某种动作行为。

---

① 有人提出动词"生"符合这三个语义特征，似乎不能用于"谁也不V谁"句式。但我们在百度搜索中确实能够看到类似的说法，如"火与土有什么关系啊？谁都不生谁，也不克谁啊？"例中"谁都不生谁"可以说成"谁也不生谁"。可见，"生"虽然通常具有单向性特征，即A生B，B就不能生A。但是在否定句中，这种单向性被否定掉了，所以"谁也不生谁"这样的句子依然可以表示否定性的交互语义。

其二，当动词 V 为状态动词或经验动词时，"谁也不 V 谁"表示参与者之间互不处于某种状态。例如：

(38) 渊里还有大小不同的龟鳖，也在湖面上张着爪游泳。但物以类聚，谁也不妨碍谁，似乎都在有目的地忙碌着。（北大语料库）

(39) 另一方面，又谁也不相信谁，不是装神弄鬼，就是疑神疑鬼。（张平《十面埋伏》）

例（38）中"妨碍"是状态动词，整个句子表示鱼鳖这些物类"你不妨碍我，我也并不妨碍你"，即它们之间互不处于"妨碍"状态。例（39）中"相信"是经验动词，整个句子表示参与者之间互不信任，即他们互不处于"相信"的状态。可见，由于这两类动词表达的都是句子主体所具有的一种状态，因此，当它们用于"谁也不 V 谁"这种协配句式时，整个句子表示的就是参与者之间互不处于某种状态。

其三，当动词 V 为关系动词或归属动词时，"谁也不 V 谁"表示参与者之间互不具有某种协配关系。例如：

(40) 他们两个虽说是兄弟，可是谁也不像谁。（自拟）
(41) 以前常常想整个世界都是我的，可是其实我们谁也不属于谁！（百度搜索）

例（40）中"像"属于关系动词，整个句子表示"哥哥不像弟弟，弟弟也不像哥哥"，即互不具有相似关系。例（41）中"属于"是归属动词，整个句子表示"你不属于我，我也不属于你"，即"我们"互不所属。因此，这两类动词构成的"谁也不 V 谁"句式表达的是话语陈述对象之间互不具有相似或归属的关系。

由此可见，"谁也不 V 谁"句式的意义总体上表达的是一种交互性的否定意义。具体而言，它表达的是参与者之间互不发出某种动作，互不处于某种状态，或者互不具有某种协配关系。这也符合范晓（2009b）的观点，即从认知上来看，句子大体上可分为活动句、性状句、关系句三类，而"谁也不 V 谁"句恰好能够很好地表现句子的这三种语义功能。

（二）"谁也不 V 谁"对参与者的数量限制

"谁也不 V 谁"表达的是一种交互性的协配关系意义，因此，当它在单句中充当句子的谓语时，便对交互事件参与者的数量产生严格要求，即其必须是复数，可以是两个，也可以是两个以上。例如：

（42）与上次当当摔伤的那次不同，这一次，<u>两个人谁也不看谁</u>，也不说话。（王海鸰《中国式离婚》）

（43）我希望他们：爸爸、妈妈、何叔叔，<u>谁也不要批评谁</u>。（戴厚英《人啊人》）

例（42）中"谁也不看谁"的主语为"两个人"，相反，如果我们说成"一个人"，则句子就不能被接受，因为该句式表达的是一种相互性行为。例（43）有所不同，虽然交互事件的参与者也是复数，但其间相互性行为更为复杂，即在三者之间两两互不发生批评的行为。为明晰二例中的交互过程，可以用图 6.1、图 6.2 对这两种关系进行表示。

图 6.1　二者交互　　　　　　图 6.2　三者交互

图 6.1 中 A、B 和图 6.2 中 A、B、C 表示动作行为的参与者，箭头表示关系方向。很明显，图 6.1 表示的是两者之间的相互关系，图 6.2 表示的是三者之间的相互关系。但无论是两者发生关系，还是三者发生关系，"谁也不 V 谁"句式都要求交互事件的参与者必须是复数，否则，句子就不能表达相互关系。此外，在复数之中，随着参与者数量的增加，句子的语义也更为复杂。当事件参与者的数量为两个时，该句式表达的是一种单一的相互性否定关系；当事件参与者的数量超过两个时，实际上它所表达的是多个相互性否定关系，即在主语所限定的范围内任何两个参与者之间都可以发生相互性否定关系。

四、"谁也不 V 谁"句式的不对称及其解释

（一）"谁也不 V 谁"的不对称现象

由"谁也不 V 谁"的句法形式可知，该句式是一种否定形式。换言之，即这种句式通常以否定形式出现，与其相对应的肯定形式却很少出现。针对这一点，丁声树等（2009：165）早就指出："这类句子否定的居多。"

其意在说明由疑问代词呼应手段构成的交互句式的否定句是明显多于肯定句的。为了说明这个问题，我们以"谁也＄5谁"①为检索条件，在北大语料库中进行检索，其结果无一例肯定形式。例如：

（44）它们谁也不关心谁，好像罐子都失去了理智似的。（北大语料库）

（45）胡大高的手下差不多也有二三百人，两军对垒，谁也不让谁。（张平《十面埋伏》）

这些例句都是否定形式，充分说明了"谁也不 V 谁"与"谁也 V 谁"呈完全的不对称分布状态，即利用"谁"与"谁"呼应，且与"也"搭配构成的交互句式通常以否定形式存在，而很少有肯定形式出现。

不过，任何事物都不是完全绝对的。由"谁"与"谁"呼应，且与"也"搭配构成的交互句式偶尔也会有肯定形式出现，即形成"谁也 V 谁"句式。例如：

（46）我们两个没见过面，可是谁也知道谁。（丁声树等用例）

（47）我想大家彼此就不用介绍了，谁也认识谁。（张平《抉择》）

这种肯定句式的出现一是受具体语境的限制，即通常能在上下文找到相应的否定成分，如上述二例中的"没"和"不"；一是受作家个人语言习惯的影响。杉村博文（2007）就明确指出，"山西作家张平的语言中就频频出现'wh＋也＋vp'肯定句"，当然这种肯定句中偶尔也会出现我们所说的这种交互句式②，如例（47）。

此外，当后一个"谁"充当宾语的定语时，句子也可以出现肯定形式，即为"谁也 V 谁的 N"式，但数量依然较少。我们按照"谁也＄5谁"为检索条件，在北大语料库中检索得出的结果仅有两例。例如：

_____

①　在北大语料库检索系统中，"＄"表示它两边的检索项按照左边在前、右边在后的次序出现在同一句中，两个检索项之间相隔字数小于或等于其后设定的数目，即检索表达式"谁也＄5谁"表示查出同时含有"谁也"和"谁"的句子，并且"谁也"在前，"谁"在后，两者间隔5字以内。本书其他章节出现的北大语料库检索表达式所表示的意义与此相同。

②　杉村博文（2007）考察了张平的两部长篇小说，分别是《抉择》和《十面埋伏》，共约100万字，其中"谁也……"句共计203例，"谁都……"句只有42例。可见，该作者是习惯使用"谁也……"句式的。

（48）一辈子了，<u>谁也知道谁的脾气</u>，就是三天三夜不睡觉，也别想劝住他一分半毫。（张平《十面埋伏》）

（49）辛有根因为和杜玉贵很相好，<u>两个谁也能摸着谁的心事</u>。（马峰《吕梁英雄传》）

这种句子虽然也能表示交互行为，但和上面讨论的句式还有点区别，因为后一个"谁"做定语，所以动词后的宾语并不一定是人。但是，在不对称方面，其肯定形式依然少于否定形式。为明确这一问题，我们以"谁也不$4谁的"为检索条件，在北大语料库中进行检索，结果共有46例否定式，而以"谁也$5谁的"为检索条件在北大语料库检索得出的结果中只有两例肯定式。这样，否定形式与肯定形式之比是46：2，即前者是后者的23倍。这说明，即使是第二个"谁"做定语，其肯定形式与否定形式依然是呈明显的不对称状态分布。

（二）不对称的原因分析

1. 和动词 V 的特点有关

"谁也不 V 谁"中动词 V 多为表示心理行为或状态的动词。它们可以指向自身，即可以表示自己对自己进行某种活动，如"知道、了解、认识、喜欢"等。当这些词在构成否定的"谁也不 V 谁"时，后一个"谁"就倾向于被理解为另一方，而不会被理解为和前一个"谁"同指。如"谁也不了解谁"，虽然两个"谁"都具有任指性，但句中的动词决定了它们不能做同一个对象理解。因为，如果做同一个对象理解，就会出现自己不了解自己的情况，而这通常是不符合逻辑的。所以，两个"谁"只能是任指先行词中彼此不同的对象，这样句子才能得到合理解释。相反，如果这些动词出现于肯定形式"谁也 V 谁"中，那么句子就可能出现歧义。如"谁也知道谁"，句子就有可能被理解为"你知道你，我也知道我"。而这种句子并不是一种表达相互关系的句子，即使能够成立，也与"谁也不 V 谁"在语义上产生不对称。可见，"谁也不 V 谁"与"谁也 V 谁"的不对称首先是由动词 V 的特点决定的。为了明晰这一过程，我们选取两个参与者构成的"谁也不 V 谁"和"谁也 V 谁"结构进行分析，用图6.3、图6.4 表示。

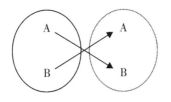
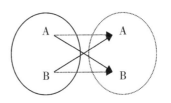

图 6.3　"谁也不 V 谁"的交互　　　图 6.4　"谁也 V 谁"的交互

如果将两个参与者看作一个集合，图 6.3 和图 6.4 中 A、B 分别代表"谁"可以任指的一个集合中的两个成员，那么，在"谁也不 V 谁"中，由于动词 V 通常为心理行为感知类动词，因而它只有一种理解，即表达相互性否定关系。为了更加直观地展现成员 A 与 B 的交互关系，我们虚构出原集合的一个虚拟集合，其实也就是原集合本身，用圆形的虚线表示，如图 6.3 所示。在这个集合中，我们可以清楚地看到成员 A 的行为只针对成员 B，而成员 B 的行为也只针对成员 A，两者具有交互关系。但是，在"谁也 V 谁"中，由于动词 V 既可以感知自己，又可以感知别人，因而理论上可有两种解释，即从每一个成员出发都有两种识解路径：一种是向对方发出动作行为，即成员 A 向成员 B 发出某种动作行为，同样成员 B 也向成员 A 发出某种动作行为；另一种是向自身发出动作行为，即成员 A 对自身发出某种动作行为，成员 B 也对自身发出某种动作行为。从语义上来看，前者表现为交互语义关系，如图 6.4 中的实线所示；后者只表达参与者针对自身的个体行为关系，如图 6.4 中的虚线所示。这样，在肯定式中，由于同一种句法形式存在两种语义识解的可能，因而为了避免晦涩歧义，"谁也 V 谁"句式在实际用例中若无具体语境说明，则鲜有使用。

2. 和"也"的语义特征有关

"谁也不 V 谁"的不对称现象还和"也"的语义特征有关，因为与该句式类似的"谁都不 V 谁"却有肯定形式，尽管其数量也很少。例如：

（50）毕竟这个小城，谁都认识谁。（北大语料库）

（51）人生没有永久的秘密，世界很小，一个圈子兜下来，谁都碰得到谁。（琼瑶《月朦胧鸟朦胧》）

因此，我们认为在大多数情况下"谁也 V 谁"不能说，而"谁都 V 谁"却可以出现。这只能说明其最根本的制约因素在"也"和"都"的不同。

而据袁毓林（2004）的研究，"也"式的认知方式是次第扫描（sequential scanning），"都"式的认知方式是"总括扫描"（summary scanning）。这也就是说，"也"的语义特征凸显的是个体，而"都"的语义特征凸显的是全体。例如：

（52）张三去了北京，李四也去了北京。（自拟）

（53）张三和李四都去了北京。（自拟）

例（52）中"也"凸显的是后者个体行为的类同，例（53）中"都"凸显的是对两个行为对象的总括。因此，上述二例中的"也"和"都"不能互换。

这样，在"谁也 V 谁"结构中，由于"也"凸显的是个体成员的类同行为，因此，它只能表达一个集合中的一个成员情况，而并不能将"谁"任指的先行词同时全部包括在内。这正如杨凯荣（2000）所说："'也'要求的不是'总量'，而是'最小量（minimum quantity）'，相当于数量词'一'。"因此，"谁也 V 谁"句通常不能构成交互句式。但是，在"谁也不 V 谁"中情况并不相同，因为这是否定形式，"也"凸显的是一个个体，通常被看作极小量。而据戴耀晶（2000）的研究，在汉语中对极小量的否定，就是对整个范围的全部否定。这也就是说，在"谁也不 V 谁"句式中，对一个个体的否定其实就是对一个集合中全体成员的否定。因此，"谁也不 V 谁"句式可以总括一个集合中全体成员的所有情况。这和"谁都不 V 谁"表达的句义基本相同，只不过"都"是总括性的加合算子，可直接包括一个集合中的全体成员，而"也"要通过语用推理，在否定句中才能涵盖全体成员。我们之所以可以看到"谁都 V 谁"句式，而很少能够看到"谁也 V 谁"句式，正是因为"都"可以通过语义本身表示总括，而"也"在肯定句中一般不能表示总括。这在两种句式同现的复句中可以看得更为清楚。例如：

（54）在性的交合中各自发现了自身的存在，领悟了生命的意义。在那里，谁也不占有谁，因为谁都在创造谁。（北大语料库）

（55）那会儿下了课，男生女生都各凑一堆玩，好像谁也不理谁，其实谁都在意谁。（北大语料库）

例（54）（55）中"谁也不 V 谁"句式在前，"谁都 V 谁"句式在后，而后者并没有使用"谁也 V 谁"形式,这正说明"也"和"都"的语义不同决定了"谁都 V 谁"可用,而"谁也 V 谁"不太适用。

但这里还有一个问题:为什么在个别作家的作品中或者极少数情况下可以出现"谁也 V 谁"和"谁也 V 谁的 N"这两种句式?我们认为这是"都"和"也"在否定结构中经常可以换用的结果。这是因为在疑问代词呼应与"也"结合构成的交互句式中,所有否定类句式中的"也"都可以被"都"替换。例如:

(56)千万记住,咱们<u>谁也不认识谁</u>。(邓友梅《别了,濑户内海!》)

→千万记住,咱们谁都不认识谁。

(57)那就两相抵过,<u>咱们谁也不欠谁的恩情</u>。(金庸《倚天屠龙记》)

→那就两相抵过,咱们谁都不欠谁的恩情。

(58)我和你,有谁更了解爱情是什么?<u>谁也不比谁更了解</u>。(张小娴《重量级情话》)

→我和你,有谁更了解爱情是什么?谁都不比谁更了解。

这样,长期的互换使用会使"也"沾染上"都"的功能,最终致使其在某种情况下或在少数人那里能够替换肯定类中的"都"。但是,从其使用情况来看,"也"替换"都"的功能并没有完全扩展开来,这不仅表现在这两类句式只限于个别作家作品或极少数情况,而且在使用该句式的作家作品中,这两类肯定句式的使用也十分有限。如我们对山西作家张平的《抉择》和《十面埋伏》做进一步考察,发现在这两部小说中,"谁也不 V 谁"句共有 13 例,"谁也 V 谁"句只有 2 例。这说明,在习惯使用"谁也……"句式的作家那里,"谁也不 V 谁"和"谁也 V 谁"两种句式依然呈现出不对称性。

第三节 现代汉语主动宾式协配句研究

主动宾式协配句是现代汉语中的一种特殊协配句式,由刘丹青(1986)首次提及,只不过刘丹青是从交互性的角度进行考察的。而袁毓林(1989)更为关注该类句式中的协同性,他将该句式中的动词称为"协同动词"。我们认为无论是"交互",还是"协同",实际上它们都需要参与者的协作与配合。因此,我们将这类句式中的动词称为协配动词。相应地,由这些协配动词构成的主动宾句式就为"X + V$_{协配}$ + Y"句式,其中 X 和 Y 为协配项,V 为协配动词。Haspelmath(2007:2092)认为世界上的语言不会将交互参与者编码为及物结构的施事和受事,但是也存在少数例外情况。汉语中的主动宾协配句式就是这些例外之一。在现代汉语中,虽然协配动词大多构成协配项居于谓语核心动词之前的协配句式,但有时说话人出于语用表达的需要,会打破了某些协配动词的常规用法,使协配参与者分别处于协配动词的主宾语位置。这就使得原来的句法结构发生形式上的变化,从而形成主动宾"X + V$_{协配}$ + Y"这种特殊的协配句式。本节将详细考察这一句式的句法、语义特征,阐释其与相关句式的语用功能差异,并从构式压制的角度分析这种协配句式产生的动因与机制。

一、协配参与者 X 和 Y 的特征分析

(一)协配参与者 X 和 Y 的性质特征

在主动宾协配句式"X + V$_{协配}$ + Y"中,协配参与者 X 和 Y 的句法功能较为简单,分别充当整个句子的主语和宾语。但就 X 和 Y 的语法性质来说,其主要有以下三种情况。

第一,协配参与者 X 和 Y 同为体词性成分。例如:

(1)2002 年以前,<u>孟关良一直是单兵作战</u>,虽然成绩不错,但是要想<u>比肩欧美强手</u>,难度较大。(北大语料库)

(2)在为期 3 天的访问中,<u>阿萨德将会晤土耳其总统塞泽尔、总理埃尔多安等土耳其政要</u>。(北大语料库)

在现代汉语主动宾协配句中,协配参与者同为体词性成分的情况是最常见的,因为这类协配动词大多是陈述人的动作行为和关系的。如例(1)中的"孟关良"是中国的皮划艇净水项目运动员,"欧美强手"则也是指欧美的皮划艇净水项目运动员。同样,例(2)中的协配动词"会晤"本身就是陈述人的动作行为的,所以它在句法上要求协配参与者为体词性成分。

第二,协配参与者 X 和 Y 同为谓词性成分。例如:

(3) 中印谈判陷入僵局？印防长宣称绝不妥协，美警告：<u>入侵等同自杀</u>（网易新闻 2021 - 01 - 27）

(4) 索芭朵女装清新而不张扬，休闲而不轻浮，<u>婉约又融合着时尚</u>。（品牌服装网 2018 - 11 - 14）

在现代汉语主动宾协配句中，协配参与者同为谓词性成分的情况不太多。这是因为在上文我们已经指出，能出现在主动宾协配句式中的协配动词主要是陈述人的动作行为和关系的，而对事件进行评述或对事物的性状进行叙述的协配动词并不多，只有"等同、等值、类同、融合、糅合、交织"等少数词语。如例（3）中的"入侵"和"自杀"是动词，例（4）中的"婉约"和"时尚"是形容词。

第三，协配参与者 X 和 Y 为体词性和谓词性成分的混合。例如：

(5) 从广州白云机场登机那一刻起，<u>内心的期待便始终交织着忐忑</u>。（陈烨《西藏阿里地区科考之旅》）

(6) 以下这 5 种食物，想瘦身的人可一定要远离，吃了还容易上瘾，<u>热量等于"喝油"</u>。（腾讯网 2021 - 01 - 26）

需要说明的是，在现代汉语主动宾协配句中，虽然协配参与者 X 和 Y 可以由谓词性成分充当，但其实质已经"名物化"（胡裕树、范晓，1994），即这些谓词并不表达动作行为，而表达事件或状态。如例（3）中的"入侵"和"自杀"句法上是动词，例（4）中的"婉约"和"时尚"是形容词，分别充当相应的协配句的主语和宾语，但语义上它们分别做"等同"和"融合"的论元，表达的却是事件和状态。这从混合型协配参与者的用例中更容易看出来。如例（5）中的"忐忑"本身是形容词，但由于它充当了"交织"的论元成分，在语义上就与"内心的期待"这个定中短语具有了等同的地位，因此，它实际上表达的是一种忐忑的心理状态。同样，例（6）中的"热量"是名词性成分，"喝油"则是谓词性成分，但由于"喝油"被谓语核心指派到宾语位置，因而语义上仍然充当"等于"的论元，表达"喝油"所获得的热量。可见，在主动宾协配句中，谓词性的协配参与者由于其充当了协配谓词的论元成分，因此实际上，它们都已经名物化了。

（二）协配参与者 X 和 Y 的语义角色

在主动宾协配句式中，协配参与者 X 和 Y 的语义角色具有二重性特征。

具言之，一方面，X、Y相对于对方来说具有共事性；另一方面，X、Y相对于谓语动词来说又具有语义上的互逆性，因为其中的动词V具有对称性。因此，就共事性的角度而言，二者都可称为共事。从互逆性的角度来说，二者语义角色并不相同，但学界通常只谈其"施受同一"的关系（刘丹青，2018：191），而并没有对其予以细分。其实，主动宾协配句参与者的语义角色具体可分为三种情况。

1. 互为施事和受事

当该句式中的动词为行为动词时，变项X和Y在语义角色上互为施事与受事。此时，该句式所表达的语义是一个协配参与者施行某种协配行为于另一个协配参与者，并与之共同进行某种活动。例如：

（7）星爷对骂老太监刘洵，把他骂得喘不上气，真是解气。（爱奇艺2019-12-09）

（8）马云会面特朗普　阿里或五年内为美提供百万份工作（中国新闻网2017-01-10）

例（7）中"骂"本为单方面言说类行为动词，但加上"对"字之后，表明参与者之间的动作行为是相互进行的，所以"对骂"具有对称性，即该句表达"星爷骂老太监刘洵，老太监刘洵也骂星爷"。参与者互相配合，共同完成"对骂"行为。同样，例（8）"会面"也属于对称性行为动词，即该句表达"马云会面特朗普，特朗普也会面马云"。这样，一方面，就二例所表达语义的前一小句的主语而言，"星爷"和"马云"都可称为施事，同时，就后一小句的主语而言，"老太监刘洵"和"特朗普"也都可称为施事。另一方面，就二例所表达语义的前一小句的宾语而言，"老太监刘洵"和"特朗普"都可称为受事，同时，就后一小句的宾语而言，"星爷"和"马云"也都可称为受事。可见，上述二例中每一个行为参与者本身既是施事，又是受事，这说明协配参与的双方实际上互为施受关系。

2. 互为系事和涉事

当该句式中的动词为性状动词时，变项X和Y在语义角色上互为系事与涉事。此时，该句式所表达的语义是一个协配参与者施加某种协配情状于另一个协配参与者，并与之共同处于某种状态。例如：

（9）管理层对峙大股东　ST围海陷入乱局（新浪财经2019-11-23）

（10）深圳毗邻香港，珠海靠近澳门。（北大语料库）

例（9）中"对峙"为性状动词，该句表达"管理层对峙大股东，大股东同时也对峙管理层"，两者共同处于"对峙"状态。同样，例（10）中"毗邻"和"靠近"也都是性状动词，该句表达"深圳毗邻香港，香港也毗邻深圳；珠海靠近澳门，澳门也靠近珠海"。因此，就这些例句所表达语义的主语而言，它们都具有系事性，但就其宾语而言，它们又都具有涉事性。所以原句当中尽管协配参与者被动核分别指派到主语和宾语位置，但它们充当的语义角色实际上具有互为系涉的关系。

3. 互为起事和止事

当该句式中的动词为关系动词时，变项 X 和 Y 在语义角色上互为起事与止事。此时，该句式所表达的语义是一个协配参与者赋予某种协配关系于另一个协配参与者，并与之共同具有某种关系。例如：

（11）女队拼下 3000 米接力铜牌 武大靖折戟半决赛无缘卫冕（《工人日报》2022 - 02 - 14）

（12）这些说法若真正统治了中国，孔子的地位就类似耶稣的地位，儒家就成了地道的宗教了。（北大语料库）

例（11）中"无缘"是关系动词，该句表达"武大靖无缘卫冕冠军，同时卫冕冠军也无缘武大靖"，二者彼此"无缘"。例（12）中"类似"也是关系动词，该句表达"孔子的地位类似耶稣，耶稣的地位也类似孔子"。这样，就二例所表达语义的主语而言，它们都是起事，但从宾语上来看，它们又都可以做止事。因此，尽管例中协配参与者在表层句法结构中的位置不同，但实际上它们所充当的语义角色具有互为起止的关系。

二、主动宾协配句式中动词 V 的语义特征

（一）相关研究中的问题

对于主动宾"X + V$_{协配}$ + Y"句式而言，究竟什么样的动词 V 才能进入该句式是一个值得深入探讨的问题，因为现有的研究都不能很好地说明这一问题。就协配动词带宾语来说，李新良（2013）指出，"能进入 SVO 句式带宾语的协同动词都具有［ +述人］的语义特征"。例如：

（13）30 岁少妇约会 90 后（李新良用例）

（14）钱妞联袂弟弟客串《胜利之歌》（李新良用例）

（15）<u>胡锦涛会晤那扎尔巴耶夫</u>（李新良用例）

（16）<u>卓越亚马逊角力 Android 应用</u>（李新良用例）

这或许和李文所选的协配动词有关，因为在李文中"约会、联袂、会晤、角力"都是陈述人的动作行为的。但事实上，我们发现部分具有［＋述物］语义特征的协配动词也可进入这种句式。例如：

（17）<u>龙海宾馆的左侧，毗邻一个渔家黎寨</u>，也是一座座小木板房。（《人民日报》1994－01－03）

（18）<u>笔记本连接液晶电视</u>，详细教您笔记本怎么连接液晶电视。（装机吧 2018－09－04）

（19）<u>中南通道接轨京九铁路</u>　全国第一条重载铁路年底通车（齐鲁网 2014－09－16）

（20）多姿多彩的安丰乡地方话儿，<u>安阳殷都区的安丰方言糅合了晋系发音</u>（网易号 2021－04－15）

例中（17）至例（20）中"毗邻、连接、接轨、糅合"都是协配动词，其中，协配参与者 X、Y 都不指人，也不能用"转喻"加以解释。如例（17）指地点，例（18）指电器，例（19）指路段，例（20）指语言。可见，部分具有［＋述物］语义特征的协配动词同样也可进入主动宾"X＋V_{协配}＋Y"这一句式，且这也符合袁毓林（1989）将协同动词划分为述人和述物两类的观点。

赵旭、刘振平（2014）对这一问题也做出过探讨。他们认为只有 9.0% 的协同动词才能用于主动宾协配句式，而其中的制约因素主要有语义、音节、词构和词频因素。但是，在这四种制约因素中除了音节因素具有较强的决定作用之外，其他三种因素都不具有绝对的决定性。如为了从词构上说明问题，赵、刘认为"激战"能够用于"X＋V_{协配}＋Y"这一结构，而与之近义的"作战""开战"和"交锋"却不能进入该结构。但事实并不完全如此。例如：

（21）中俄联手对抗美国：中俄突然双层互动，就等着<u>美国开战伊朗</u>！（鲁旭娱乐 2020－12－24）

（22）焦点大战自然是许昕对战雨果，<u>马龙交锋林高远</u>，陈梦对战丁宁。（百度搜索 2020－11－24）

同样，作者在论述词频因素时指出，"会面""会谈"和"见面"不能用于主动宾"X + V$_{协配}$ + Y"这一结构，但实际上这也并不是绝对的。例如：

（23）文在寅会面特朗普，力促第三次"金特会"！（中国网 2019 - 04 - 13）

（24）马云会谈特朗普　透露了阿里全球化三个新策略（界面新闻 2017 - 01 - 11）

（25）17 岁女模特见面网友，事后要求对方加一千元：我长得这么漂亮！（网易号 2018　12 - 25）

（二）协配动词 V 的基本特征

从已有的研究可以看出，尽管语言学家们对主动宾协配句式中的谓语动词已经给出了较为详细的描写和解释，但问题仍然没有得到彻底解决。那么，究竟是什么因素决定了一些协配动词能够用于"X + V$_{协配}$ + Y"句式，而另一些协配动词却不能用于这一协配句式呢？我们认为既然动词 V 属于协配动词，那么它首先就应该具有 ［ + 协配］［ + 交互］［ + 对称］ 这些语义特征，因为这是这类动词最基本的语义特征。例如：

（26）中德篮球争冠赛 9 月 10 日成都打响　四川品胜对阵德国欧绿保（网易新闻 2016 - 09 - 09）

（27）林志玲撞衫章子怡　气质颜值不分上下　谁赢？（网易时尚 2016 - 09 - 07）

（28）上海凌海国际农产品贸易中心毗邻上海自贸试验区，位于浦东新区江东路 1998 号。（搜狐网 2016 - 08 - 25）

所谓"协配"，是指参与者必须相互协作配合，才能实现某种动作行为、状态或关系。如例（26）中"四川品胜"必须和"德国欧绿保"协作配合，才能实现"对阵"这一行为。所谓"交互"，是指参与者一方对另一方怎么样，另一方也对这一方怎么样。如例（27）中"林志玲撞衫章子怡"，同样，"章子怡也撞衫林志玲"，两者之间的关系是相互的。所谓"对称"，是指参与者在某种动作行为、状态或关系上的作用是对应的：由"X + V$_{协配}$ + Y"为真，可以推知"Y + V$_{协配}$ + X"也一定为真；反之，"X +

"V$_{协配}$ + Y"为假，则"Y + V$_{协配}$ + X"也一定为假。如例（28）由"上海凌海国际农产品贸易中心毗邻上海自贸试验区"一定可以推知"上海自贸试验区毗邻上海凌海国际农产品贸易中心"，因为两者之间的关系是对称的。

（三）动词 V 的最简对称特征

能进入主动宾协配句式中的动词都具有对称特征，但这里的［＋对称］并不是一般的对称，而是一种表达单一事件的［＋最简对称］。所谓最简对称（irreducible symmetry），按照 Dimitriadis（2008）的观点，是指如果一个谓语表达的是一个二元关系，且它的两个论元在任何事件中都必然具有完全相同的参与行为，那么从论元之间的关系上来看，该谓语所表达的对称关系就是最简对称。如"张三邂逅李四"必然包含着"李四邂逅张三"，这里"邂逅"就是一个最简对称谓语。最简对称谓语表达的是单一事件。所谓单一事件，是指说话人对某种对称事件做单一性编码的事件。如"张三和李四结婚了"，也可以说成"李四和张三结婚了"，这是一个对称事件。但是在这个对称事件中"张三结婚了"和"李四结婚了"是同一个事件，即"张三"和"李四"是夫妻，因此，"张三和李四结婚了"实际上是一个单一事件。

不过，尽管我们用［＋最简对称］来限制主动宾"X + V$_{协配}$ + Y"句式中的谓语动词，但是也并不意味着所有的［＋最简对称］动词都能用于这一句式。如"相关、相交、相遇、相通、比试、较量、对立、并行"等就不能用于这一句式。其原因在于：一方面，就由"相"构成的最简对称动词而言，"相"在古汉语中是一个指代性副词，可以看作是其后谓语动词的宾语，所以这些最简谓语动词后不需要再带宾语，否则就造成重复。另一方面，主动宾"X + V$_{协配}$ + Y"句式是一种既古老又新颖的句式。说其"古老"是因为这种句式古代已有，如"邂逅赏心人，与我倾怀抱。"（《乐府诗集》卷第三十四）"崔茂伯女，结婚裴祖儿。"（《太平广记·崔茂伯》）；说其"新颖"是因为这种句式对于某些最简对称动词而言，是在当代才开始出现的，如"崔永元对骂方舟子"（新华网 2013 – 09 – 12）、"林更新互怼粉丝"（爱奇艺 2019 – 05 – 22）。因此，我们有理由认为主动宾"X + V$_{协配}$ + Y"句式仍然是一种正在发展的句式。这样，某些最简对称动词一时进入不了这种句式，并不意味着它们永远进入不了这种句式，只是还需要时间来发展而已。一旦条件成熟，在构式压制的作用下，某些现在不能出现在该句式中的动词将来或许可以出现在该句式之中。

三、主动宾协配句式形成的动因分析

构式语法认为，动词论元的实现跟语言使用有关，因此，语用表达功能就成为主动宾协配句式产生的动因。这诚如吴为善（2016：216）所指："语言是人类的交际工具，这就决定了语用驱动是语言编码形式的根本动因。"而对于主动宾"$X + V_{协配} + Y$"句式，它与"$X + 和 + Y + V_{协配}$"句式在表意上存在功能差别。具言之，主动宾协配句式凸显协配参与者 X 的话题性和衔接功能，强调协配参与者 Y 的新信息性和焦点性；而"$X + 和 + Y + V_{协配}$"句式强调的则是协配参与者 X 和 Y 的协作性和同质性。所以说话人在运用这些协配句式时，他/她会考虑语用方面的制约因素。语用目的不同，采用的句式也有所区别。这正如刘云峰、石锓（2018）所指："用一个表层带宾语的及物句形式来表示不带宾语的深层交互义，只能说是言说者语用的需要。"这样，在某些情况下，由于表达的需要，说话人就会对句法结构做出一定的调整，从而促使某些不及物协配动词也可以出现在主动宾协配句式当中，这"属于信息结构引发的语序变异"（孙天琦、潘海华，2012）。具体而言，影响汉语主动宾协配句式产生的语用因素主要有凸显因素、焦点因素、篇章因素和修辞因素。

（一）凸显因素

在认知语言学上，凸显（profile）是相对于基体（base）而言的。Langacker（2013：188）指出："认知语法具体描述了语义结构和基本语法范畴的概念基础。一个关键的概念就是标示，即把某实体提升到述义内的一个特别凸显的层面。"王珍（2006）进一步对不及物动词带宾语存在的理据做出论述："即使是同一情景，由于观察的方式和角度不同，角色的分配也会因为物体所受到的凸显程度的不同而不同。"就协配语义结构而言，参与者若能成为说话人特别标示的实体，那么该参与者就是被凸显的对象，反之就不是特别凸显的对象。而一旦该参与者被说话人标示为凸显的对象，那么它就会被说话人置于认知的前景位置，成为句子的主语。例如：

（29）<u>马云对话拉加德</u>：中国将会更加开放（《经济日报》2018 – 04 – 10）

（30）<u>杜月笙斗法蒋经国</u>："上海皇帝"祭出了一记狠招，便弄得小蒋狼狈不堪（搜狐网 2018 – 04 – 13）

例（29）中对话参与人是"马云"和"拉加德"，但是说话人此时关注的是"马云"。因为"中国将会更加开放"是他说出来的，所以他也就成了凸显的对象，被置于句子的主语位置；相应地，此时"拉加德"只是"马云"会话的对象，因此，说话人将其置于宾语位置。同样，例（30）中蒋经国为了推行货币改革政策，逮捕了杜月笙的三儿子杜维屏，然后杜月笙在一次会议上以"扬子公司囤积货物"为口实，将了蒋经国一军，因为这家公司是蒋经国的亲表兄弟孔令侃开的。所以，说话人为了凸显"杜月笙"主动跟"蒋经国"斗法，而将其置于主语位置，相应地，则将蒋经国置于宾语位置，形成主动宾协配句式。

（二）焦点因素

如果说凸显是人类认知思维的一种体现的话，那么焦点就是信息结构的一种反映。对于一个主谓句而言，在认知上句子的主语是说话人关注的对象，成为认知的前景。但就信息传递的角度而言，它并没有增加听话人所知的信息量，因为说话人凸显的主语在信息结构上只充当听说双方已知的话题。这样，对于一般的协配句，如果事件的两个参与者都处于主语位置，那么它们都应是句子的已知信息，而并不会成为静态句的焦点信息。但是现实情况是，有时说话人需要将协配的一方看作已知信息，将协配的另一方当作未知信息来进行表达，以便突出后者的焦点性质，对其加以强调，从而引起听话人的注意。这时，汉语最自然的处理方式就是将信息重点放在句子的末尾，即宾语位置，这也就是我们通常所说的"尾焦原则"。因此，为了突出强调某一协配参与者的信息焦点性质，说话人就会采用主动宾句法结构，使这一协配参与者实现焦点化的操作。例如：

（31）CCTV5直播！广东辽宁上演肉搏战，<u>杨鸣斗法杜锋</u>，付豪或成奇兵（百度搜索2021－03－07）

（32）<u>成都青白江区牵手甘孜九龙县</u>　有一种帮扶叫"量身定制"（《四川日报》2021－10－15）

例（31）之所以采用主动宾协配句式，是因为杨鸣是辽宁队的教练，在上一场比赛中辽宁队输给了广东宏远队，而广东宏远的教练正是杜锋。所以说话人要强调的是"杨鸣"斗法的对象。这样，一方面可以说明斗法对象的重要性，另一方面也可以体现他"复仇"的心切。例（32）采用的也是主动宾协配句式，因为这里也是要强调"甘孜九龙县"在"青白江区"的帮扶下所发生的变化,所以将其置于焦点位置,以引起读者的注意。

(三) 篇章因素

在静态语境中,一个句子只要符合语法规则、意义表达准确就无所谓优劣;但在动态语境中,句子并不是孤立的,它要与上下文照应衔接,语篇表达要求连贯,这就涉及主题的选择和新信息的引入等问题。换句话说,在协配句的静态语境中,尽管参与者都可以出现在谓语核心之前,但是是否要将参与者全部置于主语位置,则与篇章的衔接和连贯存在着一定的关系,因为汉语句子的信息结构通常是由已知信息向未知信息拓展。这样,如果协配参与者是未知信息,那么该参与者就倾向于放在宾语位置。例如:

(33) 冰焰从刚才的一脚中得到结论:这女人是个警察!好<u>一个英勇的警察啊</u>,居然敢赤手空拳对阵一名持枪的"歹徒"。冷冰焰不忘给她一声赞叹,同时手上没有停下,先是一个测手一推,挡下她的再度一击,接着冰焰抛掉手中的枪,那东西拿在手上只会是累赘。(BCC 语料库)

(34) 由于经历了第一次风险,法贝尔第二次由纽约出差到法国,改乘轮船。<u>在船上邂逅一个名叫伊丽莎白的年轻姑娘</u>,她是耶鲁大学的学生,暑假回希腊探亲,妈妈住在雅典,并想在此前搭便车去意大利游览。(BCC 语料库)

例 (33) 中"好一个英勇的警察啊"是冷冰焰对这位女警察的评价,而这里的"歹徒"实际上就是指"冷冰焰"自己。但由于上文已经引出了新信息"这女人是个警察",因此,此处协配句的主题仍然是"警察",但同时这个句子又引出了一个焦点信息,即"一名持枪的'歹徒'",而这个焦点信息又是下一个陈述句的主题,所以句子较为顺畅连贯。例 (34) 更能说明这一问题。第一个句子是讲述"法贝儿"的,所以在构成协配句时,为了主题一致,说话人将他的邂逅对象置于宾语位置,而且这个协配参与者是一个新信息,下文是对这位"年轻姑娘"的介绍,主题又转变成"她"。可见,在这里主动宾协配句实际上起到了承前启后的过渡作用,从而使语篇更为通顺连贯。

(四) 修辞因素

修辞是表达者为了达到特定的交际目标而应和题旨情境,对语言进行调配以期收到尽可能好的表达效果的一种有意识的、积极的语言活动(吴礼权，2017：1）。在特殊题旨情境中，说话人为了取得尽可能好的表达效果，就需要对句式做出调整，从而促使主动宾协配句式的产生。例如：

（35）<u>顺丰：携手武汉联通　提升服务效率</u>（中国信息产业网
2018 – 04 – 13）

（36）<u>NBA 季后赛对阵确定：火箭对阵森林狼　骑士碰面步行者</u>
（人民网 2018 – 04 – 12）

从辞格上来看，上述两个协配句都能与其后的句子构成对偶，从而使句式整齐均衡、和谐对称，这便于听话人集中精力接收说话人所传递的重要信息。相反，若采用一般协配句式，用连词"与"等连接协配参与者，那么句式就显得零散杂乱，不够简洁，无法产生声韵和谐的律动美，因此也不符合新闻标题醒目简练的要求。这其实也是很多新闻标题喜欢使用这种主动宾协配句式表达协配关系的原因之一，因为这种句式简练纯净，避免了虚词带来的语义松散的弊端，便于凸显协配双方的行为关系。可见，修辞因素也是主动宾"X + V$_{协配}$ + Y"这一句式产生的语用动因之一。

四、主动宾协配句式形成的机制分析

从本质上来看，不及物动词出现于主动宾协配句式当中是构式压制（constructional coercion）的结果。构式压制是构式语法比较关注的一个话题，主要用来说明语法和语义的形义误配（mismatch）问题。施春宏（2012）将其定义为这样一种现象："在词项进入构式的过程中，如果词项的功能及意义跟构式的原型功能及意义不相吻合，那么构式就会通过调整词项所能凸显的侧面来使构式和词项两相契合。"这种契合压制观不同于一般的构式压制观，在解释论元增容现象时，它除了强调意义的压制外，还突出功能的压制，更重要的是将压制理解为基于凸显机制的识解过程，并以词项自身能够凸显某个侧面为前提。这就对主动宾协配句式的形成，以及不及物协配动词带宾语的问题具有较强的解释力。

对于主动宾"X + V$_{协配}$ + Y"结构而言，它是一种句式，同时也是一种特殊的构式。对这种特殊性可从两个方面来看：其一，从协配句式来看，典型的协配句式为"X + 和 + Y + V$_{协配}$"结构，而主动宾"X + V$_{协配}$ + Y"这一句式中的参与者分别位于谓语核心的两端，从而使得这一句式带有一般主动宾句式的某些特点，因此具有特殊性；其二，从主动宾"X + V$_{协配}$ + Y"这一句式本身来看，它原则上要求出现在其结构中的协配动词应为及物

344

动词，但事实上某些不及物协配动词，尤其是动宾式的协配动词也可以出现在该结构中，从而使形式与意义之间呈现误配关系。所以我们认为主动宾"X + V协配 + Y"这一句式也可以作为一种独立的构式，有其特殊的表达功能。这样，由于主动宾"X + V协配 + Y"这一句式具有特殊性，因此，我们在分析构式压制的路径时，就不得不考虑这两方面的问题。这其实也是贯彻多重互动观（multi-interactional view）的一个体现，因为多重互动观认为："一切构式都是多重因素互动作用的结果。"（施春宏，2016）而对于主动宾协配句式，该构式本身既是单宾语基本构式的一种特例，同时，它又对进入该构式中的动词具有压制作用。

（一）　单宾语基本构式对主动宾协配句式的压制

就单宾语基本构式而言，张建理（2008）指出："每个单宾语动词均有其独特的音义组合和题元配置（集），因此都是独特的构式。从这些动词构式中还可以归纳出一个抽象构式，其题元配置通常为：'施事 + 动词 + 受事'，其句法配置为：'主语 + 动词 + 宾语'，这一单宾语动词抽象构式的整体典型语义为：'施事有意识地作用于受事'。"但主动宾协配句式所表达的语义功能显然与单宾语基本构式不符，因为在主动宾协配句式中，主语不一定是施事，宾语也不一定是受事，就参与者之间的关系而言，主宾语之间互为共事。这说明，主动宾协配句式相对于一般的主动宾句式而言，实际上是一种超乎常态的情况，而这种异常的句式之所以能够出现，就是单宾基本构式对其压制的结果，这种压制能够使典型的协配句式"X + 和 + Y + V协配"结构朝着主动宾结构的方向发生变化，致使其语用功能也随之发生变化，从而使调整后的句式带上单宾构式的某些特点，即主语在动作行为中具有积极性、主动性、动态性特征，而宾语则具有消极性、被动性、静态性特征。例如：

（37）江汉盐化工携手中远海运集运　确保漂粉精出运通畅远销海外（《中国石化报》2022 – 06 – 07）

（38）央美国际学院联袂杨先让先生发起《用科技传承非遗文脉》活动（陕西文艺 2021 – 10 – 14）

例（37）、例（38）原本都可以采用一般的"X + 和 + Y + V协配"结构进行表达，但在构式压制的作用下，一个协配参与者投射到主语位置上，另一个协配参与者则迁移（shift）到了宾语位置。这样，一般主动宾句的语义就被压制在这个主动宾协配句式上，致使主语具有积极性、主动性、动态性特征，宾语具有消极性、被动性、静态性特征，从而可以使句子表示"一个协配参与者主动施行某种协配行为于另一个协配参与者，并与之共同进行某种活动"的整体功能意义。由此可见，在汉语中虽然协配句的典型形式是"X + 和 + Y + V$_{协配}$"，但由于存在语用表达的需要，说话人要强调参与者 X 在事件行为中的积极性和主动性，突出参与者 Y 的消极性和被动性，那么说话人就会利用汉语中已有的一般主动宾构式对原有的协配句式进行压制，使之改变原有的结构形式。尽管蔺璜（2001）早已指出"二价不及物动词所支配的两个补足语不能置于其后做宾语"，但为了满足语用表达需要，将协配参与者分置于协配动词的主宾语位置也就成了说话人在汉语已有句式选项中的不二选择。

（二）主动宾协配句式对不及物协配动词的压制

再就主动宾"X + V$_{协配}$ + Y"这一句式对不及物协配动词的压制来看，由于不及物协配动词通常不能够充当宾语，因此，不及物协配动词的特性与主动宾协配句式对谓语动词的要求不完全一致，甚至产生冲突。而要解决这种冲突，使句法结构得以成立，构式就需对词项施压，从而使其产生跟系统相关联的意义（Goldberg，1995：238）。这也正如王寅（2011：322）所说："当动词义与构式义不完全一致或相冲突时，构式常会迫使动词改变其论元结构（增加或减少动词的论元数量）和语义特征。"这样，不及物协配动词虽然通常情况下不能带宾语，但是由于有构式压制存在，它就会在特殊的语境中临时改变其语法特征，及物化为一个能带宾语的动词。而这一过程同时还伴随着协配参与者在认知上的凸显与消显。这是因为在典型的协配句式中，协配参与者应该都置于谓语核心的前面，在句法上可实现为主语，成为说话人凸显的对象，但是当结构转变为主动宾"X + V$_{协配}$ + Y"这一句式时，说话人只凸显协配场景的一个对象，而另一个协配参与者就成为消显的对象。只不过从论元增容的角度来看，当协配句法结构由"X + 和 + Y + V$_{协配}$"结构转变为"X + V$_{协配}$ + Y"这一句式时，协配动词的论元数量并没有明显增多，因为在"X + 和 + Y + V$_{协配}$"结构中，协配动词依然存在两个论元，只是这两个论元有时可以合并成一个复数形式，所以袁毓林（2010：279 – 309）将此类动词称为准二元动词。但就深层语义而言，协配动词至少需要两个参与者。根据卢英顺（2016）的观点，"如果一个动词能激活两个认知要素，那么其中的一个就有映射为宾语的潜能"。因此在主动宾"X + V$_{协配}$ + Y"句式中，这两个参与者已经不能整合成一个并列形式，所以协配动词所带的论元也就更为明显。但这两个论元为了适应主动宾协配构式的功能意义，不得不被说话人置于主宾语位置，最终使不及物的协配动词带上了共事宾语，实现了主动宾协配构式对不及物协配动词的句法压制。例如：

（39）第 11 枚金牌！<u>王宗源搭档谢思埸</u>夺取跳水男子双人 3 米板冠军（百度搜索 2021－07－28）

（40）<u>万达联手红旗</u>，小目标在东北，不说金句的王健林倒是挺过来了（新浪网 2021－10－14）

协配动词大多是不及物动词，将不能带宾语的不及物动词用于主动宾句当中，这属于角色误配（mismatches of roles）。莫莉（2021）指出，角色误配有两种：一种是侧重误配，表现形式为"及物动词＋非核心论元"；一种是数量误配，表现形式为"不及物动词＋非核心论元"。而就主动宾协配句与不及物协配动词的角色误配而言，其似乎还可以增加一种功能误配，因为协配动词本身带有两个论元，只不过这两个论元一般出现在主语或者状语位置上。这样，不及物协配动词后带共事宾语实际上也是一种角色误配，但这种角色误配与上述两种误配形式并不相同，它只不过是将原本处于主语或状语位置的协配参与者压制到了宾语位置。这实际上是语用功能驱动的结果，即主动宾协配句式要表达协配一方主动施加某种协配行为于另一方，并与之共同从事某种活动，那么它就只能将协配动词所带的两个论元按照主动宾的结构进行重新组配，从而使协配动词适应主动宾协配句式的压制，构造出新的表达形式。

综上所述，现代汉语主动宾"X＋V$_{协配}$＋Y"这一协配句式的形成机制就是构式压制。它使这一句式或多或少带有普通主动宾构式的特点，同时也改变了部分协配动词的句法特征，使其作为不及物动词带上了及物动词的特征。而这一变化过程，既有单宾基本构式对主动宾协配构式的功能赋义，也有主动宾协配构式对单宾基本构式的主动适应；既有主动宾协配构式对词项设定的主导准入条件，也有词项主体对主动宾协配构式的调整适用。施春宏（2014）将其形象地称为"招聘"和"求职"。而在这种招求过程中，各个要素之间的关系都是互动的，它们在整个构式的压制过程中是相互促进、相互适应的。这种双向互动压制的过程可以用图 6.5 表示。

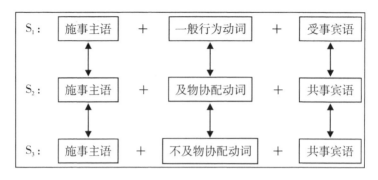

图 6.5　主动宾协配句式的构式压制过程

在图 6.5 中，S_1 表示一般的主动宾单宾构式，S_2 表示由及物动词充当动语的主动宾协配句式，S_3 表示由不及物动词充当动语的主动宾协配句式；外面的大方框表示构式压制的场域；双向箭头表示双向互动压制的过程，其中上对下是压制，下对上则是适应。这样，我们可以看到，S_1 对 S_2 而言就是构式压制，它将一般主动宾单宾构式中主语的施动性压制给了 S_2 中的主语，将宾语的受动性压制给了 S_2 的宾语，致使 S_2 句式中的主语具有主动性、积极性、动态性特征，宾语具有承受性、消极性、静态性特征；反之，S_2 对 S_1 而言则是构式的适应，S_2 通过对典型协配句式的调整，使两个协配参与者分置于主宾语位置，凸显了主语位置上协配参与者的施动性，传递了宾语位置上协配参与者的焦点性。同理，S_2 对 S_3 而言也是构式压制，它将某些不及物协配动词压制成 S_3 句式，使其带上了共事宾语；反之，S_3 对于 S_2 而言则是构式的适应，它通过对不及物协配动词自身原有性质的改变，使其论元之一后移至宾语位置，产生新的句法表达形式。

第四节　"一同"句和"共同"句的多维辨察

"一同"和"共同"是现代汉语中的两个常用词语。在词语性质上，张谊生（2000：22）认为"一同"是表关系的协同副词，而对"共同"则没有说明。《现代汉语词典》（第 6 版）对"一同"的解释是"表示同时同地（做某事）"，对"共同"的解释是"大家一起（做）"。表面上看，两者似乎没有相似之处，但再查一下《现代汉语词典》对"一起"的解释就会发现它们之间的关联，因为《现代汉语词典》对"一起"的解释是"一同"。这样，"共同"是"一起"，"一起"是"一同"，进而可推出"共同"是"一同"。因此，副词"一同"和"共同"具有相似之处，都可看作表示协配关系的副词，在构成协配句时两者可以互换。例如：

（1）郑溪州组织全家开了一个家庭会，<u>一同商量怎样筹钱挽救郑昆斌的生命</u>。（BCC 语料库）

（2）瞿秋白于 1933 年在鲁迅家里作客或住处与鲁迅邻近时，<u>曾和鲁迅共同商量写了十三篇杂文</u>，由鲁迅请人抄录，署上鲁迅所用的笔名寄出发表。（BCC 语料库）

例（1）、例（2）中当"一同"和"共同"后都修饰"商量"时，它们可以替换，既可以说"一同商量"，也可以说"共同商量"。这是因为"商量"是一个协配动词，它需要交际双方共同参与才能实现，所以"商量"既含有同时性，也含有协作性。因此，它既可以受"一同"修饰，也可以受"共同"修饰，而且句子的意义也没有太大的变化。但是，相似之中也必有相异之处。本节从句法、语义、语用三个方面考察"一同"句和"共同"句的使用差异。

一、"一同"句和"共同"句的句法辨察

"一同"和"共同"构成的协配句在句法上差异较少，因为它们同为副词，基本上是置于谓语动词之前，充当状语。① 但是，两者关联的协配对象及修饰的谓语动词存在一定的差异。

（一）关联的协配对象不同

在协配句中"一同"和"共同"关联的协配对象不尽相同。具言之，由"一同"构成的句子，其协配参与者既可以具有［＋有生命］语义特征，也可以具有［－有生命］语义特征。例如：

（3）大约半小时后，<u>他和警长一同出来</u>，命令康达把警长的马匹结在马车后，再载他们回家。（BCC 语料库）

（4）国庆节清晨，在祖国的四面八方、城市乡村，<u>鲜艳的五星红旗与太阳一同升起</u>，成为节日里最美的景观。（BCC 语料库）

---

① "共同"还可以为属性词，在句中充当定语。本节主要考察协配副词"一同"和"共同"构成的句子的语法差异，而对由属性词"共同"构成的句子不做讨论。

例（3）中协配活动的参与者是人，即具有［＋有生命］语义特征；例（4）中协配行为的参与者"五星红旗"和"太阳"都只是物体，因此，它们属于无生命事物。

为了说明"一同"关联的协配对象的生命度特征，我们在北大语料库中进行搜索，所选取的语料为"当代—应用文—菜谱"和"当代—文学—王朔（a—e）"，其统计结果见表6.1。

表6.1　"一同"句中协配参与者生命度特征考察

生命度特征	菜谱	王朔
［＋有生命］	0 例	17 例
［－有生命］	92 例	1 例
合计	92 例	18 例

由上表可以看出，与"一同"关联的协配参与者在生命度上，既可以表现出［＋有生命］语义特征，也可以表现出［－有生命］语义特征，但其分布受语料内容限制较大。通常而言，有生命的协配参与者在文学作品中出现的概率更大，如在王朔的作品中，18 例用例中共有 17 例的协配参与者是有生命的；而在应用文中则无生命的协配参与者出现较多，这尤以菜谱中出现的用例最为典型，其 92 例用例中协配参与者全部是无生命的。

但由协配副词"共同"构成的句子的协配参与者大多具有［＋有生命］语义特征。例如：

（5）所有这些形形色色的女人，共同织成一张散发着温馨和甜腻气息的大网，将日本罩在其中。（北大语料库）

（6）这时，赵庆田、李东山共同拼掉了一个老鬼子，便急忙往辛凤鸣这边纵跳过来。（冯至《敌后武工队》）

（7）在李美筠的组织下，华盛顿大学的中国留学生自发成立了同学会，他们共同探讨学业，寻求救国大计。（北大语料库）

这是因为"共同"强调的是合作性，而"合作"通常需要有生命的人来去操作，所以它要求协配参与者具有［＋有生命］的语义特征，如例（5）至例（7）。相反，"一同"强调的是动作行为的"同时同地性"，它并不限制协配参与者一定是有生命的人，所以无生命的事物也同样可以"同时同地"发生某种动作或处于某种状态。

为了说明"共同"所关联的协配参与者的生命度特征,我们同样选取上述"当代—应用文—菜谱"和"当代—文学—王朔(a—e)"两种语料,在北大语料库中进行检索,其统计结果见表6.2。

表6.2 "共同"句中协配参与者生命度特征考察表

生命度特征	菜谱	王朔
[+有生命]	0例	34例
[−有生命]	4例	0例
合计	4例	34例

在表6.2中,与"共同"关联的协配参与者的生命度在两类语料中呈互补分布状态,即[+有生命]的协配参与者只在王朔的作品中出现,[−有生命]的协配参与者只在菜谱中出现。这给我们两种感觉:一是在王朔的作品中[+有生命]的协配参与者较多,符合我们所说的"由'共同'构成的句子其协配参与者大多具有[+有生命]语义特征"的观点。二是在菜谱中由"共同"构成的句子其协配参与者全部具有[−有生命]语义特征,那是不是意味着整个"共同"句中[−有生命]语义特征的参与者较多呢?我们的答案是否定的。其理由也有两个:一是从两种语料中的用例来看,王朔的作品中34例是[+有生命]的,菜谱中只有4例是[−有生命],这在总量上也可以说明[+有生命]的用例占据绝大多数;二是联系表6.1"一同"句中协配参与者的生命度情况,我们可以看到,菜谱中无论是"一同"句,还是"共同"句,其协配参与者都是[−有生命]的,而在[−有生命]的用例中,"一同"共出现92例,而"共同"只有4例,这说明"共同"句中协配参与者具有[−有生命]语义特征实际上是非主流的,因此,其用法也远远少于协配参与者是[+有生命]的这种用法。

但是,需要说明的是,有时由"共同"构成的协配句,其协配参与者尽管不具有客观上的[+有生命]语义特征,但是它实际上是一种隐喻的说法。此外,当句中的谓语动词为[+组构]或[+致使]类词语时,句子的协配参与者也可以是[−有生命]语义特征的事物。例如:

(8)物流是一个既古老又新颖的产业,它与人类的文明、社会经

济共同成长，如今已成为经济发展的重要环节。（北大语料库）

（9）湖水、柳树、粉紫色的水浮莲、红鱼，共同组成一个印象：翠。（汪曾祺《翠湖心影》）

（10）集约化管理、数字化协同设计、集成化建造、供应的优化等因素共同促使着企业走向数字化。（BCC 语料库）

例（8）中"物流""人类的文明""社会经济"都是无生命的事物，但当说话人用动词"成长"陈述它们的发展时，实际上也就赋予了它们以人的性格特征，这是隐喻思维的结果。例（9）中的协配参与者既有有生命的事物，如"红鱼"，也有无生命的事物，如"湖水"，它们共同组成了一个"翠"的印象。例（10）中"集约化管理""数字化协同设计""集成化建造"和"供应的优化"都是无生命的事物，但是它们都是企业走向数字化的制约因素，共同促使着企业向数字化的方向发展。

（二）修饰的谓语动词不同

"一同"和"共同"所修饰的动词具有明显差异。具体而言，"一同"后常出现［＋位移］［＋言笑］［＋隐现］动词，如"上去、下来、前往、走进""说、笑、喊、叫""消失、消逝、出现、浮出"等；而"共同"后常出现［＋心理］［＋创制］［＋处置］动词，如"感觉、理解、思考、关心""创造、创办、缔造、制造""实施、处理、倡导、统治"等。但这并不意味着某些能用"一同"修饰的动词绝对不能用"共同"，也不意味着某些能用"共同"修饰的动词就绝对不能用"一同"，只是说［＋位移］［＋言笑］［＋隐现］动词更容易出现在"一同"之后，而［＋心理］［＋创制］［＋处置］动词更容易出现在"共同"之后。为了说明这种句法搭配上的差异，我们分别以"一同"和"共同"与上述例词连用为检索条件在北大语料库中进行搜索，其统计结果见表6.3。

表6.3　协配副词"一同"和"共同"修饰的动词考察

项目	位移动词	言说动词	隐现动词	心理动词	创制动词	处置动词
一同	231 例	13 例	27 例	4 例	8 例	6 例
共同	12 例	4 例	11 例	4606 例	764 例	432 例

从表6.3可以看出，"一同"和"共同"与动词搭配情况并不完全相同。就位移动词而言，"一同"与之连用的用例共有231例，"共同"只有

12 例，前者占据明显优势。就言说动词而言，虽然两者出现的用例都较少，但总的来看，与"一同"搭配的用例多于与"共同"搭配的用例。就隐现动词而言，两者也都有用例，但"一同"出现的用例多于"共同"出现的用例还是较为明显的。就心理动词而言，受"共同"修饰的用例有 4606 例，受"一同"修饰的用例仅为 4 例，这说明该类动词通常多受"共同"修饰，而很少受"一同"修饰。就创制动词和处置动词而言，两者也都是受"共同"修饰的多，受"一同"修饰的少，这说明它们在句法搭配上也存在明显的差异。

值得注意的是，"一同"和"共同"后都可以跟协配动词，但是两者所修饰的协配动词并不完全一样。具言之，"一同"后所修饰的协配动词主要是"聊天"类和"竞技"类动词，前者如"唠嗑、谈天、谈心、叙旧、聊天、攀谈"等，后者如"摔跤、比赛、赛跑、下棋、跳舞、打牌"等；而"共同"后的协配动词主要是"协作"类和"签订"类动词，前者如"协作、协商、合作、合资、联手、联办"等，后者如"签订、签约、约定、商定、协定、盟约"等。下面各举一例予以说明。

（11）平日里，他和这些伙伴们一同下棋、跳舞、谈天，生活过得不亦乐乎。（北大语料库）
（12）合同中尚未签订煤炭价格的，其价格由供需双方共同协商议定。（北大语料库）

当然，也有一些协配动词既可以受"一同"修饰，也可以受"共同"修饰，但是受"一同"和"共同"修饰的概率不同，呈现出一定程度的差异。这主要体现在"商讨"类和"分担"类协配动词上。前者如"商量、商讨、商议、探讨、讨论、研讨"等，后者如"分担、分享、分摊、分掉、分红"等。下面我们以上述列举的例词与"一同"和"共同"的组合为例，在北大语料库中进行检索，其统计结果见表 6.4。

表 6.4　"一同"和"共同"与两类协配动词的搭配情况

项目	"商讨"类	"分担"类
一同	31 例	31 例
共同	1682 例	291 例

显然，在上表当中，"一同"与"商讨"类和"分担"类协配动词搭配使用的用例较少，而"共同"与这两类动词搭配使用的用例较多。这说明，尽管"一同"和"共同"都可以和"商讨"类和"分担"类协配动词搭配使用，但是在具体的搭配方面也存在一定的差异。而其中的原因就在于"共同"强调的是"协作性"和"共有性"，所以它和这类协作性、共享性强的协配动词结合的概率大；反之，"一同"不强调这种"协作性"和"共有性"，所以它和这类协配动词结合的概率小。这也正如张亚军（2002：46）所指出的："某些副词在长期使用过程中，会形成相对稳定的、具有特定的结构意义的结构模式。"

二、"一同"句和"共同"句的语义辨察

在协配句中，"一同"句和"共同"句的语义差异首先体现在这两个协配副词的语义差异上，两者的语义特征不同，其所构成的协配句的语义也有所差异。不仅如此，这两个协配副词的语义特征还是其所构成的协配句的句法差异和语用差异的基础，此处需要对其予以分析。

（一）语义特征不同

肖奚强（2001）认为："协同副词的共同意义是'某些主体或客体同时、同地施行或承受某事'"，因此，"一同"强调的是协配参与者动作行为的［＋同时性］［＋同地性］，而"共同"与其不同，它强调的是协配参与者动作行为的［＋合作性］［＋共有性］。换言之，由"一同"构成的协配句其参与者之间在行为上可以各自具有独立性，但必须保证同时同地性，而由"共同"构成的协配句其参与者之间的动作行为并不一定具有同时同地性，但必须有合作性或者共有性。如果就事件的角度而言，"一同"反映的是不同事件在时间和地点上的相同性，而"共同"反映的是事件实现过程中的合作性或共有性。例如：

（13）如果宁儿和冲之这一对和忆轩及卫茹一同举行婚礼，那岂不皆大欢喜！（古玉君《折梦新娘》）

（14）在彼此间建立起和平今晚，云南的演出团体与台湾"小天使"访问团共同举行了联欢晚会。（《人民日报》1999年）

（15）C罗与迭戈·科斯塔、卡洛斯·贝拉一同获得2013—2014赛季西甲联赛最佳前锋提名。（《新浪微博》2014－10－17）

（16）因为提出了"弱相互作用中宇称不守恒"理论，杨振宁和

李政道共同获得了诺贝尔物理学奖。(《世界华人周刊》2017－02－17)

例（13）是说两场婚礼同时同地举行，所以用"一同"强调二者的同时同地性；例（14）是说两个团体合作举行了一场联欢晚会，所以用"共同"强调二者的合作共事性。例（15）是说这三个人"同时同地"获得了最佳前锋提名，而不是说三个人是一个整体而获得了这个提名。而每一个人的提名其实都是一个独立的事件，只不过这些事件的发生具有同时同地性而已。相反，例（16）是指"杨振宁和李政道"是一个整体，他们只获得了一个奖，而并不是每人都获得了一个奖，所以在事件上这属于单一事件。若将"共同"换为"一同"，则句子就可以理解为两人各自获得了一个诺贝尔物理学奖，而这是不符合客观事实的。

现在我们回到上文所说的句法上的搭配差异。虽然有些动词既可以与"一同"搭配，也可以与"共同"搭配，但是搭配后产生的句子的语义也可能不完全一致。因此，在某些情况下这两个协配副词虽然都可以修饰同一个动词，但是在语义上却不可以互换。例如：

（17）a. 刚才徐义德到冯永祥家去，约他一同去看赵副主委。(北大语料库)

b. 因为我们两个单位很近，常常共同去采访一件事情，所以会碰上。(北大语料库)

（18）a. 金一趟拜罢，与杨妈一同走进西耳房。(北大语料库)

b. 家长、孩子、出版社三方共同走进了一个怪圈。(北大语料库)

表面上看，例（17）中的"一同"和"共同"都可以修饰"去"，但在例（17a）中协配参与者是"去看赵副主委"，而"看"有时属于个人的动作行为，所以该句只是说两人"去看赵副主委"是同时同地发生的，而并不是说两个人之间的动作行为是协作进行的，该句中的"一同"不能换为"共同"。对于例（17b），协配参与者采访前并不是"同时同地"出发，而只是在采访的事情上具有同一性，所以该句中的"共同"也不能替换为"一同"。例（18）中的"走进"尽管既可以受"一同"修饰，也可以受"共同"修饰，但是两者也不能互换。这是因为例（18a）中的"走"也是每一个参与者的个体行为，只不过这两个个体的行为具有同时同地性而已。但例（18b）中的"家长、孩子、出版社三方"是作为一个整体叙述的，因此，这里的"走"不是单一个体的走，而是他们三方"共有性"的动作行为。如若换为"一同",则体现不出"家长、孩子、出版社三方"的整体性。

(二)句子的语义差异

吕叔湘(1999:234)认为副词"共同"表示"两个以上的主体配合行动,相当于'一同'、'一起'",但由于"共同"可以强调〔+共有性〕,因而由其构成的协配句除了表示协配参与者的"配合行动"之外,还可以表示"一方怎么样,另一方也同样怎么样"的意思。但这时句中的谓语动词通常为〔+感知〕类动词,即整个句子表示参与者共同拥有某种感觉或认识;而由"一同"构成的协配句强调的是行为过程的同时同地性,不能突出句子的这种语义,因此,两者在多数情况下不能互换。例如:

(19)a. 这两个女人那时共同(*一同)感到眼前出现无数黑点。(余华《在细雨中呼喊》)

b. 如果两个或更多的人知道了同一桩事实时,便称为互相意识到这一事实,这就等于是共同(*一同)知道这一事实。(北大语料库)

(20)a. 刘顺明帮元豹拿着行李一同(*共同)下楼。(王朔《千万别把我当人》)

b. 车厢内如此之空,可老俩口一同(*共同)买的车票却一个在4厢,一个在16厢。(BCC语料库)

例(19)中"感到"和"知道"属于个人的心理活动,旁人很难具体说清某人在什么时候有某种感觉,因此,该例不适合用"一同"。而用"共同"表达时,则句子表示的是两人的感知相同。相反,例(20a)由于强调的是两人下楼的动作具有"同时同地性",因此,该句更适合用"一同"。例(20b)更能说明这个问题,因为两张车票是同时同地买的,所以只能用"一同",而不能用"共同"。

但是,由"一同"构成的协配句可以表达"一方怎么样,另一方也同时怎么样"的意思,即强调行为过程的一致性。在这种情况下,"一同"通常也不能换成"共同",而且也与"共同"所表达的"一方怎么样,另一方也同样怎么样"的意思并不相同,后者强调的是行为状态的同样性。试比较:

(21)李鹏总理和夫人朱琳与其他国家领导人一同走进联合国社会

发展世界首脑会议会场。（北大语料库）

→李鹏总理和夫人朱琳走进联合国社会发展世界首脑会议会场，其他国家领导人也同时走进联合国社会发展世界首脑会议会场。

（22）福建省委书记宋德福和福建省军区政委吴青田共同感到，深入学习实践江主席"三个代表"重要思想，是全党、全国、全军的共同任务。（北大语料库）

→福建省委书记宋德福感到，深入学习实践江主席"三个代表"重要思想，是全党、全国、全军的共同任务；福建省军区政委吴青田也同样感到，深入学习实践江主席"三个代表"重要思想，是全党、全国、全军的共同任务。

例（21）强调协配主体行为过程的一致性，句子可以分解为一个并列复句，后一行为主体的位移是与前一行为主体位移"同时"进行的，而不是"同样"进行的。若将"一同"换为"共同"，则句子语义表达的侧重点不同。例（22）强调协配主体感觉的同样性，句子也可以分解为一个并列复句，后一行为主体的动作不一定是和前一行为主体的动作"同时"发生的，但一定是"同样"发生的，所以句子可以进行如上转换，却不可以用"一同"替换。

如果我们不考虑协配参与者在感觉或观点上的"共有性"，只考虑参与者动作行为上的相同性，那么表示"一方怎么样，另一方也同样怎么样"的"共同"，也可以被替换成表示总括的"都"，只是换过之后，句子所表达的"共有性"难以凸显。例如：

（23）我曾与几位同仁谈及此书，大家共同感到有个不足——空了点。（北大语料库）

→我曾与几位同仁谈及此书，大家都感到有个不足——空了点。

（24）中国代表和拉美国家的大学校长共同认为，教育的发展是进入21世纪的钥匙和入场券。（北大语料库）

→中国代表和拉美国家的大学校长都认为，教育的发展是进入21世纪的钥匙和入场券。

当参与者在感觉或认识上彼此相同时，他们之间的情况是完全一样的，即参与者中每一个个体与其他成员都具有相同的认识，所以我们可以用"都"对所有参与者的共同感知进行总括。据王红（1999）的研究，"都"

具有"总括人或事物各构成单位之间的共同性"的语法意义，而张佳慧、吴长安（2021）进一步指出："'都'总括时先建立逐一成员与谓语的联系，再进行加合作用。"这正说明参与者在谓语行为上的相同性。但是"都"的语义在于表达总括和加合，而并不在于强调双方的共有感知，所以当协配参与者共有某种行为或认识时，句中的"共同"虽然可以换成"都"，但换了之后，行为主体之间的共同性则无法体现。

三、"一同"句和"共同"句的语用辨察

徐以中、杨亦鸣（2014）指出："交际中的话语除需满足句法规则、语义逻辑外，还要受到语用环境的制约。"在语用方面，"一同"句和"共同"句的差异主要体现在两词所适用的句式以及协配参与者在事件中的地位上。尽管两词在句法和语义上有某些相似之处，但在语用上差别还是比较明显。

（一）适用的句式不同

陆俭明（2016）指出："研究语法，主要就是研究句子的构成规则和使用规则。"从适用的句式上来看，副词"一同"出现于"把"字句的比例明显高于"共同"，但"一同"出现于"由"字句的比例明显低于"共同"，而在"被"字句中两者出现的频率都非常低。需要指出的是，这里所说的"把"字句、"由"字句、"被"字句是指协配参与者出现于"把/由/被"与"一同"或"共同"之间的一类句子，即出现在"NP+把/由/被+协配参与者+一同/共同VP"这种句法结构中的句子。这样，为了说明问题，我们以上述三个介词"把""由""被"分别与"一同"或"共同"中间间隔10个字符为条件，在北大语料库中进行检索，其统计结果见表6.5。

表6.5 "一同"和"共同"在"把""由""被"字句中的用例考察

项目	"把"字句	"由"字句	"被"字句
一同	73 例	4 例	0 例
共同	9 例	2139 例	10 例

从表6.5中的数据可以看出：在"把"字句中，"一同"总共出现73例，而"共同"只出现了9例，前者明显多于后者。例如：

（25）这自然是走向另一极端，把孩子与脏水一同泼出去了。（北大语料库）

（26）德国人把孔子和康德共同尊为教育学的奠基人。（北大语料库）

值得注意的是，在上文我们指出"共同"后可以跟［＋处置］动词，"一同"后主要跟［＋位移］动词，而"把"字句的意义按照王力（1985：82）的观点，又主要表达处置义。那么，为什么在"把"字句中"一同"的用例反而多于"共同"的呢？这主要是因为当"共同"后跟［＋处置］动词时，句中的协配参与者往往是施事，而此处我们考察的"把"字句，是协配参与者位于"把"字之后的一种"把"字句，即协配参与者在句中只能做受事的一种"把"字句，所以其中的"共同"用例很少。同样，对于"把"和"一同"连用的例句，由于我们考察的句子属于受事协配遭受某种处置的一类"把"字句，因而只要受事遭受的某种动作行为具有［＋同时性］和［＋同地性］，那么它们就可以协配出现于"把"字句中。该类句子较多。

在"由"字句中，"一同"出现的用例仅有 4 例，而"共同"出现的用例高达 2139 例。那么，是什么原因导致两者在这一句式中出现的频率存在差异呢？我们认为这和句子之间的转换有关。具言之，由"共同"构成的"创制"类和"处置"类协配句通常可以转换为"由"字句，而由"一同"构成的协配句通常不能转换为"由"字句。因为创制某种事物或处置某种事物可以由多个个体共同协作完成，在活动中参与者相互协作、彼此配合，缺少其中之一，活动就难以维持下去，而"一同"只是强调个体行为的［＋同时性］和［＋同地性］，并不强调［＋协作性］或［＋共有性］，所以由其构成的协配句个体的动作行为依然是独立的、互不影响的，即失去了其中之一，另一个行为主体的活动依然可以进行，其行为目的也可以实现。例如：

（27）中国 56 个民族的悠久历史和灿烂文化共同缔造了中华文明。（北大语料库）

　　→中华文明由中国 56 个民族的悠久历史和灿烂文化共同缔造。

（28）12 月 6 日黎明，应瑞、通济二舰一同开炮攻击肇和舰。（北大语料库）

　　→*12 月 6 日黎明，肇和舰由应瑞、通济二舰一同开炮攻击。

例（27）中"中华文明"是由 56 个民族的悠久历史和灿烂文化共同缔造的，若缺少了其中任何一个民族的悠久历史和灿烂文化，那么我们的中华文明就不会实现。例（28）中应瑞舰和通济舰开炮都是独立的动作行为，缺少了其中之一，另一艘舰艇依然可以做出开炮的行为。

在"被"字句中，我们考察的语料"一同"没有用例出现，而"共同"总共出现 10 例。不过，这并不意味着"一同"绝对不能出现于"被"字句中。当我们扩大检索范围时，也可以看到"被"与"一同"连用的用例，但其数量极少。以下是"被"与"一同"或"共同"连用的用例。

（29）在这里，文学没有站在时代的高度，以应有的责任感警示社会，反而引导了一些最低层次的消遣需求，被商品大潮连同膨胀的物欲一同裹进了泥淖。（北大语料库）

（30）最重要的是，对话与沟通已被两国共同认定是弥合分歧、改善关系以及谋求睦邻友好唯一和最佳的选择。（北大语料库）

虽然"共同"用例多于前者，但这并不意味着"共同"使用的频率很高。因为根据"被 $ 10 共同"这一条件在北大语料库中得到的用例共有 266 例，但真正符合协配参与者都出现在"被"字之后这一要求的只有 10 例。可见，"共同"在本节所讨论的"被"字句中出现的频率并不是很高。

或许有人会问，普通的协配参与者共同从事某种活动的例子很多，那么为什么这些用例不能转化为"被"字句呢？这是因为，一方面，"被"引进的对象是施事，而在由"共同"构成的协配句中，这些施事实际上是句中谓语所表示的动作行为的执行者，它们更多时候体现的是一种执行的能力，即施事有能力处置某种事物，因此通常会由"由"来引出这种施事，这也是"由"字句中"共同"出现的比例高的根本原因。另一方面，施事共同活动的目的是产生某种结果，而不是对受事进行某种处置，所以在这种情况下，句子也通常不能改为"被"字句，但却可以转换为"由"字句。因为按照吕文华（1985）的观点，"由"的主要职能是介绍事情的负责者及动作的执行者，所以转为"由"字句可以说明某种活动或组织是由哪些人来负责组织实施的。例如：

（31）石广生与卡夫里萨斯 13 日共同主持了会议的开幕式。（北大语料库）

→ *会议的开幕式 13 日被石广生与卡夫里萨斯共同主持。

→会议的开幕式 13 日由石广生与卡夫里萨斯共同主持。

（32）孙中山先生与以周恩来为代表的中国共产党人共同创建了黄埔军校。（北大语料库）

→*黄埔军校被孙中山先生与以周恩来为代表的中国共产党人共同创建。

→黄埔军校由孙中山先生与以周恩来为代表的中国共产党人共同创建。

例（31）中"石广生"和"卡夫里萨斯"之所以能主持会议开幕式，是因为他们具备主持会议开幕式的能力，同时，开幕式也不是被他们进行了某种处置，也没有获得某种结果，所以不能转换为"被"字句。而换为"由"字句后，"由"引进的施事往往是在某种活动中具有突出地位的人，这刚好符合他们俩作为主持人的要求。例（32）中"黄埔军校"是创建的结果，在结果没有产生之前，我们一般不会将其提前到主语位置，认为它"被"进行了某种处置，因为没有产生的事物是无法进行处置的。相反，我们换为"由"字句就自然得多，因为"由"字句不是表达某种事物遭受了某种处置，而是表达某种事物是"由"哪些人或事物支配或建造的。这也符合张谊生（2004）的观点："由"字句的句式义是"某人执行或从事某项工作，某项事务归某人负责"，而"被"字句的句式义是"某人某物受到某人的处置或影响产生了某种结果"。

（二）参与者的地位不同

就参与者在活动中的地位而言，"一同"构成的协配句其协配参与者可以具有主次之分，而"共同"构成的协配句其参与者通常不具有主次之分，这主要反映在"一同"和"共同"出现在"连"字句和"随"字句中的比率差异上。① 为了说明这个问题，我们在北大语料库中分别以"连 $ 10 一同""连 $ 10 共同""随 $ 10 一同"和"随 $ 10 共同"为条件进行检索考察，其统计结果见表6.6。

---

① 这里的"连"字句是指由表示"包括"的介词"连"或"连同"构成的句子，不是指由表示强调的"连"构成的连字句；"随"字句是指由表示"跟"义的"随"或"随同"构成的句子。

表6.6 "一同"和"共同"在"连"字句、"随"字句中的用例考察

项目	"连"字句	"随"字句
一同	66 例	210 例
共同	4 例	9 例

从表6.6可以看出,"一同"在"连"字句和"随"字句中出现的用例比"共同"高,这说明在这两类"一同"句中协配项往往具有主次之分。因为在"连……一同"句中,"连"前的成分往往是主要事物,"连"后的成分往往是连带成分;但"随"字句恰恰相反,在"随……一同"句中,"随"后的成分往往是动作行为发生的主要事物,而"随"前的成分却往往是随从事物。例如:

(33) a. 他还开好药后一付付熬好,连同(＊随同)煎鸡蛋一同送至病人手中。(《报刊精选》1994年)

b. 房东将银圆在桌上摔了一下,放到耳边听听声音,连(＊随)桌上的钞票,一同装入衣袋。(北京大学 CCL 语料库)

(34) a. 女的是位硕士,根据国家有关政策,随(＊连)丈夫一同调入北京。(《报刊精选》1994年)

b. 这次海运部长和国民经济部副部长随同(＊连同)外长先生一同来访,我们表示欢迎。(《人民日报》1995年)

例(33a)中,对于病人来说,要想把病治好,最重要的东西莫过于药物,因此说话人先说"熬药",然后再说"煎鸡蛋",这正是突出"熬药"的重要性。若将"连同"换为"随同",则体现不出"熬药"的意义大于"煎鸡蛋"的意义。同样,例(33b)中,银圆要比钞票重要,后者属于连带成分。例(34a)的实际情况是妻子随丈夫调入北京,而并不是丈夫随妻子调入北京,因此如果将"随"换为"连"字,则情况恰好相反,且与事实不符。例(34b)在外交行为中"外长"的重要性高于海运部长和经济部副部长,所以此例也不能将"随同"换为"连同"。

而在"连"字句和"随"字句中,"共同"出现的用例极少,这正是因为由"共同"构成的协配句中协配项通常没有主次之分,而"连"字句和"随"字句中协配项通常具有主次之分,所以"共同"很少和"连"字句或"随"字句连用。但这并不是绝对的,偶尔也有所见。例如:

（35）去年 4 月 1 日，<u>香港证监会连同香港交易所等部门，共同设</u><u>立了投资者赔偿基金</u>。（北大语料库）

（36）我的一位女友早年父母离异，母亲再婚后，<u>她随母亲与继父</u><u>共同生活</u>。（北大语料库）

尽管如此，这些"连"字句或"随"字句中协配项之间的主次关系依然可以体现出来。如例（35）中"香港证监会"属于管理机构，"香港交易所"属于交易场所，前者对后者具有监督管理权，显然在"设立投资者赔偿基金"上处于主导地位。同样，例（36）也能体现这种主次之分，因为"女友"早年没有独立生活的能力，只能依附于"母亲与继父"，所以后者是维持生计的承担者，而前者只是跟随他们一起生活。这些句子之所以能够使用"共同"，主要是因为说话人要强调协配主体之间的合作性和整体性。

本章小结

本章主要对现代汉语协配句进行个案研究，具体有句法结构回环类协配句、疑问代词呼应类协配句、主动宾"X + V$_{协配}$ + Y"协配句，以及由"一同"和"共同"构成的协配句。

就句法结构回环类协配句而言，它具有较强的口语性特征。在形式上该协配句既有单复之分，也有广狭之别；在语义上既有同步式，又有交替式，还有递相式。在语义特征上，动词 V 大多具有［＋自主］语义特征，体现出及物性，其后跟受事宾语或感事宾语。当然，在特定的句法回环类协配结构中，也有少数动词属于非自主动词，其后跟止事宾语或涉事宾语。从句法结构的变换上来看，句法回环类协配手段能和"互相"类、"V 来 V去"或"你 V$_1$ 我 V$_2$"等协配手段互换，但是每一种变换都有一定的条件限制，条件不同，变换的结果也不尽相同。当然，句法回环类协配句除了能够跟其他几种协配句式进行替换外，也有一些不能替换的情况，我们尽力将这些限制条件描写出来。

就疑问代词呼应类协配句而言，两个疑问代词"谁"并不是表示疑问，而是互指一个集合中的任意一对成员，且两者不能同时指称同一个对象。从语义特征上来说，动词 V 应具有［＋及物性］［＋述人］［＋支配人］语义特征。在语义表达上，该句式可以表示参与者之间互不发生某种行为，互不处于某种状态，或者互不具有某种关系。但是"谁也不 V 谁"在现代汉语中通常只以否定形式出现，其中的原因从动词 V 上来说，"谁也不 V 谁"中动词 V 多可以陈述自身，当其用于肯定句时，易产生歧义；从"也"的语义特征上来说，"也"凸显集体成员中的个体，表示极小量，而对极小量的否定就是对全部成员的否定，所以"谁也不 V 谁"能说，而"谁也 V 谁"却很少使用。

就主动宾"X + V$_{协配}$ + Y"协配句而言，协配动词 V 既可具有［+述人］，又可具有［+述物］语义特征，不过，最为重要的是其应具有［+最简对称］语义特征。但这并不是该类动词能够出现在该句式中的决定性条件。在现代汉语中有些动词尽管也具有这种种语义特征，但是却未见有用于该类句式的用例。这说明这种句式较为复杂，不能简单地仅从某一个方面考虑问题。从语用因素上来看，功能差异是驱动该句式产生的根本动因，因为该句式能够使协配前项得到凸显，具有语篇衔接功能，而且在修辞上便于形成对偶辞格，增强音律美，而这种句式的最终形成则得益于构式压制。从句式上来看，主动宾协配句式对动词具有压制作用，可以改变动词的及物性特征；从动词特征上来看，协配动词所带论元的变化也是对该句式的一种适应，这种适应正是语用功能表达的需要。

就"一同"句和"共同"句的差异而言，"一同"所关联的协配参与者既可以是［+有生命］的，也可以是［-有生命］的，而"共同"所关联的协配参与者大多都是［+有生命］的；对于所修饰的谓语动词，"一同"主要修饰［+位移］［+言笑］［+隐现］动词，"共同"主要修饰［+心理］［+创制］［+处置］动词，两者都可以修饰协配动词，但在搭配对象和使用频率上存有差异。从语义上来看，"一同"强调的是［+同时性］和［+同地性］，而"共同"强调的是［+合作性］或［+共有性］，由此造成两种句式在语义表达上存在差异："一同"句可以表达"一方怎么样，另一方也同时怎么样"，而"共同"句则可以表达"一方怎么样，另一方也同样怎么样"。从语用方面而言，"一同"主要出现于"把"字句、"连"字句和"随"字句中，而"共同"主要出现于"由"字句中，但两者出现于"被"字句的情况较少；"一同"出现在"连"字句和"随"字句中时，动作行为的协配参与者往往还有主次之分，体现出参与者在整个活动中角色地位的差异。

结　束　语

协配句是现代汉语中的一种特殊句式，学界虽然早已有相关论述，但将其上升到一种句式加以系统研究，这在学界还是一个较新的课题。本书在研究内容上，主要讨论现代汉语协配句的句法、语义、语用问题，从认知方面对其句法结构特点做出一定的阐释，并就现代汉语协配句中的一些句式做出个案分析，现将研究所得概述如下。

第一章探讨与协配句相关的一些基本问题。首先，对协配句进行界定。将协配句界定为两个或两个以上的人或事物协配施行或遭受某种动作行为，或协配处于某种状态，或协配具有某种关系的一种句子。这种句子不同于分指句和针对句。分指句的并列成分可以发生分解，而并不会影响句子的逻辑语义；针对句虽然参与者的数量不可减少，但是其动作行为只是单方面发生。所以这两种句子都与协配句存有差异。其次，阐述协配句的类属与特点。在类属上，协配句是现代汉语中的一种特殊句式；在特征上，现代汉语协配句的协配项具有非单性和加合性，与之相对应的谓语成分在表达上则具有多指性和对称性。最后，讨论本书的研究对象与范围。在对象上，本书主要在单句范围内研究现代汉语中的协配句，在协配方式上协配句可分为协同、交互、轮流和分别四种类型；在研究范围上，本书针对学界讨论较多的表达泛数、多指、多数等意义的句子进行辨析，确定了现代汉语协配句的研究范围。

第二章对现代汉语协配句的句法问题进行研究。首先，归纳现代汉语协配句的构成手段。认为现代汉语协配句不仅可以由词汇手段构成，也可以由短语手段构成，甚至还可以由句法结构手段构成。其次，探讨协配手段之间的共现规律。协配动词的共现原则主要有句法功能原则、时间顺序原则、词汇固有原则和语言习惯原则；协配副词的共现层级为："一起"类＞"分别"类＞"互相"类＞"并肩"类＞"轮流"类；协配副词与协配动词、类固定短语手段、句法结构手段的搭配受各种协配手段自身语义特点的制约，根据语义特征的不同，其所共现的协配词语也存有差异；类固定短语手段与句法结构手段的共现顺序受各自表达功能的制约，其顺序为：描摹状态 > 引导归结 > 表达结果。最后，描写现代汉语协配句的句型及其句法结构格式。从句型角度看，现代汉语协配句可分为名词谓语型、动词谓语型、形容词谓语型和主谓谓语型四种，但其内部又存在一定的差异，不同的小类其句法结构格式存有一定的差异。

第三章对现代汉语协配句的语义问题进行研究。首先，探讨协配动词及其构成的句式的语义。分析协配动词的语义特征，对协配动词构成的句式的语义进行区分，辨析三种动词协配句的功能差异，并从心智扫描路径上加以阐释。其次，探讨协配句的语义结构类型，认为协配句中的协配项在语义上具有二重性的特点：从协配项与谓语核心之间的关系来看，协配项的语义角色具有一致性；从协配项之间的协配关系来看，协配项的语义角色又具有共事性。再次，归纳现代汉语协配句的语义网络系统，将协配关系分为人际关系和事理关系两大类，然后再将前者分为人物关系和交际关系两种，将后者分为事件关系和数理关系两种，每种关系还可以再次进行细分。最后，探讨与协配副词相关的歧义问题。就"分别"和"一起"而言，当施事和受事同时为复数时，句子较易产生歧义；就相互类副词而言，当协配参与者的数量较多、句中的谓语动词为［−最简对称］动词时或者对相互副词指代解读不同时，句子就容易产生歧义。

第四章对现代汉语协配句的语用问题进行研究。首先，考察协配句的主述结构，将其与信息结构、指称特征关联起来。三者之间既有联系，也有区别，协配项既可表示新信息，也可表示旧信息，而表示新旧信息的协配项既可以是定指的，也可是非定指的。其次，探讨协配句的焦景结构。协配句的自然焦点遵循尾焦原则，但协配句不仅其谓语可以成为自然焦点，协配项也可以成为自然焦点，而且充当自然焦点的协配项大多还具有定指性，这是协配句与其他句式的焦点差异。再次，探讨协配句的语篇衔接功能。协配项出现的顺序通常按照协配句中协配项出现的顺序出现，但有时为了表达的需要也会改变这种顺序。在协配项的省略上，较多的是承前省略协配前项，但也有全部省略的情况，偶尔也会有省略协配后项的情况出现。又次，分析协配句的组篇功能。处于标题位置的协配句具有标示文题的作用，处于发端句的协配句具有开启全文的作用，处于后续句的协配句具有承上启下的作用，处于终止句的协配句具有归结全文的作用。最后，考察协配句在文体和语体中的分布，认为协配句的表达功能与语体特征基本吻合。在文体分布中，协配句出现的频率高低顺序为：小说 > 戏剧 > 散

文 > 诗歌。

第五章对现代汉语协配句进行认知分析。首先，从图形－背景关系阐述协配句的构造。当说话人把协配项识解为图形时，该协配项就投射到主语位置，充当话题；当把协配项识解为背景时，该协配项就出现于状语或宾语位置，充当焦点。其次，从象似性角度阐述协配句的构造。在距离象似性上，协配项之间的距离越近，它们越倾向于被识解为一个语义角色一致的整体；在顺序象似性上，协配项客观上可以交换位置，所以其语序上也可以交换位置；在数量象似性上，协配项越多，协配句的协配关系越复杂，由全部交互到组合交互，再到递相交互，体现为一个连续统的状态；在对称象似性上，协配项在逻辑语义上具有对称关系，交换位置并不会改变句子的逻辑语义。再次，从主观性的角度阐述协配句的构造。协配句的句法构造体现出说话人的观察视角、情感倾向和主观认识，说话人对协配项的感知不同，将其安排的句法位置也就不同。最后，从概念整合的角度阐述协配句的构造。协配句的形成是概念整合的结果，其整合类型主要体现为单一网络、镜像网络和双侧网络，而概念整合的动因则受语言经济原则、概念化认知和语用表达功能的制约。

第六章对现代汉语协配句进行个案研究。首先，探讨句法结构回环类协配句。这种句式就语义特征而言，动词 V 大多具有［＋自主］语义特征，体现出及物性，其后跟受事宾语或感事宾语。就句法结构的变换而言，句法回环类协配手段能和其他协配手段互换，但是每一种变换都有一定的条件限制。其次，探讨疑问代词呼应类协配句。该句式表示参与者之间互不发生某种行为，互不处于某种状态，或者互不具有某种关系。但是"谁也不 V 谁"通常只以否定形式出现，呈现出肯定与否定的不对称特征。再次，探讨主动宾式协配句。该句式中的动词具有［＋最简对称］特征，在语用上能够凸显认知前景、传递焦点信息，具有语篇衔接功能和积极修辞作用。在构造机制上，主动宾协配句式与协配动词具有互动关系，前者压制后者，后者适应前者。最后，辨析"一同"句和"共同"句的差异。"一同"句强调事件的［＋同时性］和［＋同地性］，"共同"句强调参与者的［＋合作性］或［＋共有性］；前者可以表达"一方怎么样，另一方也同时怎么样"，后者可以表达"一方怎么样，另一方也同样怎么样"。两者出现的句式不同，动作行为的协配参与者可具有主次之分，体现出参与者在整个活动中角色地位的差异。

附录　协配词语表

1. 协配动词表

1）可用于"NP₁＋和＋NP₂＋VP"或"NP复＋VP"格式中的协配动词

挨边、拔河、掰腕子、拜拜、捭阖、拜盟、拜堂、拌嘴、包抄、包围、抱团儿、比邻、比美、比拼、比赛、比试、比武、笔谈、笔战、飙歌、飙戏、摽劲儿、并称、并存、并骨、并进、并举、并力、并立、并列、并拢、并排、并网、并行、并用、并重、搏斗、搏击、搏杀、搏战、餐叙、层叠、插锹、茶叙、拆伙、长别、长谈、畅谈、畅叙、唱和、吵架、吵闹、吵嚷、吵嘴、扯皮、扯平、成婚、成亲、持衡、持平、重叠、重逢、重合、重码、重名、重样、重圆、酬唱、酬酢、筹商、初交、穿插、串供、串联、串气、垂直、丛葬、凑、凑合₁、凑集、凑拢、凑钱、攒动、攒集、错叠、错杂、搭班、搭配、打伙儿、打赌、打架、打闹、打通、打仗、大团圆、单挑、倒班、倒换、倒替、倒置、道别、敌对、觌面、抵触、抵牾、抵消、缔交、缔结、颠倒、调防、调过儿、调换、调过儿、调换、叠合、叠印、顶牛儿、订婚、订交、订立、定亲、定情、兜捕、兜抄、斗鸡、斗殴、斗牌、斗争、断绝、对半、对比、对待₂、对调、对号、对换、对接、对举、对开、对抗、对立、对门、对偶、对消、对译、对仗、对着干、对酌、兑换、耳语、翻脸、反剪、反目、分餐、分爨、分肥、分赴、分割、分工、分担、分管、分家、分界、分居、分离、分袂、分散、分设、分手、分摊、分享、分销、分赃、分账、纷争、复婚、复交、复谈、干杯、格斗、隔心、更迭、更换、公决、公认、公摊、公投、公推、公议、公用、公有、共处、共存、共度、共犯、共管、共话、共计、共建、共聚、共勉、共栖、共生、共事、共享、共议、共赢、勾连、沟通、媾和、瓜分、关联、关涉、鬼混、合璧、合唱、合称、合欢、合击、合计、合卺、合流、合谋、合拢、合拍、合围、合演、合营、合用、合葬、合照、合辙、合奏、合租、和好、和解、和亲、和谈、

368

哄传、哄闹、哄抢、哄笑、互补、互动、互访、互感、互换、互惠、互见、互利、互谅、互让、互溶、互市、互通、互训、互赢、互余、互质、互助、划拳（豁拳、搳拳）、化合、话别、欢聚、欢闹、欢洽、换班、换防、换岗、换个儿、换工、换亲、换帖、换文、汇流、汇拢、汇演（会演）、汇总、会餐、会操、会车、会攻、会客、会齐、会签、会商、会审、会师、会谈、会通、会衔、会演、会战、会诊、混搭、混一、混杂、混战、火并、火拼、集萃、集会、集运、集资、挤兑、际会、夹攻、夹击、兼备、间隔、建交、僵持、交叉、交错、交媾、交合、交互、交欢、交换、交汇、交会、交集、交加、交困、交流、交配、交迫、交融、交涉、交谈、交替、交通₅、交往、交尾、交游、交织、胶着、搅和₁、叫劲（较劲）、较量、接合、接连、接榫、结合、结婚、结伙、结亲、结社、结义、解约、竞标、竞猜、竞答、竞渡、竞岗、竞购、竞买、竞技、竞价、竞卖、竞拍、竞聘、竞赛、竞投、竞销、竞选、竞争、竞逐、揪扯、久别、久违、就伴、距离、聚餐、聚赌、聚合、聚会、聚积、聚集、聚居、聚敛、聚拢、聚齐、聚首、聚讼、聚谈、聚众、决绝、决裂、绝交、绝情、绝缘、均分、均摊、均沾、靠拢、口角、暌别、暌离、暌隔、暌违、暌异、阔别、拉扯₄、拉钩、拉平、来往、离别、离婚、离间、离散、离异、立约、连贯（联贯）、连属（联属）、连缀（联缀）、联办、联保、联播、联产、联唱、联电、联防、联军、联署、连通、联网、联销、联营、联运、联展、联宗、恋爱、两抵、聊天儿、邻接、邻近、勠力、轮班、轮唱、轮候、轮换、轮奸、轮流、轮替、轮值、论辩、论战、论争、没缘、密商、密谈、密语、面洽、面谈、面叙、面议、磨合、谋面、拈阄儿、啮合、扭打、扭结、殴斗、偶合、耦合、攀比、攀谈、配对、配合、碰击、碰面、碰头、匹敌、匹配、仳离、媲美、票决、拼比、拼刺、拼购、拼凑、拼接、拼抢、拼杀、拼争、拼缀、姘居、平衡、平交、平列、平权、平行、平摊、齐唱、齐集、齐奏、洽购、洽商、洽谈、牵扯、签约、抢夺、巧遇、切磋、切合、趋同、取齐、群集、群居、群殴、群起、群组、热恋、认亲、肉搏、赛车、赛马、赛跑、散居、散伙、商定、商量、商洽、商榷、商谈、商讨、商议、商酌、深谈、神交、神聊、审议、失和、失欢₂、双全、说不来、说得来、厮打、厮混、厮杀、厮守、厮打、四散、缩聚、抬、抬杠、谈话、谈论、谈判、谈天、探讨、讨论、调配、调协、跳舞、通车、通航、通好、通话、通婚、通奸、通连、通气、通商、通邮、同班、同窗、同党、同道、同房、同行、同伙、同居、同龄、同路、同门、同盟、同名、同谋、同事、同岁、同心、同行、同姓、同学、同业、同源、同宗、偷情、团购、团结、团聚、团圆、团聚、围困、围堵、围拢、晤谈、闲扯、闲聊、闲谈、相安、相持、相处、相当、相等、相抵、相对、相逢、相干、相隔、相顾、相关、相间、相交、相距、相连、相去、相让、相扰、相认、相容、相商、相识、相思、相通、相向、相形、相依、相应、相映、相与、相约、相知、相助、相左、肃聚、协定、协和、协商、协调、协议、协约、协作、偕老、谐声、谐音、颉颃、械斗、行房、性交、叙别、叙旧、叙谈、续约、悬隔、咬合、一气、议定、议和、议价、议决、议事、议政、拥抱、拥挤、永别、永诀、有差、有关、有旧、有缘、与共、预约、遇合、圆房、约定、约集、约期、约谈、约同、云集、杂陈、杂凑、杂交、杂居、杂糅、战斗、争辩、争吵、争霸、争持、争宠、争创、争夺、争冠、争衡、争论、争鸣、争拗、争强、争抢、争胜、争执、抓阄儿、撞车、捉对、组合、作别、作对、做爱、做伴、做亲。

2）可用于"NP$_1$ + VP + NP$_2$"格式中的协配动词

挨、暗合、比肩、串通、搭伴、搭帮、搭档、搭伙、搭界、等价、等同、缔盟、缔约、斗法、斗富、斗狠、斗气、斗智、斗嘴、断交、对唱、对词、对打、对歌、对话、对局、对决、对垒、对擂、对弈、对照、对阵、对质、对峙、恶斗、恶战、勾搭、勾结、过招儿、合股、合伙、合力、合影、合资、合作、会见、会面、会同、会晤、浑似、伙同、击掌、激战、见面、交兵、交锋、交好、交火、交结、交手、交恶、交心、交友、交战、接触、接轨、接火、接界、接近、接境、接壤、接吻、结拜、结伴、结仇、结交、结识、结缘、结怨、决斗、决战、诀别、角斗、角力、角逐、开战、开仗、靠近、酷似、类比、类似、类同、联欢、联机、联建、联络、联袂（连袂）、联名、联手、联系、联谊、联姻、密约、面晤、碰杯、碰见、碰撞、毗连、毗邻、拼车、齐名、契合、牵手、亲吻、亲嘴、热吻、认识、熟识、熟悉、贴近、同步、吻别、无关、无缘、握别、握手、晤面、协配、偕同、携手、邂逅、血拼、血战、拥吻、遇见、约会、争雄、质对、撞见、撞衫、作战。

3）可用于"NP$_1$ + VP + NP$_2$ + 和 + NP$_3$"格式中的协配动词

比对、比较、比况、比照、辨别、掺兑（搀兑）、掺和（搀和）、掺杂、撮合、调集、分辨、分别、分开、分清、隔断、隔离、隔绝、贯穿、贯通、贯串、归并、归总、合并、划分、汇合、汇集、汇聚、会合、会集、会聚、混合、混同、混淆、集合、集结、集聚、讲和、纠合（鸠合）、纠集（鸠集）、纠结、厘清、连合、连接（联接）、连结（联结）、连通、连线、连写、连用、联合、联接（联结）、黏合、黏结、捏合、判别、判明、拼合、区别、区分、劝和、熔合、融合、融汇、融会、糅合、糅杂、说合、说和、缩合、调和、燮理、招集、召集、折中、甄别、整合。

2．协配形容词表

1）谓语形容词

班配（般配）、比配、并茂、不对、不合、不和、不配、不一、参差、差错、差不离、差不多、缠绵、搭配、对称、对等、对劲、对路、对头、恩爱、二致、分歧、隔膜、合不来、合得来、合心、和好、和睦、和洽、和谐、迥别、迥然、迥异、均等、均衡、雷同、两便、两样、密切、默契、平等、平衡、齐、齐备、齐全、齐心、齐整、歧异、契合、巧合、亲近、亲密、亲善、热和、融合、融洽、疏远、调谐、调协、同等、同类、同性、同一、投合、投契、投缘、吻合、相称、相反、相仿、相符、相好、相近、相配、相似、相同、相投、相像、相左、协调、谐和、谐调、要好、一色、一心、一样、一致、异性、异姓、异样、友爱、友好、友邻、友善、整齐。

2）非谓形容词

各别、共通、共同、花花搭搭、孪生、平行、齐刷刷、清一色、全、同样、双边、双向、一顺儿。

3．协配副词表

"一起"类：共、同、一并、一起、一齐、一同、共同、一道、一块儿、一路。

"交互"类：互、相、互相、相互、交互、竞相、争相。

"轮流"类：轮流、轮番、轮次、更番。

"分别"类：分别、分头。

"比肩"类：比肩、并肩、对脸、对面、齐声、通力、协力、一致、交口、花插着、花搭着、面对面。

4．协配名词表

1）可用于"NP$_1$＋和＋NP$_2$＋是/为＋NP$_3$"格式中的协配名词

A．称人类（标波浪线的词为逆向关系协配名词）

爱侣、把兄弟、伴侣、笔友、表亲、病友、侪辈、仇雠、仇敌、仇家、初交、搭档、当家子、敌手、地邻、弟兄、队友、对手、对头、儿女、儿孙、发小儿、夫妇、夫妻、父母、父女、父兄、父子、干亲、哥们儿、公婆、共犯、姑嫂、股友、故交、故旧、故人、故友、会友、伙伴（火伴）、佳偶、姐妹、姐们儿、旧好、旧交、旧友、旧雨、旧知、伉俪、老表、老搭档、老亲、老乡、连襟、恋人、两口子、僚友、邻居、邻里、侣伴、旅伴、鸾俦、鸾凤、盟兄弟、盟友、密友、陌路人、难友、腻友、朋辈、朋友、朋党、拼客、姘头、平辈、情敌、情侣、情人、亲家、神交、师弟、世交、双胞胎、双亲、死对头、铁哥们儿、同案犯、同班、同伴、同胞、同辈、同侪、同窗、同党、同道、同调、同行、同好、同伙、同类、同僚、同路人、同门、同谋、同年、同事、同乡、同学、网友、忘年交、刎颈交、舞伴、乡里、乡邻、乡亲、相好、相知、小两口儿、小同乡、校友、新交、兄弟、学友、爷儿们、一路、一条心、游伴、友好、友邻、友人、冤家、冤头、怨敌、怨偶、知交、知己、知友、至交、至亲、挚友、子女、子孙、姊妹、祖孙。

B. 称物类

重码、重文、等价物、缔约国、对比色、反义词、共同体、交战国、近义词、两极、邻近色、邻邦、盟邦、盟国、盟军、同盟国、同盟军、同期、同时、同义词、同音词、相反数、相似形、协约国、异形词、友邦、友军、

2）可用于"NP$_1$ + 和 + NP$_2$ + 有 + NP$_3$"格式中的协配名词

差别、差价、差异、仇恨、仇隙、仇怨、仇冤、代沟、恩怨、反差、分别、分歧、干系、感情、隔阂、隔膜、公比、公差、共性、瓜葛、关系、鸿沟、价差、间距、间隔、间隙、交点、交情、交易、交谊、接口、纠葛、旧情、距离、恋情、零距离、矛盾、摩擦（磨擦）、区别、时差、世仇、私交、私情、同感、嫌隙、血缘、友情、冤仇、缘分、争端。

3）可用于"NP$_1$ + 和 + NP$_2$ + X 成 + NP$_3$"格式中的协配名词

邦交、邦联、对子、反比、共识、行帮、和局、和棋、剪刀差、僵局、连理、联合国、联盟、默契、平局、平手、同盟、团伙、姻娅、姻缘。

4）可用于"NP$_1$ + 和 + NP$_2$ + 订 + NP$_3$"格式中的协配名词

地契、规约、合约、合同、合约、和议、婚约、界约、盟约、片约、聘约、誓约、娃娃亲、文契、戏约、协定、协议、协约、约会、约据。

5）可用于"NP$_1$ + 和 + NP$_2$ + 展开/发生 + NP$_3$"格式中的协配名词

白刃战、车轮战、对抗赛、对手戏、黄昏恋、婚外恋、婚外情、空战、口水战、口水仗、联赛、陆战、肉搏战、商战、舌战、战争。

6）可用于"NP$_1$ + 和 + NP$_2$ + 喝/跳/开/在 + NP$_3$"格式中的协配名词

交杯酒、交际舞、交谊舞、碰头会、一块儿、一起。

5. 协配短语表

1）谓词性短语

白头偕老、拜把子、拜天地、半斤八两、背道而驰、背对背、背靠背、比肩继踵、比翼齐飞、别无二致、并驾齐驱、并行不悖、不对劲、不共戴

天、不谋而合、不期而遇、不温不火、不相上下、不约而同、层出不穷、唱对台戏、唱反调、扯闲篇、扯闲天儿、称兄道弟、重修旧好、臭味相投、出双入对、串通一气、唇齿相依、唇亡齿寒、凑份子、攒三聚五、打成一片、打交道、打平手、打情骂俏、打群架、打雪仗、打照面儿、打嘴仗、大同小异、大相径庭、当面锣对面鼓、等量齐观、斗心眼儿、短兵相接、对簿公堂、对心思、恩断义绝、尔虞我诈、耳鬓厮磨、二一添作五、方枘圆凿、非亲非故、分道扬镳、分庭抗礼、风雨同舟、夫唱妇随、桴鼓相应、辅车相依、肝胆相照、格格不入、各奔东西、各式各样、各抒己见、各就各位、各司其事、各司其职、各行其是、各有千秋、各持己见、各执一词、各自为政、攻守同盟、钩心斗角、狗咬狗、官官相护、官官相卫、过家家、沆瀣一气、毫无二致、和平共处、和衷共济、黑吃黑、哄堂大笑、后会有期、呼吸相通、画等号、济济一堂、环环相扣、患难与共、毁誉参半、混为一谈、积不相能、人才济济、肩摩毂击（摩肩击毂）、肩摩踵接（摩肩接踵）、交头接耳、交相辉映、教学相长、皆大欢喜、结党营私、泾渭分明、井水不犯河水、九天九地、举案齐眉、决一雌雄、决一死战、拉帮结伙、拉帮结派、郎才女貌、狼狈为奸、劳燕分飞、老死不相往来、离心离德、里出外进、里勾外连（里勾外联）、里应外合、良莠不齐、两败俱伤、两不找、两全其美、两相情愿、鳞次栉比（栉比鳞次）、龙争虎斗、勠力同心、貌合神离、眉来眼去、门当户对、面对面、面面相觑、明来暗往、明争暗斗、难分难解（难解难分）、难舍难分（难分难舍）、闹别扭、闹意见、你死我活、藕断丝连、朋比为奸、偏利共栖、偏离共生、平分秋色、平面交叉、平起平坐、萍水相逢、破镜重圆、齐头并进、齐心协力、棋逢敌手、棋逢对手、旗鼓相当、切磋琢磨、窃窃私语、青梅竹马、卿卿我我、情同手足、情投意合、求同存异、融会贯通、如出一辙、如胶似漆、如影随形、三头对案、三一三十一、三足鼎立、生存竞争、生死与共、失之交臂、势不两立、势均力敌、势不两立、守望相助、殊途同归、双管齐下、素昧平生、谈情说爱、讨价还价、踢皮球、天差地远、天各一方、天南地北、天壤之别、天渊之别、同病相怜、同仇敌忾、同床异梦、同恶相济、同甘共苦、同工异曲（异曲同工）、同归于尽、同流合污、同声相应、同气相求、同室操戈、同舟共济、痛痒相关、投桃报李、推心置腹、握手言和、握手言欢、息息相关、息息相通、狭路相逢、相得益彰、相反相成、相辅而行、相辅相成、相见恨晚、相敬如宾、相濡以沫、相生相克、相提并论、相形见绌、相依为命、心心相印、心有灵犀一点通、心照不宣、惺惺惜惺惺、形影不离、休戚相关、休戚与共、薰莸不同器、薰莸异器、遥相呼应、咬耳朵、一鼻孔出气、一唱一和、一刀两断、一见如故、一见钟情、一决雌雄、一来二去、一模一样、一拍即合、异口同声、阴差阳错（阴错阳差）、硬碰硬、鱼死网破、冤家路窄、约法三章、针锋相对、针尖儿对麦芒、争风吃醋、争奇斗艳、争权夺利、争先恐后、指腹为婚、咫尺天涯、众口一词、众志成城、珠联璧合、铢两悉称、坐地分赃。

2）名词性短语：

八拜之交、半路夫妻、笔墨官司、伯仲之间、二老双亲、二人世界、海誓山盟（山盟海誓）、和平谈判、狐朋狗友、狐群狗党、黄金搭档、结发夫妻、酒肉朋友、君子协定、联席会议、两重天、两回事、两码事、两张皮、男女关系、难兄难弟、牛郎织女、妻儿老小、三角恋爱、绅士协定、深仇大恨、神圣同盟、同素异形体、刎颈之交、乡规民约、血海深仇、一面之交、一面之识、一面之雅、一丘之貉、一日之雅。

参考文献

（一）中文文献类

［1］〔日〕奥田宽：《论现代汉语形容词的强制性联系和非强制性联系》，《南开大学学报》1982 年第 3 期。

［2］〔丹麦〕奥托·叶斯柏森：《语法哲学》，何勇等，译，北京，商务印书馆，2010。

［3］〔丹麦〕奥托·叶斯柏森：《语言论：语言的本质、发展和起源》，北京，世界图书出版公司，2016。

［4］〔英〕戴维·克里斯特尔：《现代语言学词典》，沈家煊译，北京，商务印书馆，2000。

［5］〔美〕菲尔墨：《"格"辩》，胡明扬译，北京，商务印书馆，2005。

［6］〔日〕古川裕：《"跟"字的语义指向及其认知解释——起点指向和终点指向之间的认知转换》，《语言教学与研究》2000 年第 3 期。

［7］〔日〕古川裕：《起点指向和终点指向不对称性及其认知解释》，《世界汉语教学》2002 年第 3 期。

［8］〔德〕哈肯：《协同学及其最新应用领域》，《自然杂志》1983 年第 6 期。

［9］〔德〕哈肯：《协同学的典型例子》，郭治安译，《科学》1990 年第 2 期。

［10］〔美〕兰盖克：《认知语法基础（第一卷）》，牛保义、王义娜、席留生、高航译，北京，北京大学出版社，2013。

［11］〔美〕兰艾克：《认知语法导论》，黄蓓译，北京，商务印书馆，2016。

［12］〔德〕马克思：《关于费尔巴哈的提纲》，见《马克思恩格斯选集（第 1 卷）》，北京，人民出版社，2012。

［13］〔日〕杉村博文：《现代汉语疑问代词周遍性用法的语义解释》，见张黎等《日本现代汉语语法研究论文选》，北京，北京语言大学出版社，2007。

［14］〔日〕太田辰夫：《中国语历时文法》，北京，北京大学出版社，2003。

［15］〔瑞典〕詹斯·奥尔伍德、〔瑞典〕拉斯·冈那儿·安德森、〔瑞典〕奥斯坦·达尔：《语言学中的逻辑》，王维贤、李先焜、蔡希杰译，石家庄，河北人民出版

社出版，1984。

［16］白丁：《略论汉语双面动词》，《中南民族学院学报》1994 年第 5 期。

［17］白荃：《"跟"与"with"的对比》，《世界汉语教学》2001 年第 2 期。

［18］曹德和、傅满义：《语篇推进研究范式的反思与新探》，《安徽大学学报（哲学社会科学版）》2019 年第 1 期。

［19］陈昌来：《现代汉语句子》，上海，华东师范大学出版社，2001。

［20］陈昌来：《介词与介引功能》，合肥，安徽教育出版社，2001。

［21］陈昌来：《现代汉语语义平面问题研究》，上海，学林出版社，2003。

［22］陈昌来、李传军：《现代汉语类固定短语研究》，上海，学林出版社，2012。

［23］陈立民：《论动词重叠的语法意义》，《中国语文》2005 年第 2 期。

［24］陈平：《释汉语中与名词性成分相关的四组概念》，《中国语文》1987 年第 2 期。

［25］陈望道：《修辞学发凡》，上海，上海教育出版社，1997。

［26］陈忠：《认知语言学研究》，济南，山东教育出版社，2007。

［27］程乐乐：《现代汉语"像"字短语的语义及构句功能考察》，《华中师范大学学报》1999 年第 5 期。

［28］储诚志：《连词与介词的区分》，《汉语学习》1991 年第 5 期。

［29］崔希亮：《语言理解与认知》，上海，学林出版社，2016。

［30］崔应贤：《论多指性名词》，《河南师范大学学报》1998 年第 4 期。

［31］戴浩一：《时间顺序和汉语的语序》，黄河译，《国外语言学》1988 年第 1 期。

［32］戴耀晶：《试论现代汉语的否定范畴》，《语言教学与研究》2000 年第 3 期。

［33］邓守信：《汉语语法论文集》，北京，北京语言大学出版社，2012。

［34］邓云华、储泽祥：《英汉联合短语的共性研究》，《外语与外语教学》2005 年第 2 期。

［35］邓云华：《汉语并列短语标记隐现的认知研究》，《湖南科技学院学报》2008 年第 9 期。

［36］丁家勇、罗够华：《论汉语集合名词的再分类》，《湖南科技学院学报》2013 年第 1 期。

［37］丁崇年：《"与动词"和第三格局》，《汉语学习》1992 年第 3 期。

［38］丁声树：《现代汉语语法讲话》，北京，商务印书馆，2009。

［39］董素蓉、苗兴伟：《隐喻的语篇衔接模式》，《外语学刊》2017 年第 3 期。

［40］董兴华：《Because－因果句的语义概念化》，《四川外语学院学报》2007 年第 5 期。

［41］董秀芳：《词汇化：汉语双音词的衍生和发展》，北京，商务印书馆，2002。

［42］段业辉：《论副词的语义制约》，《南京师大学报》1992 年第 2 期。

［43］范晓：《动词的"价"分类》，见中国语文杂志社《语法研究和探索（五）》，

北京，商务印书馆，1991。

[44] 范晓：《三个平面的语法观》，北京，北京语言大学出版社，1996。

[45] 范晓：《语法结构的规律性和灵活性》，《汉语学习》2007 年第 2 期。

[46] 范晓：《语法研究中"解释"的解释》，《汉语学习》2008 年第 6 期。

[47] 范晓：《汉语句子的多角度研究》，北京，商务印书馆，2009。

[48] 范晓：《关于句子的功能》，《汉语学习》2009 年第 5 期。

[49] 范晓：《句式意义》，《汉语学报》2010 年第 4 期。

[50] 范晓：《关于句式义的成因》，《汉语学习》2010 年第 4 期。

[51] 范晓：《关于句式问题——庆祝〈语文研究〉创刊 30 周年》，《语文研究》2010 年第 5 期。

[52] 范晓：《句式的应用价值初探》，《汉语学习》2011 年第 5 期。

[53] 范晓：《论句式义的分析策略》，《汉语学报》2012 年第 1 期。

[54] 范晓：《略论句干及其句式》，《山西大学学报》2012 年第 3 期。

[55] 范晓：《论语序对句式的影响》，《汉语学报》2013 年第 1 期。

[56] 范晓：《关于句式的几点思考》，《汉语学习》2013 年第 4 期。

[57] 范晓：《现代汉语句式研究》序言，见张豫峰、曹秀玲《现代汉语句式研究（第二辑）》，上海，复旦大学出版社，2017。

[58] 范晓：《现代汉语句式的语篇考察》序，见郭圣林《现代汉语句式的语篇考察》，北京，世界图书出版公司，2011。

[59] 范晓：《句式的几个问题：基于语言习得的视角》，《海外华文教育》2016 年第 6 期。

[60] 范晓、陈昌来：《汉语句子及其句式研究》，上海，学林出版社，2015。

[61] 范晓、胡裕树：《有关语法研究三个平面的几个问题》，《中国语文》1992 年第 4 期。

[62] 范晓、张豫峰：《语法理论纲要》，上海，上海译文出版社，2008。

[63] 范晓、朱晓亚：《三价动作动词形成的基干句模》，《汉语学习》1998 年第 6 期。

[64] 范开泰：《语用分析说略》，《中国语文》1985 年第 6 期。

[65] 范开泰：《省略、隐含、暗示》，《语言教学与研究》1990 年第 2 期。

[66] 范开泰：《语法分析三个平面》，《语言教学与研究》1993 年第 1 期。

[67] 范开泰：《关于汉语语法三个平面分析的几点思考》，见中国语文杂志社《语法研究和探索（七）》，北京，商务印书馆，1995。

[68] 方经民：《有关汉语句子信息结构分析的一些问题》，《语文研究》1994 年第 2 期。

[69] 方梅：《汉语对比焦点的句法表现手段》，《中国语文》1995 年第 4 期。

[70] 冯光武：《语言的主观性及其相关研究》，《山东外语教学》2006 年第 5 期。

[71] 冯胜利：《汉语的韵律、词法与句法》，北京，北京大学出版社，1997。

［72］冯胜利：《汉语韵律句法学》，北京，商务印书馆，2013。

［73］冯胜利：《汉语语体语法概论》，北京，北京语言大学出版社，2018。

［74］冯志伟：《特思尼耶尔的从属关系语法》，《国外语言学》1983 年第 1 期。

［75］高顺全：《三个平面的语法研究》，上海，学林出版社，2004。

［76］郜峰：《空间介词"离"及其相关句式》，《淮北师范大学学报（哲学社会科学版）》2012 年第 1 期。

［77］葛婷：《现代汉语协配副词研究》，上海师范大学硕士学位论文，2005。

［78］葛婷：《协配副词对名词性成分的句法语义选择》，《临沂师范学院学报》2009 年第 2 期。

［79］葛婷：《协配副词的语义特征与语义网络》，《洛阳师范学院学报》2009 年第 3 期。

［80］葛婷：《协配副词"一起、一块"的虚化与同形异构》，《枣庄学院学报》2009 年第 4 期。

［81］葛婷：《协配副词"一齐"、"一同"的虚化历程》，《齐鲁学刊》2009 年第 4 期。

［82］葛婷：《协配副词与范围副词"都"的共现模式》，《枣庄学院学报》2013 年第 3 期。

［83］关永平：《英语结构的距离象似性探究》，《广西师范大学学报（哲学社会科学版）》2011 年第 1 期。

［84］关永平：《时间顺序和认知模式顺序的象似性研究》，《广西师范大学学报（哲学社会科学版）》2012 年第 1 期。

［85］郭邵军：《说"同时"》，《汉语学报》2012 年第 1 期。

［86］郭圣林：《现代汉语句式的语篇考察》，北京，世界图书出版公司，2011。

［87］郭熙：《论"'一样'＋形容词"》，见邵敬敏《语法研究与语法应用》，北京，北京语言学院出版社，1994。

［88］何伟渔：《关于语法研究的三个平面学说》，《上海师范大学学报》1991 年第 3 期。

［89］何元建：《论汉语焦点句的结构》，《汉语学报》201 年第 2 期。

［90］胡附、文炼：《句子分析漫谈》，《中国语文》1982 年第 3 期。

［91］胡建伦、王建慈：《疑问代词的任指用法及其句式》，《汉语学习》1989 年第 6 期。

［92］胡裕树、范晓：《试论语法研究的三个平面》，《新疆师范大学学报》1985 年第 2 期。

［93］胡裕树、范晓：《动词形容词的"名物化"和"名词化"》，《中国语文》1994 年第 2 期。

［94］胡壮麟：《语篇的衔接与连贯》，上海，上海外语教育出版社，1994。

［95］胡壮麟、朱永生、张德禄：《系统功能语法概论》，长沙，湖南教育出版

社，1989。

[96] 黄国文、张培佳：《系统功能语言学的性质、特点及发展》，《现代外语》2020 年第 5 期。

[97] 贾红霞：《试论"人物关系名词 + 时量/动量"结构》，《湖北师范学院学报》2002 年第 2 期。

[98] 蒋平：《论汉语相互句中名词短语的语义特征》，《语言研究》2000 年第 1 期。

[99] 金立鑫：《形式、意义和"三个平面"刍议》，《语文研究》1993 年第 1 期。

[100] 蓝庆元、吴福祥：《侗台语副词"互相"修饰动词的语序》，《民族语文》2012 年第 6 期。

[101] 黎锦熙：《新著国语文法》，长沙，湖南教育出版社，2007。

[102] 李成才：《"跟……一样"用法浅谈》，《语言教学与研究》1991 年第 2 期。

[103] 李国宏：《语言主观化成分左右偏置的类型学研究》，《外语学刊》2020 年第 5 期。

[104] 李剑锋：《"跟 X 一样"及相关句式考察》，《汉语学习》2000 年第 6 期。

[105] 李临定：《现代汉语动词》，北京，中国社会科学出版社，1990。

[106] 李临定：《现代汉语句型》，北京，商务印书馆，2011。

[107] 李明晶：《现代汉语体貌系统的二元分析：动貌和视点体》，北京，北京大学出版社，2013。

[108] 李胜梅、张振亚：《现代汉语中"一起"的义项和语法功能》，《浙江树人大学学报》2004 年第 5 期。

[109] 李向农：《再说"跟……一样"及其相关句式》，《语言教学及研究》1999 年第 3 期。

[110] 李新良：《协配动词带宾语及其语义后果》，《语言教学与研究》2013 年第 2 期。

[111] 李育林、邓云华：《并列短语标记性的认知研究》，《外语与外语教学》2009 年第 4 期。

[112] 林刘巍：《论交互动词的鉴别及其与协配副词的同现》，《语文学刊》2012 年第 10 期。

[113] 林祥楣：《代词》，上海，新知识出版社，1958。

[114] 林裕文：《谈疑问句》，《中国语文》1985 年第 2 期。

[115] 蔺璜：《二价不及物动词及其构成的句式》，《语文研究》2001 年第 1 期。

[116] 刘丹青：《亲属关系名词的综合研究》，《语文研究》1983 年第 4 期。

[117] 刘丹青：《汉语相向动词初探》，见江苏省语言学会《语言研究集刊（第一辑)》，南京，江苏教育出版社，1986。

[118] 刘丹青：《形名同现及形容词的向》，《南京师范大学学报》1987 年第 3 期。

[119] 刘丹青：《配价理论与汉语语法研究》，北京，语文教育出版社，2000。

［120］刘丹青：《语序类型学与介词理论》，北京，商务印书馆，2003。

［121］刘丹青：《语法调查研究手册》，上海，上海教育出版社，2008。

［122］刘丹青、徐烈炯：《焦点与背景、话题及汉语"连"字句》，《中国语文》1998 年第 4 期。

［123］刘凡：《"相互"的定语用法探析》，《世界汉语教学》2014 年第 2 期。

［124］刘林：《"全对全"还是"一对一"？："每 P"和"都"的共现问题探讨》，《世界汉语教学》2019 年第 4 期。

［125］刘世英：《汉英双项式并列短语的词序制约因素研究》，上海外国语大学博士学位论文，2013。

［126］刘探宙：《汉语的相互代词及其指称特点》，见中国语文杂志社《语法研究和探索（十二）》，北京，商务印书馆，2003。

［127］刘颖：《现代汉语中几种表示相同比较的句式》，《安徽师范大学学报》2000 年第 3 期。

［128］刘宇红：《认知语言学：理论与应用》，北京，中国社会科学出版社，2006。

［129］刘云峰、石锓：《汉语交互关系的判定标准及典型性分析》，《语言研究》2018 年第 1 期。

［130］刘云峰、石锓：《构式"V 来 V 去"的来源、承继及类型学意义》，《新疆大学学报（哲学·人文社会科学版)》2020 年第 2 期。

［131］卢福波：《复指动词的语义类别与句法组合关系》，《汉语学习》1994 年第 3 期。

［132］卢卫中、路云：《语篇衔接与连贯的认知机制》，《外语教学》2006 年第 1 期。

［133］卢英顺：《从认知图景看不及物动词带宾语问题：兼谈对外汉语教学中的相关问题》，《汉语学习》2016 年第 3 期。

［134］卢英顺：《从认知图景看"NP1 ＋（的）＋NP2"的语义理解》，《汉语学习》2020 年第 5 期。

［135］鲁川、缑瑞隆、董丽萍：《现代汉语基本句模》，《世界汉语教学》2000 年第 4 期。

［136］陆丙甫、陈平：《距离象似性：句法结构最基本的性质》，《中国语文》2020 年第 6 期。

［137］陆俭明：《试论句子意义的组成》，见南开大学中文系《语言研究论丛》编委会《语言研究论丛（第四辑)》，天津，南开大学出版社，1987。

［138］陆俭明：《"句式语法"理论与汉语研究》，《中国语文》2004 年第 5 期。

［139］陆俭明：《修辞的基础：语义和谐律》，《当代修辞学》2010 年第 1 期。

［140］陆俭明：《句类、句型、句模、句式、表达格式与构式：兼说"构式－语块分析法"》，《汉语学习》2016 年第 1 期。

［141］吕叔湘：《汉语语法分析问题》，北京，商务印书馆，1979。

［142］吕叔湘：《中国文法要略》，北京，商务印书馆，1982。

［143］吕叔湘：《汉语语法论文集》，北京，商务印书馆，1984。

［144］吕叔湘：《现代汉语八百词》，北京，商务印书馆，1999]

［145］吕文华：《"由"字句，兼及"被"字句》，《语言教学与研究》1985 年第 2 期。

［146］马建忠：《马氏文通》，北京，商务印书馆，1998。

［147］马庆株：《马庆株自选集：忧乐斋文存》，天津，南开大学出版社，2004。

［148］莫莉：《"动词＋非核心论元宾语"构式的构式压制和惯性压制》，《语言科学》2021 年第 4 期。

［149］眸子：《语法研究中的"两个三角"和"三个平面"》，《世界汉语教学》1994 年第 4 期。

［150］木乃热哈、毕青青：《凉山彝语动词的互动态》，《民族语文》2012 年第 6 期。

［151］倪畅、龙涛：《基于对称性关系语义分析的汉语主宾互易句成因新解》，《北京理工大学学报》2008 年第 2 期。

［152］牛保义：《英汉语概念化对比研究》，《外语教学》2011 年第 5 期。

［153］牛保义：《认知语法的具身性》，《外语教学》2016 年第 6 期。

［154］潘文：《现代汉语存现句的多维研究》，南京，南京师范大学出版社，2006。

［155］裴雨来：《"和 X 一样＋谓词"的复杂谓语结构分析》，《汉语学习》2011 年第 5 期。

［156］齐沪扬：《有关类固定短语的问题》，《修辞学习》2001 年第 1 期。

［157］祁峰：《汉语焦点的类型及其相关问题》，《汉语学习》2013 年第 2 期。

［158］祁峰、陈振宇：《焦点实现的基本规则：以汉语疑问代词为例》，《汉语学报》2013 年第 1 期。

［159］仇伟：《试论英语中的相互动词》，《外国语言文学》2004 年第 2 期。

［160］任学良：《汉语造词法》，北京，中国社会科学出版社，1981。

［161］商燕：《现代汉语中的协同副词研究》，上海外国语大学硕士学位论文，2009。

［162］邵敬敏：《关于语法研究中三个平面的理论思考》，《南京师范大学学报》1992 年第 4 期。

［163］邵敬敏：《汉语语法的立体研究》，北京，商务印书馆，2000。

［164］邵敬敏：《现代汉语通论》，上海，上海教育出版社，2007。

［165］邵敬敏：《汉语框式结构说略》，《中国语文》2011 年第 3 期。

［166］邵敬敏：《主观性的类型与主观化的途径》，《汉语学报》2017 年第 4 期。

［167］邵敬敏：《语义语法与中国特色的语法理论创建》，《汉语学报》2020 年第 3 期。

［168］邵敬敏：《构建以情态为标志的句子新系统"句态"》，《华文教学与研究》

2021 年第 1 期。

[169] 申小龙:《文化语言学论纲》,南宁,广西教育出版社,1996。

[170] 沈家煊:《句法的象似性问题》,《外语与外语教学》1993 年第 1 期。

[171] 沈家煊:《"有界"与"无界"》,《中国语文》1995 年第 5 期。

[172] 沈家煊:《句式和配价》,《中国语文》2000 年第 4 期。

[173] 沈家煊:《语言的"主观性"和"主观化"》,《外语教学与研究》2001 年第 4 期。

[174] 沈家煊:《如何处置"处置式":论把字句的主观性》,《中国语文》2002 年第 5 期。

[175] 沈家煊:《"糅合"和"截搭"》,《世界汉语教学》2006 年第 4 期。

[176] 沈莉娜:《现代汉语动词、副词的协同义研究》,南京师范大学硕士学位论文,2008。

[177] 沈敏、陈吉清:《"同样"与"一样"之多维辨察》,《湖南科技大学学报(社会科学版)》2019 年第 6 期。

[178] 盛新华、魏春妮:《词汇化语法化的标准及其理据,以"一样"为例》,《湘潭大学学报》2011 年第 1 期。

[179] 施春宏:《从构式压制看语法和修辞的互动关系》,《当代修辞学》2012 年第 1 期。

[180] 施春宏:《"招聘"和"求职",构式压制中双向互动的合力机制》,《当代修辞学》2014 年第 2 期。

[181] 施春宏:《互动构式语法的基本理念及其研究路径》,《当代修辞学》2016 年第 2 期。

[182] 施春宏:《形式和意义互动的句式系统研究:互动构式语法探索》,北京,商务印书馆,2018。

[183] 施春宏:《构式三观:构式语法的基本理念》,《东北师大学报(哲学社会科学版)》2021 年第 4 期。

[184] 施关淦:《关于语法研究的三个平面》,《中国语文》1991 年第 6 期。

[185] 施关淦:《再论语法研究的三个平面》,《汉语学习》1993 年第 2 期。

[186] 石毓智:《肯定与否定的对称与不对称》,北京,北京语言文化大学出版社,2001。

[187] 史金生:《情状副词的类别和共现顺序》,《语言研究》2003 年第 4 期。

[188] 史金生:《现代汉语副词连用顺序和同现研究》,北京,商务印书馆,2011。

[189] 宋玉柱:《现代汉语特殊句式》,南昌,江西教育出版社,1991。

[190] 孙天琦、潘海华:《也谈汉语不及物动词带"宾语"现象:兼论信息结构对汉语语序的影响》,《当代语言学》2012 年第 4 期。

[191] 谭景春:《双向和多指形容词及相关的句法关系》,《中国语文》1992 年第 2 期。

［192］汤廷池：《汉语词法句法论集》，台湾，学生书局印行，1988。

［193］唐贤清：《副词"互相"、"相互"的演变及其原因分析》，《古汉语研究》2006 年第 4 期。

［194］唐燕玲：《疑问代词同现研究》，北京，外语教学与研究出版社，2011。

［195］陶红印：《句型和动词》，语文出版社，1987。

［196］汪兰：《"互相"的语义指向和语义特征》，《广州大学学报（社会科学版）》2004 年第 7 期。

［197］王传经：《对称类关系与语义分析》，《外语研究》1994 年第 1 期。

［198］王德春、陈瑞瑞：《语体学》，南宁，广西教育出版社，2000。

［199］王红：《副词"都"的语法意义试析》，《汉语学习》1999 年第 6 期。

［200］王洪亮、绪叮望：《语篇衔接与连贯认知分析理论及范式问题探究》，《东北师大学报（哲学社会科学版）》2021 年第 5 期。

［201］王力：《王力文集·中国语法理论》，济南，山东教育出版社，1984。

［202］王力：《中国现代语法》，北京，商务印书馆，1985。

［203］王仁法、徐以中：《副词"分别"与"一起"的歧义探讨》，《语言科学》2003 年第 4 期。

［204］王甦、汪安圣：《认知心理学》，北京，北京大学出版社，1992。

［205］王维贤：《语言逻辑引论》，武汉，湖北教育出版社，1989。

［206］王维贤：《句法分析的三个平面与深层结构》，《语文研究》1991 年第 4 期。

［207］王维贤：《语言的三个平面与句法的三个平面》，《中国语言学报》1995 年第 7 期。

［208］王晓辉：《"彼此"的多角度分析》，南昌大学硕士学位论文，2010。

［209］王一平：《介词短语"跟＋名"的用法及其与动词的搭配关系试探》，《山西大学学报（哲学社会科学版）》1994 年第 3 期。

［210］王寅：《论语言符号象似性》，《外语与外语教学》1999 年第 5 期。

［211］王寅：《认知参照点原则与语篇连贯》，《中国外语》2005 年第 5 期。

［212］王寅：《认知语法概论》，上海，上海外语教育出版社，2006。

［213］王寅：《认知语言学》，上海，上海外语教育出版社，2007。

［214］王寅：《构式语法研究（上、下卷）》，上海，上海外语教育出版社，2011。

［215］王寅：《基于体认语言学的结构对称性研究》，《汉语学习》2021 年第 6 期。

［216］王颖：《现代汉语交互动词研究》，上海师范大学硕士学位论文，2008。

［217］王颖：《现代汉语交互动词与副词的共现问题研究》，《学术交流》2013 年第 4 期。

［218］王珍：《汉语不及物动词带宾语结构存在的认知理据》，《汉语学报》2006 年第 3 期。

［219］王作佳：《现代汉语协配副词的选择性研究》，湖南师范大学硕士学位论文，2011。

［220］温锁林：《现代汉语语用平面研究》，北京，北京图书馆出版社，2001。

［221］文炼、袁杰：《谈谈动词的"向"》，见林祥楣《汉语论丛》，华东师大出版社，1990。

［222］文炼：《固定短语和类固定短语》，《世界汉语教学》1988 年第 2 期。

［223］文旭：《论语言符号的距离拟象性》，《外语学刊》2000 年第 2 期。

［224］文旭：《词序的拟象性探索》，《外语学刊》2001 年第 3 期。

［225］文旭、刘先清：《英语倒装句的图形—背景论分析》，《外语教学与研究》2004 年第 6 期。

［226］文旭：《语言、意义与概念化》，《深圳大学学报（人文社会科学版）》2022 年第 1 期。

［227］吴福祥：《汉语伴随介词语法化的类型学研究：兼论 SVO 型语言中伴随介词的两种演化模式》，《中国语文》2003 年第 1 期。

［228］吴竞存、梁伯枢：《现代汉语句法结构与分析》，北京，语文出版社出版，1992。

［229］吴礼权：《现代汉语修辞学》，上海，复旦大学出版社，2017。

［230］吴为善：《构式语法与汉语构式》，上海，学林出版社，2016。

［231］吴为章：《单向动词及其句型》，《中国语文》1982 年第 5 期。

［232］吴为章：《动词的"向"札记》，《中国语文》1993 年第 3 期。

［233］向熹：《简明汉语史》，北京，商务印书馆，2010。

［234］肖天赏：《说"相反、反之、反过来"》，《福建师大学报》1982 年第 2 期。

［235］肖奚强：《协配副词的语义指向》，《南京师大学报》2001 年第 6 期。

［236］肖奚强、郑巧斐：《"A 跟 B（不）一样（X）"中"X"的隐现及其教学》，《世界汉语教学》2006 年第 3 期。

［237］解惠全：《指代性副词"相"的用法》，《汉语教学与研究》1984 年第 3 期。

［238］邢福义：《"一起"和使用"一起"的句子》，《语文教学与研究》1979 年第 5 期。

［239］邢福义：《现代汉语语法研究的"小三角"和"三个平面"》，《华中师范大学学报》1994 年第 2 期。

［240］徐峰：《"交互动词配价研究"补议》，《语言研究》1998 年第 2 期。

［241］徐峰：《汉语配价分析与实践：现代汉语三价动词探索》，上海，学林出版社，2004。

［242］徐李洁：《"Promise"词义的演变与主观化》，《解放军外国语学院学报》2005 年第 2 期。

［243］徐思益：《再谈意义与形式相结合的语法研究原则：兼论语法研究三个平面》，《新疆大学学报（哲学社会科学版）》1994 年第 2 期。

［244］徐以中、杨亦鸣：《副词修饰副词现象研究》，《语言科学》2014 年第 6 期。

［245］徐哲：《论协配副词的语义指向》，辽宁师范大学硕士学位论文，2011。

［246］许艳平：《现代汉语属性名词语义特征研究》，武汉，武汉大学出版社，2013。

［247］薛兰兰：《"跟"字句及其相关问题研究》，辽宁大学硕士学位论文，2012。

［248］严辰松：《语言临摹性概说》，《国外语言学》1997 年第 3 期。

［249］颜明、肖奚强：《"相""互"及"相 V""互 V"句法功能论略》，《语言研究》2012 年第 3 期。

［250］杨德峰：《再议"V 来 V 去"及与之相关的格式：基于语料库的研究》，《世界汉语教学》2012 年第 2 期。

［251］杨红：《现代汉语关系名词研究》，武汉，武汉大学出版社，2018。

［252］杨凯荣：《"也"的含意与辖域》，《中国语学》2000 年第 247 期。

［253］杨萌萌、胡建华：《"和"的句法》，《语言教学与研究》2018 年第 3 期。

［254］杨旭：《从认知图景看"同"字句的句法语义特点》，《汉语学习》2018 年第 3 期。

［255］杨圳、施春宏：《汉语准价动词的二语习得表现及其内在机制》，《世界汉语教学》2013 年第 4 期。

［256］叶秋声：《现代汉语协配副词研究》，西南大学硕士学位论文，2008。

［257］尹世超：《标题语法》，北京，商务印书馆，2001。

［258］于细良：《疑问代词的任指用法》，《中国语文》1965 年第 1 期。

［259］于秀金、贾中恒：《英语 with 并列结构的句法语义解读》，《外语教学》2012 年第 6 期。

［260］余俊宏：《现代汉语协同句研究》，南京师范大学博士学位论文，2015。

［261］余俊宏：《现代汉语交互句研究述评》，《国际汉语学报》2017 年第 1 期。

［262］余俊宏：《论现代汉语交互句的构成手段》，《新余学院学报》2017 年第 1 期。

［263］余俊宏：《汉语交互句的句型及其句法结构格式考察》，《阜阳师范学院学报（社会科学版）》2017 年第 5 期。

［264］余俊宏：《现代汉语句法回环类交互句研究》，《汉语学习》2017 年第 4 期。

［265］余俊宏：《关于"分别"和"一起"构成的歧义问题研究》，《牡丹江师范学院学报（哲学社会科学版）》2017 年第 6 期。

［266］余俊宏：《与交互副词相关的歧义及其分化研究》，《浙江师范大学学报（社会科学版）》2018 年第 1 期。

［267］余俊宏：《现代汉语协配手段之间的共现规律研究》，《华文教学与研究》2018 年第 2 期。

［268］余俊宏：《现代汉语协配句研究》，《汉语学习》2018 年第 6 期。

［269］余俊宏：《现代汉语协配句的语义网络系统研究》，*Macrolinguistics* 2019 年第 1 期。

［270］余俊宏：《现代汉语协配句的语篇功能研究》，《南昌师范学院学报》2021

年第 5 期。

[271] 余俊宏：《协配副词"一同"和"共同"的多维辨察》，《新疆大学学报（哲学社会科学版）》2022 年第 3 期。

[272] 余俊宏、李丹丹：《现代汉语交互句的语义结构模式考察》，《南昌师范学院学报》2017 年第 1 期。

[273] 玉柱：《关于连词和介词的区分问题》，《汉语学习》1988 年第 6 期。

[274] 袁晖、李熙宗：《汉语语体概论》，北京，商务印书馆，2005。

[275] 袁毓林：《准双向动词研究》，《语言研究》1989 年第 1 期。

[276] 袁毓林：《现代汉语名词的配价研究》，《中国社会科学》1992 年第 3 期。

[277] 袁毓林：《汉语动词的配价研究》，南昌，江西教育出版社，1998。

[278] 袁毓林：《多项副词共现的语序原则及其认知解释》，见北京大学汉语语言学研究中心《语言学论丛》编委会《语言学论丛（第 26 辑）》，北京，商务印书馆，2002。

[279] 袁毓林：《"都、也"在"Wh + 都/也 + VP"中的语义贡献》，《语言科学》2004 年第 5 期。

[280] 袁毓林：《"都"的加合语义功能及其分配性效应》，《当代语言学》2005 年第 4 期。

[281] 袁毓林：《汉语配价语法研究》，北京，商务印书馆，2010。

[282] 曾传录：《也谈"V 来 V 去"及其语法化》，《语言教学与研究》2008 年第 6 期。

[283] 张爱民、姜秀梅：《加合判断与表人名词的称谓类型》，《徐州师范大学学报》2000 年第 1 期。

[284] 张斌：《现代汉语》，北京，中央广播电视大学出版社，1996 年。

[285] 张斌：《汉语语法学》，上海，上海教育出版社，1998 年。

[286] 张伯江：《从施受关系到句式语义》，北京，商务印书馆，2009。

[287] 张伯江：《现代汉语形容词做谓语问题》，《世界汉语教学》2011 年第 1 期。

[288] 张德禄：《论语篇连贯》，《外语教学与研究》2000 年第 2 期。

[289] 张德禄：《语篇连贯与衔接理论的发展及应用》，上海，上海外语教育出版社，2003。

[290] 张德禄：《系统功能语言学的句法研究》，《同济大学学报（哲学社会科学版）》2012 年第 1 期。

[291] 张国宪：《论对举格式的句法、语义和语用功能》，《淮北煤师院学报》1993 年第 1 期。

[292] 张国宪：《有关汉语配价的几个理论问题》，《汉语学习》1994 年第 4 期。

[293] 张国宪：《论单价形容词》，《语言研究》1995 年第 1 期。

[294] 张国宪：《论双价形容词对句法结构的选择》，《淮北煤炭师范学院学报》1995 年第 3 期。

［295］张国宪：《论双价形容词对语义结构的选择》，《汉语学习》1995 年第 4 期。

［296］张国宪：《汉语形容词的功能与认知研究》，北京，商务印书馆，2006。

［297］张佳慧、吴长安：《"一体"与"加合"："全"和"都"的总括方式》，《新疆大学学报（哲学·人文社会科学版）》2021 年第 2 期。

［298］张建、陶寰：《论组合性并列连词》，《汉语学习》1993 年第 5 期。

［299］张建理：《单宾语句的认知构式语法研究》，《浙江大学学报》2008 年第 4 期。

［300］张克定：《句式变化的认知语用理据》，《解放军外国语学院学报》2000 年第 4 期。

［301］张克定：《对称结构的认知语用解释》，《外语研究》2006 年第 6 期。

［302］张黎：《汉语句式系统的认知类型学分类：兼论汉语语态问题》，《汉语学习》2012 年第 3 期。

［303］张敏：《认知语言学与汉语名词短语》，北京，中国社会科学出版社，1998。

［304］张敏：《时间顺序原则与像似性的"所指困境"》，《世界汉语教学》2019 年第 2 期。

［305］张全生：《焦点副词的连用和一句一焦点的原则》，《汉语学报》2010 年第 2 期。

［306］张素宁：《"两 + 名"结构与"二 + 名"结构的比较研究》，《广西社会科学》2009 年第 9 期。

［307］张旺熹：《汉语句法的认知结构研究》，上海，学林出版社，2016。

［308］张先亮、范晓：《现代汉语存在句研究》，北京，中国社会科学出版社，2010。

［309］张先亮、范晓：《汉语句式在篇章中的适用性研究》，北京，中国社会科学出版社，2008。

［310］张秀芳：《相互动词句法体现的认知动因》，《绍兴文理学院学报》2012 年第 2 期。

［311］张秀芳：《"V 来 V 去"构式多义性的认知理据》，《天津外国语大学学报》2014 年第 5 期。

［312］张亚军：《副词与限定描状功能》，合肥，安徽教育出版社，2002。

［313］张怡春：《并列结构中并列项的句法结构和序列》，《盐城师范学院学报（人文社会科学版）》2003 年第 2 期。

［314］张谊生：《交互类短语与连介兼类词的分化》，《中国语文》1996 年第 5 期。

［315］张谊生：《交互动词的配价研究》，《语言研究》1997 年第 1 期。

［316］张谊生：《现代汉语副词的性质、范围与分类》，《语言研究》2000 年第 2 期。

［317］张谊生：《范围副词"都"的选择限制》，《中国语文》2003 年第 5 期。

［318］张谊生：《试论"由"字被动句：兼论由字句和被字句的区别》，《语言科

学》2004 年第 3 期。

[319] 张尹琼：《疑问代词"谁"的非疑问用法研究》，《现代汉语三维语法论》，上海，学林出版社，2005。

[320] 张豫峰：《关于汉语句子焦点问题的两点思考》，《中州学刊》2006 年第 2 期。

[321] 张豫峰：《现代汉语句式意义的实现》，《河南大学学报（哲学社会科学版）》2012 年第 6 期。

[322] 张豫峰：《现代汉语二解歧义句的联结主义分析》，《复旦学报（社会科学版）》2014 年第 5 期。

[323] 张云秋、周建设：《语法结构的经济原则：从汉语受事标记的过度使用谈起》，《外语研究》2004 年第 6 期。

[324] 赵川兵：《连词"和"的来源及形式》，《古汉语研究》2010 年第 3 期。

[325] 赵静：《试论"互相"类副词的功能、分布及其语义指向》，《徐州师范大学学报》1999 年第 1 期。

[326] 赵旭、刘振平：《准双向动词功能扩展的制约因素》，《中国语文》2014 年第 2 期。

[327] 赵艳芳：《认知语言学概论》，上海，上海外语教育出版社，2001。

[328] 郑贵友：《汉语篇章语言学》，北京，外文出版社，2002。

[329] 钟守满：《"互向"类言语行为动词语义认知解释》，《杭州师范学院学报》2005 年第 3 期。

[330] 周国光：《关系集合名词及其判断句》，《语言教学与研究》1990 年第 2 期。

[331] 周国光：《汉语配价语法论略》，《南京师大学报》1994 年第 4 期。

[332] 周国光：《现代汉语形容词配价研究述评》，《汉语学习》1995 年第 2 期。

[333] 周国光：《现代汉语动词的配价研究》，《汉语学习》1996 年第 1 期。

[334] 周国光、张国宪：《单向动词辨异》，《南京师大学报》1996 年第 4 期。

[335] 周国光：《现代汉语配价语法研究》，北京，高等教育出版社，2011。

[336] 周慧先：《试析信息焦点及其句法表现手段》，《西南民族大学学报》2005 年第 6 期。

[337] 周世宏：《从信息结构角度看焦点结构的分类》，《汉语学习》2008 年第 5 期。

[338] 周晓君：《汉语相互结构研究》，杭州，浙江大学出版社，2018 年。

[339] 朱德熙：《现代汉语语法研究》，北京，商务印书馆，1980。

[340] 朱德熙：《现代汉语语法研究》，北京，商务印书馆，1980。

[341] 朱德熙：《说"跟……一样"》，《汉语学习》1982 年第 1 期。

[342] 朱德熙：《语法讲义》，北京，商务印书馆，1982。

[343] 朱怀：《概念整合与汉语非受事宾语句》，北京，中国社会科学出版社，2019。

［344］朱晓亚、范晓：《二价动作动词形成的基干句模》，《语言教学与研究》1999年第1期。

［345］资中勇：《表达对称性关系的句法手段》，《中南大学学报》2005年第6期。

［346］宗守云：《"N1和N2V"的复杂情形及其成因》，《河池师专学报》1995年第1期。

［347］宗守云、姚小鹏：《"一样"和"一个样"》，《广西师范大学学报》2005年第1期。

［348］宗守云：《汉语句式及相关问题》，《南京晓庄学院学报》2015年第5期。

［349］宗守云：《现代汉语句式及相关问题研究》，北京，世界图书出版公司，2015。

（二）外文文献类

［1］Beck, S., 1999："Reciprocals and Cumulation", in Matthews, T. and Strolovitch, T. (eds.), *SALT* IX, Ithaca, Cornell University Press.

［2］Beck, S., 2001： "Reciprocals Are Definites", *Natural Language Semantics*, Vol. 65, No. 1.

［3］Benveniste, E., 1958/1971：*Problems of General Linguistics*, Coral Gables, FL, University of Miami Press.

［4］Bréal, M., 1900/1964：*Semantics：Studies in the Science of Meaning*, Cust, H. (trans.), London, Heinemann.

［5］Brown, R. W., 1958："How Shall a Thing Be Called?", *Paychological Review*, Vol. 65, No. 1.

［6］Büchler, J., 1934/1990：*Metaphysics of Natural Complexes*, Albany, Suny Press.

［7］Croft, W., Cruse, D. A., 2004：*Cognitive Linguistics*, Cambridge, Cambridge University Press.

［8］Croft, W., 2003：*Typology and Universals*, Cambridge, Cambridge University Press.

［9］Croft, W., 2007：*Radical Construction Grammar：Syntactic Theory in Typological Perspective*, Oxford, Oxford University Press.

［10］Dalrymple, M., Kanazawa, M., Mchombo, S. et al., 1994："What Do Reciprocals Mean?", in Harvey, M. and Santelmann, L. (eds.), *Semantics and Linguistic Theory*, Ithaca, Cornell University Press.

［11］Dalrymple, M., Kanazawa, M., Mchombo, S. et al., 1998："Reciprocal Expressions and Concept of Reciprocity", *Linguistics Philosophy*, Vol. 21, No. 2.

［12］Dalrymple, M., King H., 1998："The Semantics of the Russian Comitative Construction", *Natural Language & Linguistic Theory*, Vol. 16, No. 3.

［13］ Dik, S. C. , 1997: *The Theory of Functional Grammar: The Structure of the Clause*, New York, Mouton de Gruytera.

［14］ Dik, S. C. , Hengeveld, K, 1997: *The Theory of Functional Grammar: Complex and Derived Constructions*, New York, Mouton de Gruyter.

［15］ Dimitriadis, A. , 2004: *Discontinuous Reciprocals*, University of Utrecht. （http://www. let. uu. nl/ ~ Alexis. Dimitriadis/personal/papers/）

［16］ Dimitriadis, A. , 2008: "Irrreducible Symmetry in Reciprocal Constructions", in Konig, E. and Gast, V. (eds.), *Reciprocals and Reflexives: Theoretical and Typological Expressions*, Berlin, Mouton de Gruyter.

［17］ Dotlacil, J. , 2010: "Distributivity in Reciprocal Sentences", in Alnoi, M. et al. (eds.), *Amsterdam Colloquium* 2009, Berlin Heidelbern, Springer-Verlag.

［18］ Evans, N. , 2008: "Reciprocal Constructions: Towards a Structural Typology", in König, E. and Gast, V. (eds.), *Reciprocals and Reflexives: Cross-Linguistic and Theoretical Explorations*, Berlin, Mouton de Gruyter.

［19］ Evans, N. , Gaby, A. , Levinson, S. C. , Majid, A. , 2011: *Reciprocals and Semantic Typology*, Amsterdam, John Benjamins Publishing Company.

［20］ Fauconnier, G. , 1985: *Mental Spaces*, New York, Cambridge University Press.

［21］ Fauconnier, G. , 1994: *Mental Spaces: Aspects of Meaning Construction in Natural Language*, Cambridge, Cambridge University Press.

［22］ Fauconnier, G. , 1997: *Mappings in Thought and Language*, Cambridge, Cambridge University Press.

［23］ Fauconnier, G. , Turner, M. , 1998: "Conceptual Integration Networks", *Cognitive Science*, Vol. 22, No. 2.

［24］ Fauconnier, G. , Turner, M. , 2002: *The Way We Think: Conceptual Blending and the Minds Hidden Complexities*, New York, Basic Books.

［25］ Frajzyngier, Z. , Curl, T. S. , 2000: *Reciprocials: Forms and Functions*, Amsterdam, John Benjamins Publishing Company.

［26］ Fillmore, C. J. , Kay, P. , O'Connor, M. C. , 1988: "Regularity and Idiomaticity in Grammatical Constructions: The Case of Let Alone", *Language*, Vol. 64, No. 3.

［27］ Givón, T. , 1994: "Isomorphism in the Grammatical Code-cognitive and Biological Considerations", in Raffaele, S. (ed.), *Iconicity in Language*, Amsterdam, John Benjamins Publishing Company.

［28］ Goldberg, A. E. , 1995: *Constructions: A Construction Grammar Approach to Argument Structure*. Chicago, The University of Chicago Press.

［29］ Goldberg, A. E. , 2006: *Constructions at Work: The Nature of Generalization in Language*, Oxford, Oxford University Press.

［30］ Haiman, J. , 1980: "Iconicity of Grammar: Isomorphism and Motivation", *Language, Vol. 56, No. 3.

［31］ Haiman, J. , 1983: " Iconic and Economic Motivation ", *Language*, Vol. 59, No. 4.

［32］ Haiman, J. , 1985: *Nature Syntax: Iconicity and Erosion*, Cambridge, Cambridge University Press.

［33］ Haiman, J. , 1985: *Iconicity in Syntax*, Amsterdam, John Benjamins Publishing Company.

［34］ Halliday, M. A. K. , Hasan, R. , 1976: *Cohesion in English*, London, Longman.

［35］ Halliday, M. A. K. , 1994: *An Introduction to Functional Grammar*, London, Edward Arnold.

［36］ Haspelmath, M. , 2007: "Further Remarks on Reciprocal Constructions", in Nedjalkov, V. P. (ed.), *Reciprocal Constructions*, Amsterdam, John Benjamins Publishing Company.

［37］ Jakobson, R. , 1957: *Essais de Linguistique Generate*, Paris, Minuit.

［38］ Jackendoff, R. , 2008: "Construction after Construction and Its Theoretical Challenges", *Language*, Vol. 84, No. 1.

［39］ Ping, J. -K. , 1995: "Distributivity in Chinese Reciprocal Constructions", in *Proceedings of Northwest Conference on Linguistics*, University of Victoria, Canada.

［40］ Johnson, M. , 1987: *The Body in the Mind: The Bodily Basis of Meaning, Imagination, and Reason*, Chicago, The University of Chicago Press.

［41］ Kański, Z. , 1987: "Logical Symmetry and Natural Language Reciprocals", in *Proceedings of the 1987 Debrecen Symposium on Language and Logic*, Budapest, Akadémiai Kiadó.

［42］ Kou, X. , 2016: "Comitative Relational Nouns and Relativization of Comitative Case in Mandarin", in Dong, M. , Lin, J. & Tang, X. (eds.), *Chinese Lexical Semantics*, Berlin, Springer International Publishing.

［43］ Lakoff, G. , 1987: *Women, Fire and Dangerous Things: What Categories Reveal about the World*, Chicago, The Chicago University Press.

［44］ Lakoff, G. , 1988: "Cognitive Semantics", in Eco, U. et al. (eds.), *Meaning and Mental Representation*, Bloomington, Indiana University Press.

［45］ Lakoff, G. , Johnson, M. , 1980: *Metaphors We Live by*, Chicago, University of Chicago Press.

［46］ Langacker, R. W. , 1985: "Observations and Speculations on Subjectivity", in Haiman, J. (ed.), *Iconicity in Syntax*, Amsterdam, John Benjamins.

［47］ Langacker, R. W. , 1987: *Foundations of Cognitive Grammar*, VolumeⅠ, Stanford, Stanford University Press.

［48］ Langacker, R. W., 1990: "*Subjectification*", *Cognitive Linguistics*, Vol. 9, No. 2.

［49］ Langacker, R. W., 1991: *Foundations of Cognitive Grammar*, Volume II, Stanford, Stanford University Press.

［50］ Langacker, R. W., 2006: "Introduction to Concept, Image, and Symbol", in Geeraerts, D. (ed.), *Cognitive Linguistics: Basic Readings*, Berlin, Mouton de Gruyter.

［51］ Langacker, R. W., 2008: *Cognitive Grammar: A Basic Introduction*, Oxford, Oxford University Press.

［52］ Langendoen, D. T., 1978: "The Logic of Reciprocity", *Linguistic Inquiry*, Vol. 9, No. 2.

［53］ Liao, H. -C., 2011: "On the Development of Comitative Verbs in Philippine Languages", *Language and Linguistics*, Vol. 12, No. 1.

［54］ Lin, J. -W., 1998: "Distributivity in Chinese and Its Implications", *Nature Language Semantics*, Vol. 6, No. 2.

［55］ Liu, M. C., 2000: "Reciprocal Marking with Deictic Verbs 'Come' and 'Go' in Mandarin", in Frajzyngier, Z. & Curl, T. S. (eds.), *Reciprocals: Forms and Functions*, Amsterdam, John Benjamins Publishing Company.

［56］ Lyons, J., 1977: *Semantics*, Cambridge, Cambridge University Press.

［57］ Lyons, J., 1982: "Deixis and Subjectivity: Loguor, Ergo Sum?", in Jarvella, R. J., Klein, W. (eds.), *Speech, Place, and Action: Studies in Deixis and Related Topics*, New York, John Wiley.

［58］ Majid, A., Evans, N., Gaby, A., Levinson, S. C., 2011: "The Grammar of Exchange: A Comparative Study of Reciprocal Constructions Across Languages", *Frontiers in Psychology*, Vol. 2.

［59］ Alda, M., 2013: "Each Other, Asymmetry and Reasonable Futures", *Journal of Semantics*, Vol. 31, No. 2.

［60］ Moltmann, F., 1992: "Recipricals and Same/Different: Towards a Semantic Analysis", *Linguistics and philosophy*, Vol. 15, No. 4.

［61］ Moltmann, F., 2004: "The Semantics of *Together*", *Natural Language Semantics*, Vol. 12, No. 4.

［62］ Monique, H., Vladimir, P. N., Tamara, N. N., 2007: "Reciprocal Constructions in Modern Chinese (whih Data from Wenyan)", in Nedjalkov, V. P. (ed.), *Reciprocal Constructions*, Amsterdam, John Benjamins Publishing Company.

［63］ Nedjalkov, V. P., 2007: *Reciprocal Constructions*, Amsterdam, John Benjamins Publishing Company.

［64］ Nishina, T., 2001: "Comitative and Instrumental in Japanese", *STUF-Language Typology and Universals*, Vol. 54, No. 4.

［65］Peirce, C. S. , Weiss, P. , Hartshorne, C. , 1932: *Collected Papers of Charles Sanders Peirce: Principle of Philosophy*, Cambridge, Harvard University Press.

［66］Plank, F. , 2006: "The Regular and the Extended Comitative Reciprocal Construction, Illustrated from German", in Tsunoda, T. and Kageyama, T. (eds.), *Voice and Grammatical Relations: In Honor of Masayoshi Shibatani*, Amsterdam, John Benjamins Publishing Company.

［67］Rubin, E. , 1958: "Figure and Ground", in Beardslee, D. and Wertheimer, M. (eds.), *Readings in Perception*, New Jersey, Van Nostrand.

［68］Rubinstein, A. , 2009: "Groups in the Semantics of Reciprocal Verbs", in Schardl, A. et al. (eds.), *Proceedings of the 38th Annual Meeting of the Northeast Linguistic Society*, Vol. 2, Amherst, GLSA.

［69］Sergei, J. Y. , 2007: "Reciprocal Constructions in Ancient Chinese", in Nedjalkov, V. P. (ed.), *Reciprocal Constructions*, Amsterdam, John Benjamins Publishing Company.

［70］Siloni, T. , 2012: "Reciprocal Verbs and Symmetry", *Natural Language Linguistic & Theory*, Vol. 30, No. 1.

［71］Sokolová, J. , 2019: "On Comitative Constructions in Slovak", *SKASE Journal of Theoretical Linguistics*, Vol. 16, No. 3.

［72］Sternefeld, W. , 1998: "Reciprocity and Cumulative Predication", *Natural Language Semantics*, Vol. 6, No. 3.

［73］Talmy, L. , 2000: *Toward a Cognitive Semantics: Typology and Process in Concept Structuring*, Massachusetts, MIT Press.

［74］Taylor, J. R. , 2003: *Cognitive Grammar*, Oxford, Oxford University Press.

［75］Teng, S. -S. , 1970: "Comitative Versus Phrasal Conjunction", *Research on Language and Social Interaction*, Vol. 2, No. 2.

［76］Traugott, E. C. , 1989: "On the Rist of Epistemic Meanings in English: An Example of Subjectification in Semantic Change", *Language*, Vol. 65, No. 1.

［77］Traugott, E. C. , 1995: "Subjectification in Grammaticalization", in Stein, D. and Wright, S. (eds.), *Subjectivity and Subjectivisation*, Cambridge, Cambridge University Press.

［78］Traugott, E. C. , Dasher, R. B. , 2002: *Regularities in Semantic Change*, Cambridge, Cambridge University Press.

［79］Van Valin, R. D. , LaPolla, R. J. , 1997: *Syntax: Structure, Meaning and Function*, Cambridge, Cambridge University Press.

［80］Whitney, W. D. , 1971: "The Principle of Economy as a Phonetic Force", in Silverstein, M. (ed.), *Whitney on Language*, Cambridge, MIT Press.

［81］Zhang, N. , 2007: "The Syntax of English Comitative Constructions", *Folia Lin-*

guistica, Vol. 41, No. 1 – 2.

[82] Zipf, G. K., 1949: *Human Behavior and the Principle of Least Effort*: *An Introduction to Human Ecology*, Cambridge, Addison-Wesley Press.

后　记

　　本书是在我的博士学位论文的基础上修改完善而成的。博士学位论文的题目名为《现代汉语协同句研究》，但为了避免人们把协同句单纯地理解为协同动词句或协同副词句，我们将本书的题目定为现书名，并将现代汉语协配句细分为协同、交互、轮流和分别四种类型，对其加以深入研究，致使全书比原博士学位论文多出了将近一半内容。本书最终获得国家社科基金后期资助项目的资金支持。

　　本书能够得以完成，首先要感谢我的博士生导师潘文教授。2012 年，潘老师不以愚生驽钝，将我招至麾下，使我有幸得以继续攻读博士学位。在博士论文选题、构思和写作的过程中，潘老师都给予我耐心的指导。每次看到老师返回邮件中那大段大段的红色批注，内心无不充满感激、感动，当然还有感恩。潘老师是"双肩挑"人员，既从事教育教学活动，又兼任繁重的行政工作，但他对我的指导耐心细致，对我的关怀无微不至，在此我要郑重地向老师说声"谢谢"。

　　其次，我还要感谢我的硕士生导师张春泉教授。在求学的道路上，张老师给了我莫大的鼓励和支持。他引我进入学术的殿堂，让我知道了什么是学术，什么是科研。同时，他还一直关心我的成长，激励我不断进步。这些年，每当我遇到难题向他求教时，他总能及时给我解答；每当我取得一点小小的成绩时，他总是比我还要高兴。在此也衷心感谢张老师这么多年对我的关心和关爱！

　　最后，我还要感谢中山大学出版社的曾育林等编辑，正是在他们的精心策划和认真编校下，本书才得以尽快与各位读者见面。在此向为这本书的出版付出艰辛劳动的编校人员致以诚挚的谢意。此外，本书在写作过程中也得到了南昌师范学院科研处和文学院众多同仁的帮助，同时也得到了众多亲朋好友的支持，尤其是南昌大学胡松柏教授百忙之中拨冗作序，十分辛苦，在此一并表示感谢。